了解聋人的窗口
帮助聋人的指南

聋啸龙声

Roar of Deaf

你所不了解的你身边的聋人群体

The Deaf Community:
Your Unfamiliar Neighborhoods

陈少毅　著

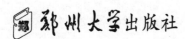

郑州大学出版社

图书在版编目(CIP)数据

聋啸龙声：你所不了解的你身边的聋人群体／陈少毅著. — 郑州：郑州大学出版社，2021.8

ISBN 978-7-5645-7464-2

Ⅰ.①聋… Ⅱ.①陈… Ⅲ.①聋哑教育 – 研究 Ⅳ.①G762

中国版本图书馆 CIP 数据核字(2020)第 215378 号

聋啸龙声：你所不了解的你身边的聋人群体

LONG XIAO LONG SHENG：
NI SUO BU LIAOJIE DE NI SHENBIAN DE LONGREN QUNTI

策划编辑	王卫疆	封面设计	苏永生
责任编辑	宋妍妍	版式设计	凌 青
责任校对	胡佩佩	责任监制	凌 青 李瑞卿

出版发行	郑州大学出版社有限公司	地　址	郑州市大学路 40 号(450052)
出 版 人	孙保营	网　址	http://www.zzup.cn
经　销	全国新华书店	发行电话	0371-66966070
印　刷	新乡市豫北印务有限公司		
开　本	787 mm×1 092 mm　1／16		
印　张	19.75	字　数	316 千字
版　次	2021 年 8 月第 1 版	印　次	2021 年 8 月第 1 次印刷

书　号	ISBN 978-7-5645-7464-2	定　价	86.00 元

谨以此书献给

所有关注关心关爱聋人的人们！

他序 PREFACE

　　陈少毅老师的这部以"聋"为题材的著作,是在繁忙的教学工作之余见缝插针,前后花了八年时间才写成的。作者真诚地邀我为他这部新作写一个序言,并且强调我是他特地选择的作序人。他说自己"感到聋人教育仅仅在聋教育里翻来覆去地挣扎是难以有出路的。聋人的问题不仅是教育问题,更是社会问题"。我一方面为陈老师执着的努力感动着,另一方面为陈老师"为聋人立命和发声"的著说的担当感动着,能为这部新作做一点微薄的助力,也是一种责任和一种荣幸。

　　我与作者有一面之交。2011 年 7 月,爱德基金会在贵阳举办 SigAm 中挪西部双语聋教育项目研讨会,邀我去做了一场从社会学视角看双语聋教育的讲座。在特殊教育方面我是班门弄斧,重点只能放在"社会学视角"上。在研讨会后的饭桌上我与作者有过短暂的交流。他说"您的关于聋人的研究和演讲给我印象深刻",这让我甚感欣慰。贵州以后我们一直也没有什么机会见面交流,我对作者的认识,主要是通过他的文章和书本。2019 年春季学期,我在南京大学面向全校本科生开设研读课"聋人:文化与教育",与选课学生一起学习和探讨聋人问题,加深学生们包括我自己,对聋文化、聋教育的认识,我把作者的那本颇受欢迎的《从聋到龙——聋人生活必读》列为该课程主要参考书中的一本。现在,手捧的这本《聋啸龙声:你所不了解的你身边的聋人群体》书稿,作者从对于耳聋的生理、医学角度的介绍,到聋人的手语、教育、文化,乃至聋人与听人关系、聋人问题的社会属性等,做出了更为系统、全面的梳理和讨论,处处能让读者体会到作者在聋人问题方面的艰深的探索和深厚的积累,体现出了作者定位给社会"为关心聋人的读者开启一扇了解、认识和尊重聋人的窗口"的愿望。

　　诚恳地说,我在参与爱德基金会 SigAm 中挪双语聋教育项目之前,如同绝大多数听人一样,并不了解聋人,自然对于聋人的疾苦和艰辛没有过多的关注。后来我通过双语聋教育项目接触了聋人,才发现聋人群体的复杂和艰难,这实在是一个太需要社会关心帮助的一角。在贵阳举办 SigAm 中挪西部双语聋教育项目研讨会上,我说:"聋人要有真正的地位提高,从现实条件看,一定是有赖于听人对聋人群体的认识。"我个人的切入点是将聋人手语和聋人文化引入大学的课堂,让年轻而富有爱心的大学生通过与聋人手语教师的手语学习和互动,去认识聋人、熟悉聋人甚至关爱聋人,帮助他们增加对聋人的了解,进而引起他们对聋人的关注,直到自觉地研究聋人或者帮助聋人。陈老师则是以自己的生活体验用著述的方式全面介绍聋人,正如他通过微信给我说的那样:"希冀改变人们长期对聋人的落后定势观念,张开臂膀将聋人拥入主流社会,聋人和听人一起共享世界大同。"我觉得我们两人殊途同归,都是想努力给这一行动自如、生龙活虎而困顿于沟通阻碍的群体一把推助,让他们跳出断层,走向新生。

作者14岁之前是一名听人,在听人的世界里学习、成长,但14岁那年因患突发性神经性耳聋致使双耳完全失聪。14岁并非是一个幼小的年龄,在听人的世界已经扎下了相当深的根须,正待拔节生长枝繁叶茂。虽然14岁以后听人的世界如他所说渐行渐远,但在他身上打下了深深的不可磨灭的烙印,影响他的生活、工作乃至思想等各方面。致聋之后走出高中,作者先在一家文化馆工作了相当长一段时间,后从长春大学特殊教育学院工艺美术专业毕业,并任教于西安市第二聋哑学校,还担任过西安市聋人协会主席达10年之久。从出生到青春期的很重要的一段时间在听人世界中成长,在听人中间工作,后又长期在聋人世界中奋斗的生活经历,使作者能够从一个独到的角度,向听人主流社会更清晰地阐释何谓聋人,何谓聋文化,何谓聋教育;更深刻地揭示聋人与听人的关系,揭示聋人的困境或问题;更响亮地发出"改变观念、理解聋人"的呼喊。

作者耳聋后的早年,与耳聋带来的困难和挑战抗争,寒窗苦读,自学书画、文学。作者从普通高中毕业后,又在听人中工作和生活了很长一段时间。当他走进聋人学校任教师时,直觉地感受到聋校和普校以及聋生和普生之间的巨大差异。身为聋人同病相怜、同忧相救的使命感,促使他不断上下求索。来到聋人学校任教,作者首先帮助学校提升学制,建立职业中学,同时放下画笔在聋教育上苦苦探索。作者早在2000年就将加劳德特父子的故事翻译成中文发表在畅销杂志《世界博览》上,在学校第一个发表聋教育论文、第一个在国家核心期刊发表聋教育论文,又获得首届全国现代特殊教育论文大赛一等奖。2000年,在当时全国手语研究还一片沉寂的时候,他就开始翻译和撰写手语著作,虽然由于种种原因未能付梓,但促使他开启了对手语研究的探索。2001年,作者在《中国特殊教育》发文介绍美国手语语法,提出手语语法不同于口语和书面语。2004年,爱德基金会发起双语聋教育活动,作者数年自费前来旁听研讨会,仔细吸收国内外学者的聋教育思想,琢磨一线教师的聋教育经验和呼声,在爱德基金会双语聋教育项目的鼓舞推动下著书立说,试图让聋人打开封闭状态,进而奋发上进缩短差距。正如作者给我说的:"我一直在探索聋人的出路,在找路子。"现在,陈老师又给大家捧出一部新作,给读者展开了一幅与"聋"有关的长卷,让读者看到这一长期少人关注的领域竟是这样波澜起伏甚至有点惊心动魄。我也因此深深地敬佩作者的坚毅和坚韧,同时深深地同情聋人的处境。

作者邀我作序,主要缘于我是一个社会学者,专业又是教育社会学,习惯于从社会学的角度来看教育,包括聋教育。聋人的问题,一是由于聋人的听力和言语困阻了社会对其了解,二是由于听力和言语障碍使聋人难以向社会发声。聋人问题的解决,核心在于教育,这一教育并非仅指怎么对聋生展开更为有效的课堂教学,而是关联包括听人在内的整个社会的教育,以及通过教育所达成的全社会发展阶段的提升、人的素质的提升。由于聋的遗传概率很小,聋人宿命般地要和听人生活在一起,形成不了一个完全隔离于听人、独自生活、独自发展的群体,聋人的问题也就一定关联听人的问题,聋人的教育也一定关联听人的教育。从社会学角度来讲,教育既是社会的函数又是社会的推力。一方面,教育是社会的一个系统工程,教育问题的解决绝非只靠教育一家的努力就可大功告成,聋人以及聋教育的问题,也一定关系各方面的力量,需要全社会的齐心合力;另一方面,全社会的齐心合力又必须建立在一个具有相对统一的、又有认识高度的社会理念上,而教育则是达成这一社会理念的一个主要工具,一条主要途径。

品读再三,我觉得本书特点如下:

(1)可以作为一部帮助聋人的实践指南来读。本书全方位地介绍了聋和聋人的问题,既是一部有关聋的知识宝库,也是一本指导听人如何尊重聋人,与聋人相处的手册。作者全面深入地向读者普及了耳聋及其相关的知识,描述聋人的特点以及聋人和听人融洽相处的方法,描绘了一个有利于聋人良好生存并且提升社会文明的图画。

(2)可以作为一部特殊教育学著作来读。本书是作者多年来特殊教育第一线的工作经验积累和探索的理论升华。作者提出提倡融合教育、提高手语社会地位、提倡双语双文化教育、建设手语无障碍校园、积极吸收合适比例的聋人教师甚至聋人领导、关爱聋人学校教师等贴合实际而且切实可行的建议。作者这些发自聋人教师的宝贵认识,很好地丰富了我国的特殊教育学。

(3)可以作为一部有关聋人和聋教育的社会学书来读。作者博览群书,广征博引,知识全面而丰厚,既在研究资料层面为读者提供了各种有学术意义、研究价值的资料和文献,也从叙事的角度,再现了聋教育发展的几段重要历史,特别是我国聋教育发展的一些重要人物和历史片段,为社会学思考聋人问题、聋教育问题提供了较好的素材。读者从中可以看到从了解到理解,从理解到帮助聋人于高度社会文明建设的意义,更深刻地领会作者"面向主流社会"发声的社会学意义。

(4)可以作为一部文学作品来读。本书内容翔实,图文并茂,穿插了许多鲜活生动的聋人经历、典故、叙述、故事,挖掘了很多精彩感人的历史材料,揭开聋人生活的独特内涵。全书行文婉转生动,读之娓娓动听,人物事例跃然纸上,情节荡气回肠。让本书具有了与文学作品一样的感染力,读起来朗朗上口、引人入胜。

一部好书，其文本应该是开放的。所谓的"开放"，指的是读者可以从不同角度根据自己的兴趣点去阅读，都能获得不同的收获。比如有关手语语言学的知识，国外的聋人、聋教育、聋文化的现状和信息，等等。本书是"主流社会"的听人了解聋人世界的一面窗口或跨入聋人大门的一把钥匙。而通过本序言，我也向作者陈少毅老师表达一份发自内心的祝贺、感谢和钦佩！

贺晓星

南京大学社会学院社会学系教授
全国教育社会学专业委员会理事长

2020 年 2 月 12 日于南京

自序 INTRODUCTION

听人看聋人：听不见，沟通起来有些困难；身体灵活、善于察言观色；行动诡秘、来无影去无踪……由于听力、言语和手语交流的障碍，聋人与听人之间存在着很厚的隔膜和很远的距离，是一个容易被社会遗忘或忽略的群体。听人认为聋人听力不好、言语不佳，是用手语交流的群体，旁人插不进他们的交流，因此大多数听人从不与他们打交道。以至聋人与社会有怎样的关联？聋人的人生处境究竟怎样？聋人的生活状况如何？聋人应该有什么样的权益？应该怎样看待聋人？应该怎样接纳聋人？应该怎样与聋人共事？应该给予聋人怎样的帮助？等等，绝大多数听人一无所知，也无从了解。

我14岁耳聋，之前听力完全正常。那时，我是听人大家族的一员，彼此平等、快乐开朗。耳聋后，我的人生轨迹就被改变了，我成为听人大家族之外的另类。我身在听人当中，只要大家不和我笔谈，我就等于被孤立；我身处听人其中，只要大家不把情况专门告诉我，我就一无所知。在这个行色匆匆的社会里，有几个人能耐下心来和一个聋人好好地充分沟通呢？还有许多听人，一看我听力不好沟通不便，就把我晾在一旁甚至冷眼相看。一个人怎么能离开社会生活呢？我固然听力有了障碍，但是我内在的品质没有任何变化，而且正是有了听力障碍以后，我变得更加坚强、更加刻苦、更加上进了，可是怎么有人这样看待我？与此同时，漫漫生活中的重重阻碍接踵而来，生活变得异常曲折坎坷艰难。聋人的世界是一个艰难困苦、触目惊心的世界，听和聋两种反差极大的生活，使我刻骨铭心。我觉得我已经当了大半辈子聋人，我就得钻聋人这个牛角尖，就是要把聋人的生活刨根问底，探个究竟。

读大学前，我在一家文化馆工作；大学毕业后，我来到聋人学校任教，这里与普通学校差距甚远并且工作难度大得多。同是聋人的我满怀帮助聋人甚至是拯救聋人的愿望，投入了满腔热情和艰辛努力。但是，长期的聋人学校教学经历使我发现：社会快速发展，聋人群体的状况却改变得非常缓慢；聋人生活的改善远远滞后于聋人的实际迫切需要；阻挡聋人前进的层层障碍依然横亘在聋人面前。社会前进一大步，聋人才能前进一小步。这使我难以看到聋人群体"化聋为龙"，破壁而出的希望，这就不由得使我思考和探索聋人的出路。

我学的是美术专业,很多亲朋好友对我说,你应该在艺术方面多下点功夫,画到一定水平后多少能改善一下你的生活。画画是我钟爱的事情,我也希望自己画出名堂来。但我喜欢思考,更珍惜聋人生活给我带来的深刻而独特的经历和感受,我觉得自己应该有比画画更大的担当。看到聋人生活的艰难深重,我常常难以静下来只顾个人去点画春红柳绿或人物风情,而更愿意做一个直面聋人问题的思考者和探索者。我甚至感到上苍就是安排我来体验聋人生活,把个中实情和所思所虑告诉大家。到目前为之,鲜少有人把真实的聋人生活展露给社会,大多数聋人在不为主流社会所知的角落里悄悄地生活着。

随着社会的进步和发展,聋人的处境也在不断改善,有的地方甚至改善很大,犹如清泉突然滋润久旱的田野般让人感动,聋人生活的亮点也因之在不断闪烁,有时也引人注目。但是这种改善的速度和幅度对比起听人来说,是远远落后社会的整体步伐的,这些亮点的闪烁频率和强度是远远低于主流社会的。大多数聋人依然被社会发展潮流甩在尾部,在困难的生活中艰难前行。对于听人来说,路有千万条,耳听八方左右逢源,条条大路可以通罗马;而对于聋人来说,充耳不闻如处孤岛,望洋兴叹道路险恶,只有少数聋人能够披荆斩棘绝路逢生。整个国家在跑步前进,主流社会的大多数听人凭借自己的优势跑在了前面。处在有利地位的听人,应该伸出手帮助那些处境不利的、被撞倒的和落在后面的聋人一并前进。

我国约有两千多万聋人,关联的家庭也有两千多万个,被涉及的人数将近一亿人。为什么聋人容易被边缘化?为什么聋人的生活要比听人曲折艰难?这是时时缠绕着他们的问题,也是时刻缠绕我的问题。事实上,人们传统的、世俗的、落后的定势观念其实比耳聋带来的困难大得多。聋和听两种生活的对比和反差,促使我渐渐地走上为聋人立命和发声的道路——关注聋人命运、关注聋人前途、关注聋人怎样不再陷入困顿的轮回、关注聋人如何从根本上突破困境,进而使我不断探索、不断思考,写出《聋啸龙声:你所不了解的你身边的聋人群体》(以下简称《聋啸龙声》)这本著作。

我是一名聋人学校的教师,工作十分繁重。近几年教学任务达到每周17节课,包括高中、初中和小学三个学段共6个年级的课,加上学校规定的20周完备的手写教案、每学期15节听课量、1.5万字的学习笔记等就足以把我的时间占满。因此,我只能咬紧牙关见缝插针地聚沙成塔。使这本书的写作历经了更多的辛劳,拉长了更多的时间,前前后后达8年之久。

这里需要特别说明的是:聋人、聋人历史、聋人手语、聋人教育和聋人文化等是我国主流社会尚为冷僻的领域,但美国对聋人历史、聋人教育和手语语言学的研究开始很早并且积淀很深,丰富而领先。而且,中国和美国聋教育的渊源很深,中国第一所聋人学校就是美国传教士建立起来的,而且不止一例。改革开放后,中国聋教育与国外往来最频繁最紧密的,参考最多的也是美国。尽管笔者也想尽可能多地了解和介绍其他国家聋人情况，但因外文障碍并且较难寻觅而引用很少。需要提醒的是，每个国家都有各自的国情，简单照搬他国现成经验不一定可取。本书希望以此抛砖引玉，让更多的人来关注和了解聋人群体，并切实为他们贡献一份力量。

2009 年，我在华夏出版社出版了《从聋到龙——聋人生活必读》（以下简称《从聋到龙》）一书，并获得了很好的社会效益。这本书成为国家新闻出版总署"2009 年农家书屋重点出版物推荐目录"书目、中国残疾人联合会网站 2010 年重点书目、陕西省新闻出版局"2011 年陕西省农家书屋"书目、"SigAm 西部双语聋人教育项目"2011 年聋人教师必读书目、百度文库 2012 年听障教育书目。2010 年，"从聋到龙"成为"百度百科"词条。截至 2012 年底，出版社就将《从聋到龙》印刷了 6 次，赠送给全国各地聋人学校，同时流传到我国香港、台湾地区及马来西亚。《从聋到龙》出版后，我收到一封来自马来西亚的电子邮件，作者说她所在的聋人培训机构以此书作为聋人培训教材，希望以后有英文版出版，也曾有马来西亚来华留学生打算翻译出版。后来，我看到有与聋人有关的文章和著作以"从聋到龙"四字作为聋人自强奋斗、由弱变强的比喻和形容，看到"从聋到龙"四字被印成红底白字巨幅自励标语悬挂在聋人高校教学楼内，我还听说不少聋人学校的听人教师就是大学毕业前读《从聋到龙》一书，之后确定去聋人学校任教的。

坦率地说，《从聋到龙》是智能手机之前通信不发达、聋人比较封闭、聋人读物特别贫乏的那个年代的出版物，主要是给聋人读者看的，现在再看会发现存在着很多不足。《聋啸龙声》则是《从聋到龙》之后的更深积累和思考所作，是一部尽可能全面叙述耳聋、聋人、聋人手语、聋人教育、聋人历史、聋人生活、聋人困境、聋人如何自强自立的著作，努力使其不仅是聋人及有关人士的读物，也使其成为一部面向主流社会关于聋的"科普"著作，诚望本书为关心聋人的读者开启一扇了解、认识和尊重聋人的窗口。

本书能够让社会了解少人知悉、容易隐蔽的聋人群体状况，让更多的人更好地把握聋人生活的真实样貌。写作是生活经历的一种表述，不同的经历，对生活的理解和表达自然也会为轩为轾地有所不同。因此，笔者更希望此书能够抛砖引玉，引发今后更多来自不同角度、不同层次见仁见智的研究成果，进而也更能促进建设聋人与听人更加和谐包容的文明社会。

书中不足之处，敬请广大读者不吝批评指正！
Email：1182027601@qq.com

iii

陈少毅

2020 年 9 月 1 日于西安

目 录 ┃CONTENTS

1/ 耳聋 Deafness

1.1　耳聋是怎么回事？　/001

1.2　耳聋可以复聪吗？　/007

1.3　很多聋人不会说话的原因　/009

1.4　治疗耳聋的痛苦　/010

1.5　五花八门的治聋术　/013

1.6　耳聋会遗传吗？　/018

1.7　耳聋可以消除吗？　/022

1.8　耳聋会给聋人带来什么后果？　/023

1.9　耳聋给聋人带来的一些身心变化　/025

1.10　忠告聋人和聋人家长　/026

1.11　聋儿家庭的语言剥夺和沟通忽视　/027

1.12　聋人安装电子耳蜗要谨慎考虑　/031

2/ 聋人 Deaf People

2.1　聋人是什么样的人？　/036

2.2　你可知道聋人的苦楚？　/038

2.3　话说聋人的艰难　/042

2.4　聋人生活有些特别　/053

2.5　不同类别的聋人　/055

2.6　聋人是轻度残疾人吗？　/058

2.7　聋人是一个脆弱易伤而又能焕发能量的两极性群体　/060

3 / 聋人与听人 The Deaf People and the Hearing People

3.1　聋人给社会带来了什么启发？　/064

3.2　帮助聋人就是帮助自己,更是帮助社会　/067

3.3　请不要戴有色眼镜看待聋人　/071

3.4　听人怎样和聋人打交道　/077

3.5　听人应该怎样和聋人同事相处？　/079

3.6　服务窗口怎样接待好聋人？　/082

3.7　面对不理解或歧视造成的困阻,给聋人支点招　/084

3.8　聋人记着这些雪中送炭人　/090

3.9　理想社会中的聋人生活应该是怎样的？　/097

4 / 聋人手语 Sign Language of the Deaf

4.1　手语　/100

4.2　世界聋人手语的历程　/105

4.3　中国聋人手语的历程　/109

4.4　手语的前景　/116

4.5　手语的语言学和法律地位　/122

5 / 聋人教育 Deaf Education

5.1　聋人教育历史是一部曲折感人的救赎史　/126

5.2　中国聋教育之母米尔斯夫人　/133

5.3　加劳德特大学及其来由　/139

5.4　长春大学特殊教育学院的创建　/144

5.5　聋人对我国聋人教育的贡献　/148

5.6　为什么聋人教育必须有聋人参与？　/158

5.7　双语聋教育给聋教育带来了什么？　/163

5.8　请您要格外善待敬重聋人学校教师　/166

5.9　当前聋人学校需要怎样的变革和提升？　/170

6 / 聋人文化 Deaf Culture

6.1　聋人手语　/176

6.2　聋人文学和诗歌　/179

6.3　聋人美术　/182

6.4　聋人演艺　/185

6.5　聋人电影　/186

7 / 聋人权利 The Rights of Deaf People

7.1　从"口手之争"到尊重手语　/190

7.2　1968—1978 年针灸治疗聋哑病　/196

7.3　DPN 运动和 BPN 运动　/198

7.4　手势汉语和自然手语　/202

7.5　电子耳蜗　/205

7.6　影视字幕　/208

7.7　聋人驾车　/211

7.8　聋人教师资格认定　/214

7.9　手语翻译　/217

8 / 推动聋人事业的听人 Hearing Ally

8.1　外国推动聋人事业的听人　/220

8.2　中国推动聋人事业的听人　/226

9 / 聋人英杰 The Distinguished Deaf Persons

9.1　世界近现代著名聋人　/237

9.2　中国近代、现代著名聋人　/249

10 / 聋人问题 Issues on Deafness

10.1　聋人需要怎样的无障碍？ /265

10.2　当前聋人文化素质为什么还不够高？ /267

10.3　听人夫妇教养聋孩子常常有很大的问题 /270

10.4　直击聋人的软肋——文化知识水平过低 /273

10.5　聋人为什么找工作难？聋人应该怎样应对找工作难的问题？ /275

10.6　聋人和听人结婚能够幸福吗？ /277

10.7　聋人夫妇（尤其是先天性聋人）的生育大事应该怎样决定？ /278

10.8　聋人夫妇教养孩子是个很大的问题 /280

10.9　重听人也是一个非常需要关注的艰难群体 /282

11 / 聋人自励 Deaf Self-Advocate

11.1　聋人怎样努力才能有利于摆脱困境？ /284

11.2　聋人要改造自己的一些习性 /286

11.3　聋人，你要向听人靠拢！ /290

11.4　聋人要读书学习 /291

11.5　只有强大才能赢得尊重 /294

参考文献 Notes /297

感谢 Acknowledgenent /299

1／耳聋 Deafness

> 嚚瘖不可使言，聋聩不可使听。
>
> ——左丘明（约公元前502—前422）

1.1 耳聋是怎么回事？

图 1-1 是一片殷墟甲骨，竖排中间一行第六字赫然有个"聋"字。甲骨文是中国现存最古老的文字，距今已有三千多年。有文字出现就有了"聋"字，说明耳聋从古至今依随着人类存在，即有人类就有聋人。后来，我国还演化出了文昌帝君身边左右"天聋地哑"一男一女两个侍童的神祇（图 1-2）。两人中一女哑童手持文人录运簿册，一男聋童手持文昌大印，"能知者不能言，能言者不能知（释义：能知道的不能说，能说的不能知道）"。在民间，"天聋地哑"还寓意着天造地设、阴阳相配、化生万物、创造始祖的许多传说和故事。古迹或农村的老宅大门前有时可以看到一对天聋地哑石雕做的门墩。

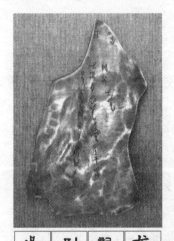

图 1-1　甲骨文（复制品）

图源：中国特殊教育博物馆

图 1-2　文昌帝君身旁的天聋地哑伺童

现代医学出现之前,由于人类受自身认识能力、生产力水平和科学技术水平的限制,对耳聋这种疾病不解其因。因此长期以来人们认为"聋"是鬼神附身、善恶轮回、因果报应的结果,或者是风水势利、五行失调、邪气阻滞、饮食违反禁忌、身体精气不畅、孕妇怀孕期间触犯禁忌……的孽因产生的结果。

在我国,这方面的解释层出不穷:

"精不流则气郁,郁……处耳则为拘为聋。① (释义:人体的'精'不流畅'气'就郁积,郁积……到耳朵就结成聋。)"

"邪气与正气相搏,久即邪气停滞成聋。② (释义:邪气和正气互相争搏,时间长了邪气停留下来就变成了耳聋。)"

"宅居大凶,生子聋盲。③ (释义:住宅风水凶恶,会生聋或盲孩子。)"

"胎中聋哑,犯天聋地哑日受胎。④ (释义:怀胎聋哑,触犯了天聋地哑这个忌日受孕。)"

"贫贱困极残疾夭死癫狂聋僻……先世殃咎所逮也。⑤ (释义:贫贱困难残疾早逝疯癫聋哑……是前辈人祸害留下的结果。)"

"聋……五味饮食冒犯禁忌而得之。⑥ (释义:聋……是各种食物冒犯了禁忌得到的。)"

"鲜鱼同田鸡食,令子瘖哑。⑦ (释义:鲜鱼和青蛙同吃,生的孩子耳聋口哑。)"

"今生耳聋为何因?前世开法不信真。……"

西方《圣经》里则有:

《新约·马太福音》说:"他们出去的时候,有人将鬼所附的一个哑巴带到耶稣跟前来。鬼被赶出去,哑巴就说出话来。"⑧

《新约·马可福音》说:"有人带著一个耳聋舌结的人来见耶稣,求他按手在他身上。

① 吕不韦.吕氏春秋.四部丛刊景明刊本[M].卷十二,季冬纪第三.
② 刘昉.幼幼新书.明万历陈履端刻本[M].卷三十三,眼目耳鼻凡二十四门.
③ 佚名.地理新书.金刻本[M].卷五,筮地吉凶.
④ 刘昉.幼幼新书.明万历陈履端刻本[M].卷三,病源形色凡十门,胎中受病.
⑤ 佚名.玄都律文.明正统道藏本[M].章表律.
⑥ 华佗.中藏经.清抄本[M].卷上,风中有五生死论第十七.
⑦ 王绍隆.医灯续焰[M].北京:中医古籍出版社,2015.
⑧ 摘引自马太福音.第9章.圣经.新约全书中国基督教协会,1989:10.

耶稣领他离开众人,到一边去,就用指头探他的耳朵,吐唾沫抹他的舌头,望天叹息,对他说:'以法大!'就是说:'开了吧!'他的耳朵就开了,舌结也解了,说话也清楚了。耶稣嘱咐他们不要告诉人,但他越发嘱咐,他们越发传扬开了。众人分外希奇,说:'他所做的事都好,他连聋子也叫他们听见,哑巴也叫他们说话!'"①

关于耳聋,古人是这样解释的:

《老子·道德经》(约公元前384—前374年)第十四章:"听之不闻名曰希。② (释义:耳朵听但听不见称作寂静。)"

《左传·僖公二十四年》(约公元前722年):"耳不听五声之和为聋。③ (释义:宫、商、角(júe)、徵(zhǐ)、羽五种音调都听不到为聋。)"

汉代许慎著的中国历史上的第一部字书《说文解字》(100—121年)解释:"聋,无闻也。④ (释义:聋,听不到声音。)"

《澄衷蒙学堂字课图说》(1901年)解释:"耳不受声曰聋。(释义:耳朵不接受声音称为聋。)""听不察也。⑤ (释义:听但察觉不到声音。)"

耳聋,就是耳朵听不清或听不到声音了,也叫失聪或失听。我国南北朝时期《刘子·崇学》中说耳聋是:"耳形完而听不闻也者。(释义:耳廓形状完整却听不到声音)"这与歇后语:"聋子的耳朵——摆设"语义相同。古人很早对耳聋就做出了分类,从字面上就有:聋(lóng)(重听、耳背)、聹(zǎi)(半聋)、聵(kuì)(先天耳聋)、聧(kuī)(聋之甚者)、聉(quē)(全聋)、耸(sǒng)(耳聋)、喑(yīn)(哑)、瘖(yīn)(因病而哑),等等。说明耳聋是有不同原因、不同程度和不同结果的。

耳聋,是听觉器官病变造成听力下降或听觉失灵。在中国,每年新生儿有1‰~3‰有重度听力损伤,约2万~4万。⑥ 在全世界有3400万儿童中度至重度听力损失。

具体的耳部剖面如图1-3所示。

现代医学将耳聋分为传导性耳聋、感音性耳聋、先天性耳聋和老年性耳聋。

① 摘引自马可福音. 第7章,圣经. 新约全书中国基督教协会,1989:47.
② 老子. 道德经[M]. 赞玄章第十四,北京:宗教文化出版社,2007:9.
③ 左丘明. 左传[M]. 卷六,北京:中华书局,1980:1000.
④ 许慎. 说文解字[M]. 北京:中华书局,1963:250.
⑤ 刘树屏. 澄衷蒙学堂字课图说[M]. 澄衷本学堂石印,1901:卷二.
⑥ 韩德民. 新生儿听力筛查:聋儿的福音[J]. 中国医学文摘(耳鼻咽喉科学),2007:1.

传导性耳聋 传导性耳聋指从耳廓—耳道—鼓膜—听骨—前庭—耳蜗—听神经这一听觉链道的某个部位由于堵塞、感染、发炎和损伤等原因,造成传导声音受阻导致的耳聋。传导性耳聋一般由耵聍(耳屎)阻塞、耳道畸形、中耳炎、胆脂瘤、鼓膜穿孔、听骨被炎症腐蚀等原因造成,并表现为不同程度的重听,也就是俗话说的耳背。患者一般为轻度到中度耳聋,不会完全丧失听力。

感音性耳聋 感音性耳聋指感觉声音的内耳前庭、耳蜗、听觉毛细胞和听觉神经某部位异常,无法将音波转变为神经兴奋传达到大脑中枢听觉部位。因此,感音性耳聋也叫神经性耳聋,有感染性耳聋、药源性耳聋等。感音性耳聋一般发作快,听力下降速度快,发病超出一个星期即难以转逆。感音性耳聋的听力损失一般比较严重,少数人甚至可以完全丧失听力。我国卫生部 2000 年公布的调查结果显示,感音神经性聋约占耳聋患者的 63%。

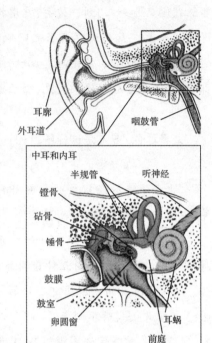

图 1-3 耳部剖面

图源:《默克家庭诊疗手册》第 786 页

感染性耳聋常常是由高热、脑膜炎、腮腺炎、猩红热、麻疹、风疹、疱疹、水痘等病毒感染引发的耳聋。

占耳聋最大比例的是药源性耳聋。特别是氨基糖苷类抗生素如链霉素、卡那霉素、庆大霉素、新霉素、丁胺卡那霉素、奈替霉素、妥布霉素、核糖霉素、巴龙霉素、阿米卡星、紫苏霉素、小诺米星、西索米星、奈替米星、阿司米星等;以及此外的大环内酯类抗生素(红霉素、万古霉素、去甲万古霉素等),抗癌药(长春新碱、2-硝基咪唑、顺氯氨铂、环磷酰胺、氮芥、博来霉素等),抗炎药(吲哚美辛、布洛芬、双氯芬酸、阿司匹林),抗疟药(奎宁、氯奎等),利尿剂(速尿、利尿酸),抗肝素化制剂(保兰勃林),铊化物制剂(反应停),等等,其可使内耳前庭和耳蜗中毒引起药源性耳聋。

《2016 年中国儿童用药安全调查报告白皮书》公布,每年约有 30000 儿童因用药不当造成耳聋。2016 年中央电视台综合频道(CCTV-1)播出了公益广告提醒注意用药安全(图 1-4)。

还有因内耳痉挛、内耳缺氧缺血、听神经瘤、颅外伤、颞骨骨折、耳硬化、早产、长期处在噪音环境中造成的听觉细胞损害以及未知原因的突发性耳聋等耳聋。还有因暴露于瞬间发生的短暂而强烈的冲击波或强脉冲噪声中所造成的中耳、内耳或中耳及内耳混合

性急性损伤而导致的听力损失或丧失,叫爆震聋。

耳聋患者中也有传导性和感音性并发的混合性耳聋。

先天性耳聋 先天性耳聋分为非遗传性先天耳聋和遗传性先天耳聋。非遗传性先天耳聋是怀孕和分娩过程中的非遗传基因或非基因突变造成的

图1-4 CCTV-1《一个真实的故事》 截图

耳聋。如:怀孕过程中孕妇病毒感染或用耳毒性药物致使胎儿听力系统内耳中毒或发育异常、胎儿受伤、胎儿发育不良、生产过程中产程过长、窘迫、缺氧、受伤等;遗传性先天耳聋是与遗传基因有关的先天性聋人互相结婚、近亲结婚、隔代耳聋基因遗传等原因造成的,比率大大小于其他性质的耳聋。即使是听人(注:文中与聋人相对应的听力正常人,全书下同)夫妇,有人也会生下遗传性先天聋儿,这是基因突变造成的,比率很小。

老年性耳聋 老年性耳聋主要是因为听觉器官老化,包括听觉毛细胞老化和减少,感音能力下降造成的。老年性耳聋比率更高,60 岁以上的老年人 78.7% 听力下降。古人如杜甫、朱耷、吴昌硕等都存在老年性耳聋,今人如林散之、周有光、邓小平等晚年都戴着助听器。

感音性耳聋患者发病时常常伴有晕眩、呕吐、耳鸣、前庭(内耳听骨后前庭腔感受和控制平衡的部位)功能障碍等并发症。有的聋人患者晕眩甚至会达到大地旋转倾斜,以致无法站立的严重程度,至病情稳定后逐渐消失。呕吐是因为晕眩引发,晕眩减轻或消失后呕吐同时停止。耳鸣则伴随聋人的一生,耳聋发病时严重一些,有时可达到令人不堪忍受,无法入眠的程度,病情稳定后逐渐减轻并且可以习惯。耳鸣的声音有些类似蝉噪、蛙叫、风声、马达声、蜜蜂飞动声、高压线嗡嗡声,等等,又不完全相似。前庭功能障碍表现为患者闭眼坐在转椅上转数十圈,停止后不产生晕眩感,说明内耳前庭平衡感觉失灵。这类聋人在夜晚完全黑暗处(如无灯的隧道深处)以及宽阔的流动水面(因为宽阔的流动水面失去了固定不变的视觉参照点)处行走时会身体失衡,不过这对其生活影响并不很大,因为人是视觉功能加前庭功能综合把握平衡的,耳聋后视觉功能的强化可以替代前庭功能的损失。绝大多数时候,人是在有光线的环境中生活的,处在完全黑暗的环境里并不常见,而且人也可以主动避开完全黑暗的环境。尽管聋人听觉前庭平衡功能无法像听人一样,但聋人可以通过滑冰、滑雪、轮滑、瑜伽、游泳、舞蹈等锻炼提高自己的视觉平衡能力和心理平衡能力。

个别聋人耳聋的原因特别偶然并让人感慨唏嘘。一位偶遇的聋人告诉笔者,他母亲个子比较矮,抱着襁褓中的他没有注意到路面上的突出物,被绊倒,把他抛了出去,以致他被摔成了脑震荡,进而导致重度耳聋。有一聋友说他的耳聋:"没有任何预兆和原因,一觉醒来晕眩呕吐,听力下降。"笔者也是这样,我14岁时的一天下午突然头晕得天旋地转,呕吐得翻肠倒胃,耳鸣得无法入眠,三天后晕眩好转一些后听力开始急剧下降,直到半年后双耳完全失去听力。还有部分人家族性对耳毒性药物敏感,兄弟姐妹中一人染病使用耳毒性药物一针下去就致聋,之后另一人染病使用耳毒性药物同样一针致聋。

2018年4月28日,"手之声"公众号发了一段视频采访,受访的株洲市老聋人P用手语诉说:1941年1岁的自己在老家湖南湘潭生病卧床,遭遇日本侵略者飞机轰炸。剧烈的炸弹爆炸声过去后,父母发现他双耳被炸聋。战争中的军人很容易发生爆震聋,我初中同学的父亲耳背,是年轻时参加抗美援朝战争被炮弹声炸的。

笔者撰写这部分内容时,短短几个月时间就出现多条报道:

2018年7月26日《成都商报》:7月25日上午,广汉市的罗先生来到成都医学院第一附属医院耳鼻喉科,主治医师黄朝平检查发现,罗先生的左耳几乎丧失了全部听力。罗先生告诉医生,7月23日下午下起了雷雨,雷声非常大。同在办公室的7位同事,有3个人都出现了耳鸣,但其他同事都慢慢地好转、耳鸣消失,罗先生的耳鸣却越来越严重,直到晚上发现听不见了。

2018年9月25日《楚天都市报》:家住汉口后湖的张洋(化名)平时工作很忙,经常熬夜加班。2018年中秋节小长假,张洋不但没好好休息,反而从21日晚开始跟麻友连打两个通宵打麻将。23日上午张洋起床后接了个电话,发现什么也听不清,一开始他以为手机听筒坏了,找家人借了手机打过去还是听不清。不仅如此,他听家人说话,声音也像从很远处传来,耳朵里还吱吱作响。他赶紧到武汉市中心医院后湖院区耳鼻喉科求诊,医生检查后诊断其患上突发性耳聋,是由于透支身体导致内耳供血供氧不足,进而损害了内耳。

链霉素类抗生素更是听力的洪水猛兽,曾一度是占比例最高的致聋原因,真是一针下去就使患者聋听两隔,境遇突变使人生改向。"20世纪60年代,药物性耳聋的发病率在聋哑人中为14.8%,70年代则为20%~25%,80年代为66.1%,90年代据上海某医院的调查,则高达71.0%。"[①]尽管这可能是一组局部地区的调查结果,但也是一组触目惊

---

① 刘慕虞等.耳聋诊断治疗学[M].福州:福建科学技术出版社,2005:443.

心的数字。据有关调查,药源性耳聋 83% 是氨基糖苷类抗生素引起的。[1] 2005 年 2 月 9 日在中央电视台"春节电视联欢晚会"上表演《千手观音》的 21 位聋人演员,其中 18 位是注射链霉素类抗生素造成的耳聋,而且领舞邰丽华也是链霉素中毒造成的耳聋。[2]

1.2 耳聋可以复聪吗?

传导性耳聋除了耵聍(耳屎)阻塞被清除后可以完全恢复听力外,其他如:中耳炎、听骨被炎症腐蚀等因素引发的耳聋在控制炎症后,听力会有所提高。但由于容易复发和随着患者年龄增大,仍有可能听力越来越差。耳道畸形、鼓膜穿孔等情况则可以通过手术修补改善听力。

感音性耳聋的听力损失一般比较严重,极少数甚至可以完全丧失听力。不过,绝大多数感音性耳聋者会有一些残余听力。

听觉是声波从耳道传输到鼓膜,鼓膜振荡传输到听骨,听骨振动传输到前庭,再通过前庭传输到耳蜗并引起耳蜗内听觉毛细胞顶部纤毛弯曲、偏转和波动(图 1-5)。听觉纤毛的弯曲、偏转和波动将捕捉到的声音机械能转变为生物电,生物电传输给听神经

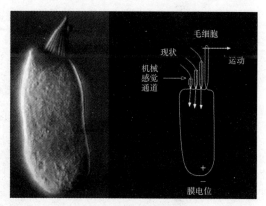

图 1-5　耳蜗毛细胞显微图

直至大脑皮层被感知。每人每只内耳天生具有 15000 个左右听觉毛细胞,像琴键一样有序排列着。人的听觉毛细胞只随胚胎发育生成,当听觉毛细胞由于各种原因出现损伤或者失去功能后,不能自发产生新的听觉毛细胞(图 1-6)。到目前为止,人类一直还没有找到恢复或再生听觉毛细胞的办法。听觉毛细胞损伤是感音性听力损失的最主要的原因,人一旦出现感音性耳聋,人耳无法自己修复听觉毛细胞,这就是耳聋难以治愈的根本原因。

听力损失越严重对交流影响越大。但耳聋患者交流质量还与言语环境是否安静、言语一方普通话是否纯正(方言比较难懂)、助听器质量高低以及聋人患病年龄(耳聋年龄越小越影响学习和积累词句,因而不易听懂未学过的词句)、读唇(看口型)能力(因人而异)、是否熟悉对方(熟人比生人交流更容易明白一些)等有关。笔者还感到,表演专业人

---

① 蔡皓东.警惕药物对听力的危害,尤其是氨基糖苷类抗生素[J].中国社区医师,2013,29(37):1.
② 张旭东.我是聋人[M].南京:江苏教育出版社,2009:12.

士的言语更加容易看懂一些,似乎表演专业人士的唇动、眼神、语气、咬字、表情和体态语言更能帮助聋人读唇。

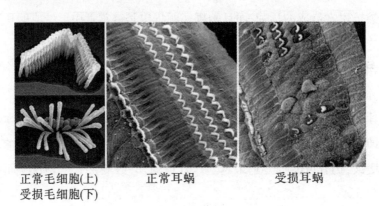

正常毛细胞(上)　　　　正常耳蜗　　　　　受损耳蜗
受损毛细胞(下)

图1-6　听力正常与听力受损对比

助听器是聋人的重要康复器具,其原理是将声音放大传送给聋耳。听力损伤在 40 db 以下轻度耳聋,佩戴助听器后基本看不出耳聋,只是交流时特别是室外要专注些,在嘈杂的场合可能听不清;40～70 db 的中度耳聋,佩戴助听器后可以进行日常交流,有时还是感到交流不便;70～90 db 的重度耳聋,佩戴助听器后有助于读唇,可以实现日常交流;90 db 以上的极重度耳聋,佩戴助听器后有助于读唇和日常交流,较难进行复杂深入的交流。

数码技术应用在助听器上,可以较好地滤去杂音,提高聆听质量;无线传送技术(FM)应用在助听器和电子耳蜗上,可以帮助聋人听到远距离如教室中教师、会场中讲话人的声音。2017 年,市场上出现了"畅听笔(网络+系统)",持此一支如钢笔的电子产品,可以在无线网络覆盖环境下,在多人交谈场合对准需要的谈话人有选择地聆听。也可以放在手机、电脑和电视旁帮助聆听。

助听器是自由佩戴的听力辅助器具。在不想聆听的场合,如:需要专心学习或工作、需要避开嘈杂、需要安静、需要休息等,可以关闭或取下助听器。因此,助听器也叫外挂非侵入式听力辅助器具。

极重度耳聋和完全失聪的聋人,只能靠植入电子耳蜗(图1-7)才能复聪。电子耳蜗是一种高

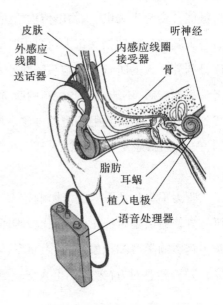

皮肤　　　　　　听神经
外感应　　　　内感应线圈
线圈　　　　　接受器
送话器　　　　　　　骨

脂肪
耳蜗
植入电极
语音处理器

图1-7　电子耳蜗剖面图

图源:《默克家庭诊疗手册》第789页

科技产品,植入电子耳蜗手术难度较大,要由专业医院经验丰富的耳科医生主刀。电子耳蜗是由一个内感应线圈、电极、一个外感应线圈、一个语音处理器和一个送话器组成。内感应线圈被植入耳廓后颅骨的上方,电极连线通过颅骨钻孔植入耳蜗,外感应线圈以其磁性吸附在内感应线圈外的皮肤上,用导线与外感应线圈相连的语音处理器放在衣袋或特制的套袋内,送话器是固定在耳后的助听器。

植入电子耳蜗过程主要是:剃光头发,掀起头皮在耳后颅骨上钻眼将其连线另一端电极接入耳蜗,在耳后颅骨安置内感应线圈;语音处理器将收到的声波转换为电脉冲动,通过外感应线圈传入内感应线圈,然后传到电极,电极电流刺激听神经传入大脑皮层感知到声音。电子耳蜗安装成功后,还要进行一段时间的适应性听力和语言训练。

电子耳蜗是手术植入人身体头颅部的听力辅助器具,植入后成为人体的一个组成部分,可以关闭但不能取下。耳蜗植入完全绕过中耳和内耳,除去部分中耳组织,直接连接听神经向大脑传递电子脉冲。因此,电子耳蜗也叫内置侵入式听力辅助器具。

近年来,随着科学技术的飞速发展,已经出现了成熟的"语音—文字"转译技术。2018 年有讯飞听见和音书两种手机即时"语音—文字"录音转译 APP 被聋人广泛使用。教室和会场也出现了讯飞听见会议系统大屏幕即时"语音—文字"录音转译。2019 年 2 月,Google 在 Android 手机上推出 Live Transcribe 应用程序,是针对耳聋及听力障碍人群开发的一款免费 Android 无障碍服务。基于此前在自动语音识别技术(ASR)的研究,Live Transcribe 将自动生成字幕的功能引入了手机设备。2019 年腾讯公司也已经开发出比较成熟的手语识别技术,实现手语—文字转译的"优图 AI 手语翻译机"。智能社会不久就会到来,相信未来聋人沟通不会再是什么特别困难的事情。

1.3 很多聋人不会说话的原因

言语(指人类讲话)能力不是与生俱来的,要依靠自己之外有言语能力的人去激发这种人类潜能。培养言语能力的唯一途径就是通过听力双方的言语信息互动交换,所以人类言语功能是出生后学而知之的。婴幼儿学习言语是耳先听然后口模仿,成语"牙牙学语"即对此情形的形容。婴幼儿耳聋后,由于不同程度的听力损失,听不到或听不清外界的声音,失去了模仿和反馈言语的前提条件,就无法像听人一样运用言语器官模仿,因此无法学习和掌握言语,无法通过言语同他人交流,成为既聋又哑的人,即"因聋而哑"和"十聋九哑"。也有很多聋人是婴幼期耳聋,长期耳聋遗忘了过去已经学会的话语。还有聋人因为耳聋后缺乏和听人交流,每天话语不多甚至极少,运用言语的能力也会逐步下降。社会对聋人的较少关注,也会使日常学习、工作和生活中的聋人言语机会减少,说话能力降低。鲁迅先生在《准风月谈》中《由聋而哑》的短文里曾对此做过描述:"医生告诉我们,有许多哑子,并非喉舌不能说话,只是因为从小就耳朵聋,听不见大人的言语,无可师法,就以为谁也不过张着口呜呜哑哑,他自然也只好呜呜哑哑了。"①鲁迅先生曾经学医,对聋哑的描述非常准确。

先天性全聋的聋人确实完全无法学习说话,但先天性全聋的比率是较低的,绝大多数聋人是后天性的,同时是有残余听力的,他们或多或少会说一些话,起码会说一些简单的词句。先天性耳聋、婴幼期耳聋没有经过康复训练,由于不会说话或说话不好长期失语,包括没有学会听人的语气,在手语交流的同时口语模拟、语气转换、情绪起伏、手势停歇、加强表达等,会发出一些"呜""啊""欧""哇""嗷"的声音,发出的声音可能听人听起来感到怪异。此外,聋人使用手语,需要将手势与表情和肢体的模拟结合起来进行表达,有时聋人手语模拟某个事物的情状或者过程,也会发出一些模拟般的声音。比如:聋人用手语描述飞机落地,为了加强落地时飞机的重量与地面接触的样子和扬起的气流,随着手语飞机落地的手势同时用嘴唇发出"噗——"的摩擦音。还有聋人模仿影视中士兵手持冲锋枪歼敌的情形,一边双手做端着冲锋枪样子,一边嘴里迸发出"啊啊啊"的声音。人类巧舌如簧,发出的声音美妙婉转丰富动听,只有动物才会发出单音节声音。有些听人由于不了解聋人,看到或听到聋人不能言语,或者用手语说话时发出模拟的怪异声音,以为聋人智力像动物一样简单或有问题,这是不正确的。

随着现代聋人康复技术的发展,各个国家都极其重视聋儿康复。加强新生儿早期筛查,儿童婴幼期出现耳聋后及早佩戴助听器、安装电子耳蜗,聋儿及时进入听力和语言(指人类交流工具,包括口头语、书面语、手语)康复机构、康复教师和家长长期有效训练聋儿对语言的感知和模仿,可以使相当多的聋儿能够说话,从而减少因聋而哑的聋人的比例。但是,康复的效果也是因人而异的,仍然会有一定比例的重度聋人无法依靠听力和语言康复训练获得正常的言语能力。

1.4 治疗耳聋的痛苦

耳聋治疗一段时间没有效果后,几乎所有的聋人家长都不愿放弃,继而不惜一切代价带着聋孩子天南海北地问医求药。以笔者为例:我父亲带我先后在宝鸡市中心医院、解放军第三医院(宝鸡)、西安市中心医院、第四军医大学附属医院(现空军军医大学西京医院)、西安医学院第一附属医院(现西安交通大学医学院附属医院)、陕西省中医研究所

---

① 鲁迅.鲁迅全集(第五卷)[M].北京:人民文学出版社,1982:277.

（现陕西省中医研究院）、协和医院（北京）、中国医科大学附属医院（沈阳）、白求恩医科大学附属医院（现吉林大学医学院附属医院）和辽源市聋哑病医院等地方进行过治疗。

20世纪80年代以前出生的聋人几乎都经历过针灸治疗（图1-8）。在百般医治无效的情况下，针灸成为那个时代聋人最后的救命稻草，多数聋人家长在当时社会舆论的影响下，都会带着聋孩子去不同的地方不同的医院针灸治聋，希望看到当时媒体宣传报道的那样"铁树开花枯枝发芽"，而且基本都是一直针灸到看不到希望为止。针灸医治耳聋，是非常痛苦的。面部组织是人体对疼痛最敏感的区域，针灸耳朵周围的穴位，大夫每扎一针，都需要耳聋患者缩紧内心忍受强烈的疼痛，有的针灸大夫甚至扎得聋人患者脸部麻木肌肉痉挛，吃饭张嘴嚼咽都受到影响，停针两三天后才能恢复。

笔者分别在第四军医大学附属医院针灸科、陕西省中医研究所针灸科以及辽源市聋哑病医院接受过三段很长时间的针灸治疗。针灸治疗是在耳朵四周的耳门、听宫、听会、下关、翳风、挈脉、角孙；下颌中间的廉泉；无名指和小指之间下方手背的中渚；下臂外侧接近手腕的外关；小腿外侧的阳陵泉、陵下各个穴位垂直针刺2~3厘米深左右，如图1-9所示。在辽源市聋哑病医院，聚集着众多年龄不一的聋人。在经过两个多月的针灸治疗无效的情况下，医生在我离开医院前，还给我扎过几次哑门穴位，说是为了防哑。哑门在后颈第一和第二颈椎之间，医生给我扎哑门穴逐渐进针时，突然感到如电击一般瞬间从头顶麻到手尖脚尖，医生即时起针。那时自己年少不知轻重，现在想起来还真有点后怕，当时真像五雷轰顶一样的感觉。后来和针灸过哑门穴位的聋人朋友一谈起这个事情，无一不蹙眉摇头心有余悸。我后来心里嘀咕：颈椎是人体的神经总道，万一扎坏了岂不就全身瘫痪了？

针灸加电极刺激是耳屏前上方的耳门穴和耳垂后翳风穴各扎一针夹上电极，通电后以电流刺激，感觉像上电刑一样。耳穴位注射维生素B_1和维生素B_{12}混合液是在耳门穴位处扎入近2厘米注射，剧痛异常，甚至疼痛得头皮发麻头痛欲裂，眼泪不由自主地流出，以致半个脑袋发麻发木，去掉针后很久很久才能恢复过来。

治疗耳聋的肌肉注射针剂654-2（山莨菪碱注射液），大夫说可以改善人体毛细血管循环，有助于治疗内耳因缺血缺氧造成的耳聋。但注射此药后患者会感到非常口渴，医生开此药的同时会给开一些维生素C片，让注射后含化维生素C片以缓解口渴。聋人治疗耳聋期间，往往每天要同时打两三针肌肉注射药物，除了654-2外，还有葛根黄酮注射液、维生素B_1和维生素B_{12}混合液等。我治耳病长期打针，是两侧臀部换着打。几个月后，两侧臀部密密麻麻布满细小的针眼，长期注射造成药物积存在臀部肌肉里不能及时被吸收，被注射部位肌肉发硬，甚至注射不进去药物，药剂竟从针管和针头接口处喷溢出来。但是为了治耳病不敢停针，只好每天用热毛巾热敷一阵子，继续注射。

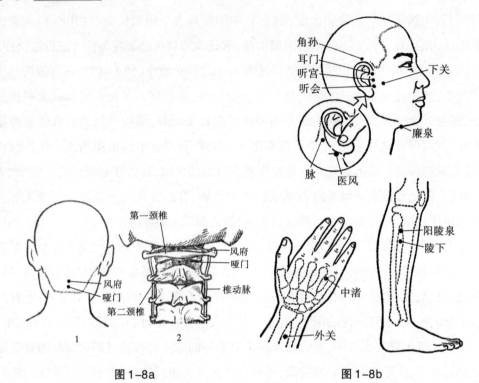

图 1-8a   图 1-8b

图 1-8   治疗耳聋针灸穴位

马来西亚聋人利昂·林(Leon Lim)在自己油画作品《消灭耳聋(*Killing My Deafness*)》中揭露了针灸、手术等医治耳聋给聋人带来的身心痛苦,其犹如黑手掏舌、挖嗓、戳耳、揪发、缚臂般地残忍(图 1-9)。美国聋人画家卓克·巴德(Chuck Baird)1973年创作过一幅名为《耳》的油画作品(图 1-10),展现的是充满复杂奇怪的电子元件、连线、管道和电池等物品的一只大耳朵。两幅油画作品异口同声地道出聋人心底的酸楚——为了治疗耳聋改善听力不惜把聋人弄得千疮百孔、苦不堪言。

图 1-9 消灭耳聋(油画) 利昂·林

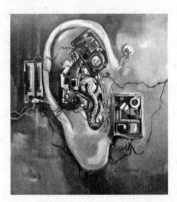

图 1-10 耳(油画) 卓克·巴德

英国年过半百的五官科医生艾利森·考拉韦(Alison Callaway)博士,希望通过教育帮助聋童发展。他在布里斯托大学(Bristol University)攻读教育学博士学位期间,在南京爱德基金会聋儿康复中心蹲点调查。2000年其在加劳德特大学出版社出版著作《中国聋童(*DEAF CHILDREN IN CHINA*)》,也提到中国家长为聋孩子的康复做出让她感到令人心酸又残忍的努力,如:气功、针灸、中药、西药等。

治疗耳聋会尝试多种方法,每种治疗一般都需要一个月到几个月时间甚至更长的时间。聋人几乎都是有医就求有药就吃,各种各样的治疗都经历过,加起来花费巨大。20世纪90年代耳背式助听器刚刚出现时,价格昂贵,往往是工薪人家一人半年或一年的收入。笔者有一位聋学生不慎丢失了耳背式助听器,其母亲竟然哭了。即使是现在,耳背式或内耳式助听器也仍然价格不菲,常常是几千甚至几万。电子耳蜗植入手术要切开耳后皮肤,磨薄面神经骨管和后鼓室后壁,磨除圆窗前缘骨壁埋植内感应线圈、除去中耳部分组织。电子耳蜗植入手术要失去耳聋患者全部残余听力,改为接收电子耳蜗声音接收。单侧电子耳蜗装置、植入手术、住院、护理、家长陪护、后续语言训练,加起来目前需要20万元以上。

1.5 五花八门的治聋术

医疗难以根治耳聋,聋人就不能消除,这一方面促进了人类对耳聋的认识和医学研究的进步,出现了不少新的探索和尝试;另一方面也刺激了一些人发财致富的贪婪之梦。多数聋人都能说出一些自己经历的五花八门的治疗耳聋办法。(以下只例举疗法不评价疗效)

笔者自己就经历过:耳道内放置珍珠、冬虫夏草;喝中草药汤剂,吃蒸猪腰子;气功、按摩、鼓气;针灸、针灸加电极刺激、耳穴位注射维生素 B_1 和维生素 B_{12} 混合注射液等治疗方法。这些治疗法很多聋人也都经历过。此外,有的聋人还经历过高压氧疗法、埋线、同位素疗法,等等。

耳道放置"药物"后,"药物"在耳道里随着人走动而晃动,以致耳道奇痒无比,常常忍不住想除之而后快。

气功治疗耳聋是让患者坐好,气功师用双手在患者两耳、头顶、面部、脖颈等处运气发气发力。

按摩治疗耳聋是让患者坐好,按摩师用按压或敲击穴位、手指关节刻画经络穴位、十指拍脑袋、双手揪耳廓、双手紧紧捂住患者耳廓突然放开,等等。

鼓气治耳聋是每天早晚捏住两个鼻孔紧闭双眼,用力鼓气,努力让鼓足的气从两个耳孔冒出,直到鼓不住气为止。事实上我本人鼓得满脸通红眼冒金星也没有感到一丝气从耳孔冒出。

高压氧治疗是聋人定期进入一个封闭舱内,输入较高浓度的氧气,在舱内呼吸氧气,每次半小时。

埋线是把一个很小的金属东西埋进双耳背后面皮肤下,永不取出。

同位素利用某些放射性元素或其放射性同位素衰变所发出的射线来治疗某些特殊疾病。主要利用钴-60,也用磷-32或碘-131等,将同位素放入耳道内滞留一段时间。

还有一些奇方:耳聋患者口含一铁片或一枚大铁钉,手持两块磁铁分别放在耳孔处"听"。每次听2~5分钟,每日听2~5次。

治耳病喝中草药汤剂可不是仅仅几天的事情,需要好几个疗程,每个疗程大概一个月。聋人喝中草药汤剂往往一喝就是几个疗程也就是几个月,一直喝到看不到希望为止。我记得自己喝中草药汤剂还加过特殊药品,如磁石、麝香、蜈蚣等。麝香是比较珍贵的中药,麝香在20世纪七八十年代是几十元到几百元一克,现在则是几百元到上千元一克。入药的蜈蚣是什么样子大家可能从未见识过,那是一只两寸长完整的风干蜈蚣,被细线缚在略大一点的薄竹片上,和中草药一起煎服。

还有喝煮蟾蜍汤、喝泡核桃仁的啤酒、喝加了神庙香灰或烧纸灰的"神水"或"神酒"等各种奇异疗法。我本人就喝过烧纸灰的"神水"。有人告诉我母亲,山里有人能治耳聋,我母亲就带着我走了十来里农村小路找到那个人。我支棱着啥也听不到的聋耳朵,在农家小院里坐了一会儿,有人端来半碗放着一些灰不溜秋细片东西的开水,母亲示意我喝下去,看着周围人期待注视的眼光,我就全喝了下去。我懵懵懂懂喝完,多少年还不知其为何物,长大成人后才恍然大悟。

还有聋人说过往自己耳道里点猫尿治聋,而且据说黑猫尿更好,似乎其他毛色的猫尿效果会差一些。猫尿可是不容易得到的东西,大家都知道猫拉屎撒尿要去避开人的冷僻地方并且自己用沙土掩埋。有聋人讲述:为了得到治疗耳聋的猫尿,先让猫多喝牛奶,然后抓住猫扣在两个大洗衣盆里用砖头把盆压住,忍受着盆里的猫烦躁焦急的嚎叫甚至是惨叫,等上半天甚至一天时间把猫放掉,才能得到盆底一点"无比金贵"的猫尿去点耳朵。有时把猫扣上半天一天也可能没有一点猫尿,或者是猫尿已经被烦躁焦急的猫扒拉得肮脏不堪无法使用。这样一来,扣猫待尿还要事先把四个猫爪子洗干净,这又是一件挺不容易的事情。

聋人X在自己的文章中回忆幼年治疗耳聋:庸医将一包药融化后灌进他的双耳孔内,第二天药结成膜竟然把耳孔堵住了,他的母亲不得已用针蘸水小心翼翼地戳开药膜弄通耳孔。后来他又尝试过不同奇方,将老乌龟尿灌进耳孔、将蚯蚓血灌进耳孔、吃不加盐的猪耳朵等。我本人不知道乌龟是否能尿尿,更难猜测怎样才能把乌龟尿弄到。后来我为此网搜查到:用镜子照乌龟头、用松针或猪鬃刺乌龟鼻子、用蒜头擦乌龟鼻子,可促使乌龟排尿。小时候我自己也挖过蚯蚓,知道一条蚯蚓的血实在有限,而且蚯蚓内部充满泥浆,怎样弄到并且弄够干净的蚯蚓血恐怕是件费心费力的事情。

又有中医大夫说耳聋是肾虚所致:"肝受病则目不能视,肾受病则耳不能听(释义:肝脏有病就看不到,肾脏有病就听不到)。""种树要浇根,治病要医本。"因此,治疗耳病要"调补气血,固本培元(释义:调整身体补气补血,巩固根本培养元神)"补肾。中医医生开出药方:每天吃一只夹中药杜仲蒸熟的猪腰子(肾脏),以"补肾气,益精髓"。于是,大人每天一大早就去菜市场肉铺给我买猪腰子。我耳聋及治疗时处于改革开放初期,猪肉供应不像现在这样充足,一头猪只有两个腰子,很不容易买到。于是我母亲特地求外祖母住的大杂院老宅对门在菜市场工作的邻居,请卖猪肉的师傅把猪腰子留下给我专用。这猪腰子倒不很难吃,只是没有加油盐比较寡味,医生允许蘸点酱油吃。关键是猪腰子连着吃下去几十个,耳聋依旧老样子没有丝毫改变。我不懂中医,但是现在对此细细分析我还是疑云重重:猪腰子不过是猪身上的一部分器官组织,由蛋白质组成,吃下去和吃肉基本一样,怎么能补肾? 即便是猪腰子有补肾的成分,蒸熟后蛋白质死亡并凝固,会不会破坏其补肾成分? 蒸熟后补肾成分还能保存下多少? 即便蒸熟的猪腰子有补肾的成分,吃下去后能被人体吸收的补肾成分还能有多少? 即使有能被人体吸收的补肾成分,需要吃多少猪腰子才能补足肾虚? 肾虚要补到何种地步才能使双耳复聪? 此类民间流传甚广的药方还有吃煮猪肺治疗哮喘、吃鱼眼治疗近视、吃炖猪蹄帮助孕妇下奶、喝小孩尿治疗产后血晕、喝虎骨泡的酒使人筋骨强壮等层出不穷。这种早已被现代科学批判的"以形补形"的治疗方法和鲁迅先生笔下叙述的用打破的旧鼓皮做成"败鼓皮丸"治疗鲁迅父亲的水肿一样荒谬可笑。①

无独有偶,2017 年 10 月,印度尼西亚土医生给一位大约十五六岁的女孩治疗聋哑的视频传到国内:"医师"先将食指和中指伸入女孩口内旋转抠舌后根,然后垫上布揪住舌头扯拉,再用食指旋转抠双耳孔,再用手掌拍双耳廓,简直有些像巫术表演。折腾得那位女孩伸舌欲呕、双泪淋漓。微信群里看到视频的人们都惊呼道:"这女孩子可真受苦了!"现代医学已经探明,感音性耳聋的最主要的原因是听觉毛细胞损伤,耳聋口哑是因聋无法学习说话,与舌头和嗓子没有任何关联,这种钻耳掏舌挖嗓的医术纯粹是与治疗离题万里的人身折磨。

这些害人骗钱的伪医学至今不绝。兰州某报纸 2012 年 11 月 3 日 A05 版整版刊登

---

① 鲁迅.鲁迅全集(第五卷)[M].北京:人民文学出版社,1982:286.

过"300年奇方,巧治耳鸣耳聋"报道:鹤发童颜的中医刘一平,祖传十代都是中医,号称"刘一手",发明"刘一手耳聪贴",有四大铁的保证保证药到病除,启动"拯救听力行动",并且"买四赠一"。又有西海某报纸2014年12月18日B17以完全同样版式整版刊登"300年奇方,巧治耳鸣耳聋"报道:长髯垂胸的老中医苗新聪,十代祖传都是中医,发明"苗一手耳聋贴",有四大铁的保证保证药到病除,启动"拯救听力行动",并且"买二赠一"。如图1-11所示。

图1-11 治疗耳聋的虚假报道

稍加分析就可知道是骗局:①家传十代老中医,至少300年甚至更长时间,自清代至今不受历史变动、社会波折和家庭变故的冲击和影响,能有吗?②"刘一手""苗一手"医生姓名高度相似,"耳聪贴""耳聋贴"药名高度相似,登报版式基本一致,文字内容基本不变,仅仅图片变更,一望便知是改头换面到处撒网。③耳聋多是内耳听觉毛细胞出现病变,靠一剂"耳聪贴""耳聋贴"膏药隔着人体组织一贴就灵,犹如神话。④"刘一手""苗一手"的"耳聪贴""耳聋贴"一膏即灵,药到病除,为什么社会还有那么多的聋人?⑤雷同一张报纸也就罢了,此类广告在网上一搜一大把,还有"霍一手灵耳贴""李一手耳聋贴",等等,散见于诸多报纸。同时各地药品监督管理局不断公布此类为违法广告。可见,骗子打一枪换一个地方,登一个报纸换一个姓名,造成不知内情的人上当受骗。

2018年,网络上出现了300多名聋人穿戴湖北省汉川市某服饰有限公司产品和用观音土高温烧结的能治百病的"超强珠"之后,听力改善并开口说话的新传奇报道(图

1-12）。他们甚至还编造出耳毒性聋人血液有毒，会遗传给第二代第三代这样违背科学常识的谬论（遗传是基因携带而不是通过血液遗传）。但是该服饰有限公司还是有恃无恐，网上广泛撒网，编造无病不治的神话。

2019年7月16日"中国听力在线"网站转载了北京电视台BTV生活频道《花费40万给孩子恢复听力，到头来竟是一场骗局！》的报道：一位母亲听信一位"老中医"的花言巧语，花费近40万喝中药给孩子治疗先天性感音性耳聋，最终毫无效果，还耽误了孩子的语言康复。

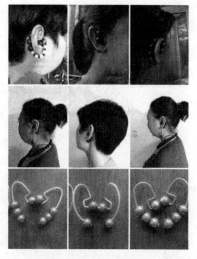

图1-12 超强珠

2020年8月10日，微信中一篇《耳鸣耳聋没吃药没手术，每天滴点小精油，竟然全好了！》的帖子，以四千多字的长文，综合了人尽所能的资料，全方位地叙述耳聋的原因和痛苦，配以来源多方的图片，展现了一种现代科技精炼出来的神奇"黄金滴耳油"，各种病因的聋人以此精油点入耳道即能复聪。可以预见，又将有不知多少不明内情治聋心切的人轻信，又将有不知多少耳聋患者的钞票流入精油发明人的腰包。

这样五花八门治疗耳聋的方法，真是匪夷所思。

古代关于治疗耳聋的方法也多见著作。

东晋葛洪的中医著作《肘后备急方》中记载：

"取鼠胆内耳内，不过三，愈。有人云：侧卧，沥一胆尽，须臾胆汁从下边出，初出益聋，半日顷，乃差。治三十年老聋。又方，巴豆十四枚，捣，鹅脂半两，火熔，内巴豆，和取如小豆，绵裹内耳中，差。日一易。姚云：差三十年聋。"（释义：取老鼠的胆脏，放进耳孔里，不超三次，就好了。有人说：侧卧向耳孔滴完一个老鼠胆汁，不一会胆汁从下边耳孔滴出，刚刚滴出时耳聋更严重，半天后，就好了。可以治好耳聋三十年的人。取巴豆十四枚，捣成粉末，将半两鹅油在火上融化，浇到巴豆粉末里搅匀，再取一块像小豆一样大的鹅油巴豆粉，用丝绸包好放进耳孔里，就好了。每天换一次药。姓姚的说：治好三十年耳聋。）[①]

① 葛洪.抱朴子内篇.肘后备急方今译[M].北京：中国医药出版社,2015：346-350.

葛洪的另一部道教著作《抱朴子》中也有治疗耳聋奇方：

"其既聋者,以玄龟薰之,或以棘头、羊粪、桂毛、雀桂成裹塞之;或以狼毒野葛,或以附子葱涕,合内耳中;或以蒸鲤鱼脑灌之,皆愈也。"[释义:已经耳聋的人,用黑色龟甲薰。或者用棘头、羊粪、桂毛、雀桂包起来塞在耳孔里;或者用狼毒和野葛,或者用附子(以上皆为中药名)和葱涕(葱汁)和起来放进耳孔里;或者用蒸熟的鲤鱼脑灌进耳孔里,都可治好。]①

张福娟等编著的《特殊教育史》一书中记载了古罗马医生塞尔萨斯(Cornelius Celsus,公元前25—50年)的医治耳聋的方法:对化脓性耳疾,他建议患者自己灌黄杨棘树汁,或韭菜汁与蜂蜜的混合物液,或去皮甜石榴汁加上热带树脂滴入耳内;用低度酒精洗耳,然后用烈性酒和玫瑰油混合物灌耳;对老年耳聋者建议用热油或用铜绿加蜜蜂酒灌耳。②朱宗顺主编的《特殊教育史》则记载了为了唤醒聋人的听力,强迫聋人大声喊叫直至口吐鲜血;或敲击聋人的枕骨,希望通过头部某些部位的松动让患者听到声音;还有用洋葱汁、鸦片酒、鹅油炸过的虫子入耳治疗耳聋。③

医学是一门应用性学科,是否科学要看能不能治愈疾病,治疗是否安全。医药则要经过严格的药剂研究、成分分析、动物试用、临床实验数据、副作用评估等程序后才能使用。现代医学已经清楚明了地查实了耳聋的根本原因,其中占聋人最大比例的感音性耳聋是病毒感染、药物中毒和内耳微循环障碍等原因造成的内耳耳蜗听觉毛细胞损伤,因此无法将声音的机械能转换为生物电传输到听神经进而传输给大脑,耳聋无法治愈的原因是听觉毛细胞被损伤后不能再生。那么,与听觉毛细胞恢复无关的耳道点药、中药、气功、按摩、针灸等治疗法,大多都无甚效果。

1.6 耳聋会遗传吗?

"聋人和聋人结婚会不会遗传给下一代?""听人和聋人结婚会不会生下耳聋孩子?"这是一个很多人关心的问题。

耳聋遗传的概率是比较小的。世界上绝大多数聋人都是听力正常的夫妇所生的,而

① 葛洪.抱朴子内篇.肘后备急方今译[M].北京:中国医药出版社,2015:140.
② 张福娟等.特殊教育史[M].上海:华东师范大学出版社,2000:8-9.
③ 朱宗顺.特殊教育史[M].北京:北京大学出版社,2011:18.

且绝大多数聋人的耳聋都是后天原因造成的。

后天聋人和后天聋人结婚,遗传的可能性近于零但绝不是没有。人们可以看到,绝大多数聋人夫妇的后代都是听力健康的。

先天聋人和后天聋人结婚,遗传可能性会增大许多,但他们生育的后代多数仍然是听力健康的。

先天聋人和先天聋人结婚,遗传的可能性要大得多,但他们生育的后代仍可能是听力健康的。这是因为,即便是先天耳聋,也有遗传原因和非遗传原因。比如:母亲在怀孕期间感染病毒、服药造成胎儿耳聋、怀孕期间胎儿受伤、生产时胎儿受伤、产程过长胎儿缺氧等因素造成的先天聋人一般不会遗传给下一代,只有基因遗传性耳聋才会遗传给下一代,而且或有隔代遗传的可能。

需要强调的是,先天聋人和先天聋人结婚,如果第一胎生育了基因遗传性先天耳聋的后代,则再次生育的遗传概率接近100%。先天聋人和后天聋人结婚第一胎生育了基因遗传性先天耳聋后代,再次生育的遗传概率也很高,因为耳聋遗传基因无法避免。但是究竟是母亲怀孕期间因感染病毒和服药造成胎儿耳聋还是基因遗传造成耳聋,即便是医生有时也不容易弄明白。从优生优育的角度来说,凡是家族三代有先天耳聋、夫妇一方或两方都是先天耳聋的,结婚后最好咨询专业医生进行遗传评估和基因检测,是否生育后代应听取医生建议并且全家仔细考量后再加决定。

随着基因科学的发展,现在已经有能力检测出药物敏感基因。在此建议新生儿做一下基因检测,以便对今后使用敏感药物有所预防,尽量减少用药不当造成的药物中毒性耳聋。

每个人的基因就像芸芸众生那样各不相一,不都是十全十美的,总是多多少少带有一些缺陷。只不过有的人基因缺陷明显一些,有的人隐蔽一些;有的人基因缺陷大一些,有的人小一些;有的人基因缺陷在事关重大的重要器官,有的人在不足为道的毫末部位。即使是听人夫妇,也无法完全肯定自己生的孩子就一定健康,医学术语叫作基因突变。笔者作为聋人学校教师,相隔几年总可以看到兄弟或姐妹或姐弟或兄妹都是聋人的学生(当然这其中也可能是后天因素造成),他们的父母是听人。听人夫妇生的第一个孩子如果是先天性聋人的话,第二个孩子的先天遗传可能性会非常大。笔者就有聋人学生的父母是听人但兄弟姐妹是先天性聋人。而且笔者亲见:有一对听人夫妇生了三个儿子都是先天性聋人。美国学者哈伦·莱恩(Harlan Lane)的一部重要聋教育历史著作《当心灵倾听:一部失聪史》(*When the Mind Hears: A History of the Deaf*)里记载了18世纪著名聋教育家西卡德辅导的一位先天耳聋孩子马西厄,其父母是听人,他的家里有8个兄弟姐妹,其中5个和他一样先天耳聋。① 法国维罗妮克·普兰(Veronique Poulain)在描述聋人生活的著作《静默》一书中,讲述了一位业余手风琴演奏家罗伯特和农庄姑娘阿丽丝结婚,却生下先天性耳聋的女孩若赛特和男孩吉。② 这部著作后来被拍成了电影。美国聋人超模奈尔·迪马科(Nyle Dimarco)说自己家族共有25个成员都跟自己一样耳朵听不见。

据国家卫生健康委员会统计的有关数据显示,2011年我国围产儿出生缺陷发生率153.23/万,约为1.5%。在出生缺陷中,听力障碍是排名第二位的疾病。现代医学只能努力通过各种手段把遗传疾病的比率尽量压低,但无法也绝不可能达到零。

由于地质、气候、环境、遗传、流行性传染病等因素,某些疾病在某些地区发生比率较高,也就是通常所说的地方病。在印度尼西亚巴厘岛北部,有个叫本卡拉(Bengkala)的村庄(图1-13),源于一种名为DFNB3的隐性基因,该基因已在村落中7代人的身上发现,这个村庄平均患有听力和语言障碍的人数高出世界水平15倍,而这种现象通常只发生在万分之一的婴儿中。由于聋人太多,耳聋反被习以为常,该村落的居民发明了属于他们自己的手语kata kolok,无论听人还是聋人,几乎人人都能熟练地用手语交流,学校里也是聋人和听力正常的孩子一起上学,老师讲课同时运用kata kolok。手语是这里村民的"方言",普及率高达80%,而无须

图1-13 印度尼西亚巴厘岛本卡拉手语村

分辨谁能听见,更没有所谓聋人。Bengkala的村民认为聋不是残疾,把其当作是他们信奉的聋之神——Dewa Kolok所赐予人们的礼物。

世界无奇不有。美国心理学家奥利弗·萨克斯(Oliver Sackes)所著的《看见声音——走近失聪人的寂静世界》(Seeing Voices:A Journey into the World of the Deaf)一书里

---

① 奥利弗·萨克斯.看见声音:走近失聪人的寂静世界[M].韩文正,译.北京:中信出版社,2016:51.
② 维罗妮克·普兰.静默[M].袁筱一,译.北京:新星出版社,2016:14-15.

介绍到：美国玛莎葡萄园岛(Martha's Vineyard)由于基因遗传，很多人先天聋哑，持续长达250年，有的村子里每四个人里就有一个聋人。这里不管听力是否正常，人人都会手语，没有人顾及对方是听人还是聋人。更值得一提的是，当岛上最后一个聋人去世后，当地听力正常的人依然保持着用口语加手语交流的习惯。为此，作者驱车专门前往进行考证。他来到这里一家老杂货铺，门前有五六个老人在谈天说地，突然间大家没有了声音用手语交谈，隔了一会时间大伙哄然一笑之后又继续用手语交谈。作者情不自禁地表露出自己的兴奋："我知道自己找对地方了！"书中说墨西哥尤家敦(Yucat)岛上一个偏僻的村落也有这样的情况。那里400个居民中就有14位天生失聪的聋人，每个村民都会使用手语。① 而且，这样的地方不止一处，还有洪都拉斯的贾克、加纳的阿达玛罗布市、印度安德拉邦刚塔区，等等。

　　基因遗传和突变是随着人类产生之日，或者应该说是地球生命诞生之日一直到现在的客观存在，也可以说基因遗传和突变是人类进化过程中的正常自然变异。基因遗传和突变在植物中的例子很多，就像玉米棒子上有时会出现几粒紫色的玉米粒一样，不足为奇，反是别致(图1-14)。这样带零星紫色玉米粒的玉米棒子著名画家齐白石也多次画在自己的画作中(图1-15)，而且齐白石在众多的学生中，收过聋人入室弟子石昌明(1937)和韩不言(1942)。人类中则有的人秃顶、有的人早白发、有的人皮肤有青斑或红斑、有的人易患某种疾病，等等。这种情况在动物界也经常存在，如棕色熊猫、全黑色企鹅、两眼不同颜色的猫，等等。任何事情的发展过程不可能是单一、纯净和透明的，更何况是如此漫长、受各种复杂因素影响的生命进化过程。人类基因组中国负责人杨焕明说："基因无所谓好坏，造成一种疾病的基因往往是抵御另一种疾病的武器，只有基因多样化才符合人类的利益。"②加劳德特大学德克森·L. 鲍曼(Dirksen L. Bauman)和约瑟夫·M. 莫里(Joseph M. Murry)两位教授谈道，"过去的一万多年的人类历史中，耳聋的400多种分类基因尚未被淘汰。耳聋的基因已经顽固地存在了数千代，并在世界各地都有发现，仅此一项就说明耳聋不是进化错误，而是人类持续发展的自然变异"。科学家已经探索到，某一方面基因变异造成的弱势，有时又是另一方面基因的强势。比如镰状细胞性贫血的基因突变可以预防疟疾，耳聋基因可增强针对细菌感染的保护作用并加速伤口愈合。先天性耳聋也可以说自人类产生之日直到现在一直有之。应该说，耳聋是任何人的一种可能，只不过耳聋发生在某个具体的人身上，使这个人成为聋人。如同科学家

---

　　① 奥利弗·萨克斯.看见声音：走近失聪人的寂静世界[M].韩文正，译.北京：中信出版社，2016：24-41.

　　② 张绵.无声的河：中外聋人题材电影中的文化意味[J].文化研究，2003：153.

说一切物质都是随机聚合互相混杂、根本就没有绝对的纯净物一样,世界是多元的。对社会的多样性和不足的宽容、接纳和关怀是衡量一个国家文明程度的标杆之一。因此,我们应该坦然淡然地看待疾病、缺陷包括耳聋。

图1-14 玉米 摄影:陈少毅

图1-15 《玉米》(中国画) 齐白石

1.7 耳聋可以消除吗?

随着人类社会的进步、科学技术的进步、医疗技术的进步以及人们生活环境的改善,人们防治耳聋意识、安全用药能力的提高,总的来说,特别是在大中城市,耳聋人数呈微小下降趋势。另外有越来越多的聋儿安装电子耳蜗之后去普通学校就读,聋人学校的聋人学生人数减少,也会看起来聋人数量在减少。但是由于耳聋的原因复杂多样、内耳的构造微小精密、内耳与大脑紧接、听觉神经和听觉毛细胞的精微娇贵、耳病治疗困难等原因,听觉系统生病不会像天花和小儿麻痹那样可以随着医学的进步被消灭(天花是天花病毒、小儿麻痹是脊髓灰质炎病毒引起的。人类消灭天花和小儿麻痹是找到了消灭这两种病毒的免疫抗体)。耳聋是多种原因造成的听觉器官特别是内耳听觉毛细胞丧失功能。

自从20世纪70年代开始,有关听觉毛细胞再生的研究一直没有中断过,世界各国顶级医学研究中心都有大量研究论文发表。但是,这项技术存在很多瓶颈,至今尚未突破。近年来,外国出现了"利用自身脊髓干细胞修补听力缺陷""以用人类胚胎干细胞培育听觉神经细胞""脐带血干细胞触发人体自身修复"等研究案例,使聋人看到一线曙光。但离听觉毛细胞真正能够通过医学或修补,或修复,或移植成功还非常遥远,感音性耳聋依然是一项难以治愈的医疗难题。也就是说直到目前,耳聋是无法消除的。

世界卫生组织(WHO)在2015年3月3日"国际爱耳日"的网页上宣传图片以鸡蛋易裂形容听觉器官的脆弱性(图1-16),并有如下警示话语:Make listening safe. Once you lose your hearing, it won't come back.(保护听力。听力一旦受损,不会失而复得!)

图1-16　保护听力

1.8　耳聋会给聋人带来什么后果?

1.8.1　言语障碍

婴幼儿学习说话是先听后仿的,听是先提条件。耳聋使聋儿失去了模仿说话的这一听的先提条件,说话就无从师法。因此,耳聋会使聋儿继而发生言语障碍,也就是过去称呼的"聋哑"。聋人的言语障碍的程度与各种原因关联:

(1)听力损伤的年龄:听力损伤年龄越小,言语障碍越严重。

(2)听力损伤的程度:听力损伤越严重,越影响聋儿言语能力。

(3)听力语言康复的力度:听说训练力度越小,聋儿的言语障碍越大。

(4)聋儿的言语环境:说话的机会越少,聋儿学习和巩固言语的机会就越少。

1.8.2　影响智力发展

唯有依靠繁复的交谈对话,才能提供从感官空间通往意念世界的渠道。聋儿听力障碍隔绝了学习口语的途径,聋儿家长再不及时学习手语与聋儿交流,就会影响信息的交互流动,推迟和减慢脑部的成熟,阻碍脑部左颞的正常发育。(学习手语的迟与早及其教育力度的大小决定了聋儿智力发展受限和滞后的大小,所以说对聋儿及早学习手语和投入更多精力的教育是非常重要的)

1.8.3　进入聋人圈

耳聋隔绝了聋人与外部世界的联系,聋儿言语因聋受障、智力发展滞后,到达学龄时去聋人学校上学,这样,聋儿就走进了聋人圈,一生在聋人圈里生活,成为"手语者"聋人群体的一员。虽然少数"手语者"聋人长大成人后能力出色跨出聋人圈融入听人圈,但其生活重心依然基本在聋人圈。

1.8.4　社交孤立和孤独

人和人的联系主要靠的是听觉,听觉出现问题阻碍了聋人和听人的联系,即将聋人与主流社会相隔离。加之目前社会对聋人的容纳和接受也不够理想,因此聋人和主流社会存在着较大的距离,容易被主流社会忽略和遗忘。

1.8.5　一生充满挣扎

有位聋人学者曾说过一句非常切中实际的话："哪一个聋人的成长历程是平淡的？都充满着挣扎。"确实,聋人由于听力和言语障碍导致学习困难、就业困难、婚姻困难、育子困难、生活困难、看病困难、养老困难,坎坎坷坷、曲曲折折、沉沉浮浮、跌跌绊绊伴随着聋人一生。

1.8.6　教养孩子困难

由于同用手语交流,生活习性一样,手语者聋人的婚姻模式基本都是聋聋结合。聋聋夫妇婚后一般生育的都是听人子女,聋父母与听人孩子交流困难,这样会产生后代抚养教育一系列问题。在我国,社会对聋人的包容及服务还不够到位,聋聋夫妇的孩子教养绝大多数都是一方父母代替完成的。即便是关心孩子成长的聋人夫妇,也由于口语表述困难,孩子得不到及时细致入微的启发、引导、描述,等等。

1.8.7　难以取得较大的成功

社会仍存在着一些将聋人污名化(残疾人、哑巴、智力低下等)、标签化甚至歧视化的陋习。除了少数聋人依靠家庭帮助或者是自己拼搏获得较好的生活条件外,机会较难光临聋人,聋人生活与主流社会有着很大的差距。即便是比较成功的聋人,所取得的成就在数量上和高度上也与听人差距很大。

1.8.8　医治耳聋和听力康复的经济负担

聋人在治疗耳聋及其之后的助听器配购、助听器电池更换、助听器每数年更新换代方面,是一笔相当大的生活额外开支,如果移植电子耳蜗,电子耳蜗和移植手术加起来费用非常昂贵。移植电子耳蜗之后的言语训练、电子耳蜗电池更换、电子耳蜗设备每隔数年升级换代,又是一笔比助听器花费更大的开支。

1.8.9　生活质量低于社会平均水准

总体上来说,聋人失业率比听人高得多,尤其是学历低、没有专长和缺乏家庭支援的聋人更是这样。即使有工作,就业技术级别也相对较低,而且聋人在职场中升迁概率和空间也比不上听人。聋人夫妇的聋-聋结合等于弱-弱结合,夫妇一人工作养家的比率高于听人,因此多数聋人家庭总收入低于听人。而且,聋人由于脱离社会难以紧跟社会发展,随着年龄增大,工作不稳定的聋人有可能再就业困难,收入会越来越低。

1.9 耳聋给聋人带来的一些身心变化

1.9.1 视觉负担加重

聋人的眼神常常处在游移和搜寻的状态中,那是聋人在把握周围环境、寻找信息、观察人们行动和态度变化……聋人失去了听力,听人通过听觉感官获取的信息于聋人就完全转移到了视觉感官上。听人可以从广播、电视播音、人际对话、录音、电脑音频等渠道获取外界信息,而聋人则主要依靠阅读、观看字幕、笔谈等。比如,在一个陌生、黑暗或危险的环境中,听人大多是眼耳并用甚至以听为主去了解周围动静,而聋人就完全需要靠视觉观察,必须眼观六路,但却不能耳听八方。

1.9.2 视阈变宽,视觉敏锐

由于聋人失去听力依靠视觉,必须多加注意移动的人们、车辆等,眼角对左右移动出现的东西反应变快(值得提醒的是视阈变宽也决然无法代替听觉的作用,仅仅是一种因为失去听力锻炼出的重视眼角出现的移动物而产生的感官补偿作用)。很多人说聋人因耳聋眼神变得敏锐了,视阈变宽了,这实际上是聋人视觉负担加重后带来的一种变化而已。同时,聋人眼神反应敏捷,善于察言观色,善于捕捉细微表情,善于通过口型猜测。聋人习惯于用眼睛捕风捉影,做事眼疾手快。

1.9.3 聋儿和聋少年注意力很不集中

由于听力损失,聋儿自幼需要以视觉查看周围和搜寻信息,加之因听力障碍家长难以对聋儿进行集中注意力的约束和培养,因此聋儿和聋少年大多容易被周围和外界事物吸引,注意力不易集中。聋人学生在学校上课和学习时表现为常常分神,常常把注意力转移到其他事物上,如:他人手语言谈、推门而入的人、周围晃动的物品等,这对聋人学生的学习带来较大的干扰。

1.9.4 不喜黑暗,入睡不喜光线

失去了听觉功能,视觉上更加需要一目了然或一览无余。在黑暗中影响聋人手语交流以及对周围环境的观察,因此在黑暗中会使聋人缺乏安全感。聋人常常喜欢在光线充足或灯火通明处,不喜黑暗。聋人睡觉前需要关灯和关闭窗帘,以免光线干扰睡眠。入睡中的聋人对光线敏感一些,聋人沉睡中特别反感有人突然开灯。如果聋人想早晨多睡一会儿,一般需要头天晚上把窗帘关紧隔开室外光线。

1.9.5　部分重度聋人在黑暗处平衡不好

部分重度聋人因耳聋同时失去前庭功能,在夜晚没有光线和灯光处身体容易失衡,行走起来比较困难,如醉汉一样地跌跌绊绊;在夜晚没有灯光处聋人难以骑自行车,更无法骑电动车或摩托车;在完全没有灯光的隧道、房间等场所甚至无法走路;在水中则难以把握平衡,容易跌倒甚至溺水。

1.9.6　会说话的聋人声音有些奇异

会说话的聋人常常让听人感到语调异样,主要表现在:声音小、鼻音重、语调缺乏扬抑顿挫张弛,有些字词的发音不准,有些字词咬字不清,有些词字声音含混缺失,尾字声音拖得太长,有些词语因为使用频率低慢慢淡忘一时说不出造成言语结舌,长时间听不到他人言语常常出现白字,看到对方没有反馈不知对方是否听清楚或听明白而多次重复,等等。聋人听力受损,无法以环境调节自己声音高低、大小和轻重,往往有时在会场、图书馆等需要轻声细语的地方声音过大,语气和周围情景不够协调。在嘈杂的地方,如公交车上、工厂机器旁等人多需要大声讲的地方,又显得声音过小,让人听不清楚。

1.9.7　行事掌握不好轻重

由于听力损伤的原因,聋人常常手重脚重。有些行事如:开关门窗柜子、搬桌椅、拿东西、放置物品、洗手、做饭、刮锅、洗碗等会发出很大的声音,甚至让周围的人大吃一惊,有时也让不了解聋人的听人往往误认为聋人举止粗鲁或不文明。

1.10　忠告聋人和聋人家长

第一,重度感音性耳聋已经发生半年以上并且没有治疗效果,之后继续治疗就没有什么意义了,最好不要再问医求药了(实际上3个月就可以这样下定论,延长到半年只不过为了给耳聋患者及其家长留出心理适应时间)。尽管这是一个很难让聋人及其家长接受的建议。

第二,至于针灸、耳部穴位注射、气功、按摩、耳道置药、喝中医汤药、听磁铁、吃猪腰子、猪耳朵等奇异治疗更是没有必要以身尝试,否则结果是让这些所谓的"大夫""医生"和"师傅"宰获收入,你和家人则是空折财钱、时间和精力而已。

第三,尤其是针灸、穴位注射、电极刺激等对治疗耳聋没有任何帮助,常常成为耳聋医治无效后去碰运气的安慰性治疗,只能让耳聋患者徒劳地增加巨大的治疗痛苦。

第四,耳聋带来的交流阻碍会使聋儿接受信息的密度骤然大幅度减少几近贫乏,这才是耳聋带来的最大问题和聋儿的最大障碍。接受信息受阻的结果会严重影响聋儿语言发展乃至智力成长。因此,治疗无效的聋儿家长要尽早把生活重心转移到怎样尽早学会手语加强交流、怎样增加信息密度、怎样和孩子沟通、怎样做好家庭教育、怎样开发聋儿智力、怎样让孩子健康成长、怎样让孩子适应学习、怎样让孩子有效学习等有利于儿童发展的更加重要的事情上来。

第五,听力语言康复要注意将聋儿放置在交流环境中,同时要着重培养聋儿勇于交流、喜爱交流的素质。如果聋儿经常处于孤单寂寞的环境中,或者是聋儿性格孤僻、胆小不爱与人交际,那么即使是听力康复效果较好也不利于聋儿语言康复进步。

第六,不能把聋儿康复的希望全部寄托在听力的改善上来,也就是不能完全寄托在医疗、助听器和电子耳蜗上来。要及时给聋儿提供言语训练、手语学习、互动交流。不能以为聋儿能说一些话就欣喜万分了,必须要达到随时随地频繁广泛深入的交流才能促进聋儿思维和智力的发展。

第七,少年和青年耳聋患者在治疗无效的情况下,要尽早走出医治无效的阴影,恢复人生信心。要尽早把生活重心转移到怎样冲破耳聋带来的生活困难、怎样战胜耳聋的障碍、怎样和周围人们沟通,以及设计适合自己的未来工作和人生发展上来。

第八,已经工作和已经成家后发生耳聋的患者,同样也要尽早走出医治无效的阴影,恢复人生信心。尽早把生活重心转移到怎样冲破耳聋带来的生活困难、怎样和周围人们沟通、怎样在耳聋的情况下带好孩子做好工作等事情上来。

第九,无论哪个阶段耳聋,家人亲友都要不怕麻烦和不便,多和聋人说话,更要强调聋人要主动多和周围的人交流,以尽可能增多聋人的言语表达机会,防止聋人因听力障碍与周遭交流骤然减少造成言语退化。

第十,极个别的聋人或听人夫妇生下先天耳聋的孩子,面对这样不愿意见到的情况,双方夫妇决不能万念俱灰。要积极地参照聋儿的教育方法,尽自己最大的力量,坚强地把孩子培养成才。如果遇到聋人夫妇双方父母和亲戚持悲观、失望的态度,聋人夫妇要耐心地以正确的观念开导劝说他们,帮助他们摆正心态,获得他们在孩子生活和教育上的帮助。

1.11 聋儿家庭的语言剥夺和沟通忽视

婴儿出生后 18 个月左右,大脑可完成 80% 左右的发育,平均每秒建立 700 多个新的神经元。一旦孩子被发现耳聋,就处于一个极其危险的境地。绝大多数聋儿家长担忧的是孩子与自己无法交流、无法在普通学校上学、滑入聋哑人圈子、长大成人后难以自立……这些都是耳聋后能看到和能预测到的。其实聋儿最最危险的处境还不单单是听力障碍,阻断交流影响生活和学习等,而是其语言神经因语言交流阻碍有可能错过黄金时期进而影响发育这一严重问题。语言神经发育程度就是智力发育水平,"用则进,废则退",孩子因聋交流减少即会影响语言神经发育。孩子听力损失后的每一分钟,都是智力发育受抑制的倒计时,而阻止聋儿智力发育受抑制的唯一办法是尽早学习语言并强化交流。

神经学家和心理学家对人包括聋人的语言发展研究结果表明,幼儿出生到三岁这个时期,是语言诱发和发育的黄金时期,错过了三岁前这个时期,幼儿语言的发展将会受到很大的抑制。三岁到青春期是可塑时期,语言发育还有补救的余地。这是因为,神秘的语言工作是先由大脑右颞负责掌控,消化完毕之后,再转交左颞加工处理。而大脑右颞和左颞的发育和发展是有年龄限制的,不能及时学习语言,大脑右颞和左颞的发育不能激发,即会受到抑制失去或减损处理语言的功能,到了青春期后语言神经发育终止就导致终身受损不可逆转。

这就是个体之间的聋儿素质差异巨大的原因。同样耳聋的原因,同样的年龄,同样的听力损失,有的聋儿聪明机灵与听人相差无几,而一些聋儿却迟钝愚鲁难以造就。神经学家和心理学家认为,幼儿一旦听力损伤,及早学习语言才是头等大事和重中之重。这是因为,不仅人的语言发育有一个固定的黄金时期并且不容错过,而且人的思维、交流以及思想、人格等的发展,都依赖于对语言的掌握。错过三岁前这个语言开发的黄金时期,就会对孩子的大脑产生无法补救的影响。

聋儿家庭教育的缺失对聋儿成长的损害非常大,其也是造成聋人学校教育的主要困难之一,长期困扰着聋人学校教师,干扰着的聋人的学校教学成效,阻碍着聋人学生的健康成长,影响着聋人教育目标的实现。聋儿家庭教育的缺失原因是几乎99%的聋儿家长不会手语,因此家长无法和聋儿交流。家长无法和聋儿沟通,即养而不教,养而不育,因此无法尽到家庭教育的责任。聋儿一回到家就等于回到一个寂静、孤立、与世隔绝的真空世界,这对于聋孩子来说是一种锥心刺骨的人性摧残,被描绘为隔绝在玻璃瓶里(图1-17)。我曾亲眼见到周末家长来接住校低年级聋学生时,个别学生哭闹着不愿意回家,原因是家里没有老师和同学可以说话。我曾看到一年级聋学生自己画的家庭生活,并排站立的父母和姐姐欢快高兴,而自己泣涕涟涟。这说明聋孩子尽管年龄小,但对沟通的阻碍及其带来的痛苦是心知肚明的。我在公交车上碰见高年级聋学生,也给我诉说家里父母弟弟(或哥哥姐姐妹妹)不与自己说话,感到苦闷异常。家访学生,学生父亲给老师说的却是:"无法和孩子沟通,希望他能听到声音说话。"家长却从来没有换位想过,为什么自己不能学好手语去和孩子沟通。笔者自己在父母家,也觉得父母和弟弟除非重要事情才和我笔谈,一般不和我闲聊什么,我也感到寂寞难当。美国聋人画家苏珊·杜普(Susan Dupor)1991年的画作《家犬》(图1-18)入木三分真实地描绘聋孩子在这种由于没有沟通交流的家庭尴尬、无奈和难受的处境,揭露了聋人生活中的普遍现象。有人就此画评价道:"聋儿生活在没有手语的听人家庭被孤立,是典型的聋儿情感生活。家庭其他成员的脸模糊不清,这就好比听人在看被静电干扰的电视节目那样的经历。"聋教育界对这一现象去类比对儿童的虐待,起了两个新词语叫作 language deprivation(语言剥夺)和 communnication neglect(沟通忽视)。语言剥夺和沟通忽视表面上虽然没有显而易见肉体上的痛苦而且容易被人忽略,但实际上造成的是精神上的痛苦、思维发育的阻滞,其后果伴其一生,比肉体上的虐待还要严重。聋儿教育实质上就是是否能保证聋儿的语言交流质量和是否能保证聋儿沟通充分的问题。能,则聋儿教育成;不能,则聋儿教育败。

图1-17　聋童的孤独

图1-18　家犬(丙烯画)　苏珊·杜普

　　语言不仅是交流的技能和工具,更是大脑发育并由此塑造思想的必由之路。唯有通过繁复对话交流,语言的本能才能得到启发,心灵领域才能得到发展,个人独立思想才会形成。所以,聋儿家庭尽早学习手语,不单单是为了交流,而且也是聋儿心智尽可能健康成长的必要保证。语言无力健全发展,将影响其人格趋于窄化,知识吸收受困,情感饱受摧残。聋儿家长不会手语导致聋儿没有及时学会手语,聋儿"一旦缺乏信息交流的渠道,包括心智成长、人际沟通、语言能力、心态情绪方面,都会同时受到波及且彼此互相牵动,无一幸免。"①

　　这里,我们所说的语言不仅仅是口语,也包含手语。不是指那种在吸收信息吸收遽然降低的情况下,教师和家长历经千辛万苦仅仅开口会说一些简单词语的聋儿。而是无论口语或手语,聋儿能够熟练掌握并且不降低信息接收密度的能够充分交流的语言。因

---

　　① 奥利弗·萨克斯.看见声音:走近失聪人的寂静世界[M].韩文正,译.北京:中信出版社,2016:65.

为只有这样,才能形成聋人接近正常的思维以及发展的必要前提——通过一种熟练的语言学习、提高和尽可能健康成长。所以这些神经学家和心理学家认为,掌握哪种语言无所谓,关键是要在语言发展的黄金时期掌握一种语言——哪怕是手语也好。

马克斯·普朗克人类认知与脑科学研究所(MPI CBS)的研究者们在最近的一项荟萃分析中发现,处理语言的语法和意义的人脑布洛卡区也是处理手语的关键脑区,无论是有声语言还是手语。这表明我们的大脑在处理语言信息方面是专门化的,至于这些信息是有声的还是手势的,似乎并无影响。这就充分说明了手语也是一门语言,其与口头语和书面语不分伯仲。

当聋教育随着18世纪工业革命的发展而萌芽并发展的时候,我国正经历着被资本主义国家殖民的动乱和贫穷阶段,在这二三百多年的历史阶段中,聋人教育被社会忽略、遗忘乃至歧视,聋人的发展自然乏人关注。即使在发展顺利的年代,特殊教育往往也是排在各种教育项目的末尾。即便到了现在,聋人教育的很多落后观念和错误定势思维没有排除,很多往昔形成的聋人教育失误和漏洞没有弥补,其对聋人教育带来的负性影响依然存在,造成我国聋人教育依然有很多误区,社会对聋人的错误印象和观念依然没有完全改善。在这样环境中长大的聋人容易成为低于社会平均水准比较愚鲁、比较封闭的聋人。这就给社会一个严重的错像,就以为聋人必定是用所谓的哑语比手画脚,以为手语就是一种比比画画的简单低级语言,并且进一步错误地认为聋人愚鲁是使用手语造成的。这些现象使聋儿的听人父母对聋人、对手语、对聋人命运深感恐惧,所以一旦孩子出现耳聋,家长的第一反应就是惧怕孩子滑入聋哑人圈子、惧怕孩子使用聋人手语、惧怕成为聋哑人的低下素质,进而惧怕孩子一生过这样聋哑人的生活。家有聋人,家长的态度往往就是不顾一切先是天南海北地给孩子问医求药,继而不考虑孩子的听力状况如何,不顾一切地让孩子训练说话。而结果往往又是:康复效果较好并且家长有条件去长期坚持全程陪同的聋儿或许成功地回归了主流社会,成为聋人康复的典范。而大部分家长无法全程陪同长期坚持的聋儿尽管会说一些日常词句,但是并没有熟练掌握口语进行深度交流,甚至连手语也不会,却错过了人类语言发展的黄金时期,进而对聋儿一生产生了不可挽救的负性影响——成为发展滞后于同龄孩子甚至个别不如聋哑人的人。所以以口语作为聋儿交流的唯一通道,聋教育专家认为是在赌聋儿的未来。其实有的聋人看起来愚鲁迟钝,并不是手语交流造成的,而恰恰是口语无法交流又不及早学习手语,甚至在聋人学校的手语交流也极其不充分、语言神经发育受抑制造成的。那些精灵聪明的聋人也大都是手语流利、交流充分、见多识广的结果。这就恰恰说明,语言质量和交流密度决定了智力发展水平。同理,换成一个听人儿童,很少与人接触,孤陋寡闻,时间长了智力也会受到影响。

2019 年 12 月 3 日"国际残疾人日"联合国网站首页图片内容是科特迪瓦一位 10 岁的听障儿童莫迪博在教父亲手语（图 1-19）。联合国秘书长安东尼奥·古特雷斯说："只有保障残疾人的权利，我们才能推动实现《2030 年议程》的核心承诺，不让任何人掉队。"①聋儿最重要权利是什么？就是打破听力障碍，排除语言剥夺和沟通忽视，实现畅通无阻地交流，避免听觉神经和智力发育受限，让聋儿尽可能健康成长。

国际残疾人日
12月3日

在科特迪瓦，10岁的听障儿童莫迪博在教父手语
儿基会/Frank Dejongh

图 1-19　国际残疾人日

来源：联合国 2019 年国际残疾人日网页

1.12　聋人安装电子耳蜗要谨慎考虑

电子耳蜗植入是重度感音性耳聋目前唯一可以复聪的希望。经过几十年的发展，植入电子耳蜗手术已经比较成熟，植入电子耳蜗的聋人可以立即获得显著效果。让聋儿重建听力、回归主流社会、远离聋人艰难生活的强烈愿望使很多聋儿家长对电子耳蜗趋之若鹜。目前，外国电子耳蜗大举进入中国，越来越多的聋儿植入电子耳蜗。更多的电子耳蜗聋儿在学龄后进入普通小学随班就读，以致聋人学校生源急剧减少。即便是在聋人学校里，植入电子耳蜗的学生也从无到有、从少到多，低年级电子耳蜗学生已有电子耳蜗取代助听器之势。

但是再好的电子耳蜗也不可能让聋人成为听人，植入电子耳蜗的隐忧和后患也比较多，电子耳蜗是一把双刃剑。一方面越来越多的聋儿植入电子耳蜗，另一方面也有越来越多的聋人摘下了电子耳蜗外挂。比如：一位擅长舞蹈的聋人植入电子耳蜗效果不理想又影响生活，最后被迫再次动手术摘除；一位 16 岁身高就达到 1.98 米的聋人学生，因为幼年植入电子耳蜗，却不能发挥身高之长在体育方面发展令人扼腕惋惜；一位各个方面都非常优异的聋人学生，有人手语向她谈及电子耳蜗的负面问题，她当即双泪长流；一位

---

①　https://www.un.org/zh/observances/day-of-persons-with-disabil.

生性好动的聋人学生,家长和老师严厉要求不许进入球场,他同时也愤恨地摘下电子耳蜗外挂不再戴它……

电子耳蜗植入在社会助势和家长跟风下有席卷聋儿之势,我作为一位聋人学校的聋人老教师,以自己所见所闻所感所思,尤其是代表聋人发声,告诫准备植入电子耳蜗的聋人和聋儿家长谨慎考虑并三思而行。

(1)电子耳蜗内感应线圈被植入耳廓后颅骨的上方,外感应线圈以其磁性吸力吸附在内感应线圈外的皮肤上。由于植入电子耳蜗内感应线圈后的颅骨被挖薄,加上电子耳蜗内感应线圈是一个硬度较大的非肌体组织物质,此处就变成一个脆弱的部位,不宜参加有身体剧烈接触和产生较大震动的运动项目,以免碰撞此部位而出现危险。不能参与身体剧烈接触运动、不能受到剧烈震动、不能快跑追赶打闹……如此小心翼翼地生活一辈子,失去了很多人生乐趣。一个人行动要小心翼翼地怕碰着怕磕着,这会造成一个人身体机能的严重弱化;一个群体行动要小心翼翼地怕碰着怕磕着,这会造成一个群体整体能力的严重弱化。

(2)植入电子耳蜗手术要除去中耳组织,要放弃聋人全部残余听力,改变为只依靠电子耳蜗电极刺激感受听觉。电子耳蜗植入一刀下去,不可更改,植入后都不得不使用、不得不听,不像助听器那样效果不理想或不想用了可以自如自由地取下停止使用。而且这一装置只能植入一次,摘下后不能再进行第二次植入,哪怕若干年后这项装置达到了更理想的效果也不能更换。植入电子耳蜗后不得不在耳后留一个本不是自己与生俱来的非生理物质,又无法随意摘除,这犹如一种人身束缚,不若电子耳蜗植入前无牵无挂随意自由。

(3)听觉器官娇嫩细微复杂,听觉通道狭窄曲折,听觉器官和听觉通道隐藏在颅骨左右深处,并与大脑相邻。这就决定了植入电子耳蜗是一项复杂细微的高难度手术,同时也决定了植入电子耳蜗手术和术后风险较多较高,聋人植入电子耳蜗承受的痛苦较大。植入电子耳蜗后,一些聋人会产生一些不良反应。主要有:耳鸣、晕眩、注意力难以集中、记忆力退化、理解力下降、偏头痛、噪音干扰不能宁静、植入部位长久溃疡,等等。植入电子耳蜗的不良反应在头部,这会或重或轻影响人的学习、工作和生活。因为电子耳蜗后遗症的影响不堪忍受,有少数聋人又被迫再次通过手术摘除电子耳蜗。这等于浪费了一套电子耳蜗装置巨额费用,经过两次手术及其花费,受了两次手术的痛苦,内耳中耳耳后颅骨留下创伤,最后却双耳失去原先的残余听力一无所用。植入电子耳蜗的不良反应在头部,这可能会影响聋人从事精尖细的高端工作,影响聋人成为高端人才。

(4)目前的电子耳蜗植入体电极共有 24 个通道,随着科技的发展,电子耳蜗电极通道可能会逐步增多,但绝难在耳蜗上植入 15000 个电极来替代人体 15000 个听觉毛细胞,植入者听到的声音会丧失很多细节,对音乐的感知有限。而且,电子耳蜗电极毕竟不是听觉毛细胞,因此电子耳蜗使聋人"听"到的是非自然、非本质、非纯真的声音,而并非是像听人听到的那样美妙、丰富的自然声音,那种声音究竟是怎么样的,实在是无法想象,植入医生和聋人家长也无从听到(非植入者不能感受到)。

(5)生活给人留下的习性是一时甚至是一生难以改变的,这个情况听人也有。人的听力损伤可以用移植电子耳蜗来改变,但是人的心理不是依电子耳蜗移植就能改变的。安装电子耳蜗还要考虑学习工作生活环境。如果聋人常处在缺乏口语交流的环境中学习工作和生活,比如:在聋人学校上学、在聋人集中就业的企业工作、喜欢在聋人圈里生活,那么高端高价的电子耳蜗就形同虚设甚至显得非常浪费。改善聋人听力的最终目的应该是帮助聋人回归主流社会并与主流社会融合起来,如果达不到这个目的,即使植入了电子耳蜗并且效果很好,植入者本人依旧在聋人圈生活不与主流社会融合,也就失去了植入电子耳蜗的意义。

(6)年幼的聋儿没有自主意识,植入电子耳蜗由其家长说了算。给聋人毕生带来重大影响的事情由他人来决定,有时尽管是无可奈何,但影响着聋人一生。聋人由于耳不能听口不能言,向来发声力微气弱。聋人对电子耳蜗的真实效果和真实态度很难取得主流社会的认真注意。电子耳蜗是高盈利科技产品,电子耳蜗植入手术也是高盈利高端医疗技术,加上我国有关法规没有及时跟进,聋儿家长因此容易跟风而行,难以冷静正确地选择。

在瑞典,为了避免家长为聋儿做出单向的主观决定,规定意欲为聋儿植入电子耳蜗的家长必须前往聋人协会了解聋人对此的见解,并且获得聋人协会签署的同意书方可进行此项手术,这就尽可能地保障了聋儿的权益。在我国,与电子耳蜗植入有关的规章还是空白,聋儿家长大多遵循来自听人的看法。因此有意向给孩子植入电子耳蜗的家长,应该要提前向已经植入电子耳蜗的聋人和未植入电子耳蜗的聋人及其亲友咨询,关注和了解其几年、十几年甚至二十几年的电子耳蜗应用以及个人成长过程。在此同时,全家亲友提前反复仔细阅读电子耳蜗植入手术风险告知内容,留有冷静思考的时间,经过反复掂量权衡、反复讨论后再慎重决定。不要到了手术前才看到"电子耳蜗植入手术知情同意书"有关内容,导致来不及深思就匆忙对聋儿事关重大的这一手术做出决定。

电子耳蜗植入手术知情同意书

* 我理解任何手术麻醉都存在风险。

* 我理解任何所用药物都可能产生副作用,包括轻度的恶心、皮疹等症状到严重的过敏性休克,甚至危及生命。

* 我理解此手术可能发生的风险及医生的对策:

(1) 可能发生麻醉意外。

(2) 可能发生心、脑血管意外。

(3) 可能发生术中出血量大需输血。

(4) 可能发生面神经损伤致暂时或永久性面瘫。

(5) 可能发生鼓索神经损伤致术后味觉改变。

(6) 可能发生鼓膜、外耳道穿孔。

(7) 可能发生乙状窦、硬脑膜受损。

(8) 可能发生外淋巴漏、脑脊液漏。

(9) 可能发生要移动或去除听骨、鼓索神经等中耳组织结构。

(10) 可能发生电极植入受阻致有效电极不能完全植入或部分电极受损。

(11) 可能发生因内耳畸形或骨化严重,无法植入电极。

(12) 可能发生各种意外因素致使中止手术或采取抢救措施。

(13) 可能发生皮瓣出血、皮下血肿。

(14) 可能发生局部(切口、中耳、内耳)感染,皮瓣坏死,颅内感染。

(15) 可能发生术后切口瘢痕,装置在耳后皮下隆起。

(16) 可能发生电极移位或脱出。

(17) 可能发生皮瓣增厚影响装置使用,需再次手术削薄。

(18) 可能发生残余听力丧失。

(19) 可能发生耳鸣、眩晕。

(20) 可能发生电极刺激时出现面肌抽搐和其他非听觉刺激。

(21) 可能发生佩戴体外装置导致皮肤过敏或对植入体内的部件过敏。

(22) 可能发生术前期望值与术后效果不一致。

(23) 可能发生装置故障需手术取出或更换。

(24) 可能发生难以适应新声音,甚至要求取出。

(25) 不能接受产生诱导电流的医学治疗。包括:电外科手术、透热疗法、神经刺激疗法、电痉挛疗法、离子放射治疗。共振时需再次手术,暂时取出植入体内磁铁。

（26）因其他疾病状况所增加的各种风险。

（27）目前未知的意外和风险。

＊我理解如果我患有高血压、心脏病、糖尿病、肝肾功能不全、静脉血栓等疾病或者有吸烟史，以上这些风险可能会加大，或者在术中或术后出现相关的病情加重或心脑血管意外，甚至死亡。

＊我理解术后如果我的体位不当或不遵医嘱，可能影响手术效果。

2／聋人 Deaf People

聋者无以与乎钟鼓之声。

——庄子（约公元前 369—前 286）

2.1　聋人是什么样的人？

以这个问题去问听人，他们可能会说：

（1）"聋人就是人群中听力出现了毛病，听不清或听不到人讲话的那些人吧！"

（2）"偶然我在大街上看到几个人在用双手互相比画，就是这样的人吧。"

（3）"聋人用双手比比画画交谈，神奇神秘，看上去倒挺有意思。"

（4）"我看到聋人用哑语互相交流，与众不同，真是酷毙了！"

（5）"哑语好像就是比比画画，但是我一点都看不懂。"

（6）"比比画画交流，恐怕比较简单。"

（7）"聋人使用与常人截然不同的手语交流方式，在我看来仿佛是外星人光临。"

（8）"聋人，听不到声音，岂不就是'两耳不听窗外事'，同时也'两耳不听窗内事'的那种人？"

（9）"偶尔我看见有人耳背后带着一个拇指大小的东西，后来才知道那是助听器。"

（10）"偶然我看到有人后脑贴着一个一元硬币大小带着连线的黑色东西，我还以为那是什么大脑遥控新设备或健脑装置。很久之后才得知是移植了电子耳蜗的聋人戴的部件。"

（11）"聋人用手语交流，常人没有办法知道他们在说些什么。因此，他们好像是和我们完全不同的另类人，行动诡秘，来无影去无踪。"

（12）"有一次，我路过一处地方，隐隐约约听到有孩子读书声但含混不清，我问了一下当地朋友，朋友说那个地方是聋哑学校。"

（13）"有一次，我在公交车站听见身旁的人发出的奇异声音，转身看到两个人在比比画画交流,他们表情夸张和常人不同,还夹杂着一些特别的姿势,神秘而异样。"

(14)"我从来没有接触过聋人。但有一次,我在大街上看到几个聋哑人一边走一边用手势互相交谈。"

(15)"2005年在中央电视台春节联欢晚会上,我看了聋哑演员演出的舞蹈《千手观音》,真是太震撼了! 没想到我从来不了解的聋哑人这么厉害。"

(16)"有一次我在公园漫步,看到有一群聋哑人三三两两地聚集在一起在用手语聊天,他们或热火朝天、或兴高采烈、或焦急、或愉悦……神情不一,让人感到这真是一个神奇的王国。而不会手语的我无法知道他们在聊什么,只能当个作壁上观的局外人。"

(17)"有一次我坐火车,邻座有几个年轻人兴高采烈地用手语交谈。我试探着和他们笔谈,想不到他们竟然都是大学生,其中一位还是硕士研究生。他们给我写道:'中国已经有聋人博士,而且是清华、复旦博士毕业,一些大学也有聋人教授。'我深深地被震惊了。"

聋人自己会说:

(1)"聋人也叫'听力障碍者',简称'听障者'。不是过去那种没教养,被称呼为'聋子'、'聋哑人'和'哑巴'之类的人。"

(2)"手语是聋人的语言,不是'哑语'。也不是有的听人以为的简单语言或低级语言。"

(3)"聋人学校不是另类学校,聋人学校也不是收容聋人的学校,聋人学校更不是聋哑学校。聋人学校是培养聋人成材的特殊教育场所。"

(4)"除了听力有问题之外,聋人与听人没有什么不同,您不必对生活中遇见聋人感到意外,更不应该对遇见的聋人做出惊讶、躲避、轻蔑等不友好的表示。"

(5)"有的聋人会说话,这是因为他(她)是掌握了说话能力后听力才出现问题的,属于'语后聋';有的聋人不会说话,这是因为他(她)没有学会说话听力就有问题了,属于'语前聋'。"

(6)"可以说聋人是语言上的少数民族。聋人和聋人交谈是手语,聋人和听人交谈靠钢笔和纸张。"

(7)"'My eyes are my ears. My hands are my mouth.'我的双眼是我的双耳,我的双手是我的嘴巴。聋人用双手输出,双眼输入。听人用嘴巴输出,用双耳输入。聋人与听人的交流方式有所不同。"

(8)"面对聋人,你需要的是和他(她)耐心笔谈(即书写交流)。尽管笔谈比口语交谈费事一些,但是你会不会发现,笔谈显得更贴心、更温馨、更宁静、更回味悠长呢?"

(9)"您如果有时间的话,不仿学学手语这种很特别的语言,感受一下与口语完全不

同的聋人手语的交流方式,你会发现这是一个全新的世界。"

（10）"'Signs are to eyes what words are to ears.'手势是看的,文字是听的。我们的交流方式各有不同、各有千秋。"

（11）"'Sign Language is the mother tongue of deaf people.'手语是聋人的母语,聋人用手语交流是再自然不过的事情了。"

（12）"发明大王爱迪生也是位聋人,电灯就是爱迪生发明的,全世界都一直享用着聋人的发明呢!"

（13）"宇航学创始人齐奥尔科夫斯基是位聋人,您不感到震惊吗？不信您去网搜一下。"

（14）"告诉您,从 1928 年始到现在为止,全世界已经有三位聋人获得诺贝尔奖了。"

（15）"电脑上网用的将模拟信号转换为数字信号的调制解调器即'猫（modem）'是由聋人发明的打字电话的部件发展而来的呢!"

（16）"国际上,有聋人大学校长、聋人奥林匹克运动会奖章获得者、NBA 骑士队聋人球员、珠穆朗玛峰聋人登顶者,等等层出不穷。"

（17）"美国奥巴马时代白宫的办公室有一位聋人接待秘书,她的名字叫利亚·卡茨–赫南德兹（Leah Katz–Hernandez）。你说酷不酷?"

2.2 你可知道聋人的苦楚？

盲、聋、哑三重残疾的著名人士海伦·凯勒曾深切地说道:"Blindness separates people from things,deafness separates people from people."（盲隔离了人与物,聋隔离了人与人。）只要没有人给聋人提供手语翻译（聋人不可能时时有一个手语翻译随身在旁）或给聋人笔录（聋人也不可能时时有一个笔录员随身在旁）,聋人就犹如生活在卓别林的无声电影中,看到的只能是周围的人或谈笑风生,或滔滔不绝,或夸夸其谈甚至捧腹绝倒,但是全然莫知其故,更不要说听人交谈中生动的音质、口气、修辞、谐语等生动的细节。有研究认为,人际交往沟通75%是口语交谈形式。人和人之间的主要联系纽带就是听和说,聋人听不到声音,就等于割断了和他人乃至社会的联系。

人是社会的产物,人的任何事情都是在与他人联系中做成的,而这个联系主要建立在人与人之间听和说的交流之上。就像聋人朋友对笔者说的那样:"什么事情都是最后一个知道,还有很多事情根本就不知道,这样你和别人怎么竞争?""在以动嘴说话的社会上,聋人亏的就是无法发声,无法发声就难以发挥自己的优势。"一个有听力和言语障碍的人难以和他人乃至社会交流,也就只能眼睁睁地看着周围的人来来往往忙忙碌碌却与自己毫无关联,在孤独、冷落和寂寞的无形囚笼里独往独来。这样,就难以做成什么事情,等待着他的大多是无助、悲凉和绝望。尤其是先天或幼年严重耳聋的聋儿,如果不能尽早习得一种语言(手语亦可),还会严重阻碍其认知以及智力的发展,思维因此难以扩展。

两千多年前,我国春秋时代的道教始祖辛研在《文子·符言》中说:"言者,所以通己于人也;闻者,所以通人于己也。既阍且聋,人道不通,故有阍聋之病者,莫知事道,岂独形骸有阍聋哉!①"(释义:言语,为的是把自己的想法表达给他人;聆听,为的是把他人的言语疏通给自己。既哑又聋,就无法疏通人的思想。所以口哑耳聋疾病的,无法疏通事情,哪里是单单身体上有聋哑疾病啊!)

创办温州私立聋哑学校的聋人校长蔡润祥 1946 年在其《创校启缘》一文里说:"人间至苦,莫若聋哑。五官损其二,有口不能言,有耳不能闻,毕生卒世,沉沦于痛苦愚昧之域,其命运之悲惨,诚有不忍卒言者!②"(释义:人世间最苦的,没有比得上聋哑。五官失去两种,有嘴不能说话,有耳不能听声,一辈子直到离开人世,深陷在痛苦和愚昧的境地,他们悲惨的命运,实在让人不忍心说完。)

美国加劳德特大学新闻专业聋人教授威拉德 J. 马德森(Willard J. Madsen)博士在他的诗作中描述得具体而透彻。

You have to be deaf to understand the deaf
你必须聋了才能明白

Willard J. Madsen　　　　　　　　　　　　　[美]威拉德 J. 马德森(斜风翻译)

What is it like to "hear" a hand? "听"手讲话是什么滋味?
You have to be deaf to understand. 你必须聋了才能明白。

What is it like to be a small child? 一个小孩心里是什么滋味?
In a school, in a room void of sound. 在学校,在缺乏声音的教室里。
With a teacher who talks and talks and talks; 看到老师不停地说话,
And then when she does come around to you, 当她来到你身边却不知所云,
She expects you to know what she's said? 她希望你知道她说的是什么话?

---

① http://www.guoxuedashi.com/a/3023a/137899w.html.
② 摘引自蔡润祥.创校启缘.温州聋校 50 校庆,1996:5.

You have to be deaf to understand. 你必须聋了才能明白。

Or the teacher thinks that to make you smart, 或许教师认为说话使你聪明，
You must first learn how to talk with your voice; 你一定首先学习怎么开口说话，
So mumbo-jumbo with hands on your face, 因此 啊-喔-呃用手捂住脸，
For hours and hours without patience or end, 一小时又一小时，无奈无尽，
Until out comes a faint resembling sound? 直到发出一个模糊相似的声音？
You have to be deaf to understand. 你必须聋了才能明白。

What is it like to be curious? 好奇心是什么样？
To thirst for knowledge you can call your own, 渴望拥有知识，
With an inner desire that's set on fire. 发自内心的渴望，燃烧起来.
And you ask a brother, sister, or friend, 你问兄弟姐妹或朋友，
"Never Mind"? Who looks in answer and says. 他们知道答案却说"没事"。
You have to be deaf to understand. 你必须聋了才能明白。

What it is like in a corner to stand? 站在角落是什么滋味？
Though there's nothing you've done really wrong, 你没有做错什么事，
Other than try to make use of your hands. 你只是使用双手，
To a silent peer to communicate, 与同学悄悄地交流，
A thought that comes to your mind all at once? 你头脑中灵光一现的念头，
You have to be deaf to understand. 你必须聋了才能明白。

What is it like to be shouted at? 被大声呵斥是什么滋味？
When one thinks that will help you to hear; 当别人认为大声喊叫能让你听见，
Or misunderstand the words of a friend. 或者误解一个朋友的词。
Who is trying to make a joke clear, 他企图解释一个笑话，
And you don't get the point because he's failed? 你仍不明白他的意思？
You have to be deaf to understand. 你必须聋了才能明白。

What is it like to be laughed in the face? 被人取笑是什么滋味？
When you try to repeat what is said; 当你试图重复地再说一遍，

Just to make sure that you've understood, 为了确认你已经明白的话，

And you find that the words were misread. 你发现一些词看错了。

And you want to cry out, "Please help me, friend"? 你想哭诉："朋友，帮帮我吧？"

You have to be deaf to understand. 你必须聋了才能明白。

What is it like to have to depend upon? 必须依靠别人是什么滋味？

One who can hear to phone a friend, 让他人来接听朋友的电话，

Or place a call to a business firm, 或给一个公司打电话，

And be forced to share what's personal, and, 使劲让对方知道我的意思，

Then find that your message wasn't made clear? 发现你的话语没有传达清楚，

You have to be deaf to understand. 你必须聋了才能明白。

What is it like to be deaf and alone? 聋和孤独是什么滋味？

In the company of those who can hear. 在听人云集的公司里，

And you only guess as you go along, 与人相处，你只能猜测，

For no one's there with a helping hand, 没人给你提供帮助，

As you try to keep up with words and song. 你力图捕捉每个词和歌，

You have to be deaf to understand. 你必须聋了才能明白。

What is it like on the road of life? 在生活的道路上是什么滋味？

To meet with a stranger who opens his mouth. 遇到开口的陌生人，

And speaks out a line at a rapid pace; 说话速度特别快，

And you can't understand the look in his face 你不明白就看着对方的脸，

Because it is new and you're lost in the race? 因为是初次上场，你就竞争失利，

You have to be deaf to understand. 你必须聋了才能明白。

What is it like to comprehend some nimble fingers that paint the scene?
理解一些敏捷的手指描绘的情景是什么滋味？

And make you smile and feel serene, 使你展露笑容和感觉安宁，

With the "spoken word" of the moving hand. 舞动的双手创造语词，

That makes you part of the word at large, 使你本身成为那语言的一部分，

You have to be deaf to understand. 你必须聋了才能明白。

What is it like to "hear" a hand? "听"手讲话是什么滋味?

Yes,you have to be deaf to understand. 是的,你必须聋了才能明白。

威拉德 J. 马德森这篇诗作写于 1971 年,此诗一经发表就引起聋人和聋教界强烈反响,被译成 7 国文字广为流传,而且引发了众多聋人创作感受聋的诗作。美国女聋人戴安·史维拉·金依(Dianne Switras Kinnee)的诗作形象地说聋:"它比鱼缸里的金鱼更简单,总是观察周围发生的事情。人们总是在谈话,就像一个人在自己的小岛,周围都是外来人。"威拉德 J. 马德森这首诗中文译作 2007 年发表在"聋人在线·听障论坛"等网络上,在国内聋人网站广泛转载传播并且经久不息。有聋人说看完这首诗后自己已经泪流满面了,有的聋人说耳朵聋了自己就像在一个玻璃罩里,有的聋人说自己就好像生活在水里,有的聋人说没有比聋人更悲惨的了,大自然里有那么多好听的声音,生活中有那么多好听的音乐,都无法听到,作为听人永远也感受不到那种听不到声音所带来的痛苦……

2.3　话说聋人的艰难

绝大多数聋人一生,都有随耳聋带来的各种各样的心酸和无奈、痛苦和艰难的经历。

2.3.1　有关出生和成长

聋人处在一个被社会忽略和遗忘生活环境中,其生活将异常艰难曲折,因此无论谁家有了聋孩子就意味着彻底失去希望,聋孩子被认为是家庭异常沉重的负担,有时会导致个别家长对聋孩子的极端行为。一位姓 W 的聋人,她自己 3 岁时发高烧被一支庆大霉素断送了听力,之后很多亲友都认为这将是一个巨大的累赘,劝说其父母把她快点卖到山里去,所幸其父母没有这样做。[①] 听人夫妇发现孩子耳聋,就有男方和女方离婚,把聋孩子遗弃给一方抚养的事例。笔者曾碰到一位聋女大学生 C 和单身母亲生活。她说自己一岁耳聋时,爸爸就要求妈妈扔掉自己,她的妈妈绝不让步,后来父母离婚,妈妈独身把她带大。笔者还认识一位重听女聋人 S,她一岁时父母就离婚了,母亲一人艰难地把她抚养成人,母亲五十岁时突发脑溢血去世,刚刚大学毕业的她就成了孤儿,此后一直单身

---

① 张宁生.聋人文化概论[M].郑州:郑州大学出版社,2010:43.

生活。笔者有一位女学生,其父母背过她悄悄地告诉老师说,她是他们捡来抚养大的聋女,这就有可能是其亲生父母知道她听力有问题之后遗弃了她。

《有人》杂志 2017 年 7 月报道:2011 年有一位警察,因为得知不满一岁的女儿听力有问题,便与女方离婚把女孩推给女方。这位警察再婚生子后,就不再付给聋女抚养费和康复治疗费,并且收回赠予的房产,使带着聋孩子的女方生活产生了很大的困难。2015年,我带一年级的写字课,班上有位大眼长睫浓眉高鼻的漂亮 7 岁男孩,老师们都非常疼惜,甚至美术老师还把他画成国画工笔重彩肖像作品。可是其班主任告诉我,他成了聋儿后,他的母亲感到非常失望,就离开家庭与其父离异了。他父亲一边在城市打工一边带着他,没有时间辅导他学习。由于缺少家庭管教,他在校学习时既不专心也不认真。类似的例子在一个班里总是有好几个。

极少数聋人夫妇生下先天性聋儿,更被认为是家庭的悲剧。聋人夫妇双方父母常常为此感到绝望,更有少数甚者要求聋人夫妇把先天聋儿遗弃,以逃避家庭悲剧和抚养负担。在城市儿童福利院,时有接收到被遗弃的聋儿。美国加劳德特大学一位听人女教师在广州和西安的儿童福利院领养了两个聋孩子(她在世界各地共领养了 7 名聋孩子),2007 年曾经带着这两个聋孩子来我工作的聋人学校参观。我定居美国的同学在微信朋友圈也晒过已经长大的被美国人领养的两个中国聋孩子。在美国一所聋人学校任教的华裔聋人老师说:"我已经教过四五名被美国人收养的中国聋孩子了。"

听人夫妇也有把聋孩子推给聋人学校以减少自己责任的事例。聋人学生普遍表示家人父母和自己交流很少,感到苦闷孤寂。一些聋人小学生常常愿意待在聋人学校和聋人同学在一起,而不愿意在家里。初中以上聋人学生乐于结识社会聋人,也不太愿意待在家里。笔者带聋人中学美术课,一个班二十来人总是有几位家长不给学生买必备用品,这些聋人学生就只好空耗岁月,一个学期没有美术作业。

听人夫妇有了聋人子女后,往往倍感失落,对后代感到失望和茫然。聋孩子一生成长过程中,父母难以用言语向孩子表达内心,父母也一直没有听过孩子的深度交流话语,感到十分憋屈苦闷。孩子聋了,有家长泪流满面地说:"我有多少话还没有和孩子说。"笔者不止一次碰到,去聋人朋友家时,聋人朋友的听人父母尤其是母亲,显得十分高兴并且说:"我很喜欢你!"笔者问:"阿姨为什么喜欢我啊?"得到的回答竟然是:"你会说话啊!"第一次遇到这个情况,笔者以为是对方在说客套话,但是多次碰到这样的情况后,也确实感到他们说的是实情。听人父母一辈子没有听过自己的聋孩子说话,他们是多么希望自己的聋孩子像我一样能说话。突然有了孩子的同龄朋友来家里并且能巧舌如簧地说话,表达了一些自己的聋孩子相似的愿望和感受,内心是非常感动的。

2.3.2 有关童年和求学

2003 年"第二届全国残疾人技能竞赛"藤编项目第一名获得者、印度新德里"第六届国际残疾人技能竞赛"藤编项目铜牌获者聋人 W,是安徽省一家农村福利柳编厂工人。他的藤编技艺是一流水平,国赛后获得劳动和社会保障部颁发的"全国技术能手"荣誉称号。但他不仅又聋又哑,而且自幼没有上过学,既不识字也不会手语,和他交流十分困难,他行事主要靠察言观色。他参加国内比赛获得第一,参加国际比赛又拿铜奖,说明本质聪明心灵手巧,但这样出色的技术能手,却没有接受过教育,真是令人感到遗憾万分。

2014 年,有位年轻女性找我,她说自己 21 岁的弟弟幼时失去听力,学龄时在村里小学上了几年,但是等于生生地在教室角落楞了几年,基本什么也没有学到。她曾经尝试给弟弟找工作,因为弟弟的书面语实在太差无人接受,因此希望前来上学。我工作经历中有过好几个这样的聋人学生。有一次我给自己的摩托车办理牌证,代理处老板娘告诉我他的弟弟是聋哑人,没有上过学,既不会书面语也不会手语,由于年龄大了无法再回学校上学,没有朋友、没有工作,成天到处流浪,靠她来养活。有一次我正好在公交车上碰到她姐弟俩,看到那个聋哑弟弟正当年青,英俊苗壮,不傻不呆。他姐姐向他示意希望他向我问好,可是因为无法交流,他刻意地回避着姐姐和我的目光。后来他姐姐给他找了一个智力残疾姑娘结了婚,这肯定是给姐姐又加上了一重负担。

已故著名聋人画家和聋教育家谢伯子曾对记者回忆:学龄时家人送他去普通小学上学,他听不到老师的讲课,就侧身看着身旁的女同学的口型揣摩。不意这位女同学感到不适,向老师报告谢伯子干扰她学习,谢伯子受到老师的批评。课间打开水时那位女同学还推了一下谢伯子,使谢伯子的热水瓶倒地摔破。在这种无奈的环境中,谢伯子只好退学回家。①

聋人 L 说道,他小学三年级时因脑膜炎致聋,后来他前往洛阳打听洛阳市聋哑学校去求学,途中被街痞盯上,被戏弄了一番、殴打了一顿并被剥走了外衣。几年后,他怀揣着 40 元钱买了火车票独自一人千里迢迢到上海,寻找当时全国最高聋人学府——上海市聋哑青年技术学校,希望去那里上学。到了高楼林立、车水马龙的上海却不知怎样才能找到,只好流落街头在外滩附近茫然地乱走了四天。由于衣着寒酸相貌窘迫又听不到,他竟然被工人纠察队当作可疑人物扭进了南京东路派出所,又被派出所送进上海市公安局流浪人员收容审查所。后来他在收容所写信向上海市第一聋哑学校教师金培元求助,金老师收到信后连忙赶来把他解救出来。②

---

① 杨晓明.九秩初度:谢伯子先生谈艺录[M].北京:中央文献出版社,2013:59.
② 陈少毅.聋人刘振兴[J].现代特殊教育,2006(4):44-45.

有聋人回忆道,自己在街上行走,全然不觉背后有一群顽皮的听人小孩子在跺脚拍手地跟随着自己大叫"聋子!聋子!""哑巴!哑巴!"取乐。更有甚者,一些顽皮的孩子会把污物悄悄涂在聋人背后,甚至把痰吐到聋人背后或把鼻涕擤到聋人背后,像我这样会说话的聋人也遭遇过这样的事情。

聋人 L 手语诉说自己骑自行车,有时一些顽皮的听人孩子在后面扯着她的自行车大叫聋子哑巴,待自己反应过来或者从自行车上摔下,他们一哄而散在远处看着她的愤怒、尴尬和无奈取乐。还有一些顽皮的孩子,各自躲藏在楼梯、过道、街头巷尾等偏僻转角处,等聋人走过来时,用水枪、弹弓、石子、土块等袭击聋人,往聋人身后扔拆零的鞭炮,看着聋人因无法听到声音而不知来由地从茫然到愕然,从惊异到愤懑,再到无可奈何的状态取乐。这样的情况笔者也经历过。

腾讯网站图片故事《中国人的一天》第 3052 期报道:2008 年汶川大地震后,北京市心灵呼唤残疾人艺术团接收了一位来自汶川的聋人舞蹈演员 Z。她说自己在老家上学时经常被人叫聋子、哑巴,还被一个听人学生推到河里差点被淹死,幸好当时路过的一个好心的阿姨把她救了上来。

2016 年 9 月,我看到自己新带的九年级一女学生 Z 眉心有一蚕豆大的疤痕,我问其故,她用手语告诉我:"这是我 4 岁时,村里孩子见我是聋哑孩子,在远处用弹弓打伤的。"看着这样重的疤痕,我心头滴血,真想找到这个用弹弓打人的孩子,质问他何因何故这样对待聋人?这样的石子打在你自己眉心会有什么感觉?弹弓弹出的那颗正中眉心的石子,无论向左还是向右偏离些许,肯定会把眼睛打瞎。

在普通学校,一些品质不好或顽劣的学生常常把重听同学叫"聋子猪"或"哑巴狗",或者是模仿着重听同学不太清晰准确的语音间杂着一些侮辱的手势和表情嘲弄欺侮重听同学,嘲笑植入电子耳蜗的聋人是机器人,还有人把重听同学的助听器悄悄丢到垃圾桶或臭水沟。上学期间,听人学生普遍比较冷落聋人学生,重听学生显得孤单自卑没有朋友。

2.3.3 有关学业和就业

1966 年以前全国只有南京市聋人学校有初中,全国只有上海有一所聋人中等专业学校——上海市聋哑青年技术学校。20 世纪 90 年代以前,我国大城市聋人学校均为 8 年制初中学制,中等城市和小城市的聋人学校甚至是 6 年制小学,聋人没有高中可上。这样造成绝大多数聋人低学历加低文化的处境。1993 年,当我所工作的八年制聋人学校成立职业中学时,有位学生的家长竟然哭了,说孩子同为聋人的姐姐八年级毕业时,想继续读书却没有学可上只好去工作了。为了上中学,甚至还有已经毕业并且结婚了的聋人来到我校就读。20世纪90年代后,"聋人高中"在全国大中城市逐渐遍地开花,但只有几所是正规聋人高中,其他大部分是职业中学对外挂牌为高中。

聋人学校教材相比普通学校教材,简单容易了许多,为此很多聋人学校采用普通学校教材教学,但由于难度大又学不完必须剔除1/4左右的内容;聋人学校中学文化课程只开设聋人高考的语文、数学、英语、物理、化学,没有政治、生物、地理、历史;英语、物理和化学不能学完全部教材;聋人学校学生文化课实际掌握程度低于普通学校3年甚至更长;聋人高考单考单招试题难度远远低于全国高考试题。

1987年以前,我国高等学校基本不接收残疾人(仅有少数肢残人进入大学学习),当然也不接收聋人,聋人自然无法接受高等教育。聋人没有接受过高等教育,文化素质不高,没有一技之长,只能做一些低端工作艰难度日。正如长春大学特殊教育部成立时李忠堂主任在开学典礼做报告说的:"之前的聋人盲人上不成大学,只能到福利厂去做小五金啊、小加工啊之类的低收益低工资的工作。"这样被另类对待的聋人,能够做到的仅保衣食,几乎没有任何改变自己生活的机遇,一生与贫困为伍,甚至朝不保夕。他人的升迁、致富、高薪、奖励等都与聋人无关,而下岗、失业、贫困、艰难却常常围绕着他们。笔者遇见一位从我工作的聋人学校八年制时期毕业了很久的学生,问其做什么工作?答曰:"我在家吃低保。"问其住哪里?答曰:"和妈妈住一起。"由此可见他一直在啃老。要知道这学生是位长相英俊、头脑灵活、手语谈吐不俗的聋人啊!笔者2010年遇见一位六十来岁的聋人,和他手语聊了一会他说要回家吃饭。我问:"是不是你老婆在家给你把饭做好了?"他回答:"我离婚了,妈妈做饭。"我再问:"你妈妈多大年纪了?"他回答道:"82岁了!"他这句回答让我感叹万分。

即便是在聋人高等教育普及的现在,聋人的专业选择极其狭窄并且大多为本科以下的学历,高等学校2017年才开始在招收聋人硕士研究生方面有所突破,但数量非常微小。在目前就业人员和单位用人学历不断提高、连聋人学校新教师都是硕士学历的现实中,聋人与听人的距离依然存在着。改革开放前聋人由于学历多在初中以下而难以就业,而现在的情况是聋人由于没有硕士以上学历而难以就业(图2-1)。聋人大学毕业生仍然难以进入国家事业单位,多数走进了民营企业,80%已就业的聋人大学生是在工厂流水线上工作,和那些没有接受过高等教育的流水线上听人工人一起从事简单重复劳动。时至2019年,一省会城市聋人学校(一般考入大学的聋人学生多数出自省会城市聋人学校)教师微信告诉我,本市自1987年大学招收聋人以来,已经有500多聋人大学毕业生了,几乎没有一个好工作,都是在打工。这促使我回忆了一下从自己的学校考入大学的几百名聋人毕业生,在本市范围的只有两名在远郊聋人学校任正式教师,另几名在一所大学辅助教学(非正式编制),此外都是在打工,收入仅仅保证温饱。

图 2-1　聋人找工作（外国聋人漫画）作者：佚名

　　聋人就业基本依事业和企业单位利益和喜好决定。甚至很多明显有失公正的过时规定依旧不改，政府公务员系统、国有企业中适合聋人的岗位较少，聋人教育系统中的聋人教师和员工也很少。聋人无法通过常规途径参加公务员、教师和国企等单位应聘程序和考试。怀揣一纸文凭的聋人，难以通过常规渠道进入自己期望的单位。即便有合适聋人的工作岗位，一些单位也拒绝聋人应聘。聋人参加应聘时，一些单位的领导竟然说："如果我们能进听人，为什么要聋人呢？"而一些民营企业则为了享受招收残疾人减免税负，以低薪吸收聋人工作。

2.3.4　有关交流和沟通

　　聋人在很多场合很难和周围的听人融在一起，更难在生活融合中交结听人朋友及由此带来的乐趣、帮助或机遇，而这是每个人人生获得成功的重要渠道之一。聋人在公共场所使用手语交流，常常会引发听人异样的眼光，时有一些人窃窃私语："瞧，他们是哑巴！"早年或在偏远地区甚至还会引来一些低素质听人的围观。也有一些接触过聋人的听人，出于无聊寂寞或哗众取宠，刻意夸张地模仿聋人手势和表情以取乐。随着社会的发展，近年来情况好多了，但是心理距离依然存在。比如我带自己的孩子去参加体育训练，遇见同去训练的孩子家长，我在寒暄中主动中告诉他（她）自己听力不好，他们有的立即显示出惊讶的表情，并且不再和我接近或说话。

　　至于日常生活中，聋人购物、理发、就餐等，也时而受到不理解聋人的老板、服务员和周围人们的另眼看待。走出家门，社会公众服务和设施尽管变得越来越好，但是仍然有相当多的公众服务和设施没有考虑到聋人的需要。比如近年大城市普及了公共自行车,可就是不能给聋人使用的公交爱心卡开通取用,聋人为了骑用公共自行车只好再办理一个普通公交卡。就在笔者撰写此著作的2018年,手机微信里依然有聋人朋友发着牢骚说由于不能使用语音电话激活功能,银行不给他办理信用卡只能办借记卡。如此事例,不胜枚举。

日常生活中,聋人去银行、去医院、去车站、去办理事务,在一个没有手语翻译帮助的社会里,如果办事对方不能笔谈耐心解释,聋人不是受到困阻就是导致失误。比如:在银行办理业务,因为听不到柜台服务员的话语,有些柜台服务员不愿意自己动手写几句话,而把聋人交给大厅服务员去书写解释,而后面等待办理业务的顾客就抢先而上取而代之;去医院看病,聋人听不到医生的话语,加上医生又常常戴着大口罩连口型也无法揣摩,医生龙飞凤舞的医学术语笔谈解释更让聋人一头雾水,以至于一些聋人小病忍着不去医院;聋人去银行申请住房按揭贷款,被告知表格上填写的电话号码必须有人能接听通知和回访调查,否则不予办理;保险公司不接受聋人健康疾病保险;物流公司送货员不愿意费点时间发手机短信息联系聋人收货人,需要聋人费尽周折委托请求听人朋友接听语言电话,听人朋友再把语音电话内容通过手机短信息发给聋人,才能把东西接到手里。

聋人生活中还有不少潜在的危险和麻烦。先天耳聋或婴幼期重度耳聋造成言语重度障碍的聋人,在遇到危险时还会碰到难以预警和难以呼救的问题。2009年春天开学后,一位家在农村、个子不高的高一女生脸上出现了两处伤疤,我问原因她却避而不答。后来家长会我碰见她的母亲问起这个事情,其母亲说是听不到狗叫声走到了恶狗身边,遇见狗又无法发声呼救或吓走狗,被突然跳起的狗扑上来抓伤了脸。

2.3.5 有关聋人子女

聋人和聋人恋爱结婚后,个别聋人夫妇双方父母担心聋人夫妇会生下遗传性耳聋孩子,不允许聋人夫妇生育孩子。也有聋人夫妇双方因为收入过于低下,无力承担抚养孩子的负担,终生不生育孩子。聋人夫妇膝下无子,聋人夫妇年老后无人赡养,而且失去了生育孩子抚养后代的重要生活内容。由于收入较低,近年来越来越多的年轻聋人难以成家,过着孑然一身的生活。

聋人夫妇生育了听人孩子后,孩子学习说话、表达愿望、交流思想、生活安排等,必须得到一方父母(自然是听人父母)的帮助。也就是绝大多数聋人夫妇的孩子从小到大的教育是在他们父母的帮助下完成的,聋人夫妇的孩子上学后和学校的沟通也是他们的父母代劳的。2016年8月8日,北京电视台科教频道"法治进行时"专题拍摄的《父母均是聋哑人,孩子入园成难题》的视频报道传到聋人和聋教育微信群里:北京一小区幼儿园因为孩子的父母是聋人不让孩子入园。幼儿园的理由是其父母"没有办法交流,孩子万一有了什么事情,我们找谁去通知?"以至于幼小的孩子天真地告诉大人:"长大要教爸爸妈妈学说话!"类似这样的报道也不止一例。另外还发生幼儿园拒绝植入电子耳蜗或带助听器的聋儿入园的事情。园方说:"小孩子天性淘气,打打闹闹磕磕碰碰时常有之,这么贵重的东西,万一丢了坏了我们赔不起!"

聋人夫妇的听人子女由于和聋人父母难以言语交流,在家显得比较孤落。听人孩子的很多愿望对聋人父母欲语难言,紧急情况时甚至急得孩子大哭。有一次我在聋人朋友家做客,一个上午孩子都一直在看电视动画片,我用手语告诉聋人朋友:"孩子看电视过多对成长不好。"朋友觉得我说得很对马上就关闭了电视机,不意孩子大哭大闹誓不甘休。我此时恍然大悟,这个异常情绪和不良习惯是聋人父母和孩子交流沟通困难,孩子没有可以听语说话的对象造成的。

有一位颇有成就的聋人诗人被一家校外培训机构请去做儿童诗歌讲座,因为效果相当不错引来周边家长带着自己的孩子参加,两位聋母亲也带着孩子旁听。笔者看到讲座进入孩子和家长互动时,听人父母对孩子眉飞色舞地启发引导,而聋母亲对自己的听人孩子只有殷殷以待的眼神,期望孩子在之后的发言能语出惊人。聋母亲无法以口语对孩子循循善诱,能做的最多也是用手语告诉孩子"努力","好好想"等。低龄孩子无法以书写交流,这就完全可以联想到平时聋父母辅导自己的听人孩子严重受限。

还有一次我也是在聋人朋友家做客,孩子出门去院子里玩,过了好久聋人朋友感到孩子应该要回来了就开门去探望,不意看到的是门外孩子双泪满颊,显然是孩子敲门大人听不到,孩子在门外等了好久了。当时我也为自己双耳全聋听不到孩子敲门声而羞愧万分。

不仅如此,由于聋人听力言语障碍,再加上聋人夫妇文化低、经济差,聋人的父母如果年事高、身体生病等原因协助聋人教养孩子困难的话,聋人的孩子就面临着转移给聋人的听人兄弟姐妹或亲友抚养的窘境。自己的亲生孩子眼睁睁地要交给他人而不能自己抚养,这是多么撕心裂肺的痛苦啊!

聋人夫妇的听人子女入学后可能会在学校受到同学的歧视和伤害,以致幼小的孩子一直屈辱在心,倍感挫折。有位聋人很坚强,儿子的家长会必亲力亲为提前去学校和老师笔谈。她说儿子考上大学后曾给她写过一封信,说中小学时常有同学说他是"哑巴的儿子",他就是怀着这样的屈辱之心发奋学习考入大学的。在一次圆桌吃饭时,我把这个事情说给旁边一对聋人夫妇的听人女儿,她说:"就是这样的,非常可恶!"

聋人夫妇由于相对缺乏人际关系和交往能力,除了极少数靠自己的竞争实力得到好工作外,聋人夫妇的听人子女就业质量也明显低于听人夫妇的子女,能去有保障、工资

高、好单位的少得多。聋人夫妇的听人子女婚姻也多一些坎坷,有情侣得知对方的父母是聋人后而分手的,有因对方父母接受不了而分手的。聋人夫妇的听人子女成年后,女性还好嫁出。中国风俗是男性要承担结婚的大部分费用,而男性由于聋人父母生活贫困以及自己的工作较差并且收入较低,一些经济较差的聋人夫妇的听人儿子如果工作也差,就很难找到合适的配偶,往往大龄还宅在父母家里。还有少量的聋人夫妇生了聋人子女,其聋人后代的生活更加艰难。

2.3.6　有关聋人违法

苏青和米娜拍摄聋人生活纪实片《白塔》和《手语时代》已经是 2001 年的事了,但他们发现当时几乎 80% 的聋人没有工作,依靠家庭帮助度日。家庭帮不上的聋人只好像电影《手语时代》里的聋人手语说的:"去非法!(聋人手语"非法"的意思常常指扒窃)",这就是智能手机时代之前聋人扒窃问题比较严重的主要原因。

有一聋人自幼拜师学习国画,花鸟画颇具功夫,甚至被选入国外聋人美术展览。但是由于毕业于早年八年制聋人学校,文化较低难以找到工作,婚后生活更加窘迫,无奈之下夫妇从事贩毒赚取收入,被警察抓住后被判刑。

笔者听到外地聋人讲述:有一对聋人夫妇感情很好,婚后你恩我爱,就是文化低、收入差,但尚且能平淡度日。过了些年后,女方突然生重病住院。那时还没有实施城镇居民医疗保险,男方一方面财钱捉襟见肘,一方面妻病火烧眉毛,向亲友借钱却杯水车薪。万般无奈情急之下,男方为了保爱妻铤而走险去偷盗,结果被警察抓住又被判刑入狱。据说女方最后在医院里去世。

有位聋人年龄尚小父母就双双去世了,因此他在聋人学校小学四年级就退学,进入当地福利厂工作,工资仅能度日。后来福利厂倒闭,他没有了收入来源。好在他家居住在闹巷,其兄将房子改造成朝街饭馆,全家藉此生活。但他哥哥不善经营,就将饭馆租赁出去坐吃租金。几年后兄弟两人先后结婚,两张嘴变成四张嘴;几年后,两对夫妇又有了孩子,四张嘴又变成六张嘴。租金远远不够度日,他哥哥后来就一人独吞房租不再给他一家三口生活费用。窘迫之下,这位聋人的妻子和他离婚,使他从美满的三口之家复归光棍。为了拼打生活,他结识了聋人非法集资者,帮助吸资。后来聋人非法集资者被逮捕判刑,这位聋人的生活再次从零开始。

早些年,我在电视里看到联合国禁毒委员会官员谈及农民种植毒品屡禁不绝问题时说:"让农民在富足和违法之间选择,他们会选择守法;但是让农民在饥饿和违法之间选择,他们会选择违法。"违法是一种反社会现象,必定有其社会根源。"仓廪实而知礼节,衣食足而知荣辱。"(释义:仓库里储备充足民众就会懂得礼节,衣服、粮食丰足民众才能分辨荣辱)就像那位联合国官员说的,要从源头解决毒品种植问题,要先保障当地农民的生活无忧免受饥饿。聋人违法问题同理,只有从源头解决聋人的生活问题,才能解决聋人的违法问题。

2.3.7　有关社会环境

因为耳聋割断了聋人和社会的联系,在这个熙来攘往的社会中,听人以绝对的优势占据了社会经济、文化和政治地位。社会难以有为聋人说话的人,社会各项改革就不易关注到聋人,社会就难以给聋人预留出聋人的生存和发展空间。我国目前各级机关和单位较少录用聋人。甚至连适合聋人工作的聋人学校等单位也很少能见到聋人。就连事关聋人自身利益的事情,比如:聋教育会议、特殊教育提升研讨会、特殊教育评估会等都难见到聋人的身影,更遑论听到聋人的声音。直到目前,我国还没有一种聋人杂志(20 世纪 80 年代出了几年的《中国聋人》刊号改为《中国残疾人》),没有一种聋人报纸,没有一个聋人手语电视频道……为此,全国出现了十几种聋人自办小报。一些老聋人为了办报竟然从自己菲薄的退休金拿出钱来,甚至有的老聋人躺在医院病床上看稿编报。

直到目前,省市级人大和政协几乎极少有聋人代表和委员。就连中国残联规定的各级残疾人联合会残联理事长成员必须有一位残疾人,全国三千多个县区、二百多个地市、十几个副省级市、34 个省及行政区的残联基本都是选用肢残人出任,只有个别残联选任聋人在残联任主任或干部。改革开放四十多年来,全国 2152 所特殊教育学校几乎没有几位聋人领导,屈指可数的聋人学校选用了聋人任政教处主任、副校长、校长书记、团支部书记。

听人相对拥有更多的话语权和决策权,即便是和聋人息息相关的手语、聋教育、手语翻译等重大问题。因此,在聋人历史中,由于来自聋人的声音较弱,常常出现对聋人群体影响极大的偏差。比如国际上 1880 年就出现过第二届国际聋人教育会议(International Congress on Education of the Deaf,ICED)禁止使用手语的错误决议,导致了 130 年国际上整个社会对聋人群体的排斥,极大地阻碍了聋教育的发展、限制了聋人发展,直到 2010 年才得以纠正。我国聋教育也经历了 20 世纪 50 年代模仿苏联"口语教学"的单通道模式,逐渐淘汰掉聋人教师,抑制了聋教育的健康发展,并且至今没有得到全面改观。我国手语研究同样历经了一段曲折过程,由于有关部门没有把手语研究建立在聋人意见的基础上,主要由听人来主导聋人手语研究。2003 年版《中国手语》尽管是我国一部相比之前更加权威和系统的手语工具书,但是诚恳地说,由于《中国手语》编委会人员主要以聋人学校听人骨干教师为主,没有从聋人群体实际出发,出现了听人改造、创造聋人手语、字母指拼代替聋人手势较多的情况。尽管这是由于当时国情使然,而由此导致《中国手语》难以在聋人中推广，电视手语新闻、官方会议手语翻译、聋人学校教师的手语、手语翻译资格培训，等等，聋人不易看懂的情况增多。这是走了很大很长一段弯路，给聋人交流、聋教育、手语翻译等事业带来了很长时间的不利影响。而且这将近20年的弯路造成的不利影响已经相当深入，聋人学校教师的手势汉语甚至字母手势盛行，越来越多的年轻聋人的手语不像老聋人的手语那样地道生动引人，要回归聋人手语本真将又需要很长很长时间。

听人一生多多少少积累了一定的人际关系，也就是人们所说的人脉，这是每一个人生活和事业成功的基础。而且越是成功的人士人脉层次越高、人脉范围越广。但聋人很难融入主流社会，难以积累有益于自己生活和事业成功的人脉，生活和事业因此难以扩展，更与权重人物、领军人物基本无缘。

聋人在这样的处境中，在听人社会总会碰到挫折、困难、忽视、冷落甚至嘲弄。于是，大多数聋人常常是退避到和自己同样使用手语交流的聋人圈子里抱团取暖，不太愿意和听人社会来往，过着"不知有汉，无论魏晋"的与世相对隔离的生活。

聋人生活在一个不能平等和正视自己的社会里，在工作中和生活中，听人往往借着自己的听力灵敏而优势明显，时有出于懒得理会或不愿增加麻烦，不把事宜和机会告诉聋人，聋人得到的也只能是错过机会的尴尬无奈，最终给聋人留下的是墙壁和艰难。当然聋人群族中也有不少成功人士，但与听人来比较，这个比率很低，而且即便是成功的聋人也大多是获得荣誉、得到奖励、赢得金钱之类，而不像听人那样得到实际的权力和地位。

笔者并不是刻意地要把聋人描述得这样悲惨，但在聋人群体身上见到的负面问题确实远远多于听人主流社会，聋人的道路远远比听人曲折艰难，聋人的生涯机遇远远少于听人，生活低于小康线的聋人比例高于听人，社会的关注似乎在聋人群体这里鞭长莫及，聋人生活的很多困境形成了难以改观的死角。这里只不过是想实事求是地说出聋人生活的一些实情，特别不希望聋人的困难和问题被忽略、不愿意因为聋人难以发出声音而被掩盖。由此以寄望社会能够了解聋人并且引发足够的重视以改善聋人的处境。同时，我们也不否定社会是在不断进步的，一方面国家对聋人的惠益和照护渐渐增多；一些地方、一些单位和机构、一些人对聋人的态度和服务逐渐变得诚恳、耐心、温暖、到位；一些聋人在某些方面有所突破，亮点增加。但总的来说，社会对聋人观念和态度的改善一直是滞后于社会政治进步和经济发展的脚步的，聋人与听人的生活差距是一直存在的，聋人所处的社会环境还不是很友好的，示好型、慰问型的关心多于实质型的改进的，回首短暂驻足来关心聋人的远远多于拉起聋人手来一同前进的。对待聋人，折射着一个社会的文明程度。一个社会是否完善完满和谐先进，看的不是得益群体生活的优越程度，而是看对待弱势群体的关怀程度和服务水准。聋人是一种身体健康、行动自如仅仅交流不便的群体，只要打破交流障碍，聋人完全可以在各个方面和听人齐肩。所以，当聋人仍然感到生活困阻重重，就说明这个社会还谈不上是一个完满的社会。

2.4　聋人生活有些特别

铃铃的闹钟打不断沉沉的酣响
突然醒来是感觉到眼皮上飘来一缕晨光

穿行在马路上熙来攘往
车水马龙却没有人喧车响

同事们微笑、唇动和我"早安"
工作内容需要把领导的话写在纸上

办公室没有人时电话机震响
看着话筒摇动却不知道应该怎样

下班了浑然不觉
身边没有人影才知道错过午饭时光

休息时大家热闹地聊天
自己一头雾水却要微笑表示赞赏

回家做饭间感到孩子快要回来
打开门是关在门外宝贝的眼泪汪汪

备好晚餐等候家人享用夸奖
老婆回来后怒目而视说油烟机轰鸣作响

偶尔几个朋友前来夜访
不吭不哈笔谈后留下文字十张

这是笔者2013年所作的一首描述自己聋人生活的短诗,尽管不能包罗聋人生活的全部,但至少揭示了聋人生活中的一些特点、尴尬和困难,想来聋人朋友都能体会其中滋味。聋人的生活聋人自己品尝,换成听人的话,恐怕就不甚了解了。

听人常常用"无声""寂静"和"静默"等词汇来描述或形容聋人世界,人们通常以为聋人听不到,那么聋人世界应该是很安静的。其实您可能想不到,聋人生活有时是安静的,有时却是很喧闹的;有时与听人无异,有时却是很特别的。即便是听不到声音的全聋人,双耳也不是寂静无声的,而是有杂乱的耳鸣声嗡嗡作响。

(1)大约是聋人无法以听说交流、内心比较苦闷的缘故,聋人与聋人特别爱手语聊天。无论自己手头的事情再重要,无论他人手头事情再重要,他们几乎控制不住自己时刻想和对方手语聊天说话,也控制不住去看正在手语聊天的聋人。走到聋人世界,只见他们眉飞色舞、双手飞扬、片刻不停。有时聋人聚会说好要分手打道回府了,可是只要有一人仍然在手语说事情,就有人继续看对方手语说什么,以至于又是拖延很久,不聊个日落西山天昏地暗就不罢休。聋人学校的聋人学生常常到了因爱手语闲谈以致影响学习的地步。

(2)手语交谈必须面对面,互看着对方双眼和口唇,视线离开对方面部即意味着中断对话。聋人交谈双手必须空出来而不能做如:操作电脑、书写、绑鞋带、梳头、倒垃圾、捡菜、做饭,等等(听人可以一边做这些事一边交谈)。与此相反,影响听人说话的行为如:嘴里嚼着食物、口里含着卷烟、正在用吸管喝饮料,等等,此时听人无法发声说话,而聋人却可以在此同时用手语自如地聊天。宴会上,手语交谈占用了聋人的双手,吃饭往往需要更长的时间。

(3)很多聋人从小听力不好造成了言语障碍,但是让人不出声是不可能的事情。因此聋人手语谈话时,也会不时迸出一些词语。由于聋人没有学会听人的发声,所以小学段聋人学生,常常发出不好听的叫嚣声。不会说话的聋人也会发出一些令人不悦的声音。不了解聋人的听人首次听到往往感到很诧异。

(4)聋人由于听力不好,做事掌控不了轻重,比如:做饭洗碗时锅碗瓢勺磕碰,开关门窗、开关橱柜抽屉、开关电冰箱烤箱微波炉、移动椅子板凳桌子,等等,常常会发出很大的声音,让听人大吃一惊甚至有时不堪忍受。特别是从小听力不好的聋人,更加掌控不了自己的举止行事的声音。比如:放置物品手脚很重甚至一掷了之;在安静场合如会场教室图书馆等地,走动转动移动声音很大;早晨晚上家人休息时,洗盥声音很大、走动时拖鞋和地板摩擦声音很大;吃饭咀嚼下咽吞吐、吐痰咳嗽擤鼻涕如厕等,旁若无人无所顾忌地发声。只要聋人起身,这个家里的这些动静声音就很大,听人孩子或亲友在聋人家庭可能睡不成懒觉。

(5)聋人夫妇听不到声音,他们的听人孩子是以拉扯聋人父母衣服、招手、拍身体甚至开关灯呼唤聋人父母,有时听人幼儿哭闹不能立即被聋人父母发现;如果家门锁了,家里的聋人夫妇听不到孩子在门外敲门声(没有安装闪光门灯的话),会使孩子不得不在门外等待许久;聋人乘飞机、火车、地铁、公交车、轮船、长途汽车等公交工具,无法知道有时发生的突然变故;为了方便得知客人来访,有的聋人家里安装了闪烁灯饰,访客一摁门外的电钮,室内效果犹如迪斯科舞厅;有的聋人家庭安装了闪光门灯,访客在门外一摁按钮,室内又如警车或者救护车来临;有的时事和新生事物很长时间后聋人才知晓,因此在一些事情上聋人显得与听人脱节。

(6)聋人听不到声音,使用天然气或液化气烧开水时,如不注意会使水壶烧干或开水溢出,可能造成炉火烧灭,燃气泄漏进而导致危险发生;不关紧水龙头会导致居室"水漫金山";外出在公路上,听不到身后来车的声音,必须尽可能靠边行走并且多加注意;使用电器因听不到异常声音容易损坏电器甚至出现危险;失落的物品如手表、钢笔、钥匙等,往往捡不回来,聋孩子的文具更容易丢失而不全……

(7)聋人夫妇发声困难并且不准,听人孩子或者同事亲友常常需要猜测聋人所说的词语,在商店、银行、医院等地方常会引来尴尬;聋人言语有障碍,生了病难以去叫上门医生或叫救护车;聋人夫妇无法呼唤听人孩子,孩子跑丢很不好找,必须时刻看紧并保持在视线范围内。

(8)聋人父母有时不太会照顾婴儿;聋人夫妇言语有障碍,因此难以对自己的听人孩子进行启蒙教育;聋人父母家的听人孩子常常没有说话对象,有口不能说,因而有时只好和自己或周围物品聊天;聋人夫妇的听人孩子为了避免家里没有说话声音,要求打开电视以便能听到人际对话;聋人夫妇的听人子女在幼年时言语发展有时落后于同龄听人儿童,主要是词汇量少一些以及口语表达力弱一些(随着孩子成长和入学,这个问题慢慢会消失,孩子可以在学校频繁的师生和同学交流中逐步赶上同学)。

(9)聋人在公共场合手语交流,常常引来周围奇特的目光甚至围观。不了解聋人的听人常常会认为聋人耳聋口哑是个悲剧,认为聋人也智力低下;聋人很多手语手势很生动传神,表达力很强,但有些手语词汇如:否定、排泄、性等直白露骨(不像听人说得比较委婉隐晦)。

2.5 不同类别的聋人

"聋人还有类别?""聋人和聋人还有不同?"实际确实如此。只是由于听人不太了解聋人,没有真正走进聋人世界,聋人之间的差异因此不被世人知晓罢了。

聋人主要分为两大类:一类是以手语交流,口语能力较差或不会说话,生活在手语交流圈子中的聋人,即过去对他们不敬称呼的"聋哑人"或"哑巴",他们也叫"手语者聋人"(欧美聋人有意写为 Deaf,指聋文化意义上的聋人)。他们主要是幼年耳聋或先天耳聋,在聋人学校就读。也有一些普通小学里由于未考上普通中学,转到聋人学校上学同时也回归到手语交流的聋人圈子的聋人。还有较少普通学校毕业由于难以融入主流社会,慢慢地加入了聋人圈子的聋人。由于目前聋人和主流社会融合还不够理想,以社会整体标准来看,他们的手语地道精彩,多数文化水平低一些(他们当中也有文化水平较高的),有的笔谈文句不太通顺甚至病句错字较多,聋人思维习性、处事方式和生活习惯较重,不太愿意和主流社会听人打交道,习惯于在手语者聋人圈中生活。

另一类聋人是尽管耳聋,但一直在听人中间成长,就读普通学校,口语交流,在听人中间工作。他们多为重听人(英文为 hard of hearing,也叫非聋文化意义上的聋人),也有听力极度严重者。他们分散地生活在听人中间不容易被熟人之外的人们识别,因此难以精确地统计人数,数量应该比手语者聋人更多。他们很少与"手语者"聋人接触,不会手语,也可以称为"非手语者聋人"。一般地说,他们的文化水平、思维习性、处事方式和生活习惯与听人接近。少数重听人非常杰出,甚至有大学教授、博士生导师、高级工程师、高级会计师、博士、作家、画家、诗人,等等,在听人中间游刃有余。但多数重听人生活在听人中间,他们常常是既加入不了听人交际,也加入不了手语者聋人交际,成为游移在两个圈子之外独往独来的人,相当一部分此类聋人比较孤僻。手语者聋人和重听人存在着差异,如表 2-1 所示。

表 2-1　手语者聋人和重听人的差异

聋人		重听人	
优	劣	优	劣
易于适应学习环境			可能难以适应学习环境
学习省力			学习吃力
学习基本适应			学习有可能跟不上
学习压力小			学习压力很大
基本都能听懂老师课堂讲解			有可能听不到老师或听不全老师课堂讲解
基本不需要多下努力自学			要下更大的努力自学功课
不太需要家长全程式辅导和老师的专门指点			需要家长全程式辅导和老师的专门指点

续表2-1

聋人		重听人	
优	劣	优	劣
和聋人同学很合群			可能难以和听人同学合群
在学校没有同学歧视			在学校可能会受到同学冷落、嘲笑和歧视
性格开朗乐观			独孤寂寞孤僻自卑
婚姻一般比较顺利			婚姻有可能处于困境
	生活和学习环境闭塞	生活和学习环境开阔	
	散漫、随意、懒惰	自律、严格、勤奋	
	文化知识水平严重低于普通学校	文化知识水平和听人同学基本一样高	
	综合素质低	综合素质高	
	得过且过,任意而为	有明确的人生目标	
	只能参加高校聋人单招单考	有基础参加全国高考	
	大学和专业选择窄	大学和专业选择宽	
	只能上招收聋人的高校(通常是二本三本和高职)	如果高考成绩特别好,可以上一本二本高校	
	大学毕业报取考研究生几率较低	大学毕业有文化和专业基础报考研究生	
	就业能力较弱	就业能力较强	
	就业面很窄	就业面较宽	
	聋人思维模式	听人思维模式	
	适应社会能力弱	适应社会能力强	
	和聋人恋爱结婚	有的和听人恋爱结婚	
	喜欢和聋人在一起工作	能适应和听人一起工作	
	困于聋人生活圈	基本在主流社会	
	聋聋夫妇对孩子教育有困难,需要聋聋夫妇的父母帮助	聋听夫妇对孩子教育可以自理	

注:以上是相较而言的大势趋向,不代表全部手语者和重听人的少数不同趋向

也有一些是"双语族"的聋人。他们起先是生活在听人中不会手语并且不与"手语者"聋人打交道的聋人。后来往往由于上学或工作等原因，需要与"手语者"聋人打交道，在与"手语者"聋人的交往中学会了手语，能在聋人和听人之间游刃有余。也有一些"手语者"聋人尽管交谈不便，但由于他们或是文化水平很高，或是长期在听人中间工作，或是有令人感佩的专长、技能、工作能力、为人品格或事业成就，颇受听人欢迎，大家也就不怕麻烦乐于和他(她)相处，使他(她)有更多接触听人的机会，获得更多的主流社会生活经验，从而也变成能在聋人和听人之间游刃有余的聋人。有聋人把这种"双语族"聋人形象地形容为"青蛙"，可以水陆双栖。至于是主要生活在聋人圈这个"水"里，还是主要生活在主流社会的"陆地"，则与其生活重心向哪一边倾斜有关。

2.6　聋人是轻度残疾人吗？

大多数残疾人及其障碍显而易见，使用拐杖和坐轮椅的是肢体残疾者，使用导盲杖导盲犬的是视力障碍者，智力障碍者则有着奇异的眼神、表情和举止……但是聋人的障碍却不明显——他们身体机能健全、行动灵活自如、行走健步如飞、生活自理无忧。聋人的障碍只是在与人发生交流时才能被人们发觉，而且聋人的障碍带来的困难常常不是直接产生后果的，因此不易被听人所了解。

一些人认为：聋人除了耳聋沟通不便外，基本和听人一样，聋人残疾比较轻微，不需要特别关注。甚至时有相关部门常常忽略了聋人群体的困难，重大决策甚至疏忽了聋人群体的需要，一定程度上严重地影响着聋人群体生活的改善。比如将聋人排除在对重度残疾人救助之外、全国各地电视台都没有考虑到为聋人专门开设一个聋人频道，手语翻译服务没有纳入聋人服务项目，等等。这种情况笔者也遇到过：我早年与出版社交涉自己聋人题材著作出版时，编辑竟然先入为主地说："聋人问题只是就业问题，其他没有啥。你这书出了恐怕不好卖。"言语间，似乎解决聋人问题就是给聋人一碗饭就可以高枕无忧了，连阅读需求都没有。一个人连阅读需求都没有了，这还叫一个完整的人吗？聋人没有了听力影响生活各个方面，怎样才能得到一只衣食无忧的饭碗？恰恰是这个先决条件关联着聋人一生的成长、教育、生活、工作，等等。

耳聋给聋人带来的影响很小吗？聋人真的是轻微残疾人吗？聋人难道仅仅只需要一碗饭就够了吗？其实，耳聋给聋人带来的影响是异常深远而深刻的，只不过聋人的障碍是隐形的、潜在的、后发的、长久的，聋人的困难相当深重但不易被直接看到。

（1）人是社会的动物，听人从生命诞生的第一天起，就生活在言语交流的海洋里，就开始和外界进行人际、情感和知识的交流。一旦人因听力障碍缺乏言语交流的渠道，心智成长、人际沟通、语言能力、心理情绪等方面,都会波及而受伤害。人与人之间隔绝了互相沟通,就如同在孤岛上,百无聊赖、孤独异常、苦闷难受、孤立无援,犹如陷入在一潭绝望的死水之中。

(2)聋人因为耳聋阻碍交流沟通,语言刺激减少、信息输入降低,自幼学习困难,通常文化水平较差,书面语能力较弱。文化水平是一个人立足社会的基本,文化水平较低,就会远离社会的核心层,生活肯定就困难重重。文化较低必定会导致思维受限,最后这种因文化水平较低造成的生活困难跟随终生,是一种比听不到说不出更加痛苦的事情。而且文化较低的聋人加上耳聋口哑,欲语不能,欲写不深,真是"哑巴吃黄连,有苦说不出",身心倍受摧残。

(3)很多聋人不单单是耳聋,还有言语困难,这属于双重残疾,对他们来说是雪上加霜。耳聋口哑难以和社会交流沟通,出门就困难重重。一个人多数事情和人生成功是在与社会的交往中做出的。人的生活实质就是在与他人的交往中互通信息、处理事务、实施计划、尝试策略、解决问题、克服困难。听觉阻隔,不知有汉无论魏晋;沟通不畅,自我禁锢求告无门。纵使身体机能健全、行动灵活自如、行走健步如飞、生活自理无忧,即使能力超群也少人推介乏人赏识,只能"英雄无用武之地""拔剑四顾心茫然"。

(4)聋人作为一个人,绝不是吃饱喝足就满足了。聋人与听人有着同样的生活需求:需要疏通信息、需要人际沟通、需要协调共事、需要切磋琢磨、需要互相学习、需要诉说倾谈、需要表达心声、需要宣泄感受、需要兼听则明、需要处处有朋友、需要一个好汉三个帮……这些听人常有的事情,对聋人来说却因为听觉障碍和沟通困难可望而不可即。离开了人与人的交流交往,对聋人来讲,苦难深重。

(5)聋人尽管现在可以通过单考单招进入大学学习,但实际上文化和专业平均水平低于普通听人学生,加上耳聋口哑,就业形势不容乐观。目前的情况是,大多数大学毕业的聋人抛弃专业前往私企拿着两三千元工资生活。工作不稳定的聋人,随着年龄增大,出路常常会越来越窄,收入常常会越来越差。好多聋人年龄大了还没有结婚,甚至有的聋人夫妇因为经济原因不生孩子过丁克生活。

(6)聋人很多问题都是隐性的。比如:聋人因听力和言语障碍,惯于从小依赖父母,生活父母代劳代庖。以至于很多聋人成年以后,表面看着生活还比较光鲜,实际上是依赖父母的延伸——小两口大学毕业结婚,爸爸妈妈给买一套房,孩子交给爸爸妈妈负责,孩子的学费生活费爸爸妈妈悄悄负担了,两人各在私企拿个两三千的工资自己用,在爸爸妈妈家吃饭不用交钱,兄弟姐妹经济条件好的也会接济一点。聋人完全靠自己能独立买房养子生活的并不多,这种看似无忧的"小康"生活其实是啃老的结果,与其实际收入并不相符。假如排除父母的资助,他们的生活水准立即降到温饱线甚至贫困线。那些家

境贫穷的聋人的生活就更是可想而知了。

（7）绝大多数聋人与聋人结婚，加上聋人中强势人物少之又少，所以聋聋结合等于是抱团取暖式的弱弱结合模式。聋人这样的婚姻构成，也决定了聋人的家庭也大多是弱势家庭。聋人就业、晋升等相对于听人比较难，聋人大多经历着艰难困苦的生活。

（8）聋聋夫妇由于耳聋口哑无法和后代交流，难以与学校和老师沟通，就难以担负起教育后代的责任。聋聋夫妇后代的教育99%是由聋人父母代劳完成的。聋人看起来表面潇洒轻松行动方便似乎困难不大，这是聋人后代长期的教育负担转嫁给其父母换得的。聋人夫妇难以抚养其后代，而且其后代产生的支出甚至直到大学学费也常常是聋人父母负担的，可以说聋人的经济困难和教育后代很大一部分都转嫁给了其父母。

（9）聋人耳聋口哑，欲语不能，加上整体文化水平较低，社会更加难以听到他们声音。社会难以听到他们声音，社会就更加难以了解他们的困难，社会也就更加容易忽略和遗忘他们。聋人群体的一些呼吁能传到听人耳朵里，常常已经是发酵多年并且达到再不说就不行了的非常重要和迫切的地步了。聋人学习、工作和生活更有大量的问题、梗阻和困难需要解决然而却求告无门，不得不从小习惯性地隐忍着"打碎牙往肚子里咽"，真实地过着一辈子"哑巴吃黄连，有苦说不出"的生活。

2.7 聋人是一个脆弱易伤而又能焕发能量的两极性群体

其一，人是通过语言交流互相沟通思想，然后达成目标，进而实施意图、最终实现目标的。同时人的语言学习、语言神经发育，乃至之后的心智成长、认知进步等都依赖于语言交流。聋人听力障碍阻断了语言（这里指绝大多数人使用的口头语）交流，即等于阻断了语言学习和语言神经发育，阻断了之后的心智成长和认知进步，等等。所以耳聋带来的是一种连锁的、伤及聋人心智的影响。对于一个人来说，心智是其根本，所以从这个方面来说，耳聋带来的影响对聋人是深重的和摧毁性的。

其二，聋人耳聋口哑造成的问题不能或者不易即时反应和当即发现，导致聋人问题所产生的影响往往是隐蔽的和后发的，容易被周围和社会忽略、遗忘。因之又进一步导致各种聋人问题所产生的影响是持久的并且被放大。不能或者不易即时反应和当即发现、隐蔽的和后发的、容易被周围和社会忽略和遗忘的、持久的和被放大的聋人问题，又因之被拖延而被持续放大容易走进积重难返的泥潭。以至于听人于聋人一个小小的忽略，也会给聋人带来重大的伤害；听人于聋人的一点点犹疑踯躅，也会给聋人带来重大的损伤；听人于聋人一个微偏的决策，往往都会给聋人带来重大的影响。

其三，聋人听力阻障影响人际沟通，还会带来因听力阻障难以发声和反馈的困难，加之聋人缺乏社会地位更加不易呼吁。聋人问题容易伤及聋人心智，又隐蔽和后发，再加上不易发声和反馈引起听人察觉，这是雪上加霜。

盲人和肢残人的困难非常明显，一眼即可明知，其主要是行动上的不便而带来的生活上一系列问题。但是盲人和肢残人听力健康，可以和听人一样畅达地沟通，所以盲人和肢残人的问题和困难不会伤及心智发展，也就是盲人和肢残人的文化水平和心智思想与听人是基本接近的。而聋人的问题却有截然不同的特殊性，假如社会不能给予足够的关注和提供充足的帮助，往往会导致聋人的处境比盲人和肢残人还差。

所以，聋人是一个脆弱而因之容易受伤，并且容易伤及骨髓的群体。

另一方面，听力损伤仅仅是接收声音的器官失灵，并不破坏身体健全，并不影响身体机能，可以说耳聋是一种无形损伤，不像盲人和肢残人那样身体受损、破坏形象、机能受限并且无法恢复。聋人四肢健全、生龙活虎、行动自如，与听人无异。

人类沟通的方式也不单单是口语，还有形象而生动的手语。正像很多学者倡导的"能口则口，能手则手"那样，不拿一种语言作为聋人语言发展的唯一标准，尽己所能尽量发挥，使聋儿尽早恢复到高密度语言（包括手语）交流中，促进语言的发展和语言神经的发育。聋人的心智又完全可以与听人齐肩。

现代科技的飞速进步，聋人听力障碍带来的阻障变得越来越小。网络信息，人人皆享；语音转化文字，信息可视；远程手语翻译协助，已成现实；实时字幕，指日可待；智能识别手语，正在突破。科技帮助聋人"听"和"说"已经行九十近百里。

聋人因失去听力始即以双眼吸收外界信息，锻炼得眼力更强，模仿力也因之而强，因此聋人做事眼疾手快、反应敏捷。

人们学习和工作最大的干扰是来自外界无法控制的各种声音。他人的走动声、儿童的喧闹声、周围的言语声、窗外的嘈杂声、车辆的往来声、施工的响动声、机器的轰鸣声……是人们专注做事的大敌。而聋人听力不佳，"耳不听，心不烦"，天然地免去了声音的干扰，可以更加专注地学习、工作和做事，聋人睡觉也因为可以免于声音的干扰而休息得更好，一觉醒来可以精力更加充沛地投入到新的一天。

因此，聋人又应该是能释放能量的残疾人群体。聋人仅仅由于听力语言障碍产生了沟通阻碍，而身体机能上应该是最接近听人的群体，甚至越来越多的聋人不承认自己是残疾人。聋人除了交流有困阻外，做事不受什么影响。聋人群体实则是一头沉睡的巨龙，是一个有待开发的巨大资源。事实上，聋人也是能量最大的残疾人，做事完全可以不落听人之后。比如国际上，聋人可以参加奥林匹克运动会并拿奖牌，可以攀登珠穆朗玛峰并且成功登顶，可以成为 NBA 骑士队球员，可以获得诺贝尔奖，可以成为大学教授、工程师、画家、雕塑家、飞行员、演员、导演、诗人……聋人施展拳脚可以发展的空间远远大

于盲人和肢残人。

到这里,笔者已经将盘根错节的聋人问题经过剥茧抽丝清晰地条分缕析出来了,解决这些问题应该做到以下几个方面。

(1)孩子发生耳聋后不要拖延,立即到公立权威医院治疗。

(2)在无法治愈的情况下,医生要尽早将耳聋的后果告诉聋儿家长,并且劝阻不要盲目尝试社会五花八门的无益无效治疗,尽早对聋儿进行康复规划。

(3)聋儿家长在得到医生无法治愈的结果后,要立即主动请教聋教育专家确定聋儿康复规划和计划。在尊重口语康复的前提下,不能将口语康复作为聋儿康复的唯一方式,也要根据聋儿的情况鼓励手语康复。

(4)根据聋儿情况和家庭状况,确定聋儿康复方式。努力口语康复的前提下,也不排斥手语康复。但是不管什么样的康复方式,都要保证聋儿高密度的交流以促进聋儿的语言发展和语言神经发育。假使口语康复模式不能保证高密度交流,就要果断地发展手语康复模式。

(5)聋儿康复机构要提供多种康复服务,不仅仅有口语康复,而且也要有手语康复。

(6)无论口语康复还是手语康复,都要尽可能地使聋儿恢复到较高密度的生活交流中去,从而使聋儿在生活交流中学习语言(口语或手语)、交流思想,促进其语言神经发育及心智发展。

(7)聋儿康复机构和聋人学校的手语教师,必须向聋人学习手语,获得地道并且符合手语语法的手语,使聋儿和聋人学生在保证手语交流质量的前提下尽可能地充分交流,发育语言神经、发展心智。

(8)采用手语康复模式的聋儿家长,要努力学好手语,保证家庭手语交流需要和交流密度,提高聋儿手语康复和家庭教育质量。

(9)聋儿康复机构和聋人学校必须合理地吸收聋人教师,以保证聋儿和聋人学生有充裕的交流环境、保证听人教师有学习和提高手语的活水来源、保证听人教师的手语能力有客观的检测。

(10)国家要建设高质的聋儿康复、聋人教育、手语研究专家团队和组织(要包括聋人专家),为聋儿康复、聋人教育、手语等提供优质服务。

(11)聋儿电子耳蜗植入要听取来自聋人协会和聋人专家的意见后再做出权衡,不宜一刀切地跟风行进。

(12)与聋人有关的机构要倾听交流不便呼吁困难的聋人的心声,做到工作有的放矢。

(13)国家教育部门要制定合理科学的聋人教育言语政策,制定聋儿康复机构和聋人

学校聋人教师的合理比例。同时重视聋人师资的培养,保证聋儿康复机构和聋人学校聋人教师的需求。

(14)各级聋人学校要把引进聋人教师和安插聋人领导作为聋人教育的重要任务之一。

(15)国家和高等学校手语研究部门要制定手语等级标准,国家教育部门要制定聋儿康复机构和聋人学校教师手语技能要求,保证教师的手语水平。

(16)国家尽早规划手语翻译社会服务,将手语翻译纳入残疾人扶助服务项目使之社会化,并且促进电视台手语主持的手势汉语向聋人手语看齐。

希望越来越多的有识之士为聋人事业捧柴添柴,燃大燃高聋人从聋到龙、化聋为龙的熊熊之火。

3 / 聋人与听人 The Deaf People and the Hearing People

> 赋权残障人士就是赋权整个社会。

> ——［巴西］欧敏行

3.1 聋人给社会带来了什么启发？

人类是一个命运共同体,同在地球村一个大家庭。人类彼此相依不可分离,彼此命运相关生活相连,一荣俱荣一损俱损。社会排斥聋人,聋人群体的生活就困难重重,反过来也会成为社会的沉重负担,更在相当程度上拖滞着社会的进步;当社会敞开胸怀接纳聋人帮助聋人,聋人在各个方面尽可能得到发展,聋人的整体能力增强,聋人群体不仅自食其力并有更多的可能对社会有贡献,反过来成为社会发展的助推力。两千多万的聋人群体是一个国家的受救济者还是生产建设者,对这个国家影响非常巨大。所以说聋人的解放也是一个国家能量的释放,反之聋人的困难也是一个国家的沉重包袱。

国际上有识之士认为,残疾人解放是继种族解放、民族解放和妇女解放之后第四次人类解放运动。歧视和忽略残疾人,应该是人类社会需要拆除的最后一道落后的藩篱,应该是人类文明需要扫除的最后一处阴影。伴随着人类文明的发展和残疾观的发展,国际社会越来越坚定地认为:不健康的社会态度是残疾人取得平等权益的最大障碍,并将提高社会对残疾人的接纳程度,提高对残疾人权利、需要、潜能和贡献的认识,作为实现平等参与的先决条件。联合国《关于残疾人的世界行动纲领》指出:"社会对残疾人的态度,可能是残疾人参与社会和取得平等权益的最大障碍。"聋人的存在,提醒了人类依然摆脱不了疾病和意外伤害的纠缠;聋人的障碍,说明了社会还有帮助弱势群体的责任;聋人的困阻,显示着社会环境还有许多不完满的地方;聋人的不便,说明了政府还有很多项目需要补足。2018 年 10 月 15 日,联合国教科文组织北京办事处主任、联合国中国残障小组主席欧敏行(Marielza Oliveira)女士说:"赋权残障人士就是赋权整个社会。"2017 年开始任联合国秘书长的安东尼奥·古特雷斯(Antonio Guterres)2020 年 5 月 6 日在残疾人与新型冠状病毒预防政策简报结尾强调说："When we secure the rights of people with disabilities, we are investing in our common future."（保障残疾人的权利，就是投资于我们共同的未来）

人类前进的道路并不总是一马平川，曲折、停滞、迂回甚至倒退亦符合自然规律。"困于心，衡于虑，而后作。"疾病、缺陷、损失、灾难、挫折，等等，其背后往往潜藏着更大的契机，迫使人们从中更加深刻地反思、探索和纠错，之后反而常常能给人带来顺境所没有的启发，从而推助人类从中汲取教训，另寻出路促进人类进步。神经病理学家和心理认知学家认为："缺陷、不适与疾病，会产生出另外一些发展、进化与生命的形态，激发出我们远不能预料的创造力。"①身体残疾产生的代偿，使有些残疾人仿佛有特异功能而非常人所及。犹如高山上的松树被风雨折断一根树枝，顽强的生命又会长出新的树枝，反而成为有异于常类的奇特景象，更显得倔强峥嵘。险恶不利、受到摧残的生命往往有更加坚强奇特的景致。假如我们去登高望远，最引人注目让人赞不绝口的正是或被强风吹弯，或被雨雪折断又长出新枝的奇松；令人惊叹的山川奇伟景观，往往正是地壳运动、外界侵蚀的异变的最剧烈的地带。

疾病、缺陷损失、灾难、挫折等不幸是人类更深层、更厚重的体验，会促使人更深刻、更深沉、更坚韧、更坚强和更勇敢，激励人战胜艰难困苦超越限制，更促发人慈爱、仁义、宽容和扶弱等高尚的情怀。这是人类非常值得敬重的另一个伟大奇异的境界，是人类的宝贵财富，是人类文艺和科学创造的一个重要源泉。有一部书的序言中说："每一个患者，其实都有自己独特的、值得尊重的人格世界，有着我们未必能够达到的宁静和辽远，甚至是通透。"例如闻名世界的音乐家贝多芬，他26岁开始听力下降，至57岁去世时听力损失几近全聋（图3-1）。正是如此，后人评价他说，"贝多芬由于听不到外界的声音，不得不与身边的音乐生活失去联系，这反而让他免受音乐时尚的影响，无视当时风靡维也纳的'肤浅音乐'，进而能自由地'听从内心的召唤'，创作出超凡脱俗的音乐"。

宇宙和地球本来就是一个无限丰富的多元共存体，彼此之间的差异和不同是其本色，各不相一、各显其能，共同成就了这一共存体的丰富多彩。中国聋人手语中的"人"是仿字手势，模仿人与人互相支撑的样子，这一手势国家主席习近平在国际会议演讲中也曾使用过。这一手势也是对"人"的含义最好的诠释——人类就是地球上互相支撑、互相扶持、互相关心、互相爱护、互相帮助的命运共同体，没有一个国家、一个单位或一个人能不需要他人支撑而独善其身。我们每个人都有各自的特殊需求。只不过聋人作为听力

065

① 奥利弗·萨克斯.看见声音：走近失聪人的寂静世界[M].韩文正，译.北京：中信出版社，2016：IX.

和言语受困的人,其需求更加独特,需要更多一点的人帮助而已,然而这也正是释放您的爱心和仁慈、树立您高尚和美好形象的时机。将那个受听力困阻的人解放出来和自己共同前行,这是人间美好的事情。人类需要互相扶持、共同前进,才能共享美好。

图3-1　贝多芬故居展示的贝多芬使用过的助听器

人类发展也同样离不开聋人并且从来没有离开过聋人。耳聋切断了聋人与社会的关系,听人以优势占据了社会经济、文化和政治地位。但聋人在这样劣势的处境中,他们坚强乐观地生活着,从来没有放弃自己,坚韧不拔地奋斗着。因此,聋人是我们身边令人敬佩感动的群体。正是聋人由于听力言语障碍需要双手表达思想,给人类带来了热情美好的手语及由此衍生的别致多彩的聋人文化,丰富了人类生活。贝尔为了改善聋人母亲和妻子交流的愿望,试图用电磁连续振动的曲线来使聋哑人看出"话"来,由此发明了世界上第一台电话机。全世界每个人离不开的电灯,正是聋人"发明大王"爱迪生的伟大发明。9岁时因患猩红热几乎完全丧失听力的齐奥尔科夫斯基,花费40年之久在莫斯科南部卡卢加郊外的木屋的艰苦钻研,创立了航天学理论体系。就连我们每个人上网离不开的"modem"(调制调解器),最初是美国聋人韦特布雷赫特发明的聋人打字电话的部件。

人类历史从来就不是一个单一群体的历史,而是各种民族、各个国家、各群体包括残疾人和聋人互相融合、交织和纠缠的多元化历史。人类彼此之间本应和睦相处、互帮互利、共融共荣。正像两千多年前儒家著作《礼记》里描述的人类大同世界:"大道之行也,天下为公。选贤与能,讲信修睦。故人不独亲其亲,不独子其子,使老有所终,壮有所用,幼有所长,矜、寡、孤、独、废疾者皆有所养,男有分,女有归。货恶其弃于地也,不必藏于己;力恶其不出于身也,不必为己。是故谋闭而不兴,盗窃乱贼而不作,故外户而不闭。是谓大同。"(释义:在大道施行的时候,天下是人们所共有的,把品德高尚的人、能干的人选拔出来,讲求诚信,培养和睦气氛。所以人不只是敬爱自己的父母,不只是疼爱自己的子女,要使老年人能终其天年,中年人能为社会效力,幼童能顺利地成长,使老而无妻的人、老而无夫的人、幼年丧父的孩子、老而无子的人、残疾人都能得到供养。男子有职务,女子有归宿。反对把财物弃置于地的浪费行为,但并非据为己有;人们都愿意为公众之事竭尽全力,而不一定为自己谋私利。因此奸邪之谋不会发生,盗窃、造反和害人的事情不发生,所以大门都不用关上了。这叫作理想社会。)两千多年后的今天,人类更应该实现并超越古人这一理想。

由于听力和言语障碍造成沟通阻碍,聋人的生活相对于听人是比较隐蔽、乏人了解的,隐蔽的聋人生活也造成了聋人问题的隐蔽而更容易被忽略,所以更应该换位思考推人推己努力倾听他们的心声。聋人的窘境固然一方面有着聋人自身听力言语障碍带来的限制,一方面也更多体现了社会重视度的不足。比如目前国内聋人教育缺乏聋人教师和聋人领导,聋人协会大多仅仅执行残联相关业务等,这就造成聋人困难不易被察觉,政府部门不能深入透彻地了解聋人的实际情况,常常导致聋人教育和聋人工作或有忽略,或有缺位,或有错位,或有偏斜。人的认识常常受限于生活经历和环境,不可能亲临其境去认知每一件事物,听人之间都常常会因为了解不全面而偶出差错,何况听力言语障碍的聋人。因此,积极吸收聋人参与聋人教育和聋人工作,以获取全面的信息就变得至关重要。

2017 年 12 月 3 日国际残疾人日之际,联合国秘书长古特雷斯在发表致辞中说:"然而,设计、规划、执行对残疾人生活产生影响的政策和方案这项工作却仍然往往将残疾人排除在外。他们在劳动力市场上、在获得教育和其他服务方面,常常遭受歧视。为克服这一挑战,必须在残疾人的主导和参与下,确保他们能逐步获得包容型、无障碍、可使用的设施、技术、基础设施、服务、产品。我们必须发挥残疾人的能动性,共同努力设计、制定、实施经济上可行的创新办法,从而实现人人平等。"

3.2 帮助聋人就是帮助自己,更是帮助社会

2017 年上半年,笔者为长春大学特殊教育学院 30 年校庆纪念文集写了一篇文章,其中有几个段落这样写道:

"1987 年长春大学特殊教育部的成立,很大程度上改善了残疾人特别是聋人盲人的生态环境。长春大学率先向残疾人敞开胸怀,社会公正的天平逐渐示向残疾人。特殊教育学院建立之初,长春甚至全国各地前来支援帮助,长春各个大学名师前来支教,一时间

成为社会追踪的热点。在长春大学校园里,听人学生感受到身边竟然有这样一群特殊同学,那如彩蝶飞舞的手语下有这样美丽的线条与色彩,那凸凹点状盲文边有这样动听的琴音与歌声。听人学生由衷地感到人生的意义是人的素养决定而不是残疾,帮助弱势群体应该是与生俱来应有的品质,他们自觉地以帮助残疾同学为荣为乐,极大地促进了残疾人与主流社会的融合。

"1987 年长春大学特殊教育部的成立,一定程度上促进了国家对待残疾人教育政策的改进,进而也改进了国家对待残疾人的态度,国家在提高残疾人地位的同时等于提升了国家的品位。高等特殊教育是高等教育的重要组成部分,对待弱势群体的态度体现着一个社会的细节和质地。之后短短的十几年,全国逐步从拒绝残疾人上大学到有限度招收残疾学生到完全接受残疾人上大学。30 年来,单单是大学里的特殊教育学院就成立了近二几十所,师范大学或师范学院建立特殊教育专业的则更多。这些大学东西南北星罗棋布遥遥相呼,形成一个有力的高等特殊教育聚合体,大踏步追赶着国际高等特殊教育水准。一个泱泱大国,残疾人能够平等地接受高等教育,是社会主义制度优越性的一个具体体现。

"1987 年长春大学特殊教育部的成立,向社会树立了自强精神的榜样。特殊教育学院教育结果也完全证明,残疾人是社会的宝贵精华,是社会物质财富和精神财富的创造者。这些长春大学毕业后在五湖四海工作的聋人盲人同学,在本职岗位上就就业业认真努力,很多人取得了让人感动甚至惊叹的业绩。特殊教育学院为社会输送了一批新型现代聋人知识青年,他们中间相当一部分被吸收到全国各地聋哑学校的教师队伍中。当时我国基层特殊教育学校百废待兴,这些聋人教师不畏艰辛艰难创业,把满腔热忱投入到聋校教学和建设中,是这些聋人学校在 20 世纪 90 年代期间从八年制甚至是六年制提升到职高或高中过程中的中坚和栋梁。"[①]

我高调赞颂中国高等特殊教育的意义是发自内心深处的真实感受。2002 年 7 月,笔者在美国参加"DEAF WAY II"(第二届"聋人行"世界聋人学术和艺术博览会)活动,在加劳德特大学校园多次见过盲聋人。每位盲聋人有两名手语翻译员随身随时给予帮助,轮换着一人推着轮椅一人手语翻译,盲聋人则用双手抚摸手语翻译员的手语感知手语内容去上大学甚至观看戏剧演出。盲聋人失去了听力和视力,生活是极度困难的,从生活中所得到的信息也是极度有限的。盲聋人靠这样的手势触摸感知,学习肯定也是极度艰

---

① 张洪昭,张洪杰:长春大学特殊教育学院建院 30 周年特殊·录·忆[M].北京:电子工业出版社,2017:3-14.

难的。依这样的触摸式手语(pro-tackile sign language)感知,一位盲聋大学生从入学到毕业,恐怕是听人几倍时间。假设一位盲聋大学生读的是学士,需要6~8年才能毕业,两位手语翻译6~8年的服务费用,起码是一个普通大学生12~16年甚至更多的消耗。而且即便盲聋人大学毕业,对社会的贡献也恐怕与于听人相差极大。有人会问,加劳德特大学花钱雇佣两个手语翻译员服务这样大的代价,免费为一个盲聋人服务,是不是有些太浪费了?

从实际经济消耗来看,大学确实付出的代价很大。但是,当你看到这个情形,或者当朋友把这个感人的情形告诉你,哪一个人没有发自内心的触动?哪一个人不为之动容?我当时在加劳德特大学校园见到这样的情形,心潮难平,深深地为盲聋人的坚强感佩,为两位手语翻译仁慈之心感佩,为加劳德特大学慈爱心怀感佩。这样为之动容的故事恐怕很快地就一传十、十传百、百传千、千传万。这样的宣传效应和社会反响,恐怕是成千上万个听人大学生也难以达到的。盲聋人靠触摸手语坚强地读大学,那么身体健全的人岂不应该更加珍惜学习机会更加努力?大学对盲聋人张开热情温暖宽博的怀抱,我们每个人岂不更加应该善待生命、善待他人?这样的人文感化,影响的不仅是周围几个人,这是成千上万个听人大学生教育也难以换来的,是多少金钱也难以买来的。

残疾人生活的每一点改善,是这个社会文明的进步和发展的体现;同样,残疾人生活的每一点梗阻,也是这个社会瑕疵和有待改善的地方。民国名士张元济在环球考察回国后发表的演讲中说:"夫教盲、教哑为以道德之盛举,亦国家之名誉。"(释义:教育盲人聋人作为弘扬道义和品德的重大举措,也是国家的名誉所在。)[①]一个人,平等地把残疾人当作人看的时候,这个人才称得上是一个真正的文明人;一个社会,平等地把残疾人当作人看的时候,这个社会才称得上是一个真正的文明社会。同理,一个人,不能平等地把残疾人当作人看的时候,这个人才是一个心灵有阴影的残疾人;一个社会,不能平等地把残疾人当作人看的时候,这个社会是一个体制有阴影的残疾社会。一个从排斥残疾人到接受残疾人的社会,是这个社会文明环境和道德环境的巨大提升。

要坚信人的意志力和潜能的发掘。1988年,我来到长春大学特殊教育学院就学,看到了众多残疾严重而才华优异的同学。他们中间有杰出的歌唱家、演奏家、画家、书法家、运动员……看到他们,产生的强烈反差和心理震撼是听人那里见不到的,这种强烈反差和心理震撼对每一个人的震动和促进是异常强烈的。进而这种强烈反差和心理震撼产生的连锁反应:感动—反思—警醒—效仿—鞭策……使人由衷地敬仰和学习:不屈不挠、不怕困难、不畏艰险、努力上进、超越限制……这是多么宝贵的人生财富!这是多么

069

---

①　马建强.中国特殊教育史话[M].北京:新华出版社,2015:100.

宝贵的大学财富！这是多么宝贵的社会财富！一时间,长春大学校园里以帮助残疾同学为自豪,他们当中有的人,看到家庭困难残疾同学,以"团风"之名通过邮局给残疾同学寄去帮困汇款;长春大学一些听人同学和残疾同学结下了深情厚谊,个别听人同学甚至被残疾人的品质打动结成夫妇追随残疾配偶去打拼事业。进而这些影响由长春大学残疾同学和听人同学带到社会甚至全国各地。所以说,残疾人自强、坚强、顽强突破障碍超越限制的品格,也是人类宝贵的精神财富。

每个人都有着与生俱来的一种愿望或品性,那就是希望自己的行止与众不同,赢得周围人们的敬佩和赞扬。因此人们大多自觉不自觉地表现自己,努力赢得周围人的赏识。但是人们有时往往发现,自己的努力并不是就能得到相应的赏识回报。尽管我们不能要求自己的努力得到立竿见影的效应,但其中也不能不说,我们的行为总是自觉而不自觉地跟从大势、恭维高端、逢迎上级、歌颂成功而被忽略。我们不能不承认,这个世界上,锦上添花的事情太多了,甚至多到人们不以为然的地步。常言道:"锦上添花易,雪中送炭难。"在绚烂如锦的丰硕收获中,你增添一枝花往往可有可无多此一举;而在生命的雪原里,你送来的炭火是最为需要感人至深。加大对比,才能衬托主体;反差越大,越能显出人性的光辉。您身边有交流不方便的聋人或其他残疾人吗？那正是体现您高贵品性的机会！一个人真实的素养和真正的高尚,不是依附权贵仰上恭维,而是心怀慈善俯身助下。上海听人唐文妍从华东师范大学硕士毕业后,不顾社会对手语翻译尚带偏见和冷眼、不顾给自己生活增加波动和未知、不顾工作辛苦和收入不高,毅然投入帮助聋人的手语翻译事业中,成为全国第一位全职手语翻译。我微信问她为什么这样坚韧顽强地义无反顾？她对我回答了一句金子般的话语:"世界本来就应该是朝着无障碍的方向发展的。"

越是一个发展的社会,越应该是一个更加文明的社会。对待聋人、残疾人等弱势人的态度,其实就是对人类文明的最后检测。当你对不便和弱势人都彬彬有礼、恭敬有加、关怀备至,不仅让不便和弱势人沐浴在您温暖的光辉里,而且也让周围的人感化在您的光辉里。所以说,面对不便和弱者,不是麻烦,而是机遇。帮助不方便人士是人生最快乐的事情之一,是显示一个人的美德的时机。扶弱济贫、善待弱势人群更是一种强反差,更能显出政府机关的高度重视,更能赢得群众的威信和好感。一个人、一所学校、一个单位、一个窗口,碰见一位聋人热情接纳、耐心服务,正是显示自己人性光辉、传播正能量的绝好机会。

3.3 请不要戴有色眼镜看待聋人

当今世界各地的马拉松比赛中,都活跃着女性选手的身影,人们都会习以为常。自1984年洛杉矶奥运会开始将女子马拉松作为比赛项目后,女子马拉松成为一个新的热门体育项目。2017年有关数字表明,女性参加马拉松比赛的数字占参赛者的30%,2016年仅仅在中国总计有46万人次的女性长跑爱好者参加了马拉松比赛。

但是,在1972年之前女性是不允许参加马拉松比赛的,而马拉松比赛1896年就开始了,也就是说长达76年的时间里女性与马拉松比赛无缘。大家都戴着有色眼镜看待女性,想当然地认为女性"生理上就不适合长距离赛事""会导致她们胸部长毛""变得满身肌肉,破坏她们的生殖器官,尤其是子宫下垂导致不育"……

1967年,美国一名长期与男子越野队参加训练的女性长跑运动员凯瑟琳·斯维茨(Kathrine Switzer)利用中性化姓名 K·V. 斯维茨成功报上了名,取得261号码布参加了波士顿马拉松比赛。她在跑步中被当时赛事执法人员发现后,被追堵撕扯咒骂(图3-2),被凯瑟琳称为"那是我见过最恶毒的面孔"。与此类似的还有举重、足球和健美,历史上也曾戴着有色眼

图3-2 261号女性运动员被试图拖出马拉松跑道

镜将女性长期排斥在外,而这些有色眼镜最终——又被历史的车轮碾得粉碎。自1972年马拉松运动向女性解禁之后,女性马拉松运动员并没有一个因此而长满胸毛或者不育,这些想当然的话语成为现在让人们嗤之以鼻的笑料。

近年来,城市普及了公用自行车和共享单车。我与一位聋人一起同行,我建议:"咱们骑自行车走吧?"对方回答:"我不会骑自行车。过去想学自行车父母不让学,所以至今不会。"这不禁让我想起自己失聪后,看到同龄听人都骑自行车,就要求父母同意自己去学自行车。可是父母的回答是:"你听力不好,听不到身后声音,有危险,我们不赞成你学自行车。"后来我不管三七二十一自己学会了骑自行车,马上又想骑自行车上街,父母又说:"大街上的车来来往往,你听不到,最好不要骑自行车上街。"我参加工作后,自己悄悄骑自行车上街甚至远足,父母见到没有发生什么危险,也就默认了。后来,我为了方便绘画写生买了摩托车。母亲听到这事又说:"你骑摩托让我连觉也睡不着了!"是骑摩托更

加危险让母亲寝食难安。而我在买到摩托后不久就沿西安—宝鸡—天水—张家山—陇县—凤翔—西安路线一次骑行了一千多公里,并没有发生什么意外事情。

进入 21 世纪后,外国聋人可以考驾驶执照开车逐渐被国内聋人知晓。2001 年,我国台湾聋人陈坤雄成为台中市巴士司机的故事更励志(图 3-3)。5 年后,陈坤雄因无交通事故、驾驶技术好等因素竟然被提拔为客运车队队长。2002 年 7 月笔者去美国华盛顿参加聋人活动,东道主就是安排聋人志愿者开车去机场接所有的参与者。期间定居美国的聋人同学带我们去参观展览和吃饭,也是开着车接送我们。在加劳德特大学校园里等校车时,一同的人说加劳德特大学附属肯德尔聋人示范小学有聋人司机开校车。

图 3-3 台中市聋人巴士司机陈坤雄

数年后,国内聋人要开车的呼声渐渐高涨。2010 年 4 月 1 日公安部终于发布《关于修改'机动车驾驶证申领和使用规定'的决定》,"佩戴助听设备能够达到合格标准的,可以申请小型汽车、小型自动挡汽车准驾车型的驾驶证"。听到聋人要开车上街,社会上立即一片惊愕声:"聋人听不到喇叭声,怎么避让超车?""我曾经在电视里看到有卡车在聋人身后,他们依然我行我素地在卡车前不紧不慢走路。现在聋人开车,我是不是也要这样跟着聋人的车走?"可是新交规实施以来,无数聋人开上小车穿行在大街小巷以及高速公路,并没有产生听人特别担心的那些后果,这些惊愕声也就渐渐地销声匿迹了。

2019 年 5 月 28 日,网上《俄罗斯聋哑人当出租车司机工作拉客挣钱》的视频,报道俄罗斯东部城市托木斯克听人维克多发起"失聪的哥"项目,一些聋人加盟开出租车拉客挣钱(图 3-4)。乘客评价聋人司机沉静专注,有利于聋人融入城市生活。

2019 年 10 月 25 日,无所不能的网络又传来日本聋人松山竹山在东京巴士集团任东京市区—羽田机场大巴司机的视频(图 3-5)。

图 3-4　俄罗斯托木斯克发起"失聪的哥"项目　　图 3-5　日本聋人巴士司机松山竹山

　　2016 年 8 月 23 日，上海《东方早报》刊登了记者沈丹丽的采访报道《聋人不能做的事是你我想象出来的》。1998 年开始并一直频繁接触中国聋教育界而且在退休后在上海建立手语翻译服务公司的加劳德特大学原教育系主任理查德·莱特尔（Richard Lytle）（听人）教授介绍，根据十五年前美国保险公司和警方分析数据发现，聋人发生车祸的概率比听人要低。他说："所以我们应该看数据，而不是听信人们的偏见。"

　　理查德同时例举了自己入职时聋人大学聋人领导的隽采、自己带领加劳德特大学聋人教育师生团来中国旅行、帮助中国聋人何盛华创办九江市博爱聋人学校、聋人玛丽·玛特琳（Marlee Matlin）主演《失宠于上帝的孩子》获得了奥斯卡最佳女主角奖、自己娶了一个漂亮隽智的博士聋太太、自己入职时的手语翻译的聋人女儿长大后成为奥巴马办公室的接待员等，说明聋人可以做任何事情。他最后说："如果你开始了解聋人和我们没有本质上的区别，就会想知道，为什么没有更多的聋人工程师或律师呢？这并不是聋人自身的问题，而是教育系统和人们的态度问题。很多聋人不能做的事情是你我想象出来的。当没有良好的教育，或者没有人去关注他们时，这就变成了真的。"

　　发明了聋人电传打印电话（TTY）的聋人电子工程师罗伯特·H. 韦特布雷赫特（Robert H. Weitbrecht），起初作为物理学家在加州大学辐射实验中心工作，后来作为电子科学家在美国海军航空导弹试验中心，为曼哈顿计划（Manhattan Project，即美国原子弹研制）参与人员，改进了电离辐射探测器。感音性耳聋给聋人带来的前庭功能障碍和平衡感觉丧失，本来是一种人体机能的损伤。但是美国宇航局利用聋人前庭功能障碍和平衡感觉的丧失不再产生晕动症，招募 11 名聋人连续 12 天在旋转房、在零重力的飞机上、在大海波涛汹涌体验（图 3-6）。身体正常的听人在此情况下往往晕眩呕吐得翻肠倒肚无法继续，但聋人却怡然自得并感觉是一种美妙的享受。根据对聋人 10 年的实验结果，研究人员得以深入了解身体感觉系统对外来引力环境的反映，聋人也为研究人员了解晕动病和适应太空飞行做出了贡献。

图3-6　聋人实验员在零重力的飞机里聊天

谷歌有聋人工程师,《纽约时报》有聋人记者、德克萨斯州有聋人警察,笔者的大学聋人同学在 IBM 任工程师……

在英特尔工作的聋人工程师亚当·蒙德(Adam Mnnder,图3-7)介绍英特尔公司为了方便他的工作请了 3 位手语翻译,同时专门降低了他办公室的间隔方便他和同事视觉沟通。

图3-7　英特尔聋人工程师亚当·蒙德

2017 年德裔美籍聋人约翰娜·卢希特(Johanna Lucht,图3-8)是进入美国国家航空航天局(NASA)控制中心执行机组研究飞行任务的工程师,负责观察、评估和分析与飞机的全球定位系统和导航系统有关的数据,以监测飞机在飞行中的表现。

全球航空航天业的领袖公司波音公司(Boeing Company)聘用了大约 40 名聋人,波音公司专门配备了项目经理来帮助协调聋人工作。

我网络查络聋人运动员资料显示,1908—2018 年 90 年间竟然有 18 名聋人在各届奥林匹克运动会上与听人一比高低获得过金银铜奖牌,其中先天性耳聋的匈牙利女击剑运动员 IldikóÚjlaky-Rejtö 共获得各届奥林匹克运动会击剑项目 2 枚金牌、3 枚银牌、2 枚铜牌。

图 3-8　NASA 聋人工程师

一些有色眼镜被碾碎了，并不意味着所有的有色眼镜都没有了。走入社会，以有色眼镜看待聋人的人和事还不在少数。而这正是聋人困难、艰难甚至不幸的根源所在。因为人的一切进步和成功都是首先在一个融合友好的环境中生活直到最后做出的，假如一个人到处受到有色眼镜看待和冷遇，实际上就是把他们的路堵死，给他们竖起一堵墙，他们就没有任何机会，也当然做不出什么来，自然就成功不了。这就像女性不能参加马拉松比赛，自然就没有女性在马拉松比赛中一展身姿，当然也就产生不了女性马拉松运动员。

由于听力言语障碍的阻隔，聋人群族的问题容易被忽略，聋人群体呼声不容易被社会重视，改善聋人的困难处境的过程因此变得缓慢曲折而悠长。聋人各条出路都被重重障碍阻断，承受着社会中最艰难的生存困境。2009 年 5 月，有位诗词、文章、绘画、书法均才学出众的聋人教师 W 在聋人聚会时，曾与笔者手语聊天，做左手掌朝下如盖子，右手形如人向上顶盖子，形象地说："我年轻时跳呀跳，就是跳不出来！"有一次聋人双语教育研讨会上，聋人教师指出很多聋教育严重问题得不到上级关注而持续影响聋教育质量，有一位老聋人教师 T 用手语说："没办法！"又有一位聋人学者 T 在 QQ 上看到聋人对此的议论后说："聋人总是被一层无形的玻璃天花板罩着。"2011 年 7 月 6 日在贵阳"SigAm 西部双语聋教育项目教学研讨会"上，发表过一篇对聋人非常重要、在聋教育界中反响特别大的论文《日本"聋文化宣言"：权力政治、社会不平等与文化再生产》的作者——南京大学社会学教授贺晓星博士指出：我们的社会给聋人的机会相对较少。2018 年 1 月 4 日《重庆晚报》记者王薇在采访西南大学特殊教育学院副院长李欢时，李欢老师谈及自己《关于残障大学生的刻板印象方面研究》百感交集地说："残障大学生大多生活在许多人的有色眼镜下。"如果大家都戴着有色眼镜看聋人，聋人怎么能有机会呢？聋人在社会里生活困难，这个社会又怎能称得上文明和谐呢？

聋人界和聋教育界都知道北京联合大学特殊教育学院有位聋人教师叫姚登峰，这位聋人教授是北京大学硕士、清华大学博士。姚登峰无论走到哪里，都有人特别是聋人和聋教育界人士要和他留影，说是要沾沾这位聋人大牛的牛气。但是大家可能不知道，1998 年他参加全国高考成绩达到一本录取线，竟然被一所重点师范大学因体检报告有耳聋结论而退档拒录。所幸的是另一所二本院校湖北民族学院录取了他。姚登峰在湖北民族学院四年连续被评为优秀学生，毕业后考入北京大学，2006 年获硕士学位，2016 年又获清华大学博士学位。我们可以想象,假如不是湖北民族学院录取了姚登峰,姚登峰就无校可上、无书可读,最后免不了去打工糊口。这对于一所大学来说只是少了一名聋人学生,对社会来说多了一名打工仔。而对于聋人群体来说则是少了一名励志榜样,对于聋人高等教育则是少了一名杰出教师,对于国家则是少了一名高级人才。

事实上,用有色眼镜看聋人,把聋人边缘化,增加了聋人的艰难和苦难!埋没了聋人英才!如果不是1987年开始了高等聋人教育,成千上万的聋人还不是去福利厂做小工,轮回挣扎在贫困的边缘上?长春大学特殊教育学院美术专业成立之前,很多聋人想去美术学院深造,写信给招生办请求报考,得到回应:"我院不招收聋人入学。"而长春大学特殊教育学院成立之后,有聋人兰珍妮2011年从中央美术学院国画系毕业,后来有聋人从湖北美术学院毕业,还有硕士研究生毕业的……郑州聋人贺志强酷爱美术,没有机会上大学,2007年获得国际残疾人技能竞赛水彩画银奖,2009年才从广播电视大学得到本科学历。他素描功底深厚、人物写生传神、速写活灵活现、水彩油画俱佳,但早年生活窘迫,艺术几乎难以为继。后来郑州工程技术学院特殊教育学院慧眼识才,不拘一格聘任他为聋人大学生美术教师,他不仅教学深受聋人欢迎,业余创作也频频获奖。中央电视台"2005年春节电视联欢晚会"上21位聋人女演员表演了美仑美奂的舞蹈《千手观音》,之后激发了很多少年聋人学习舞蹈的热情。之后,2008年聋人蒋馨柔(图3-9)考入北京舞蹈学院附中,2016年从北京舞蹈学院本科毕业。另外还有聋人张天骄从解放军艺术学院舞蹈系毕业。

图3-9 聋人蒋馨柔的舞蹈《心的聆听》

聋人的障碍没有您想象的那么严重。导致聋人陷入困难,常常更多来自周围环境和人们的态度的障碍,所以,看待聋人的有色眼镜才是聋人的最大困阻。大家都认为聋人听力不好就是虫,并因此不给聋人任何机会,聋人就真的会就会变成虫;大家把聋人当成没有听力的龙,并且给聋人机会化聋为龙,聋人也就真的是条龙。聋人除了聆听之外并不比听人差,听人应该张开臂膀将他们拉进主流社会的大家庭里来共同前进,而绝不是戴有色眼镜审视他们,然后给他们种种限制。这种限制最终结果是把聋人抛在了社会洪流的末尾让他们苦苦挣扎,这不应该是一个文明社会的景象。一个文明的社会有责任帮助聋人减轻困难和排除障碍。冲破阻碍的聋人并不会给社会带来麻烦反而会给社会做出更大的贡献,这只能使社会负担更轻、前进更快而变得更加文明和繁荣。

中外聋人圈里流行这样一句话:"除了听,聋人可以做任何事情。"(The deaf people can do everything except hearing.)

3.4 听人怎样和聋人打交道

听人由于各种各样的原因,比如亲戚是聋人、邻居是聋人、同事是聋人、客户是聋人、工作对象是聋人、想为聋人做善事以及好奇心驱使,等等,想了解聋人帮助聋人,但是又因为各种原因不得要领。无论怎样,主流社会接纳聋人、帮助聋人都是首先从接触和了解聋人开始的。而接触和了解聋人,需要一些"窍门"。

如果你能学点手语则就获得了和聋人打交道的敲门砖。如果你能精通手语则具有了和聋人打交道的通行证。如果你不会手语,可以摇手加点头微笑向聋人表示善意。你最好先学会"你好!"这句最常用语的手语。(先伸出右手食指指向对方前胸表示"你"的意思,然后竖起大拇指表示"好")用"你好!"这句手语友好、真诚和微笑地示意想和聋人交流,然后你可以用较慢一点的问候话语夹带你自己创造的手势表示你想和聋人谈话。当聋人对你的愿望有反应时,你可以拿出便笺和钢笔给聋人写几句话,也可以利用手机、Ipad 等给聋人写话。刚开始写的语句不要过长,之后可慢慢逐步加长加深话题语句。

听人怎样和聋人打交道

(1)尊重聋人,尊重聋人手语,要把手语当作一种语言和交流方式对待,就像碰到语言不一样的少数民族或者外国人一样,要尽心尽力地去帮助他们。在模仿学习手语时态度要诚恳、庄重、自然,不要故作噱头,不能当作游戏,否则会让聋人有一种你不够诚恳以及戏弄聋人的感觉。如果你要和某个聋人交往,他听不到你叫他的声音,你可以举臂招手或轻拍他的肩膀招呼他。

(2)和聋人笔谈的句子和内容要通俗易懂。有时听人使用的诙谐、幽默、双关、成语、歇后语等,由于手语很少使用,一些聋人可能不太理解。有些聋人书写的句子不太通顺、语言理解力不强,这与聋人的生活范围较窄、受教育程度较低、手语语言习惯有关,你应该包容这些,耐心对待。时间允许的话,你也可适当帮助聋人熟悉一下听人的语言和内容,讲解一下听人使用的诙谐、幽默、双关、成语、歇后语等修辞的含义,纠正一下聋人在书面语上的不足和语法的问题。

（3）和聋人交谈时无论是手语还是笔谈，你应该同时说话，尤其是简单用语更要尽可能以口语表达，这样可以帮助聋人以看口型去理解交谈内容，提高谈话效率，传递语言感情。和聋人说话时口型最好依面部表情咬准字眼稍稍加强即可，语速应稍慢而流畅，对方如不懂你应耐心地慢慢重复。不应过于顾忌聋人听不到你的言谈而极度夸张口型以及多次反复词句，反而让聋人不易理解。当你看到聋人实在看不懂你的话语，你可以转过身来站在他（她）的右侧，用你的右手食指在你的左手掌上慢慢地把关键字词写一下。

（4）聋人讲话往往直截而率真，有时使用的词句使人感到唐突或怪异，此时他们不一定心存恶意，这可能与他们从小在聋人和手语环境中长大以及手语使用习惯、聋人本身的特性和表达方法有关，你应当以宽容和包涵的态度去面对，不必过分计较。和聋人交谈时，聋人可能会发出听人感到不愉悦的声音。同时夸大的口型、面部表情和体态姿势也常常使听人感到奇怪，但你应尊重和包涵他们这些习惯。

（5）碰到聋人需要和你笔谈的时候，如果你能够积极寻找并且主动递上纸和笔，会使聋人内心感到温暖，彼此之间的距离就会拉近。和聋人笔谈时最好让聋人坐在你的左侧，纸张可以略略向聋人倾斜，字迹不要太草或者太小，这样可以使聋人很快地看到你书写的内容，既可以提高笔谈效率，也避免了给双方反复递纸的麻烦。有的聋人经过长期笔谈的锻炼，即使在听人的对面也能一下就看懂笔谈的内容。

（6）如果你不会手语，用笔谈和聋人交流是最好的方式，这样会使聋人由衷地感到你的真诚、亲切和尊重。除非迫不得已，你应避免用电脑打字来和聋人交流。因为人和人之间的交流应该是面对面的，你以笔谈交流时聋人可以自然地同时看到并感知你的态度、眼神、表情和体态语言，而使用电脑打字交流时您的态度、眼神、表情和体态语言无法同步让聋人看到并感知。

（7）遇到聋人的行为意愿不妥或不可，你要表示否定或拒绝时，你应和蔼微笑地结合"不"的摇手手势告诉聋人，有时间的话你在纸条上写一下否定和拒绝的原因，并礼貌地加注抱歉或对不起的结语，聋人是很乐意接受的。你不应该因为着急或向聋人表达不方便，横眉冷对加上很大"不"的摇手手势和语气去表示，这样的话会使聋人感到不悦甚至对立，甚至让少数性格执拗倔强直爽的聋人认为你态度不好而引发误解。有时有的听人认为聋人不好沟通不易融合脾气不好，这恐怕不单单是聋人的问题，也和你对待聋人的方式不够妥当有关。

（8）遇到聋人需要你帮助的时候，不管你是否认识这位聋人，你都应该尽可能热情、耐心、详细地尽自己所能帮助他们。如果是聋人问路、问公交汽车、问某一地点，你如果在为他们解释路线、坐车方式和地点的前提下,再画一下线路图或亲自带一下路那更好不过。如果聋人需要你帮助他们打语音电话,你更应理解他们并帮助他们,他(她)一定是有比较紧要的事情。

3.5　听人应该怎样和聋人同事相处?

单位里有聋人员工,就会产生听人员工和聋人员工相处的问题。一方面,聋人员工的听力和言语障碍可能给单位管理增加一些麻烦;另一方面,单位如何管理和对待这些聋人员工,化不便为便利,又是对管理者胸襟和能力的考量;如何对待聋人员工也是一种文明教育,是塑造员工慈善、仁爱、扶弱等品质的机遇。聋人员工在单位,是一块试金石,检测着单位对弱势者的观念;同时也是一面镜子,映射着单位的文明程度;还是改进工作环境的契机,改进着无障碍通道。聋人员工在单位里面孔阳光地与听人一起不分彼此,说明他(她)在一个温暖的大家庭愉悦共事;聋人员工行单影只独来独往蹙眉焦虑,说明他(她)的工作环境还存在问题。单位里有聋人员工,单位领导就有责任处理好听人员工和聋人员工之间的关系,使单位成为听人员工和聋人员工融洽相处的文明典范。

这里需要指出的是,聋人很容易受到被社会不良观念影响的人们的歧视和冷落。因此,聋人就业的单位里的主要领导对聋人的态度往往决定着整个单位员工对聋人的态度。单位主要领导能够尊重关心聋人员工,单位里绝大多数员工也会向领导看齐,尊重关心帮助聋人员工,是对不正确的聋人观的纠正;单位主要领导不把聋人员工放在眼里,冷遇轻视忽略聋人员工,单位里绝大多数员工也会亦步亦趋地轻视忽略甚至排挤聋人员工,无意中成为不正确聋人观的助势者。在一个听人为主的单位里,聋人常常处于弱势地位,因此单位领导应该对聋人员工多加关心一些,避免对聋人员工的冷落。聋人也不是要让单位对自己时时处处事事特殊照顾,单位主要领导应该对听人和聋人员工一视同仁,设身处地考虑聋人员工的不方便之处并给予关心和帮助,同时注意发挥聋人员工特长。绝大多数情况下,听人员工不因聋人员工有障碍与之真诚相待、和睦相处、互相尊重、互相关心、互相帮助就可以了。

听人应该怎样和聋人同事相处?

（1）单位领导要率身垂范善待聋人员工、关心聋人员工工作学习生活,不定期问询聋人员工工作学习生活需要,营造善待聋人员工的工作环境。情况允许的话,还要注意创造让聋人员工展示才能的机会,以表示对聋人员工的重视。

（2）单位领导在闲暇时间不妨带领大家跟从聋人员工学习一些手语,既可营造聋听共融的和谐氛围,也可使聋听员工之间减少障碍。同时,委托几位与聋人员工近便的人员关照聋人员工的工作和生活,有急事的话照应一下聋人员工。

（3）如果单位里聋人员工人数比较多,单位领导要注意信息无障碍设施的建设。如:开会安排手语翻译;安装闪光警示灯提醒聋人上下班或紧急情况;工作计划、工作流程、安全事项、通知告示等应该尽量以文字材料公示或张贴;饮食品种、材料分类、危险物品、危险警示等应该有明示标识和文字。

（4）单位里聋人员工较多的话,领导层会议宜请聋人代表参加听取意见,以示对聋人员工的关心和重视。聋人员工不多的话,也宜邀请聋人参加或事后问询一下聋人员工的意见,以示并没有忽略聋人员工。

（5）由于聋人生活比较艰难曲折,又由于目前社会对聋人接纳和尊重还不够,有可能聋人的心理比较脆弱敏感,因此单位领导需要批评聋人员工时态度要诚恳、方法要讲究、方式要妥当。最好先赞扬一下这位聋人员工的长处,再以本着共同做好工作的姿态、以建议的语调去帮助聋人员工改进工作。

（6）聋人听力不好信息不灵,因此重要的公共事宜、社区通知、重大时事,等等,单位领导要善于安排单位有关部门利用手机短信息、微信、QQ、布告栏等及时告知聋人员工。

（7）不会手语的话,如果你正好在聋人同事旁边,只要不影响正事,不妨主动向他(她)学点手语,这样也拉近了你与聋人同事的关系,更显得你是亲切和蔼的人。

（8）要像对听人同事一样和气礼貌地对待聋人同事。比如相遇时点头、问好、寒暄,等等。不因聋人同事听力和言语障碍而区别对待置之不理,这样会让聋人同事感到受到冷遇和轻视。

（9）聚会、开会等场合,如果没有手语翻译的话,近旁的听人同事应该热心主动为聋人同事做手语翻译或笔录,告知其中重要内容。

（10）遇见急事、通知、开会、上下班、外出上车等事宜,近旁有聋人同事的话,你应该主动问他(她)打招呼。

（11）公共场合，如果有因为听力造成的潜在危险或问题如：身后机动车辆、行走转弯、隐蔽的危险品、需要控制声音等，你应该主动提醒一下聋人同事。

（12）出门在外并行，你应该让聋人同事行走在马路内侧相对安全的地带。同时常常招呼一下聋人同事，不要让他(她)与大家走散。

（13）单位外需要自行前往的陌生地方的活动，应该专门安排听人同事帮助或引导聋人员工到达目的地。

（14）在不影响你事务的顺便顺路情况下，你不妨帮助聋人同事解决一些窗口服务如：医院、银行、税务等等的沟通问题。

（15）集体活动，不要怕麻烦把规则要求告诉聋人同事，防止聋人同事不了解情况脱离规则闹出失误或笑话而引起聋人同事的尴尬。

（16）单位里组织的文体活动，设计策划宜考虑是否方便聋人员工参与其中，不宜因聋人员工难以参与而把聋人员工排除在外。

（17）对聋人因听力和言语障碍造成的失误、差错或笑话，你应该宽怀大量地一笑了之，只要没有造成很大影响，不宜斤斤计较。当然你可以善意地告知他(她)，让他(她)知道怎样防范这些失误、差错和笑话，以后少发生一些这样的事情。

（18）如果单位里聋人员工人数比较多，单位领导应该注意选拔优秀聋人协助单位管理聋人员工，推优、奖励、提拔等也应尽量多考虑聋人员工。

能够善待聋人的听人一定是素质、修养、品格和观念超出常人的人。因此，聋人们一定要珍惜对你好的听人，要常怀感激之情，滴水之恩以涌泉相报。

这里，要特别提醒一下聋人朋友们，和听人同事相处共事一定要注意以下事项：

聋人和听人同事相处共事要注意的事项

（1）要严于律己，追求上进、虚心学习、认真工作、细心做事、善始善终，以赢得周围听人同事的好感和尊重。

（2）凡事要自力更生、自强自立，要自己想方设法解决耳聋口哑带来的困难，尽可能不依赖他人，让周围的人对您肃然起敬。

（3）要知道自己毕竟听力和言语有障碍，会给听人同事带来一些麻烦、负担和责任，在日常生活、学习和工作中，虚心好问，乐于助人，尽可能主动多帮助周围的听人。

（4）要以礼待人，尊重他人。千万不能好吃懒做地把听人同事的帮助当作天经地义理所当然的事情，习以为常地坐享听人同事的帮助。

当然,如果单位或者单位里有人确实长期冷落歧视欺压聋人,或者借聋人弱势盘剥压榨聋人,严重影响到聋人生活和工作,聋人们也要勇敢地选择合理合法的方式以理相辩,以法相争,为自己争回权益。

3.6 服务窗口怎样接待好聋人?

我国目前有两千多万聋人,他们的学习、生活、工作和出行,必然连结着社会方方面面的相关单位。聋人最常接触的窗口服务单位有:银行、交通、医院、通讯、燃气、水暖、邮局、速递、税务、理发馆、饭馆、宾馆、旅游点、售票口,等等。我国还处在发展时期,目前这些窗口服务单位大多还没有专门考虑怎样接待好聋人顾客。因此,聋人时常会遇见这些最常接触的服务窗口人员或是不知所措,或是处理不好,常使聋人顾客受到梗阻。

其实,聋人和普通人没有什么不同,只是因为听力不好需要以特殊的办法沟通——笔谈(用笔纸书写)。这里,对窗口服务人员有如下建议:

服务窗口怎样接待好聋人?

(1)遇见听力不好甚至言语也不好的聋人顾客,你应该首先微笑点头,同时右手朝聋人顾客竖起大拇指问好,表示正在诚恳地接待他(她)。绝不应该对聋人表示出诧异、惊讶或轻蔑的态度,也不应该对聋人的情况私下对周围人说三道四,如:“他(她)听不见”“他(她)是个聋子”“和聋子沟通真麻烦”之类。如果必须把聋人的情况告知他人,应该使用“聋人”“听障人”“听损者”“听力不好的人”或“听力不方便”等称呼,而绝不应该使用“聋子”“聋哑人”和“哑巴”等称呼。

(2)如果是遇见有言语能力的聋人,你听到他(她)的要求后,你将你的答复书写在便笺上,然后给他(她)递过去。如果需要继续沟通,你和他(她)继续这样书写下去就可以了。

(3)如果遇见不仅听力不好而且言语也有障碍的聋人,你微笑点头之后,在便笺上书写一句:“很高兴为您服务,您有什么要求请写在这里,以便我给您答复。”然后将便笺递给那位聋人顾客让他(她)书写要求,依此双方继续下去直到完成为止。

(4)在为聋人顾客书写沟通时,你需要耐心一些,不要着急。注意书写的句子要通俗一些,字迹不要太潦草、不要太小或字迹重叠,以免聋人顾客看不明白增加不便。

（5）有时聋人顾客身后还有顾客，如果他们显得着急或不耐烦，你应礼貌地告诉聋人身后的顾客："这里有一位听力不好的顾客，稍微耽误一点您（大家）的时间，请您（大家）耐心等候片刻。谢谢理解！"这样就不至于影响聋人顾客的业务，也能平静聋人身后顾客的心情。

（6）不应因为遇见聋人顾客，把他（她）转交给大厅经理或其他服务员接待。那样的话，只会加大聋人顾客的不便，使本来是两人点对点的沟通加进一人成为"你—聋人顾客—大厅经理或服务员—你"的三角形的沟通。顾客多的话，这位聋人顾客还得反复重新排队。

（7）如果你确实不方便，可叫来大厅经理或服务员作为书写翻译的角色来帮助聋人顾客。也就是大厅经理或服务员将你的口头言语书写记录下来帮助聋人顾客沟通。如果是有言语障碍的聋人，他（她）还得书写下来，由大厅经理或服务员口述给你。一般来说，最好还是由你和聋人顾客一对一地书写交流。

（8）可以利用手机打字或手机微信语音转换文字功能与聋人顾客交流。在给聋人看文字之前，你最好校对一下文字内容，免得错误文字产生误解。近年来出现了"讯飞听见"和"音书"两种手机 APP 可以即时将语音转换成文字。你可以下载这些手机 APP 帮助和聋人沟通。

（9）对于聋人顾客来说，在没有手语翻译的情况下，首选的办法还是笔谈——即通过书写沟通。此外的其他方式如：Ipad 打字、电脑打字也是可以的。

（10）对于顾客常见的问题，窗口服务单位事先最好事先将有关事项整理成书面资料打印出来。遇见聋人顾客可以拿出有关书面资料，同时也方便了普通顾客，可以节省很多时间和精力。

（11）需要事后和聋人联系的话，你应该交换双方手机号码、微信号码、QQ 号码，不要怕麻烦用手机短信息、微信、QQ 发文字和图片信息联系及沟通。

（12）只要你不是特别忙，不妨多走几步路带领一下需要帮助的聋人。

（13）遇见聋人紧急或其他原因无法沟通的情况（比如文化太差、深度沟通、受伤、急病，等等），你可以打电话求助其家庭人员、手语翻译以及远程视频手语翻译服务等。

据说希尔顿酒店首任经理原来是一家旅馆的前台接待员。一天寒冷的雨夜，在旅馆客满的情况下，他不是拒客推脱，而是将自己值班休息的床位让给了一对前来寻找住宿房间的老夫妻。事后这对倍受感动的老夫妻用巨款买下一座大型酒店交给他经营,最后希尔顿在他的有效经营下,发展成全世界高端连锁酒店。一个服务机构能够服务好不方便的人士,等于在给自己创造了口碑、扩大了宣传。试想,一个单位能对不方便的顾客都耐心细致到位地服务,这样的单位对普通顾客岂不更好? 这样对顾客耐心细致的单位,大家岂不求之不得竞相而来?

3.7 面对不理解或歧视造成的困阻,给聋人支点招

(1)维护自己的尊严、尊重他人是做人的基本。聋人自己首先要自尊自强,不以聋为耻,不以听力障碍为卑。把自己当成社会一个正常分子,心中有普天之下人人平等的意识。我虽有听力不便的障碍,但我亦有与听人同等的人格。

(2)个人衣着装扮要庄重整洁大方,切忌浓妆重抹、奇装异服或花枝招展,以免引起他人诧异、不适、不悦、误解甚至反感。

(3)态度和神情(包括说话、笔谈、手势、手语)庄重文雅、从容镇定,不紧不慢、不亢不卑。千万不可急躁、焦虑、高声。

(4)言语文词(说话内容、笔谈内容)礼貌、文雅、准确、简洁。切忌使用粗鲁、不文明、不礼貌的词语。

(5)聋人平时要注意加强自己的文化知识修养,提高文笔水平和谈吐能力,切忌文笔低下、语句不通、词不达意(要知道在主流社会中,最容易引起他人轻视不耐烦的就是一个人文化低、文笔差、语句不通、词不达意)。

(6)聋人特级教师梅芙生能写一手好字,听人看到这样漂亮的字迹,感叹中也就比较乐意和他笔谈。

(7)不会说话的聋人在与听人交流时,要注意尽量不要发出听人感到不悦的声音。

(8)遇到怠慢、轻视甚至是歧视等不礼貌态度,依然要保持庄重文雅、从容镇定,不紧不慢、不亢不卑的态度,以宽容大度、耐心诚恳、有理有力的方式说服对方,使对方因自己素养有瑕疵而感到愧疚,从而促成对方改进自己的态度。

(9)遇见实在不理解不尊重聋人的听人,如果事情很重要并且绕不开他(她),可以试试找他(她)的上级协调解决(注意态度依然不能急躁、焦虑、高声,依然要心平气和、有理有据地说话)。

(10)遇见轻慢聋人、甚至对待聋人蛮横无理的听人,如果事情无伤大体,离开他另外找人。

（11）遇见不明事理，对待聋人确实不耐心影响沟通和合作时，在万不得已特别必要的情况下，也可以软中有硬地礼貌告知对方：面对聋人的需要，这正是考验人的良知、耐心和教养的时候。在现代社会物质丰足、产品丰富的背景下，实际就是服务的竞争，如果不能耐心地和聋人沟通，那么也等于在自毁声誉。

（12）积极学习和锻炼自己，处理事宜争取主动。比如一些需要沟通的服务，要求对方派遣耐心笔谈服务人员，并且试试沟通效果，一旦感到对方不耐心不愿意认真笔谈，可以采取要求更换服务人员或更换服务单位的措施。购买带服务性质的商品，采取先付部分比例的订金，待服务（如安装等）完毕后再付全款。这样一旦受到服务阻碍，可以采取拒绝付余款的方式控制和促成服务方认真对待并圆满完成服务。

（13）积极做一个帮助社会改进对聋人的态度的榜样或宣传者教育者，注意强化搜集一些能够改进社会轻视或歧视聋人状态的事例和对待残疾人的国家政策以及法令条款；注意强化积累一些杰出聋人和残疾人的事例；注意强化积累一些社会上关心帮助聋人和残疾人的暖心事例；注意强化积累一些有理有力的话语和词句……以备不时之需。

（14）您也可以将上一节内容《服务窗口怎样接待好听障人？》复印或打印下来，放在随身携带的包里，遇见困阻拿给对方看看，让他（她）知道怎样接待聋人，帮助和促进这些窗口或单位改进接待聋人的态度。

（15）欧美聋人流行随身携带一张带图示的卡片（图3-10），遇到警察执法时拿出来给警察看，帮助警察妥善地处理聋人事件，避免紧急状况下误解造成拖延或迟误导致误会或摩擦甚至冲突。这里，我们也可以尝试一下编绘打印一个这样的过塑卡片随身携带，必要时拿出来给警察、城管、医生、银行窗口、车船售票窗口看。其对言语不佳的聋人来说更加有用，在需要向听人求助的时候，拿出来给对方看，可以给自己带来不少便利。这比直接挥手示意或拍对方肩膀然后书写笔谈似乎更顺妥一些。

我是聋人

I am Deaf

这张卡片可以帮助我们互相沟通

This card can help us communicate with each other.

快捷交流要领：

Quick communication tips：

进入我的视线内或拍我肩膀引起我的注意

Get my attention first by getting into my line of sight or tapping my shoulder.

说话时双眼注视着我

Make eye contact when you speak.

清楚地沟通需要您把要说的话写在便笺上或用手机打出文字。

You need to communicate clearly by writing or texting.

复杂深入的沟通，需要手语翻译的帮助。

You need to communicate deeply through a sign language interpreter.

图 3-10　聋人随身携带的卡片（正面）

我是聋人

I am Deaf

适宜：Proper way

(1)笔谈 WRITING；(2)手机打字 TEXTING；(3)手语翻译 INTERPERER

不适宜：Improper way

(1)读唇 LIP-READ；(2)戴口罩 WEARING MASK

紧急情况下可联系：

Contact number in emergency：

手语翻译：(手机或电话号码)

Interpreter number：

工作单位：(手机或电话号码)

Office number：

家庭人员：(手机或电话号码)

Home number：

图 3-10　聋人随身携带的卡片(背面)

　　(17)社会中不可能每个人都高尚仁慈和蔼可亲,对聋人不理解、不耐心、不理睬甚至不耐烦甚至歧视聋人的人也大有人在。笔者建议制作如图 3-11 所示的过塑"温馨提示"卡随身携带,在重要的场合或服务窗口出现这样的人士,迫不得已的时候可以拿出来给对方看,以促进事情妥善解决。想来对方看这一提示到后也会对自己的态度心有自责或负疚,会主动改善态度把事情办好。

温馨提示

我听力损失严重,麻烦您用书写的方式来帮助沟通。

书写交谈不过是举手之劳,相信您不会在意。

最好与我直接书写沟通,不宜呼叫之外的人间接转诉。

帮助不方便的人是一种美德,能显出您形象高大美好。

图 3-11 "温馨提示"卡一

(18)在聋人还没有彻底为全社会所理解和接受的情况下,聋人在公共场合使用手语交流时,有时会引来素质较低和不理解聋人的人的异样眼神甚至围观。面对这样的情况,聋人一般可心胸放宽视若无睹,或者微笑地看一会儿他们,让他们自惭。如果还不解决问题并且感到比较严重时,可以微笑地挥手示意围观者离开,也可以用聋人"观看移开"的手势示意围观者移开视线。当然特别必要时,您也可以用笔写几句话,拿出来给围观者看,提示他们要注意自己的行为。

温馨提示

聋人用手语交谈如您使用口语交谈,再自然不过。

尊重他人是一个人基本素养,请注意自己的行为。

图 3-11 "温馨提示"卡二

这里给您提供一些和听人打交道时有用的话语,供您参考选用、仿用、造句或启发思路:

请求听人书写帮助参考用语

"我听力不好,请您用书写来帮助沟通。实在麻烦您了!"

"与聋人沟通有些麻烦,请您耐心一些给我书写一下!"

"聋人有些像外国人在中国,语言不通,用笔书写沟通问题就迎刃而解了。"

"书写交谈不过是举手之劳,相信您不会在意。"

"帮助不方便的人是一个人的美德,非常能显出您的形象的高大美好。"

"帮助不方便的人正是一个创建快乐的机会,是一个显示自己美德的机遇。"

"您对聋人都这样好,对其他人肯定好得不用说。"

"服务不方便的人,正是对您品质的考验。"

"您能帮助不便的人士,显示出您非常高的素养。"

"遇见需要帮助的聋人,是展现您高尚形象的机会。"

"您对不方便的聋人都这样耐心细致,这个事情一旦传出去,岂不到处交口称赞? 岂不是一个最好的广告宣传?"

"您对不方便的聋人都这样耐心细致,那岂不对听人顾客更好? 那岂不是会赢得更多的顾客?"

"假如大家都认真耐心细致和蔼地做事,事情会变得更加顺利的,生活会变得更加美好的。"

"您没有功夫抠字发短信息或微信联系吗? 那样您找不到北,岂不是更加麻烦吗?"

"假如您家人亲友有人耳聋,您也会嫌麻烦置他(或她)不理吗?"

"在产品非常丰富精美广告宣传无所不及的现代社会,服务越是到位越能赢得顾客,赢得顾客就等于赢得发展机遇。"

"有人说:'聋人是帮助您练习钢笔写字的人。'"

"有人说:'聋人是茶壶里的饺子',需要用笔打开盖子倒出来。"

"有人开玩笑说:'聋人是不想听废话不想讲大话想干事情的人。'"

"世界上总是有不便的人士,总不能把这些不便的人士都拒之门外吧!"

……

3.8 聋人记着这些雪中送炭人

在聋人生活中,有很多让人感动至深的听人帮助聋人的故事。这些故事,在本节里尽管挂一漏万,也能在一些方面折射出人性的温暖与善良和社会的文明与进步。

(1)江西省全南县含江路有家理发店,名叫"祝平名剪"(图3-12)。1993年,理发店老板李祝平见到聋人邻居钟明军四处求职无人接纳,遂收他为徒教授理发技艺。钟明军出师后,李祝平倾囊相助3000元并提供理发用品帮助他自立门户开理发店。之后,李祝平能带聋人徒弟的名声不胫而走,全国各地的聋哑人慕名前来拜师学艺。李祝平在和聋人学徒的频繁接触中也慢慢学会了手语。"最

图3-12 祝平名剪

多的时候店里同时有16个聋哑徒弟,湖南、福建、广东的都有。"聋人学徒不仅学会了谋生的技艺,甚至有的还互相恋爱结婚组成了家庭。二十几年,从这里走出了300余名聋人学徒。李祝平累计出资十几万元,帮助失聪徒弟创业开店,总共使100余名失聪徒弟在湖南、广东等5个省份开起了自己的理发店。2018年他入选中央文明办主办的"中国好人榜"。

(2)1998年,加劳德特大学教育系主任理查德·莱特尔(Richard Lytle,图3-13)博士在前任系主任与辽宁特殊教育师范学校交流的基础上,带领加劳德特大学师生前来中国交流。2000年在原西安工业学院(现西安工业大学)招待所举行了200多名全国聋人精英参加的"中美教育结伴"活动。之后,理查德·莱特尔带领加劳德特大学师生与中国聋人教育界展开了长达十多年的交流活动,足迹踏遍中国聋教育界主要单位,促成中美聋教育界互访,给中国带来了美国聋教育新理念,给中国聋人树起新的标高。这期间,他还帮助九江市聋人何盛华为他创办的招收贫困家庭聋人学生的九江市博爱聋人学校申请到世界银行的资助。理查德·莱特尔博士是前来中国次数最多对中国聋教育了解最深的美国聋教育界人士。他退休后,2012年在上海

图3-13 理查德·莱特尔

创办了上海舒耳艺听力技术有限公司,经营范围包括助听器、听力防护相关产品的技术开发、技术咨询、技术转让、技术服务、手语翻译等,带头雇佣聋人员工,自己不取薪酬,常常被邀请到各地聋人教育学术研究会议演讲。

（3）由于自己的哥哥是聋人,苏青关注同情聋人。他和夫人米娜,2001 年开始自费自编自导拍摄了《白塔》《手语时代》和《老唐》三部关注听障群体生存状况的纪实影片,最先在网络展示了聋人生活真实状况,推动社会了解聋人。2004 年《白塔》获得法国马赛纪录片电影节最佳导演处女作奖和观众提名奖。2008 年,苏青米娜夫妇(图 3-14)在北京宋庄开了一家"米娜餐厅",全部服务员由聋人担任,成为听人认识聋人、了解聋人的一扇窗口。2017 年,苏青和米娜又导演拍摄了一部表现盲聋人和盲人纪实影片《梧桐树》,率先向社会展示了乏人了解的盲聋人生活。

图 3-14　苏青米娜夫妇

（4）张锦(图 3-15)是中国电影艺术研究中心暨中国电影资料馆研究员,可能与聋人没有过交集。他在 2003 年第 1 期《文化研究》上发表的论文《无声的河——中外聋人题材电影中的文化意味》,以一篇与聋人有关的论文,指出文化领域其实也是社会各种力量谋求政治经济地位的发声战场之一,强势文化即霸权文化,往往会排挤弱势文化。中国的聋人题材电影与当前中国社会发展相适应,聋人仍然是被同情被帮助的弱势对象,没有发出聋人自己的声音,没有产生聋人自己的文化影响。他对比外国聋人电影,预见性地提出中国聋人文化将萌芽并逐步地发生社会影响。他在

图 3-15　张锦

我国率先预见性地提出"聋人文化"概念,"聋人文化"这一概念再经聋人流传渐广,最初还遇见来自主流社会的反对声音。但是数年后,聋人文化这个概念迅速地遍及全国并成为聋教育的重要研究对象。

（5）郑国栋毕业于岭南师范学院中文系,来到湛江市特殊教育学校任语文教师。出于对体育的热爱和成全聋人学生参加 2003 年全国聋人足球赛的希望,于 2003 年 5 月 20 日在学校组建了聋人男子足球队,12 月参加比赛获得全国首届聋人足球锦标赛亚军。初次出征获得优异成绩,增强了郑国栋和聋人队员组建一支聋人足球强队的信心。郑老师

利用课余时间带领学生严格训练,2005 年在全国聋人男子足球赛中获得冠军。2007 年获得第七届全国残疾人运动会聋人男子足球亚军。之后又在 2011、2015 年连续获得第八、九届全国残疾人运动会聋人男子足球赛冠军。2013 年成立了女子聋人足球队(图 3-16),聋人女子足球队更是不负众望,一路拼杀斩关过将,2015 年 11 月,参加了在泰国曼谷举行的第四届室内聋人足球世界杯(五人制),2017 年 7 月参加了

图 3-16　郑国栋与其女子足球队

第 23 届听障奥运会聋人女子足球项目,2017 年 11 月参加了泰国曼谷参加的第一届 U18 世界聋人室内足球锦标赛中获得冠军。郑老师的付出逐渐得到了各方的关注和帮助,先后有教练冯伟忠、许宇飞帮助训练这支聋人足球队,中国大陆版图上最南角的一个不太起眼的中等城市聋人学校却有一支令人刮目相看、最早走出国门的品牌聋人足球队,带动了其他城市聋人足球的发展。

(6)贺晓星(图 3-17)是南京大学社会学教授,本来他与聋人素昧平生。一个偶然机会使他开始关注聋人违法现象。贺晓星因此加入了 SigAm 双语聋教育项目,走访国内三省 7 所聋人学校。2006 年他在一篇论文《谁来教/如何教聋人最合适——教师观点的社会学考察》里道出聋教育最大的共同问题:听人处于绝对的主导优势,而聋人则大多被排除在决策之外。

图 3-17　贺晓星

他指出:聋教育的世界基本是听人当主角,成为一个听人帮助聋人、矫正聋人,甚至是拯救聋人的神圣事业。在这个领域里,口语取代了手语、中文式手语取代了聋人自然手语、普通教育取代了特殊教育、听人文化取代了聋人文化。他 2008 年在《北京大学教育评论》发表的《日本"聋文化宣言":权力政治、社会不平等与文化再生产》,以日本聋文化为例客观地指出弱势群体的困境其实是强势文化对弱势文化的挤压。同时,他认为:"聋人要有真正的地位提高,从现实条件看,一定是有赖于听人对聋人群体的认识。"他从此身体力行尽己可能地帮助聋人,关注聋人犯罪问题和双语聋教育活动、选用聋人任手语教师将手语作为选修课引进南京大学,扩大了手语的社会影响,促进了大学生对聋人群体

的了解。之后手语课在南京又被扩展到南京师范大学、南京理工大学、南京中医药大学等高等学校。

(7)一对白肤金发碧眼的德国夫妻,却说一口纯纯正正的汉语,有地地道道的汉字姓名——吴正荣和杜雪慧。吴正荣本来是斯图加特一家制药厂薪水颇丰的员工,杜雪慧是小学教师,夫妇两人在我国台湾学了两年汉语后,于2002年3月跟随德国"环球救助协会"的一个慈善项目,来到了湖南,为聋儿进行语言康复训练。2011年4月,吴正荣在长沙街头盘下了一家德国老乡转让的西式面包店,起名叫"巴赫西点",并从德国请来专业面包师,招聘培训聋人制作西点面包(图3-18)。"巴赫西点"面包店有10名聋人员工,不仅是聋人的技能培训基地,其盈利的资金还要投入到聋儿语言康复训练项目。截至2016年,吴正荣和杜雪慧夫妇累计帮助了大约500名聋儿。正巧吴正荣的生日是3月5日"学雷锋纪念日",熟悉他们的人都亲切地称吴正荣杜雪慧夫妇是长沙"洋雷锋"。

图3-18 "巴赫西点"面包店及其聋人员工

(8)唐文妍(图3-19)2002年考入华东师范大学特殊教育专业,专业课上接触了令她感到神奇的聋人手语。2004年大二时,她参加了上海东方国际手语教育学校手语培训学习。2010年硕士毕业后,她偶然听到上海舒耳艺听力技术有限公司招聘手语翻译,即前往应聘。她不顾社会刚刚出现的手语翻译工作辛苦、薪酬不高、收入不稳,成为当时上海市也是全国唯一的全职手语翻译。从早到晚,从周一到周五,她总是满上海跑,为聋人看病、出门办事、打官司、商务会谈、展览、培训、会议发言等提供手语翻译帮助。当他人

图3-19 唐文妍

问起为什么要从事手语翻译这个职业时,唐文妍说:"他们(指聋人)需要我!"2015年3月1日,上海电视台《午间新闻》栏目正式推出手语直播,唐文妍成为电视手语翻译之一。正是由于唐文妍全职投入手语翻译职业,和聋人打成一片,又与全国手语翻译高手结成

知心朋友,她的手语地道熟练生动,成为当时也是目前全国各地电视台少有的聋人欢迎的手语翻译。

(9)2012年,张勤从汉江大学毕业后来到武汉市第一医院放射科工作后,用在大学手语社团中学到的一点手语帮助聋人患者导医。此后他一直业余前往汉江江滩聋人手语角学习提高手语,以便更好地帮助聋人就医,使他逐渐成为聋人喜爱的"手语导医张勤"(图3-20)。在他的带领下,武汉市第一医院团委2012年成立了"张勤手语导医义工队",

图3-20　手语导医张勤

开展了全市"关爱聋哑人士"爱心义诊、全市聋哑患者健康大讲堂、手语志愿者培训等众多公益活动。2018年4月3日,在中宣部、中央文明办召开的"全国学雷锋志愿服务工作推进会"上,张勤选当"全国最美志愿者"。在聋人就医还不太畅达的目前,张勤身体力行率先推动了聋人就医无障碍,他所带领的手语"张勤手语导医义工队"队伍越来越壮大,为社会传播了窗口服务"扶聋助聋"的正能量。

(10)2015年1月5日,湖南省荣军医院刚刚走上工作岗位才半年26岁的麻醉医生助理姚翔,当护士告诉他剖宫产妇是位聋哑人不好沟通时,姚翔急中生智,在产妇上手术台之前将剖宫手术重要环节用漫画画下来告知这位聋哑产妇。他特地画了恶心、呕吐、心慌和头晕四个容易出现的不良反应,以便孕妇选择表达。最终使产妇配合医生顺利完成剖宫产,生下一个7斤重的健康男孩。姚翔是最早被网络报道用漫画形式帮助聋人患者的医生,他的事迹带动了后来很多医生以漫画、文字提示等方式帮助聋人患者(图3-21)。

图3-21　姚翔和其助产漫画

（11）面对聋人，主流社会都很不了解。与聋人有关的单位也是尽可能展现聋人的光明面，聋人教育业内人士也不愿提及聋人教育的暗面，都是尽可能努力地让社会看到聋人的积极向上。而这样，就会导致聋人教育很多严重的问题被掩盖。事实上，作为弱势群体的聋人和主流社会的差异是巨大的，聋人教育与普通教育的差距也是巨大的。杨运强（图3-22）是郑

图3-22　杨运强

州师范学院特殊教育学院教师，他在两年时间、150万访谈材料的基础上，完成《无声的呐喊——特殊教育学校聋生教育需求研究》，2016年5月在开明出版社出版。这本书直面聋人学校教育问题、展现聋人学生的学习困境、比较普通教育和聋人教育的差距、为聋人教育发出了深度真实声音。全书以正直正义的人道态度、高尚仁慈的人文情怀和真挚铿锵的行文为聋人教育呼唤关注与改革。他是目前为止以专门田野调查为基础，以质性分析为研究方法，站在客观立场上深入聋人和聋人学校研究聋人教育，用著作为聋人教育发出深度呐喊的第一人。

（12）陈斌（图3-23）2003年毕业于北京航空航天大学，2004年赴英国留学，在斯旺西大学（Swansea University）获得了工学硕士和博士学位。在读博期间，用自己在生物测定技术领域的研究成果申请了一个专利。2010年他与另外两个同事一起创办了AwenID公司；2012年公司与英国一家药品临床试验服务公司合作，成立了合资公司TrakCel；2012年申请了剑桥大学的EMBA学位；2014年从剑桥大学毕业之后，在斯旺西大学管理学院成为一名高级讲师；2015年回国创办了长沙手之声信息科技有限公司，选择开发远程视频手语翻译服务系统，同时提供教育、培训和就业服务，致

图3-23　陈斌

力于帮助聋人无障碍地参与社会生活，加速"聋听融合"文明进程。截至2019年6月，手之声视频手语翻译服务的注册用户达到14000人，是目前国内注册人数最多，使用量最大的视频手语翻译服务平台。在手机短信息报警时有不便的情况下，同时提供视频手语协助聋人报警服务。

（13）高宇翔（图3-24）是北京师范大学特殊教育专业和历史学双学士，教育学硕士，新疆师范大学教育学博士研究生，乌鲁木齐市聋人学校高中语文和英语教师。他不为社会追逐财富攀比享乐的浮华之风所动，甚至婚后有了孩子还没有买房，秉持自己优异的学业基础和北京师范大学的优良学风，认真教书育人。在帮助聋人的同时，甘坐冷板凳专注聋教育史研究。他从自己并不高的工资里经常拿出资金购买聋教育史资料和文物，发掘出大量珍贵的手语史料、聋人史料和聋教育史料，2018年11月在郑州大学出版社出版了《无声世界：中国聋人史略》，为聋教育和聋文化增加了非常宝贵的内容，增加了聋文化的底蕴、增强了聋人群体的底气、填补了中国聋人历史研究的空白。

图3-24　高宇翔

（14）2018年，年仅19岁的南通海陵技工学校南京科技职业学院高三学生陈鑫，由南京特殊教育师范学院学生引见到聋人大学生，随即被心地淳朴、待人热情的聋人所感动，由衷地产生了希望帮助聋人的愿望，痴迷上了聋人手语。他参加南京特殊教育师范学院手语培训，拜南京老聋人为师，仅仅一年就有了与地道聋人不相上下的娴熟手语。他参加聋人活动、帮助聋人翻译……与聋人称兄道弟地打成一片，俨然与聋人一样成

图3-25　"00后"手语翻译陈鑫

为手语者中的一员，成为全国"00后"手语翻译（图3-25）。高中还没有毕业的他就常被南京特殊教育师范学院和江苏省残联等单位请去做手语翻译。他以自己的行动温暖着聋人，是各地聋人关注挂念的网名叫陈小小的手语翻译小帅哥。2020年2月通过手机视频通话功能，他以手语交谈帮助了武汉火神山医院一位75岁的新型冠状病毒肺炎女性患者。

3.9　理想社会中的聋人生活应该是怎样的?

3.9.1　成长和升迁有平等而略有倾斜的政策

随着社会的进步,关心和帮助聋人的人们逐渐多了起来。但是这些关心和帮助绝大多数还停留在送礼物、送温暖、示友好之类的初级阶段。从聋人的根本需要和实际需要考虑的还比较少。其实,聋人真正需要的并不是春节前的几袋米面或慰问金、在助残日的表演和问候、聋人节文艺和体育活动等。聋人真正需要的是平等而略为倾斜的政策。

平等,指的是在各方面享有和听人一样的权益。比如手语,得到如口语一样的地位,受到社会的平视和尊重;聋人教育、就业、职务升迁、福利和听人一样的待遇;倾斜,指的是聋人特殊需要的地方,社会和政府应该根据聋人的需要给予一些有益的照顾。要知道,在一个主要由听人组成的社会,如果不注意适当向聋人群体有意倾斜,聋人的生存空间就会被压缩,聋人的位置就会被挤占,聋人的处境因此而变得艰难。比如:高等学校给随班就读的聋人提供手语翻译或随堂笔记服务(如不能提供这样的服务,聋人能够学习的专业就大大减少);教师资格证考试中普通话以手语替代(而不宜一刀切,使聋人没有机会当教师);适合聋人的岗位聘任体检标准要排除听力要求;适宜聋人就业的单位如聋人学校、超市理货、眼镜装配等职业多给聋人划出岗位;政府买单给聋人提供手语翻译扶助(如果不能提供手语翻译,聋人就难以融入社会)等。

3.9.2　手语获得语言学和法律地位

手语的法律地位对提升聋人的社会地位极其重要。一个社会接纳一个群体,首先是从接纳这个群体的语言开始的。有声语言不是人际交流唯一通道,人们还可以通过其他方式实现交流,对聋人来说,就是手语。

通观整个社会甚至世界,手语比较起口头语,明显是一个弱势语言。越是不发达的国家越是歧视手语,甚至认为手语是一种低级语言。越是弱势,就越需要扶持或者强化。赋予手语的法律地位就是为了扶持和强化手语,让社会认识手语,平视和尊重手语。只有聋人使用的手语获得社会的平视和尊重,才谈得上聋人其他生活如教育、就业、文化、服务、权益的全面提升。否则,救助或提升聋人群体显示度就成为一句空话。

3.9.3　随时有手语翻译的协助

聋人生活处境的真正和彻底的改善,应该体现在政府买单为聋人提供手语翻译的服务。聋人的障碍就是沟通和交流障碍,聋人的处境就像一个在语言不通的异国,聋人有了手语翻译的帮助,这个障碍就基本消除了。一些发达国家,则以法律明文要求在一些重要的场合,如:法院、医院等必须为聋人提供手语翻译。发达国家的高等院校,大多能为聋人学生提供手语翻译或随堂笔记的服务。小国挪威只有四千多聋人,手语翻译竟然有一万多人。美国大约有 15000 名持证职业手语翻译。2007 年韩国拿撒勒大学访问学者、北京联合大学特殊教育学院吴铃教授介绍道:韩国是一个不到五千万人口的国家,建立了覆盖全国的手语翻译服务,手语翻译服务中心有 180 家,为聋人提供 24 小时的手语翻译服务,手语翻译员的工资由政府买单,聋人如果有手语翻译需要,就近的手语翻译员立即赶到,在城市可以实现 5 分钟到达。我们有理由认为,手语翻译服务应该成为政府公益帮扶救助项目之一,逐步为聋人提供全方位的手语翻译服务。

3.9.4　有较多的大学及其专业向聋人开放并能取得高级学位

我国高等聋人教育经过三十年的发展有了长足的进步,全国已有二十多所高等学校招收聋人学生,聋人享受高等教育已经不再是什么难事。但是总的来说,能够就学的聋人高等学校的专业比较少,总共统计下来不超二十个,学习领域显得相当狭窄。据美国罗切斯特理工学院聋人工学院提供的 2002—2004 年招生资料显示,单罗切斯特理工学院就为聋人学生开放了八十多个专业。同时,美国聋人可以自己选择任何一所大学和专业就读。我们衷心希望国内大学各个专业基本都能向聋人开放,聋人学生能够随心所欲地选择自己喜爱的专业,聋人因此能够在更多的领域得到发展。同时也衷心希望聋人高等教育不断提高,使聋人学生有能力考入研究生继续深造,获得高级学位。

3.9.5　工作和生活有保障

目前,就业平等和政策倾斜还很不够,聋人几乎享受不到应有的就业优惠政策;多数聋人在公务员、教师等之外的低薪民企工作,加上父母的资助维持生活(一般情况是,聋人夫妇的收入仅够自己花用和孩子一般支出,他们的住房、吃用、孩子的教育费用由父母负担)。个别聋人夫妇孩子长大成人后比较成功,他们反哺聋人父母,给聋人父母提供经济帮助。能够完全自力的聋人夫妇只占少部分。国家应该加大残疾人就业支持和保障力度,并且分类对各种残疾人制定就业比例和倾斜政策,让聋人过上工作有保障、衣食不愁的生活。

3.9.6　有聋人的生活社区和娱乐场所

"物以类聚,人以群分。"尤其是聋人以自己的独有语言——手语进行交流,与外界有着较大的差异,他们喜欢和自己有同样交流方式生活习性的聋人交往。比如:我曾有学生毕业后,其家长为他(她)找到了收入不错的工作,但是他们却要到收入差得多的聋人就业集中的民营企业工作。有的家长极力反对,他们有的甚至来找我去给家长做说服工作,说收入好但没有人可以交流心里憋闷。所以,在大方面与社会和听人融合的前提下,相对保持聋人生活的独立性是符合聋人生活习惯和需要的。比如:有的单位聋人就业可以相对集中些,各级聋人协会有自己固定的会聚、交流、娱乐、锻炼场所,等等。

3.9.7　有聋人文艺团体和活跃的文艺创造

有聋人群体的存在,就应该有自己的聋人文化的支持。这也是活跃聋人生活、振奋聋人精神、增强聋人自信、促进聋人进步的重要依托。各级政府和残联有责任扶持聋人文艺团体、鼓励聋人文艺创造、繁荣聋人文艺作品,同时使聋人文艺成为社会文艺百花齐放中的独特灿烂的一枝。

3.9.8　聋人协会有更大的担当为聋人做事

目前的各级聋人协会,是限于残疾人联合会范围内的专门协会,只能在残疾人联合会指导下运作,既无权又无钱。仅仅在全国助残日、国际聋人节、元旦、春节、国庆节等搞一些庆祝娱乐游览活动,此外配合残联做一些辅助工作。这与广大聋人群体的生活需要和实际要求相去甚远。聋人需要的是能够相对独立运作为聋人办实事的聋人协会。独立运作指的是有独立法人资格、独立决策、独立实施与聋人有关的文艺、教育、体育比赛、康复、婚介、驾照考试、法律援助、聋人服务等工作。比如组织聋人文艺团体开展活动、组织聋人体育竞赛、对外手语培训、对聋人提供手语翻译支持、对聋人进行文艺体育生活就业健康培训,甚至于聋人研究、聋儿康复咨询、聋人教育支援、手语翻译服务支持,等等。

3.9.9　与聋人有关的工作,应该吸收聋人去做

手语研究、手语考核、聋教育、聋人工作、聋人文艺体育等与聋人有关的工作,应该吸收聋人去做。聋人是手语的使用者,对手语最有发言权。手语好不好,应该由聋人说了算,而不能由局外人替代。因此,聋人对手语研究、手语考核、聋教育手语应用、聋教育研究、聋教育评估也最有发言权。此外,聋人教育管理、聋人工作和聋人文艺体育工作需要以聋人的语言——手语去操作和执行,也应该吸收聋人参与。

3.9.10　加大聋人参与社会的权利机会

聋人中小学、聋人高等学校、聋人教育研究、残疾人联合会、聋人就业集中的单位应该配备聋人领导。即便是在非聋人集中的单位,确有真才实学的聋人也应该委以重任。以聋人为工作对象的机构和单位没有聋人参与管理和决策的话,工作一定会出现偏差、会出现聋人工作不够到位、聋人需要无法了解、聋人群体不好管理、聋人困难不易改善等情况。各级政协、人大、甚至党代会应该有聋人委员和代表(目前只有全国政协有3名聋人委员,省级以下政协有1~2名聋人委员,各级人大均无聋人代表),政府才能充分听到聋人的心声,政府才能充分了解聋人的状况,才能有力地帮助聋人改变弱势处境,聋人在各个方面的平等参与才能成为可能。

4/聋人手语 Sign Language of the Deaf

聋者以目为耳,哑者以手为口。

——中国古语(佚名)

4.1 手语

人类历史有多长,手语的历史就应该有多长。只不过早期的人类手语不像口头语那样可以用文字记录而导致没有可视记载留存下来。随着各国手语研究的深入,越来越多的事实证明,人类手势比口语和书面语易于形成。这是因为表情和手势是人类自然自觉产生的,而人类口语和书面语则是人类在手势、发声、绘图、符号等语言元素基础上提炼、加工、整理和创造出来的。猿人在向人类进化过程中,口语能力是经过非常漫长的岁月逐渐进化出来的,人类越是向原始回溯,口语越是发展不充分,手语在人类交流中越是起着重要作用。原始人猎狩时不能出声,以免引起猎物警觉给自己带来危险或者致使猎物逃跑,也会经常使用手势传递信息。美国手语语言学之父威廉 C·斯多基(William C. Stokoe)在他的著作《手上的语言:为什么手势早于口语?》

图 4-1 Language in Hand:Why Sign Came before Speech

(*Language in Hand:Why Sign Came before Speech*)(图 4-1)对人类语言发展提出一个假

设：从最初的手势演化成手语语言,再由手语语言逐渐转化成为有声语言。①

法籍华裔学者游顺钊博士主要研究视觉语言,他发现"好些甲骨文与同样参照物的手势模仿是类似的。"②长春大学张晓梅老师研究发现,部分古汉字和聋人手语手势有高度相似,印证了一些学者的研究:"文字是由手势产生的,在远古时期,先有手语语言,然后有了文字。"③(图4-2)乌鲁木齐市聋人学校高宇翔老师在此基础上进一步寻找并搭配可证的案例。只是人类可考历史是自文字记载开始的,文字产生以前的人类手势由于没有文字和图形记载而难以佐证,目前只有这样比较零散的类比和推测。

图4-2 和古汉字的结构、含义直接对应的手语手势

图源:《中国聋人史略》第184页

笔者认为:手势、口语、结绳、图画等交流和记录方式是同时交错发生和发展的,都是语言发生和发展的源泉,彼此互相交融互相促进。在劳动生产生活实践中,随着各种交流方式的发展逐渐显示出优劣,优者发展得更加充分完满,劣者则逐渐萎缩,导致各种交流方式的发展互相拉开距离,口语和文字以其优势发展成为人类主要交流方式。后来,随着人类的口头语和书面语的越来越完善、越来越充分,成为强势语言,手语在人类交流中才越来越居于次要地位。

以手语的原始交流方式在世界依然有一些遗存。美国田纳西大学杰弗里·E.戴维斯(Jeffrey E. Davis)教授2010年在剑桥大学出版社出版了一部描述美国印第安土著民族手语的著作《手谈:美国印第安民族中的手语》(*Hand Talk:Sign Language among American Indian Nations*)。非洲原始土著民族中如布须曼人也有这种情况存在。南美洲玻利维亚热带雨林中有一濒临灭绝不足4万人的原始部落,叫"克曼加人"。该族人的喉咙长得和常人不一样,声带的自然压缩部分不能发声讲话,致使他们只能用手语交谈。

① 国华,张宁生.语言手势起源说的理论评价 [J].现代特殊教育,2008:10,40.
② 游顺钊.视觉语言学概要[M].北京:商务印书馆,2014:88-168.
③ 张晓梅,谭中华.中国手语与古文字的比较[J].长春大学学报,2014:1,139-133.

手语和宗教也有着密切的关系。印度和中国佛教造像手印就是一种手势表意(图4-3)。敦煌莫高窟和新疆克孜尔石窟等处壁画人物有大量的手印造型。中国道教也有一套缜密的手印手势,任宗权所著《道教手印研究》收集了564幅道教手印图。

英国不列颠图书馆(British library)网站介绍中世纪手稿的文章里有公元1050—1075年盎格鲁-撒克逊修道手语的记载(图4-4)。对僧侣来说,静默是一种美德,相信只有这样祈祷之声才纯净,才能被上帝听到。世界聋人联合会文件中提到中世纪西班牙僧侣开始编制一套标准手势,试图使手势的形状与文字外形相似。在圣本尼迪克特制定的修道院戒律中,进餐中的僧侣严禁交谈,他们在祈祷之外的时间禁语。在一部10世纪

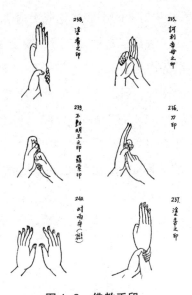

图4-3　佛教手印

图源:《佛教造像手印》第214页

左右的修道院文献中,一组图画详尽描述了这套烦琐的手势:如果不满意自己的酒杯空置,必须先用左手食指压在下嘴唇上,然后左手握拳放到平坦的右手手掌中间。文艺复兴早期西班牙佛兰德斯画派著名画家费尔南多·加列戈(Fernando Gallego,1440—1507年)的一幅祭坛壁画(Retablo)中也描绘了僧侣以手势比画和交流为主题的作品(图4-5)。

图4-4　中世纪盎格鲁-撒克逊修道手语

图4-5　加列戈祭坛比画中的字母手势

在我国,最早记录聋人手势出自司马迁(公元前145年—前90年)《史记·淮阴侯列传》:"猛虎之犹豫,不若蜂虿之致螫;骐骥之局躅,不如驽马之安步;孟贲之狐疑,不如庸夫之必至也;虽有舜禹之智,吟而不言,不如瘖聋之指麾也。"①(释义:凶猛的老虎犹豫不决,比不上蜂刺蜇住人;千里马踯躅不动,比不上劣马一步一步达到目的地;孟贲一样聪明的人上下狐疑,比不上迟钝的人已经达到的目标;即使有舜禹一样的智慧,嘴里嘟哝着不说出来,比不上聋哑人用手比画指出。)

我国最早叙述的"手语"情节出现在唐朝后期裴铏(860年左右)撰写的传奇文学作品《昆仑奴》中。说的是一位红衣歌妓有情于腼腆英俊青年崔生不便直说,送别他时,"妓立三指,又反三掌者,然后指胸前小镜子,云:'记取。'"(释义:"歌妓竖起三个指头,又把手掌翻转三次,然后指自己胸前的小镜子,说:'记住。'")后来崔生家里的昆仑奴磨勒帮助他解破歌妓手势的含义:她是第三歌院的歌妓,十五月圆之夜希望崔生去会面。见面后歌妓说:"知郎君颖悟,必能默识,所以手语耳。"②(释义:我知道郎君您悟性敏锐,一定能够不出声识别我的意思,所以我用手说话。)

宋代著名文学家苏轼(1037—1101)在散文《怪石供》中提到聋人手语为"形语":"海外有形语之国,口不能言,而相喻以形。其以形语也,捷于口。使吾为之,不已难乎?"③(释义:海外有用手模拟形状说话的国家,他们的嘴巴不能说话,互相以比拟形状交流。他们使用的形语比嘴巴说话都便捷。让我这样比画的话,不也是很难吗?)苏轼所说的海外形语之国在哪里?是哪个国家?是有人亲见还是民间传说抑或文字记载?文中却没有提及,但更让研究者浮想联翩。

手语是聋人的语言,使用手语交流是聋人最显著的特征。手语是聋人的交流工具,是一种以手势动作为主同时结合口形、面部表情和体态的语言。聋人手语是一种与口语和书面语地位同等的语言,具有独立的语法、词汇、语用规则,就像外国语言或者少数民族语言一样。不同国家的手语是不一样的,同一国家不同地域的手语也有差异。手语翻译是一种帮助聋人学习和生活的职业,从事这一职业要通过考核机构资格认证。欧美很多国家的大学将手语作为外语,可以取得学分。一些大学还设有手语翻译和研究专业,可以取得高级学位。据美国现代语言学会(MLA)2009年发布的报告显示,根据2006年的调查,全美高校学生选修的外语排行榜中,手语在西班牙语、法语和德语之后的第四位。跨入新世纪后,随着社会的发展,我国高等学校也逐渐出现了手语翻译专业以及相关的高级学位。

① 司马迁.史记(八)·淮阴侯列传[M].北京:中华书局,1959:2625.
② 裴铏.唐宋传奇选·昆仑奴[M].北京:人民文学出版社,1997:206-207.
③ 苏轼.苏轼文集(五)·怪石供[M].北京:中华书局,1986:1986-1987.

手语是不同于口头语和书面语的另一语言体系,是一种视觉空间构建的语言,基于聋人自己的文化而产生。手的形状、动作、位置和方向是手语的四大要素。同时,手语不是书面语和口头语相对应的语言,手语有自己的词汇系统和语法习惯。比如:语句不长而简洁有力、主词优先、疑问和否定置后、较少使用虚词,有自己的常用词和惯用词;对谚语、俚语、箴言、格言、文字游戏、隐义、双关,等等,应用少见。聋人手语交流时以手势、表情和动作的状态、特色和强度表达词句的修饰,等等。

聋教育界对手语有自然手语和手势汉语(文法手语)的区分。自然手语是聋人之间交流使用的手语,它有自己的语法,来源于聋人的创造,应用于聋人交流,其地道、生动、丰富、易懂,是手语的源泉,是手语研究的基础。手势汉语是听人制定的手语,按照口语和书面语词序和语法套用手语手势,有着便于传达口语、帮助学习口语、便于听人学习手语,便于讲解书面语的好处。但是,语言是在交流中产生并服从于交流规律,由于手语视觉短程记忆和认知处理的限制,只能以便于视觉记忆和认知的空间构建手语的语法结构,而不同于汉语语法结构。所以手势汉语不符合聋人手语的视觉传达习惯,手势汉语的信号之间缺乏视觉构架关联,难以和面部表情体态语言充分结合,显得死板、晦涩、僵硬,聋人不易读懂也更难以接受,难以发挥手语这一视觉语言的优势,只能作为自然手语的补充而不宜作为手语的主导。手语是聋人长期视觉沟通形成的语言,是一种完全不同于口语和书面语的视觉语言,听人没有权利也不应该把自己的语言模式套用在聋人身上。因此,正像我们学习外语必须依循外语规律一样,手语学习和手语研究应该以符合视觉传达规律的聋人自然手语为依据。但是长期以来,由于20世纪50年代我国聋教育效仿苏联实行"口语教学法","文化大革命"之后我国聋人学校缺乏聋人参与,聋教育决策层没有聋人,改革开放后一个时期的手语搜集整理以听人为主导等原因,造成目前我国聋人学校教师多为手势汉语,与聋人手语实际差异较大。教育部门和聋人学校要认识到这一问题对聋人教育非常不利的影响,主动花费时间和力气去逐步扭转。

比较系统的手语语言出现在聋教育发生之后。各国系统完整的聋人手语资料基本都是19世纪聋教育发展得比较充分以及人类绘画能力增强,出版业、摄影业和摄像业较为发达时整理出的。聋人教育出现之前的聋人手语零落分散,缺乏可视资料保存下来。如图4-6所示为加劳德特大学图书馆保存的1855年芝加哥出版的世界最早的手语词典《聋哑人手语样本词典》(*SPECIMEN DICTIONARY OF SIGN FOR THE DEAF & DUMB*),世界仅存5本。

图4-6　世界最早的手语词典

4.2 世界聋人手语的历程

欧洲字母指拼(finger spelling)出现较早,据维基百科介绍:号称英国史学之父的比德·维纳贝尔莱斯(Beda Venerabillis)最早描述了手指字母和数字系统(710年)。1620年,西班牙神父和聋人教育先驱者胡安·帕伯罗·波内特(Juan Pablo Bonet,1579—1633)在马德里出版的聋人教育书籍 *Reducción de las letras y arte para enseñar a hablar a los mudos*(Simplification of the letters of the alphabet and method of teaching deaf-mutes to speak)图示了手指字母(图4-7)。波内特的西班牙手指字母直接影响了法国手指字母和美国手指字母的形成。

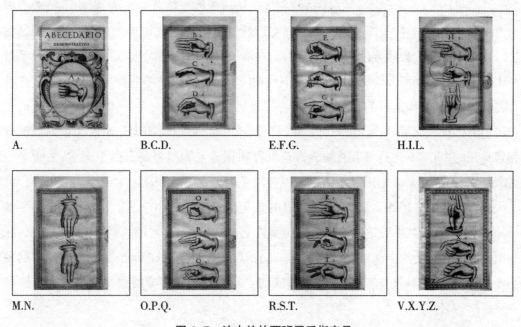

A.	B.C.D.	E.F.G.	H.I.L.
M.N.	O.P.Q.	R.S.T.	V.X.Y.Z.

图4-7　波内特的西班牙手指字母

世界上最早的手语体系是法国人莱佩(Abbe Charles Michel de L'Epee,1712—1789)在前人零散的研究和创造的基础上整理出的。他50岁时遇见两位孪生聋童姐妹,在和她们的交往中对聋人手势产生了浓厚的兴趣,开始从事聋童个别教育工作。1770年在巴黎创办了世界上第一所聋童学校。莱佩认为手势是聋人的母语(Sign language is the mother tongue of the deaf people),主张在教学中使用手语,在对聋人细致观察的基础上,他编辑整理出了一套法语手势符号体系,称为"系统手语"(methodical sign),为手语教学

图4-8　西卡德《手势理论》

法体系的创始人。著有《通过手势法对聋人进行教育》《真正的聋教学法》等著作。①　莱佩的学生英国人阿贝·西卡德(Abbe Roch-Ambroise Sicard)以语言学进一步完善莱佩的"可视手势语",还编写了《手势理论》(*Theorie Des Signes*)的手语词典(图4-8)。

由于哈布斯堡王朝(Habsburg)是欧洲历史上统治领域最广的王室,曾统治罗马帝国、西班牙帝国、奥地利帝国、奥匈帝国。因此德国、奥地利、匈牙利三国手语间的关系密切。又由于英国自18世纪在建立了全世界最广大的殖民体系,因此新西兰、澳大利亚、印度、南非手语属于同一手语的变体。法国聋教育体系的输出,影响了被输出国家的手语,如:爱尔兰、美国、俄罗斯、魁北克以及墨西哥手语。美国第一所聋人学校是在法国聋童学校聋人教师劳伦特·克勒克(Laurent Clerc)的帮助下建立的,因此美国手语与法国手语有着渊源。地缘关系又使美国手语扩散到加拿大、墨西哥等周边国家。聋教育在美国的发展,特别是美国1864年成立了世界上最早的聋人大学,世界各地聋人前往美国加劳德特大学留学。经过一百多年风雨阴晴和波澜起伏,美国逐渐成为世界聋教育和聋文化的中心,因此美国手语又成为全世界使用地区和国家最多的手语,被二十多个国家使用②。而且后来的国际手语也多以美国手语为主(图4-9)。

聋人用手语表达姓名往往是以某人的典型特征(图4-10)。比如:艾萨克·牛顿(Isaac Newton)姓名手势是以其苹果掉到脑袋上(以此悟出著名的"万有引力定律");托马斯·阿尔瓦·爱迪生(Thomas Alva Edison)的姓名手势是电灯发光(表示其是电灯的发明者)。欧美由于其是拼音语言,对要求确切告知其姓名的字母组成则以手指字母指拼——拼打姓名。

①　朴永馨.特殊教育辞典(第二版)[M].北京:华夏出版社,2006,8:224.
②　http://www.tejiaowang.com/2015/zx_0603/12699.html.

手 语 家 谱

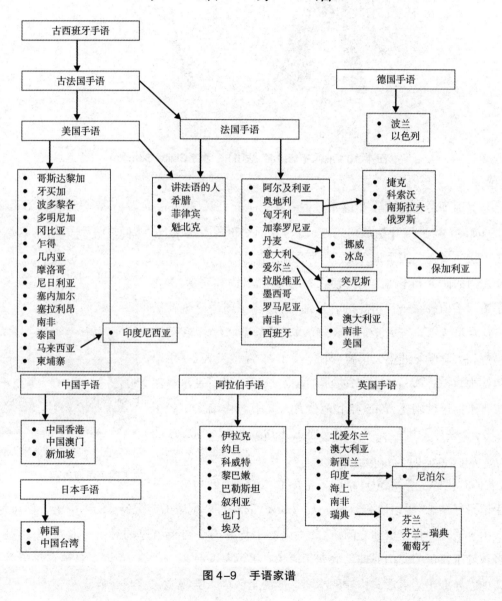

图 4-9 手语家谱

Isaac Newton　　　　Thomas Edison

图 4-10　名人手语姓名[法国]　作者 Claire Garguier

美国加劳德特大学英语系教授威廉 C·斯多基(William C. Stokoe)1955 年开始从语言学、符号学、认知学、生理学和古生物学研究美国手语,创立了手语语言学,并且经过四十多年严谨的研究和不懈的努力使之不断深入、巩固和完善,确立了美国手语的在语言学界的合法地位,使得美国手语现在被广泛认可为适合聋人学习的语言,也是适合听人学生在美国高中和大学学习的第二语言(外语)。1960 年他发表了《手语的结构》(*Sign Language Structure*)的论文,第一次对手语语法进行了描述性阐述,1965 年和两位聋人同事合作编撰出版了《基于语言学原则的美国手语词典》(*A Dictionary of American Sign Language on Lingustic Principles*)(图 4-11),1971 年出版《我们时代的手势》(*Sign of Our Times*)。1972 年创刊第一份

图 4-11　《基于语言学原则的美国手语词典》

手语研究杂志《手语研究》(*Sign Language Studies*)。威廉 C·斯多基的手语语言学认为,美国手语是一种完全独立的语言,手语的手势并不是与英语单词对应的形式,更不是一种依赖于口语的模拟或辅助的表达形式。手语是一种视觉语言,手语与口语这种听觉语言的差异在于语言形式构建的不同。他甚至认为人类视觉语言早于听觉语言出现,手势是人类语言的起源,语言的词汇和句子来自手势的具体化。①

国际手语(IS)(早年被称为 gestuno)是一个常用于国际聋人会议上的辅助语言,这种

108

---

① 杨军辉编译.美国手语之父:威廉 C. 斯多基[J].厦门特教,2003:46.

语言也叫皮钦语(pidgin)(注:皮钦语指由不同种语言混合而成的混合语,指在没有共同语言而又急于进行交流的人群中间产生的一种混合语言,属于不同语言人群的联系语言)。国际手语尤其用在世界聋人大会、聋人奥运会、世界手语大会、Miss & Mister 之类的聋人会议和聋人活动上。世界聋人联合会(WFD)成立时的 1951 年第一届世界聋人大会上,就讨论了手语标准化国际系统的必要性。WFD 1970 年出版了《聋人:国际手语语言》一书,包含了 1500 个手语词汇。1973 年 WFD 发布了国际手语标准化的词汇表。1976 年,在保加利亚举办的世界聋人大会上首次使用了国际手语。1977 年,丹麦哥本哈根举办了国际手语培训,目的是为第五届世界聋人大会做手语翻译。之后,国际手语在聋人国际会议和聋人活动中渐渐流通,随着国际聋人活动日益增多,国际手语流行范围也越来越广。由于早年国际聋人会议和国际聋人活动的领导者、组织者和参与者大多是欧美发达国家聋人,尤其是以美国聋人为主导,因此国际手语词汇多取自美国手语。国际手语可被视为一种非自然形成的人工手语,从而让不同国家不同手语的聋人便于沟通。国际手语词汇量远远不如本国手语,仅仅是一种会议语言。

4.3　中国聋人手语的历程

中英鸦片战争之后,被迫打开国门后觉悟起来的中国文人士大夫"开眼看世界",在积极学习西方先进文化和科学技术的过程中,他们也零星目睹了西方聋人教育,被记载在一些文献资料上。①

"教哑与聋者以手指代语言,诸国皆效之。"②(释义:教育哑和聋的人用手指替代说话,很多国家模仿这个办法。)

"聋者按字母之反切,以指形之,由此即能读书。"③(释义:聋人按照字母发音反切,用手指比拟,根据这个就能读书。)

"聋哑者亦以手调音而教之。"④(释义:聋哑人也用手比拟发音来教育他们。)

"师执其手使贴己项下以与语,哑徒会其意即以所言书于壁。"⑤(释义:教师拿起他的手贴在自己的脖子下和他说话,哑学生领会了的意思就用将教师的话语些在墙壁上。)

① 高宇翔.无声世界:中国聋人史略[M].郑州:郑州大学出版社,2018:194.
② 徐继余.瀛环志略[M].上海:扫叶山房石印本:卷九.
③ 丁韪良.西学考略[M].北京:同文馆铅印本:卷下.
④ 魏源.海国图志[M].石印本:卷五十九.
⑤ 载振.英轺日记[M].铅印本:卷五.

"以手作字其学熟者彼此问答极快,是法创自法国,其先一法系每字用两手、既又一法系每字仅用一手,现由德国另创一法使聋人看他人唇齿之开合与舌尖之上下即知。"①(释义:用手比拟文字学习熟练的彼此问答很快,这一方法是法国创造的,开始第一个办法是每个字用两只手比拟,然后又有一个办法是每个字仅仅用一只手比拟,现在由德国人另外创造一个方法是让聋人观察嘴唇开合和舌尖上下就知道意思。)

后来,更多中国人游学海外,为中国近代化改革带回宝贵经验。其中,1871 年光绪皇帝的外语教师张德彝在其考察日记《三述奇·卷四》中以一千多字的篇幅对英国手指字母进行了详细描述:

"泰西各国,有种哑谈,法系以手比字。如以右手食指指左手之大指为 A,指食指为 E,指将指为 I,指无名指为 O,指小指为 U。……此乃旧法也。另有新法,甚为捷便,只须一手。乃一拳立大指在外为 A。四指直舒,大指下曲为 B。大指与后四指弯作月牙为 C。大指与后三指作圈,食指直立为 D。…手上伸,五指攒于一处为 &,其义系等也云云也。以上二法,哑聋人皆可用以接谈,每成一语,必以大指敲将指作声为句读,否则字皆连贯,其义难分矣。盖外国字母不多,英国只用二十六字,一二字为一话,十数字亦为一话。(释义:西方各个国家,有一种哑语,方法是用手比拟文字。比如用右手食指指左手大拇指为 A,指食指为 E,指中指为 I,指无名指为 O,指小指为 U……这是旧方法啊。另外有新方法,非常便捷,只须一只手。一个拳头立起大拇指在外为 A。四指伸直,大拇指向下弯曲为 B。大拇指与后面四指弯成月牙形为 C。……手向上伸出五指聚集在一起为 &,其意思是等或者很多很多话。以上两种方法哑人聋人都可以用来对话,每比拟完一句话,一定要用大拇指搓中指发出响声作为一句话,否则字母都连贯,其意义就难以区分了。因为外国字母不多,英国只使用以上二十六个字母,一两个字母为一个单词,十多个字母也为一个单词。)"②

美国传教士查尔斯·罗杰斯·米尔斯(Charles Rogers Mills)和他的妻子安妮塔·汤普森·米尔斯(Annetta Thompson Mills)于 1887 在山东省登州(今蓬莱市)年创办了我国第一所聋人学校——启喑学馆。1907 年米尔斯女士说服她的侄女安妮塔·卡特(Annetta E. Carter)作为她的助手来中国帮助她办学,将赖恩手势(Lyon's Sign)介绍到中

110

---

① 张德彝.三述奇[M].稿本:卷四:43-48.
② 张德彝.三述奇[M].稿本:卷四:43-48.

国,1909 年编写出中国聋哑学校第一套教材《启哑初阶》(*First - step Text for Deafness*)
(图 4-12)6 册共 237 课,1925 年再版增编扩展到 259 课。赖恩手势以"贝尔字母"为依
据,根据发音器官的部位和动作构成的一套"象形指事"式的音符手势。① 赖恩手势源于
美国,与中国国情距离较大,打法复杂,不易掌握。但不管怎样说,赖恩手势是中国最早
的聋人手指拼音手势,对中国手指字母的发展起了开先河的作用。《启哑初阶》以单字为
基础,配以手势、注音、和字意相关的插图,进而将单字逐一扩展到双字词、三字词、成语、
常用语、格言警句等。此书一字一图,既便于聋生识读,举一反三,又便于聋生巩固,很适
宜聋人学习。《启哑初阶》附图上很多英文拼音与现行的汉语拼音十分相似,甚至可以看
作是汉语拼音的雏形。总之,《启哑初阶》是一本独具匠心的聋人教科书,同样对中国聋
教育起了开先河的重要作用。

图 4-12 《启哑初阶》

图源:刘秋芳

　　聋人龚宝荣 1931 年在杭州市创办起杭州私立聋哑学校并任校长,他参考前人国语
手切手势,编创了 40 个注音符号手切图(图 4-13),一同将自己创编的算学数字符号手
切和英文字母手切汇编为《手切课本》,于 1935 年经教育部核准公开发行。② (注:注音符
号是 1912 年由"中国读音统一会"制定,1913 年北洋政府教育部开始推广的汉字注音符
号,共达 40 个。是 1958 年 2 月"汉语拼音方案"推行前使用汉字注音符号。反切是中国
传统注音方法,即用两个汉字合起来为一个汉字注音。反切的基本原则是上字与被切字
的声母相同,下字与被切字的韵母和声调相同,上下拼合就是被切字的读音。例如:'冬,
都宗切',就是用都的声母'd'、宗的韵母'ōng'和声调为冬——'dōng'注音。)《手切课
本》是中国聋人结合中国文字注音法创造的手势,相比《启哑初阶》更适合中国国情,对中
国手语和中国聋教育有着积极的贡献,许多地方一直使用到 20 世纪 50 年代。

111

① 刘秋芳,顾定倩. 我国手指字母演变及其设计思想的比较分析[J]. 中国特殊教育,2019(7).
② 刘秋芳,顾定倩. 我国手指字母演变及其设计思想的比较分析[J]. 中国特殊教育,2019(7).

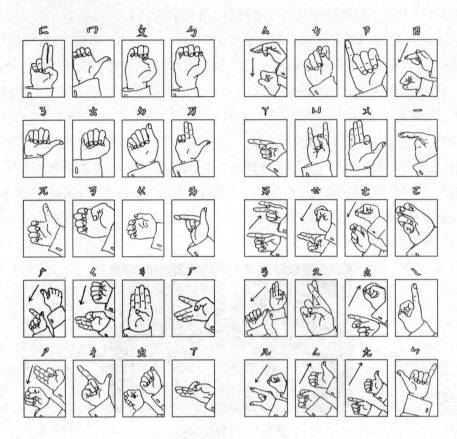

图 4-13 注音符号手切图

资料来源:《圆梦忆当年》第 187-189 页

　　无论是《启哑初阶》还是《手切课本》的手势,都属于拼音指拼,不是以模拟、比拟事物的式样、形状、特征、运动及运动方向的聋人手语。中国早期聋人手语由于没有可视资料保存,难以了解其状况。我们可以想象,早期中国手语是零散地并且一直存在于聋人交流中的。

　　1958 年 7 月 29 日,中国聋哑人福利会成立聋人手语改革委员会,标志着我国通用手语研究与规范工作的开始。中国聋哑人福利会从全国各地挑选出一批聋人骨干(主要是北京和上海地区),选择北京、沈阳、哈尔滨、青岛、上海、南京、武汉、广州、兰州、成都、昆明等 11 个城市作为基地,在地方手势的基础上加以综合筛选,收入 2000 余个单词手势动作图解,整理编绘出一套《聋哑人通用手语草图》(四辑,图 4-14),

112

图 4-14 聋哑人通用手语草图

资料来源:作者自藏

这是我国第一套真正聋人手语意义上的手语词汇手势图集。由聋人搜集、整理和绘图的《聋哑人通用手语草图》出版，结束了中国聋人手语没有可视资料、零散自流地发展的状况，意义非常重大。《聋哑人通用手语草图》出版之前，不仅各地聋人手语杂乱、分散、自流，而且各地聋人学校教学也是教师以自己的手语积累进行的，随意性较大。

1958 年，中国聋哑人福利会邀请"汉语拼音方案"制定专家周有光等文字改革专家和有经验的聋人学校教师组成手语改革委员会，制定了《汉语手指字母方案（草案）》，经过试行，1963 年 12 月 29 日中华人民共和国内务部、教育部、中国文字改革委员会公布实施《汉语拼音手指字母方案》（图 4-15）。《汉语拼音手指字母方案》很大程度上推进和扩展了中国聋人手语的表达和聋人学校口语教学，很多聋人手语手势借用了汉语拼音手指字母，尤其是抽象词汇手势。同时，《汉语拼音手指字母方案》推进了聋人学生学习汉语拼音，并且极大地帮助了聋人学生学习、练习口语表达和后来电脑及手机中文输入，也有力帮助了聋人与听人之间的交流。

汉语手指字母图

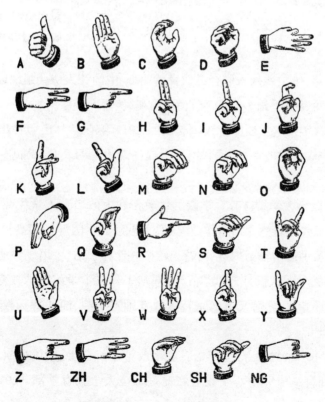

图 4-15　汉语手指字母图

图源：《文字改革》1964（2）第 3 页

113

1974 年,著名语言学家周有光和北京市第四聋人学校语文教师沈家英在《汉语拼音手指字母方案》的基础上进一步增补了 20 个指势,创造了右手拼打声母、左手拼打韵母的双手并用,快速拼打语句的《汉语手指音节指式图》新方案。但是,此项声韵双拼方案仅仅在局部地区聋人学校语文和口语教学试用,并没有广泛流传,没有为广大聋人接受。后来《汉语手指音节》逐渐在聋人学校和聋人群体中销声匿迹。

1979 年,中国盲人聋哑人协会将原有的四辑《聋哑人通用手语草图》修订为两辑,定名为《聋哑人通用手语图》,之后又陆续编纂了第三辑和第四辑。1985 年底,又对这四辑手语单词进行增删、修订,在 1987 年召开的全国第三次手语工作会议上,将《聋哑人通用手语图》更名为《中国手语》。1990 年,中国聋人协会编辑的《中国手语》正式出版发行,1994 年,中国聋人协会又组织编写和出版了《中国手语》续集。2001 年中国残疾人联合会教育就业部、中国聋人协会委托北京师范大学特殊教育研究中心对《中国手语》进行全面修订,于 2003 年 4 月出版了《中国手语(修订版)》(上下集)(图 4–16)。

图 4–16 《中国手语(修订版)》(上下集)

2005—2013 年,中国残疾人联合会教育就业部、中国聋人协会组织编写出版了《计算机专业手语》《理科专业手语》《体育专业手语》和《美术专业手语》。

上海市聋哑青年技术学校原聋人校长戴目 2012 年在学林出版社出版了《汉语成语手势图解》。手语成语的搜集、整理和出版对提高聋人学习文化和加强手语交流质量有很大的意义。

2015 年北京联合大学特殊教育学院吴铃教授和太原市聋人学校聋人教师季谦合作编绘了国内第一部聋人自然手语著作《中国聋人手语 500 例》(江西高校出版社),这本手语著作以聋人自然手语精华为内容,由聋人绘图并诠释手语,手语手势地道、生动、精彩。

2003 年中州大学聋人设计艺术学院(今郑州工程技术学院特殊教育学院)开办了我国第一个手语翻译专业,之后又有南京特殊教育师范学院、浙江特殊教育职业学院开办了手语翻译专业。

2010 年 7 月 16 日,教育部、国家语言文字改革委员会委、中国残疾人联合会共同组建了"国家手语和盲文研究中心",设立在北京师范大学教育学部。2014 年建立了国家通用手语研究课题组,主要吸收聋人参与,广泛征求聋人对手语的意见,深入聋人群体采集手语,编纂了《国家通用手语词汇》,2016 年起在全国各省市聋人协会征询意见。《国家通用手语常用词表》汇集了 5668 个聋人手语常用词汇,相比 2003 年版《中国手语》,大量减少了指拼,恢复了聋人中流行的自然手语手势,是国家手语研究的重大进步,2018 年 7 月 1 日在全国实施推广。2019 年 9 月,8214 个词汇的《国家通用手语词典》出版面世(图4-17),对汉语手指字母图制定了严格的标准并有些许修改,另附有 24 页"手语语法特点举例"。

图 4-17 《国家通用手语词典》

即便是一国之内,手语也有异同。我国南方手语和北方手语有明显区别,但不影响交流。由于 20 世纪 50 年代很多东南地区的聋人去支援西北地区的聋人教育,所以西北地区的聋人手语南北夹杂。由于东北地区曾经长期沦陷在日本统治之下,其手语受到日本手语和韩国手语的影响。由于我国西藏地区相对闭塞,因此西藏手语和内地手语有较大不同。在国际助残组织的支援下,2011 年西藏手语开发中心收集、编辑和出版了《常用藏族手语词典》(西藏人民出版社出版,聋人仰国维和聋人周晓宁拍摄手语图)。2000 年拉萨成立了西藏地区第一所聋人学校,以《中国手语》为教学手语,随着西藏和内地交流加强,内地手语也在向西藏渗透。再比如:1935 年成立的我国香港第一所聋人学校——香港真铎启喑学校创建人李绿华是内地烟台启喑学校毕业生,香港手语由此生根发芽。之后又有上海聋人于1953 年创办香港华侨聋哑学校。因此,我国香港地区尽管从 1840 年被英国租借,但香港手语和内地手语十分接近,尤其受上海手语影响。

1895—1945 年,我国台湾被日本占据 50 年,这段期间日本人在台湾的台南、台北建立聋人学校,使用日本手语教学。1945 年台湾光复后驱逐日本人,一些大陆聋校的老师前去台北启聪学校任教,于是台北混合了一些大陆手语。毕业于烟台启喑学校的聋人姜思农前往台湾地区创办高雄市启英学校,采用大陆手语。由于我国台湾第一所聋人学校是日本人建立,因此台湾手语于日本手语接近,和大陆手语差异很大。

1949 年 10 月 17 日厦门解放。由于地缘关系,厦门地区施行军事管制,一位来自我国台湾地区的聋人教师因此被滞留在厦门。1959 年,厦门市聋人学校成立,这位台湾地区的聋人教师进入厦门聋人学校任教,他的台湾手语在厦门聋人中扩散开来。因此,改革开放初期,厦门地区聋人的手语让内地其他地区的聋人有些看不明白。但伴随着改革开放的日益推进,厦门地区聋人和我国其他地区聋人畅通交流,厦门手语被逐渐同化,仅有一些我国台湾地区手语的遗存。

1951 年,上海聋人彭祖恩和夫人创办了新加坡第一所聋人学校——华侨聋哑学校,他们以上海手语作为教学手语,因此新加坡手语也是我国大陆地区手语的分支。

4.4 手语的前景

2002 年 7 月 8 日在美国首都华盛顿特区举办的"第二届'聋人行'世界聋人学术和艺术博览会"(DEAF WAY II)晚间开幕式上,伯纳德·布雷格(Bernard Bragg)用手语表演了一首赞颂聋人手语的诗歌《眼睛的语言》,赞扬着手语的美妙。

Language for the Eye 眼睛的语言

Dorothy Miles   [英国]多萝西·迈尔斯(陈少毅 译)

Hold a tree in the palm of your hand,握一棵树在你手掌的田野,

Or topple it with a crash. 在一次撞击中倒地。

Sail a boat on finger waves,放一只船在你手指的波浪,

Or sink it with a splash. 在一次溅落中沉底。

At a passing butterfly,在飞舞的蝴蝶中,

From your fingertips see a frog leap. 青蛙在你的指尖上蹦极。

language for the eye,这眼睛的语言,

The world becomes the picture in this. 使世界如在画里。

Follow the sun from rise to set,追随着太阳从日出到日西,

Or bounce it like a ball. 让太阳像球一样弹来弹去。

Catch a fish in a fishing net,播撒下渔网捕捉一条活鱼,

Or swallow it,bones and all. 不分骨刺吞咽到肚里。

Make people scurry,or airplanes fly. 让人们疾奔,让飞机飞起。

And people meet and part. 让人们往往来来相会相离。

language of the heart,这心灵的语言,

The world becomes the action in this. 使世界变成行旅。[1]

这首诗用树、田野、船、波浪、蝴蝶、青蛙、太阳、球、鱼、飞机、人来人往这些意象描述手语这种动作语言,真是生动精彩;这首诗形容手语是眼睛的语言和心灵的语言,使人们

---

[1] Dorothy Miles. *Language for the Eye*. Deafway II 2002. Opening Celebration. July 8,2002.

犹如身在画里、犹如观看匆匆行色的活景,真是意境优美,这难道不是人类另一种与口语不同、与听觉相反的神奇的视觉语言世界吗?

手语是一种不同于口语和书面语的空间视觉语言,犹如电影剪接,长距离、近距离、特写、平视、仰视、俯视、强化、弱化……镜头随着叙述切换,变化丰富,直观了然。笔者历经了听和聋两种生活,在聋人学校当了30年的教师,对手语以32字概括:毕肖毕现、栩栩如生、简洁明了、鲜活生动、直现思绪、直截了当、直抒胸臆、直入人心。

手语是一种落地生根、一目了然、干脆利落的语言。美国心理学家兼畅销书作者奥利弗·萨克斯(Oliver Sackes)高度评价手语:"实时表达的手语,正是抒发情感最直接的媒介;手语的清晰性让一切掩饰无所遁形。这种语言完全没有(也无此必要)严密的逻辑、艰深的语法、模糊的隐喻、抽象的形式——无须通过间接的媒介,纯粹是传递思想与感情的表达符号,意义直截了当。或许正是这种语言的特质——一种发自肺腑、透彻清晰、毫无掩饰、足以呈现所有内在思绪的语言;不带一丝欺瞒或诡谲的元素(维特根斯坦曾不止一次提到关于语言诡谲的特性),宛如音乐般的精炼纯粹,正是古今人类梦寐以求的单一语言。"①

其实,生活中很多场合需要手语或手势表达:

2020年初,新型冠状病毒性肺炎疫情肆虐中华大地,2020年2月21日的数据显示,全国累计派出255支医疗队,共32572名医护人员支援湖北及武汉英勇抗疫。一线医护人员全部身穿防护服脸戴防护镜救治传染性非常强的肺炎病人。这样全副武装的医护人员就发生了一定程度的交流困阻——戴着口罩说话不方便,穿着防护服听声不清晰,隔着隔离玻璃板或者病房门上玻璃视窗更是无法交流。此时,支援湖北黄冈市大别山区域医疗中心的潍坊市中医院肺科病副护士长梁超超与小组成员发明了一套简易医护交流手势,在同事们之间施行后,方便了交流、提高了效率、减少了流动,避免了交叉感染,手语手势派上了大用场(图4-18)。

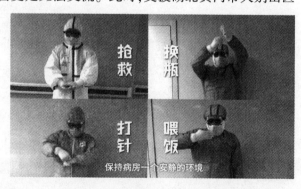

图4-18 潍坊市中医院肺科病副护士长梁超超发明的医护交流手势

我国很多地区特别是西部地区的牲畜、皮毛和发菜等交易区,讨价还价不是用言语而是用皮毛或衣襟

117

---

① 奥利弗·萨克斯.看见声音:走近失聪人的寂静世界[M].韩文正,译.北京:中信出版社,2016:34.

遮挡着手,或者在宽大的衣袖里,一人摸着另一人的手势表达价格,如不满意,双方变换着手势继续悄悄商量,叫作"手势暗语"或"捏手指头"(图4-19),也叫"捏麻雀",是宁夏回族自治区的非物质遗产项目。①

图4-19　"捏手指头"交易

古玩、玉石和玉器等价格比较贵重的交易讨价还价,也常有在衣袖里用手势表达,以对周围保密价格,叫作"袖笼交易"。

有一次,笔者所在单位组织登山活动,由于坡度很大,大家爬到半山腰中气喘吁吁说话困难,此时都会手语的同事们用手语交流却感到轻松适宜,感到非常有效地减少说话带来的氧气消耗以节省体力。

美式足球(橄榄球)球员在攻击发起线后方集成一圈,用手势秘密传递战术暗号的做法,就是美国加劳德特大学校园里聋人橄榄球员发明的。② 后来,全世界橄榄球比赛时队员都使用这一方法。

2017年7月《现代特殊教育》杂志发表了《爱心奉献聋童,生命奉献特教》一文,谈及20世纪80年代南海舰队某部为解决军舰机房机器噪音太大、听不清说话沟通的难题,求助广州市聋人学校。何静贤老师在工作之余,深入了解军舰工作实际,编制出一套规范、简易、系统的军舰工作手势语词汇,使用效果非常好。③

1991年8月3日,三个我国台湾地区男孩组成的"小虎队"发布的《爱》歌唱专辑,使用手语伴唱,演绎了对聋童的关爱,之后被邀请到中央电视台2010年春节联欢晚会演出。此后,先后有孙悦、孟庭苇、成龙等明星给自己的演出节目加上了手语元素,令观众耳目一新。其中我国台湾歌手欧阳菲菲的《感恩的心》流入大陆传唱了十多年。④ 可见手语也可以推助艺术形成新的形式。近两年,由于手语向社会的推广,再加上手机视频的便利,又形成了一种唱歌和手语舞融合的艺术形式。

据报道:我国香港、广东地区的部分高档餐厅曾流行过服务暗语的手势。在20世纪90年代,这些手势风靡一时,曾是许多五星级酒店餐饮人员的入门必修课。员工入职培训,要学会十多种手势用于内部沟通。整个餐饮服务流程可以不说一句话,只用手势就

118

① 刘志庆.宗教与社会[M].中国文史出版社,2006:248-249.
② 奥利弗·萨克斯.看见声音:走近失聪人的寂静世界[M].韩文正,译.北京:中信出版社,2016:163.
③ 马建强.爱心奉献聋童生命奉献特教[J].现代特殊教育,2017:7.
④ 高宇翔.无声世界:中国聋人史略[M].郑州:郑州大学出版社,2018:165.

搞定,以保持高档餐厅优雅安静的环境,提升餐饮服务质量。

特蕾西·考德威尔·戴森(Tracy Caldwell Dyson)是一名美国女性宇航员,2017年她在太空国际空间站用美国手语介绍了聋人对美国宇航工作的贡献(图4-20)。笔者不了解在太空说话是否便利,但也感到在太空失重的环境中,使用手语是一种相当便利的交流方式。

图4-20 宇航员戴森手语介绍

生于我国台湾的纽约字体设计家廖恬敏(Tien-Min Liao)2016年根据英语字母的形状探索创造了创作了"手势字体(handmade type)"实验(图4-21),以探索大小写字母之间的关系,同时记录它们之间的转换,尽管不知廖恬敏的这一设计是否受手指字母的启发。其出发点虽然是字体设计,但丰富了手指字母的表达,也说明手指字母丰富了艺术设计。

图4-21 廖恬敏设计的手势字体

2019年6月5日,我在手机微信群里看到了著名的俄罗斯手指舞聋人安德烈·德拉古诺夫(Andrey Dragunov)单手打手指字母的视频(图4-22),与廖恬敏的手势字体异曲同工,令人又看到了一种新的字母表达方式,感到创造力的神奇和生活的丰富美妙。

图4-22 安德烈单手打手指字母

综合起来,手语可以被利用和丰富到如下场合:①特种部队战斗指挥和交流、特种武警侦探、战斗指挥和交流;②潜水员水下交流;③登山运动员交流;④航天员交流;⑤消防、救灾指挥和交流;⑥不便出声的场合,如:会场、演讲、影剧院、实验室、手术室、播音室等地方的交流;⑦在环境嘈杂噪声很大以至听不清口语的场合,如:赛场、工厂、建筑工地、装修工地、机器旁、机场、娱乐游戏场、集体活动运动等地方的交流;⑧轮船、火车、军舰乃至航空母舰甲板和机房沟通和指挥;⑨病人如:拔牙后、牙痛、嗓子痛、呼吸道重病说话困难,重病导致体质虚弱无力说话,被隔离病人、隔窗放射检查,等等;⑩体育比赛裁判指挥和队友暗语;⑪交通指挥、吊装指挥;⑫视觉传达设计,标识设计;⑬丰富舞蹈、歌唱、演出、演讲动作。

有时手势是一种跨语言的交流方式。

2018年8月17日,网络流传一篇题目为《农民大叔娶25岁非洲女孩:恋爱全靠手势》的报道。说的是河南孟津县城关镇杨庄村村民谢某2013年到乌干达援建机场高速公路时,他与同在工地上班的非洲女孩相恋,并在当地举办婚礼。跨国恋对于很多人来说,语言往往成了很多恋人们的一大鸿沟。"语言不够,用手来凑。"40岁农民大叔迎娶到了25岁非洲女孩,恋爱全靠手势!而且他们恩爱有加,已经生育两个孩子。跨国恋爱婚姻多如牛毛,类似这种手势辅助交流的事情肯定也不止一例。

西安有一位非物质遗产竹编艺人,因为父亲是聋人,所以会些手语。他告诉笔者,有一年他在葡萄牙旅行时胃病发作,同行的人又不在一起只有他一人,他自己不会外语,于是以手势和外国人交涉问医求药,治好了自己的胃病。

2018年11月3日,笔者在西安一家肯德基店里与聋人手语交流,发现邻旁两位女士也在面对面用手语交谈。上前一问,她们介绍说自己是日本听人,在西安教日语,手语是早年向中国聋人学到的。我问她们:"你们会日本手语吗?"她们手语回答:"只知道一点。""我搬家到中国才开始学手语。所以我不太知道日本手语。"我问她们为什么要用中国手语交谈?她们告诉我:"当然我们平时说话是用日语的,但是周围比较吵的时候,用手语是非常方便的!"以听觉语言和视觉语言、口语和手语切换交流,显示出一种独特的生活方式。

学者们发现,婴儿的视觉注意更加优于听觉注意,婴儿学习手势更早于学习口语。婴儿的父母及其婴儿的接触者,基本都多少曾以吸引婴儿的手势、表情和表演吸引婴儿交流。因此外国一些神经语言学者、教育学家等将手语引入婴儿早教,并且使手语在日后婴儿的发展中产生持续的有利影响,取得了相当乐观的成效。婴儿对手势的掌握早于和快于口语,婴儿学习手势和手语,可以更早地与母亲交流,父母可以更早更多地接收到婴儿传递来的信息,父母也可以更多更丰富地享受到养育婴儿的内容和乐趣。例如:婴儿要吃奶、喝水和排泄等，会以相应的手势表达自己的意愿，而不再是以号啕大哭来吸引父母猜测。会手语的婴儿在视觉感知力、反应灵敏度、大脑发育速度等方面优于只学习口语的婴儿。其结果是：智商测试分数普遍高于不使用手语的同龄宝宝；具备更好的社交调试能力；阅读年龄提前。很多家长观察到，通过手语更早实现双相沟通，学会口语前"可怕的 2 岁"变得没那么可怕了，孩子们不再需要大发脾气或哭闹不休，通过一个手势就可以表达自己的复杂诉求。因此，手语介入婴儿教育逐渐开始被一些教育工作者、儿科医生、家庭学校、语言治疗师、幼儿园和家庭使用。一些幼儿教育家还编写了宝宝手势歌或手势诗，更能吸引幼儿模仿和注意，使幼儿课堂增添了更多的趣味。近几年我国也出现了婴儿手语应用研究的萌芽。

自 1955 年威廉 C·斯多基美国手语语言学创立以来，欧美对手语研究逐渐向深广发展，新著迭现。据 2012 年受邀来华在北京航空航天大学做了 10 场关于手语语言学讲座的美国新墨西哥州大学语言学教授谢尔曼·威尔考克斯（Sherman Wilcox）博士介绍：全美有 200 多所高校开设了美国手语课程，学生将其作为一门外语学习。他指出：手语历经千年发展而成，具有完备的语法、词汇、语用规则以及文体风格，是一种独立于任何形式口语的语言。系统科学地研究手语为语言研究提供了全新的视角，有助于探索人类语言能力、语言起源与进化、文化与社会等诸多问题。如果语言研究对象局限于某一种形式（如口语或书面语）、某一个语系，那么人类很容易失去对人类整体语言能力的把握。手语通过视觉学习语言，并有自己独立的语言体系，从而构成独特的文化，这无疑为语言学家、人类学家及社会学家提供了独特的研究视角和平台。[①] 很多国家的学者对手语进行深入发掘、探索和研究，例如法家国家科学研究中心华裔法籍学者游顺钊研究手语的形成，出版了《手势创造与起源》《视觉语言学》《从认知角度探讨上古汉语名量词的起源》等著作，在手语的起源及其与古文字的关系上有了新的发现。

奥地利格拉茨大学副教授安奥斯契卡·福尔兹（Anouschka Foltz）在"对话"网站表示：手语是一种成熟的、复杂的、自然的语言，有自己的语法、词汇和方言。手语和口语都是自然进化的产物，其工作原理相似性很高。手语由手形、手的方向、手的位置和动作组成，使用者可以将这些结合起来创造出无限数量的符号。福尔兹呼吁人们不要忘记手语为使用者带来的独特贡献，以及对于语言文化多样性的有效补充。

前中国聋人协会主席唐英总结了学会手语的好处，被国内外聋人界和聋人教育界广泛传播。（笔者略有添加）

---

① 李福印,丁研,谢尔曼·威尔考克斯.认知语言学与是口语和手语的一致性十讲[M].北京:外语教学与研究出版社,2015:vii.

学会手语的好处

(1)学手语可以使您的手势优美,手指灵活。

(2)学手语可以使您表情生动,眉目传情。

(3)学手语可以隔着马路、玻璃、窗户、小河沟说话。

(4)学手语可以在喧闹环境中也能准确传达意思。

(5)学手语可以提升您的礼仪姿态和演讲表达。

(6)手语是一种4D(四维空间)语言。(身体、肢体、表情、口型、手势的三维空间表达,加上时间推移)

(7)学手语可以用另一种异于有声语言和书面语言的独特方式表达心意。

(8)学手语可以让您学会简洁不啰唆地交流。

(9)用手语交谈可以不产生影响他人的声音。

(10)用手语交流,是一种全新的视觉语言,是很好的调节心境、健身益智的体操。

(11)学手语可以活跃大脑锻炼右脑,左脑右脑互换调节。

(12)学手语能让人有聋人和听人两个不同世界的体验。

(13)学手语能交结聋人朋友,和聋人融合在一起,树立您关心聋人的阳光慈善形象。

(14)用手语交流,可以提高服务窗口文明和谐尺度。

由于长期社会发展进步的波折和迂回,手语很长时期一直在被压制和受歧视处境中,因此手语是一直还没有完全被整个社会知晓其价值的语言金矿。随着时代的进步和发展、随着社会对聋人群体的日益关注、随着聋人社会地位的提高、随着手语翻译职业化社会化的发展、随着人类生活的扩展和细化,手语的应用将不仅仅限于聋人,手语将会应用到越来越多的场合,将会帮助人类的交流更加完满、更加充分、更加优美。

4.5 手语的语言学和法律地位

2006年12月联合国审议通过、2008年5月3日生效的《残疾人权利公约》中指出:"残疾人特有的文化和语言特性,包括手语和聋文化,应当有权在与其他人平等的基础上获得承认和支持。"缔约国有义务促进手语学习,并提高失聪者社区的母语认同,只有这样才能减少聋人面临的障碍。

2010年7月18—22日,第21届世界聋教育大会(ICED)决议——《2010年温哥华宣言》对1880年米兰会议(第2届世界聋教育大会)的决议进行了批判和纠正,指出:"米兰会议的结果严重损害了世界各地聋人公民的生活,导致了教育政策和司法规定对于聋人公民的排斥,……""我们否决所有1880年米兰国际聋教育大会上通过的反对聋教育使用手语的决定;承认并真诚地为米兰会议对各国聋人公民所造成的负面影响表示道歉……""我们呼吁所有的国家将本国聋人手语列为法定语言,并给予聋人群体以听人主流群体同等对待。……"①

我们人类生活在一个由语言织成的世界里,尊重他人的语言就是尊重他人本身。挪威心理学家泰耶·巴色列(Terje Basilier)说:"如果你接纳一个人,也就已经接纳了这个人的语言;如果你排斥一个人的语言,也就是排斥了这个人。因为语言是我们社会存在的重要组成部分。"②手语是聋人的交流方式,尊重聋人手语及其使用权是维护聋人自信和上进的前提条件。一个群体所使用的语言如果得不到社会尊重和接纳,那就谈不上这个群体能被社会尊重和接纳。因此可以说,聋人的根本问题,就是手语问题。世界聋人联合会一直将手语的应用和推广作为主要议题。前世界聋人联合会主席马克库·约凯恩(Markku Jokinen)指出,聋人应争取的人权中第一条是手语使用权。继任世界聋人联合会主席科林·艾伦(Colin Allen)也提出使用手语是保障聋人基本人权的问题。

很早以前的1880米兰会议对世界聋教育造成了极大的负性影响,这一负性影响使聋人教育一落千丈。社会不承认手语是一种语言,认为是一堆杂乱无章的手势堆砌,只能进行一些简单的交流。这种情况就连19世纪50年代手语语言学建立前的美国也不例外。③ 社会中的人们之间的关系是以共同的语言连结起来的,人和人的融合是通过语言交流实现的,人和人关系的好坏深浅也是通过语言的交流深度决定的。歧视手语是社会歧视聋人的主要根源之一。聋人和听人之间的隔阂首先是语言的隔阂,而语言又是人们互相联系的渠道,人们从事任何事情都是以语言沟通疏导领会的。

自1981年瑞典首先承认手语的语言地位开始,截至2018年先后有49个国家分别通过立法和政策给本国手语以独立语言地位(表4-1)。

123

① 吴安安.《2010年温哥华宣言》:走进聋人参与和合作的新时代[J].爱德西部双语聋教育项目简讯,2010(7):38-39.

② 吴安安.SigAm双语聋教育项目在中国的实施[J].中国特殊教育,2009(3):100.

③ 国华.威廉姆·斯多基和他的手语语言学研究评价[J].中国特殊教育,2006:2,35-40.

表 4-1　各国手语立法情况①

地区	手语立法国家（宪法层面）	手语立法国家（其他法律层面）
欧洲	芬兰（1995） 葡萄牙（1998） 奥地利（2005） 匈牙利（2011） 冰岛（2011）	比利时、白俄罗斯、塞浦路斯、丹麦、法国、德国、捷克、希腊、拉脱维亚、立陶宛、挪威、波兰、罗马尼亚、斯洛伐克、西班牙、瑞典、瑞士、乌克兰、爱沙尼亚、斯洛文尼亚、波斯尼亚、黑塞哥维那、马其顿、俄罗斯
亚洲		伊朗、斯里兰卡、泰国、韩国、日本、菲律宾
非洲	乌干达（1995） 南非（1996） 肯尼亚（2010） 津巴布韦（2011）	莫桑比克
南北美洲	厄瓜多尔（1998） 委内瑞拉（1999）	加拿大、巴西、哥伦比亚、秘鲁、乌拉圭、墨西哥、智利
大洋洲	新西兰（2006）	

2014 年 11 月 10 日,亚太经合组织(APEC)领导人非正式会议在北京召开,中国国家主席夫人彭丽媛陪同各国首脑夫人参观展览时,用手语问候正在绣羌绣的羌族聋人姑娘。

2006 年,新西兰通过法令,正式确立新西兰手语为除英语和毛利语外的新西兰又一官方语言。2017 年上任的总理杰辛达·阿德恩(Jacinda Ardern),宣布在 2018 年 5 月 7 日新西兰手语周起,她每次内阁会议后的新闻发布会都将配备手语翻译。同时,她本人也在新西兰手语周时在电视上用手语向新西兰聋人致祝贺词。

斯洛文尼亚总统博鲁特·帕霍尔(Borut Pahor)2014 年 11 月 14 日签署决议,确定每年 11 月 14 日为斯洛文尼亚手语节。

2018 年 10 月 30 日,菲律宾总统杜特尔特(Rodrigo Duterte)签署 11106 号公众法明确菲律宾手语(FSL)为菲律宾聋人使用的国家语言和政府官方涉及翻译的语言。

2018 年 7 月 4 日,英国国际发展大臣彭妮·莫当特(Penny Mordant)(2018 年 4 月 30 日任妇女与平等大臣,2019 年 5 月 1 日又被任命为国防大臣)在英国议会用流畅娴熟的手语为残障群体发言。

---

① 林皓,魏丹,赵蓉晖.手语立法的国际比较研究[J].语言文字应用,2018(2):36-43.

2019 年 1 月 3 日巴西总统就职典礼上,第一夫人米歇尔·博索纳罗(Michelle Bolsonaro)先于丈夫雅伊尔·博索纳罗(Lair Bolsonaro)史无前例地、优雅地、用地道的巴西手语发表演讲,她讲道:"我非常想要帮助聋哑人、残疾人和所有感觉被遗忘的人,你们是很有价值的,你们的权利也将得到尊重。"当雅伊尔·博索纳罗(Jair Bolsonaro)发表总统就职演讲时,米歇尔·博索纳罗又用巴西手语翻译丈夫的演讲内容。

2019 年 9 月 22 日"国际手语日",委内瑞拉代总统胡安·瓜伊多(Juan Guaido)使用手语问候委内瑞拉聋人群体并发表讲话。

据世界聋人联合会统计,世界上约有 7200 万名使用手语的失聪者,其中超过 80% 生活在发展中国家,他们使用的手语共计 300 余种。手语的法律地位和独立语言地位是确保聋人生存平等权的关键。经过世界各国聋人风起云涌的努力,尤其是世界聋人联合会的大力推动,代表 135 个国家的失聪者协会以及全世界 7200 万失聪者的共同心愿,联合国大会第 A/RES/72/161 由 97 个联合国会员国共同提案,于 2017 年 12 月 9 日以协商一致的方式通过,2017 年 9 月 12—25 日主题为"聚焦人民:为在可持续的星球上所有人的和平与体面生活而努力"的第 72 届联合国大会正式宣布:从 2018 年开始,每年 9 月 23 日为"国际手语日"(图 4-23)。

国际手语日

图 4-23　国际手语日标志

9 月 23 日定为"国际手语日"是为了纪念 1951 年 9 月 23 日世界聋人联合会成立日。这一天,标志着一个以倡导保持手语和失聪者文化为主要目标之一的组织的诞生,这一目标是实现失聪者人权的先决条件。国际聋人周活动于 1958 年 9 月首次举行,后来演变为全球的失聪者团体运动以及协同宣传活动,以提高对失聪者在日常生活中所面临诸多问题的认识,充分实现失聪者人权方面重要性的认识。

作为国际聋人周(9 月 24—30 日)的一部分,首个国际手语日庆祝活动于 2018 年 9 月 23 日举行,主题为"学用手语,人人参与!"决议强调,尽早接触手语和手语服务,包括用手语提供的优质教育,对于失聪者的成长和发展至关重要,是实现国际商定发展目标的关键。决议认识到保全手语作为语言文化多样性组成部分的重要性,同时强调,在与失聪者社区一道工作时,必须考虑并遵循"我们的事情应由我们自己积极参与"的原则。联合国秘书长安东尼奥·古特雷斯对此表态:"今年的国际日认识到,手语对于实现可持续发展目标、兑现不让任何人掉队的核心承诺十分必要。今年的国际日并为支持和保护所有手语使用者的语言特征和文化多样性提供了机会。"①

125

————————

① http://www.un.org/zh/events/signlanguagesday/.

5 / 聋人教育 Deaf Education

拯救一个聋孩子的同时，你是在拯救一个家庭、拯救一个社会。

——［美］米尔斯夫人（1853—1929）

5.1　聋人教育历史是一部曲折感人的救赎史

人类原始文明产生之日，即以第二信号系统的言语和文字作为主要交流方式之日，人们之间主要依靠听觉和言语互相沟通互相交际。所以，在以听觉和言语交流的听人为主流的人们来看，耳聋口哑就等于将人闭塞了。正像古人说的，"既喑且聋，人道不通"（释义：既哑又聋，就无法疏通人之间的思想），听人面对着聋人只能干瞪眼，聋人面对着听人也是白着急。这个情况犹如一只无法敲开的硬核桃，外界无论怎样也无法知晓壳里的内容，壳里的东西无论怎样也无法探知壳外的世界。因此，在现代文明之前的几千年，人们多以愚顽固塞、不可开窍、朽木难雕、榆木疙瘩、蠢笨迟钝等词语来形容和描述聋人。古希腊哲学家柏拉图（Plato，公元前427—前347年）说："聋人不会说话不会听，所以是没有思想、没有智力的。"柏拉图的学生亚里士多德（Aristotle，公元前384—前322年）也认为聋人："与森林中的动物一样，是不可教育的。"并说："让那各不准养活任何一个残疾儿童的法律生效吧！"与狄德罗、卢梭同时代的18世纪法国著名哲学家埃蒂耶那·博诺·德·孔狄亚克（Etienne Bonnot de Condillac，1714—1780）更形容聋人是"有知觉的雕像"和"会走路的机器"。①

在中国，则长期有"聋哑瞽目世之废疾也"②（释义：聋哑盲是世上使人残废的疾病啊）的观念。戴梦龙在《残不废》（1948年2月）上发文谈社会对聋哑人的态度："一为蔑视，一为矜悯。前者以为聋哑业已丧失官能，其行为能力实在一点都无。为无用之物，而

---

① 奥利弗·萨克斯.看见声音：走近失聪人的寂静世界［M］.韩文正，译.北京：中信出版社，2016：17.

② 李圭，环游地球新录［M］.长沙：岳麓书社，1985：267-268.

予以遗弃。后者转其道以论,则为聋哑者官能损失其二,行为之可怜及其愚蠢之难以教化。"①(释义:一是蔑视,二是怜悯。前者认为聋哑人已经失去了官能,他们没有一点能力,是没有用处的人,因此遗弃他们;后者转换说法,认为聋哑人失去两个官能,样子可怜并且愚蠢难以教育。)在没有聋人教育的情况下,聋人无法发育自己的智力,"成年人最优者其智能如孩提之童",绝大多数聋人既不能听又不会说还不会手语,只能哇哇呀呀地用简单手势比画一些简单的事情。

工业社会发生后聋教育产生之前的几千年,社会对聋人基本是放任自流,绝大部分的聋人都是自生自灭。家庭条件好的养着护着包着百无聊赖浑浑噩噩,家庭条件不好的苦着困着穷着甚至流浪街头,所谓"贫则乞食,富则逸居"②(释义:生活贫困的就乞讨要饭,生活富裕的就无所事事地度日)而已。聋人听不到讲不成,就被当作"哑巴"或"白痴",不能与外人沟通,几乎与世隔绝,与接受教育和识字无缘,思想和智力无法发展。

然而,随着社会的发展和文明的进步,一方面,社会继续视聋人为弃儿,绝大多数人面对聋人无可奈何也就置之不理、不屑一顾;另一方面,社会上也不乏高尚慈善的人士,看到聋人与世隔绝欲听不闻欲语不能,心生同情恻隐怜悯之心,试图敲开聋人这只所谓顽固不化的硬核桃。15世纪的西方,一直处在闭塞中的聋人犹如在茫茫的黑夜,终于盼来闪闪发亮的启明星,渐渐有人对聋人教育进行着思考、探索和尝试,知识的光明渐渐透进因耳聋而闭塞的心灵,聋人封闭的心智渐渐开启。由此,聋人教育的黎明渐渐启幕,欧洲聋人教育先驱逐渐增多,聋人教育晨星点点地缀在世界的天空。

西班牙修道士佩德·庞塞·德·利昂(Pedro Ponce de Leon,1520—1584,图5-1),一生基本都在马德里圣萨尔瓦多(San Salvador)修道院度过。由于当时贵族流行近亲通婚,导致听力缺陷的聋童增多,一些家庭将聋哑孩子送进修道院,以便将其隐藏在公众的视线中。庞塞在圣萨尔瓦多修道院开始尝试指导两位贵族聋童学习,他在所有的物品上贴上名称,然后指着这些物品结合西班牙手指字母教导聋童写法。后来他教导了更多的聋童,这些聋童在他的教育下,学会了西班牙文、数学甚至占星术。他的一个学生写道:"我年幼时就像一块无知的石头,我首先学习老师展示给我物体的名字,后来我满嘴唾沫地练习拼写和发

图5-1　庞塞教导聋童塑像

127

① 戴梦龙.聋哑在法律上之研究[J].残不废月刊,1948,2(14):1-8.
② 张謇.张謇全集(第六卷)[M].南京:江苏古籍出版社,1994.

声,再后来十年里我阅读了世界所有的故事,我又学会了拉丁语。"庞塞被称为世界上"第一位聋童教师",他大胆对聋童进行教育,改变了15世纪前人们认为聋人头脑简单、聋人不可教育以及不能被基督救赎的落后观念,开创了聋童教育的先河。

1750年,50岁的法国人阿贝·查尔斯·米歇尔·德·莱佩(Abbe Charles Michel de L'Epee,图5-2)在贫民窟遇见两位孪生聋童姐妹,在和她们的交往中,莱佩对手势产生了浓厚的兴趣,开始从事聋童个别教育工作。1755年,他在巴黎莫林路的家中招收了6个贫穷聋童,这就是世界第一所聋童学校——巴黎国立聋哑学校(图5-3)的前身。莱佩将社会弃如敝屣的聋哑人比手画脚的散碎手势用作聋人的"普世语言",认为聋人中自发的手语是聋人的母语,"the education of deaf mutes must teach them through the eye what other people acquire through the ear."(教育聋哑人必须通过眼睛教他们而其他人通过耳朵获得的东西。)在对聋人细致观察的基础上,他搜集整理出了一套法语手势符号体系,称为"系统手语(methodical sign)",为聋人打开了一扇开启智慧的窗户,是手语教学法的创始人,为聋人开辟了一条探索世界的道路。就连当初形容聋人是"有知觉的雕像"和"会走路的机器"的哲学家孔狄亚克,在带着怀疑的态度看了莱佩的课堂后,立即赞扬莱佩引导聋哑学生从感官感觉到抽象思考,"莱佩的动作语言显得更优越"。之后长久以来遭受文明社会忽视和排挤甚至隔绝和遗弃的聋哑人崭露头角,有的成为作家、工程师、哲学家、聋人学校教师……①莱佩去世前,共建立起21所聋人学校,他因此被誉为"聋人教育之父"。

图5-2 莱佩教聋童学手势 DIEU(上帝)塑像　　　图5-3 巴黎国立聋哑学校

---

① 张謇.张謇全集(第六卷)[M].南京:江苏古籍出版社,1994.

1760 年,托马斯·布雷德伍德(Thomas Braidwood)在英国爱丁堡建立了聋哑学校(后迁至伦敦)。

1778 年,德国塞缪尔·海尼克(Samuel Heinicke,1727—1790)在莱比锡创办了德国聋人学校(现名"塞缪尔·海尼克聋人学校"),开创了口语聋教育的先河。

1779 年,奥地利建立了聋哑学校。

1784 年,阿贝·西尔维斯特(Abba Silvestri)在意大利罗马建立了聋人学校。

……

托马斯·霍普金斯·加劳德特(Thomas Hopkins Gallaudet,1787—1851)遇见一位 9 岁的聋哑女孩爱丽丝,由此心生恻隐,筹资远渡英法,请来法国聋人学校的聋人老师劳伦特·克勒克(Laurent Clerc)于 1817 年在康涅狄格州哈特福德创办了美国第一所聋童学校(美利坚聋童学校),他的儿子爱德华·迈因纳·加劳德特(Edward Miner Gallaudet)随后接过父亲手中聋教育的接力棒,1864 年创办了世界第一所聋人学院。

此后一个半世纪间,聋人学校逐渐在欧美生根开花,大城市逐渐都可以见到聋人学校。截至 1901 年,意大利有 47 所,奥地利有 38 所,俄罗斯有 34 所,瑞士 14 所,西班牙 11 所;1907 年,美国有 131 所,法国有 65 所;1909 年,德国有 89 所;1910 年,英国有 52 所……①

1898 年,曾任中国的第一所大学——京师大学堂(今北京大学)首任总教习(校长)的美国传教士威廉·马丁(William Alexander Parsons Martin,1827—1916)(中文姓名丁韪良)在其著作《西学考略》中介绍外国聋人教育:

"昔时民之聋聩者,每以残废目之,不屑教诲,或任粗学工作而操业为生,或竟光阴而累人养瞻,良可悯也!百余年来,有仁人思得妙法以振发之,国家因设学而启迪也。"②(释义:以往人民中的聋哑人,都以残废的眼光看待,不愿意教育引导,或者随便学一些简单的工作为生活职业,或者空耗着生命靠人养活拖累着人,实在是让人同情啊!近百年来,有慈善的人士想出巧妙的方法引导启发他们,国家因此设立学校启迪教育。)

129

---

① 朱宗顺.特殊教育史[M].北京:北京大学出版社,2011:53.张福娟等.特殊教育史[M].上海:华东师范大学出版社,2000:16.

② 丁韪良.西学考略[M].光绪九年同文馆本,卷下,聋聩学.

晚清思想家、实业家和教育家郑观应（1842—1922）介绍德国教育感慨地说：

"即下聋瞽喑哑残疾之人，亦莫不有学，使习一艺以自养其天刑之躯，立学之法，可谓无微不至矣。"①（释义：即便是下等的聋人、盲人、聋哑人和残疾人，没有人不学习，使他们有一技之长自己养活自己先天受到伤残的身体，创立的学习办法可以说无微不至。）

清末民初实业家张謇（1853—1926）在考察烟台启喑学校和日本东京盲哑学校后赞叹道：

"彼无用之民，犹养且教使之有用乎！"②（释义：他们对没有用处的人们，仍然收养起来并且进行教育使他们变得有用啊！）

聋教育萌芽于 16 世纪的欧洲，18、19 世纪才逐步普及，至今仅仅三五百年的历史。这比起几乎有人类文明就有的普通教育，落后了几千年。聋人是社会的弱势群体，面对聋人的特殊教育是教育的弱势典型。越是弱势群体的事业，社会重视和关注就越少，做起来就越加艰难。然而，越是难做的事业越能显出人性的光辉和人格的伟大。聋教育前辈个个都有着殉道士般的献身精神和执着于对拯救聋人的坚持。他们为聋人教育事业或筚路蓝缕，或倾尽一生，或尽己所能，或倾心扶持，或九死未悔……中国特殊教育自1874 年萌发，这一时期的聋教育者中，有不远万里来到中国传播爱心的外国传教士，有本土叱咤风云开启民智的历史文化名人，有"造福同病艰难办学"的聋人特教家，有开辟草莱矢志奉献的职业特教名家。翻开聋教育历史，可以看到聋教育萌芽、发生和成长时期，几乎每一所聋人学校的建校和办学史，都是一部扶弱济聋感人史，都是一部上下求索的探索史，都是一部千淘万滤辛苦史，都是一部百折不挠的坚持史，都是一部呕心沥血的浇灌史。

1887 年，米尔斯先生和米尔斯夫人创办了中国第一所聋人学校——启喑学馆。在丈夫去世、女儿病故、资金中断的困境中，米尔斯夫人一生坚守中国聋教育，甚至叫来自己的外甥女卡特作为自己的助手和接班人，真是"献了青春献终生，献了终生献亲人"。她编写了中国第一套聋校教材《启哑初阶》，开办聋人师资教育班，使聋教育如蒲公英种子一样遍布半个中国，影响东南亚。

---

① 郑观应.盛世危言[M].光绪二十一年上海古香阁本·卷之一,学校上.
② 张謇.张謇全集(第六卷)[M].南京:江苏古籍出版社,1994:498.

晚清状元民国著名实业家张謇创建了规模宏大的东南沿海实力最雄厚的民族资本集团。但他不忘残弱,1915 年创建"盲哑示范传习所",次年创办"狼山私立盲哑学校"并亲任校长,是中国人自己最早创办的聋人师范教育和聋人学校(图5-4)。

图5-4 张謇书"盲哑学校"手迹

1919 年,齐鲁大学高才生杜文昌,情系聋哑人,创办"北京私立聋哑学校",为聋教育奉献一生,一直走在聋人教育前列。

1912 年,为中国传输西学做出重要贡献的英国传教士傅兰雅和傅步兰父子创办"上海盲童学堂"之后,于 1926 年又创办了"傅兰雅聋哑学校"。

1931 年先天失聪的龚宝荣,抱着"为同病造福"的愿望,在母亲的支持下,卖掉家里田地,典当所有家产,在杭州创办起私立吴山聋哑学校,开启了中国聋人创办聋教育的先河。他首创了 40 个注音符号手切图,编写了《手切课本》。1937 年抗日战争爆发后,学校师生辗转流亡余杭、临安、兰溪、永昌、龙游、淳安继续办学,一直坚持到抗战胜利,成为抗战期间唯一一所没有停办过一天的聋校。

1938 年,罗蜀芳创办"成都私立声明聋哑学校",在抗日战争期间冒着日寇飞机轰炸四易校址,她的业绩感动了海伦·凯勒,三次给罗蜀芳捐款。

…………

人们在长期社会不发达的阶段,没有引起足够的社会重视、没有投入足够的精力、没有付出足够的耐心探索出开启聋人心窍的方法。聋教育产生后,人们逐渐发现和认识到扶弱济贫的聋人事业的对社会甚至对国家的巨大影响。

创办温州私立聋哑学校的聋人校长蔡润祥说:

"然聋哑人犹人也,其赋性降表,无殊常人,倘能施以教化,启迪其天,固亦可以使之成为全人,近而为国家社会所用……其意义为救助一般失却能力之人,其目的在增进全人类之福祉。"①(释义：然而聋哑人依然是人，他们本质上先天禀赋，和常人没有不同，如果能给予教育感化，启迪他们的天赋，一定可以使他们成为完整的人，进而成为国家和社会有用之人……聋人教育的意义是救助一般失去能力的人，其目的在于增进全人类的福祉。)

张謇说：

"窃謇以国家之强，本于自治；自治之本，在于实业、教育；而弥缝之不及者，惟赖慈善。"②(释义：张謇我自己认为国家的强大，其根本在于自我治理；自我治理的根本，在于发展实业和教育；而弥补达不到的缝隙，只能依赖于慈善事业。)

"盖失教之民与失养之民，苟悉置而不为之所，为地方自治之缺憾者小，为国家政治之隐忧者大也。"③(释义：那些缺少教育的民众和缺乏养育的民众，如果全部收容到什么也做不了的地方，是地方自治的缺憾还是小事，是国家政治隐藏的忧患的大事啊。)

米尔斯夫人说：

"拯救一个聋孩子的同时，你是在拯救一个家庭，拯救一个社会。"④

这些话正是聋人教育意义的写照，至今来看依然闪烁着金子般的光芒。聋人教育是人类良心和良知的深度发现，是对人类不幸发自内心深处的怜悯和疼爱，愿以自身的牺牲掘地及泉、换来铁树开花。聋人教育的产生和逐渐普及，使得文明的光照亮聋人群体生活的悲惨的角落，使得聋人拨云见日远离苦难的缠绕，同时也使社会乃至国家减少了阴霾而更加晴朗。因此我们也可以说，聋人教育历史其实是一部心怀贫弱、扶助弱势的救赎史；也是教人向善从善，珍惜呵护生命的仁慈史；也是倡导社会天下大同良知和良心的发现史；更是善良慈爱人性和本性的发掘史。聋人教育不仅救赎了天下聋人，在救赎天下聋人的同时也等于救赎了整个社会和国家。我们可以用张謇的话对聋人教育的意义做一总结：

---

① 蔡润祥.创校启缘[J].温州聋校50校庆,1996:5.
② 张謇.张謇全集(第四卷)[M].南京:江苏古籍出版社,1994:73.
③ 张謇.张謇全集(第四卷)[M].南京:江苏古籍出版社,1994:406.
④ 孙桂华,刘秋芳编译.烟台启喑[M].济南:山东电子音像出版社,2007:27.

"盲哑学校者,东西各国慈善教育之一端也。……入其校者,使人油然生恺恻慈祥之感。而叹教育之能以人事补天憾者,其功实巨。圣人复起,无以易之。"(释义:盲哑学校,是东方和西方各个国家慈善教育之一。……当进入这些学校时,使人油然产生同情和慈善的感情。因而赞叹教育能够以人的能力弥补先天的缺憾,功德实在巨大。即使是古代圣人起死复生,也无法替代。)

"盲哑学校者,期以心思手足之有用,弥补目与口之无用,其始待人而教,其归能够不待人而自养,故斯校始在教育之效,而终在收慈善之效。"(释义:盲哑学校教育,期望以盲人聋哑人有用的头脑思想和手脚,弥补失去作用的眼睛和嘴巴。他们开始等待人们教育,最后能够不等别人帮助自己养活自己,所以这个学校最初为了收到教育的效果,但最终还收到了慈善事业的效果。)

"盲哑而可教以相当之知识,则凡不盲不哑,而无不可教之人,此教育家所宜尽心也。盲哑而能受相当之教育以自养,则凡不盲不哑,更不当为待养于人之人。此无论何人所宜发深省也。夫人人能受教育自养,则人人能自治,岂惟慈善教育之表见而已。①(释义:盲人聋哑人可以教会他们相当不少的知识,那么所有不盲不哑的人,就没有不能教育的人,这正是教育家们需要尽心的地方啊。盲人聋哑人都能够接受相当的教育自己养活自己的话,那么不盲不哑的人,更不应当成为等待别人养活的人。这是无论什么人都应该深思反省的啊。如果人人都能接受教育自己养活自己,那么人人就可以自己治理自己,盲哑教育怎么能只限于是表面见到的慈善教育呢?)"

5.2　中国聋教育之母米尔斯夫人

在长时期贫穷落后的封建旧中国,世人有根深蒂固"聋哑瞽目世之废疾"的观念,他们看待聋人"如圈养一无知动物而已",聋人有着无可复加的悲惨命运。有满身虱虮,身着破衣碎片摇着铃铛(十聋九哑说不出话)沿街乞讨的聋人,有受尽压榨欺辱终生给富裕人家充当苦佣的聋人,有被家人遗弃虐待衣食不保的聋人……还有聋哑男孩家的宿仇去世,家人认为是宿仇的鬼魂附在男孩身上使之变聋,因此要杀死他给家人去仇的传闻。更有家人发现幼子聋哑,冬天在河面冰上挖了个洞将孩子推进冰洞里溺死、让听者脊背发凉,汗毛耸立的惨闻……而且,聋人没有机会接受教育,说不出话写不出字,他们的苦难无言可述,无句可载,更是乏人知晓无人相助。这种状况一直到 1887 年,中国聋人才

---

① 孙桂华,刘秋芳编译.烟台启喑[M].济南:山东电子音像出版社,2007:27.

迎来有人来教、以教救聋的曙光。这位以教育给中国聋人带来光明的人就是米尔斯夫人。

安妮塔·汤普森·米尔斯(Annetta Thompson Mills,图5-5),1853年7月20日出生于美国纽约州利文斯顿郡波蒂奇镇(Livingston County,Portage)。她的夫姓又译为"梅耐德""梅尔斯"。米尔斯夫人是中国聋教育第一人,是"中国聋人教育之母",被聋人及其家长尊称为"梅师母"。

图5-5　未婚时的安妮塔

图源:刘秋芳

安妮塔的弟弟林肯因聋在美国罗切斯特聋人学校上学,她因此志在聋人教育并来到罗切斯特聋人学校任聋儿教师。在这里,安妮塔结识了在中国登州(今蓬莱市)传教的查尔斯·罗杰斯·米尔斯(Charles Rogers Mills)(1829—1895)传教士。米尔斯先生与已逝前妻所生的儿子盖雷因聋在罗切斯特聋人学校就学。他们两人一来二往互生感情,立志中国聋人教育,于1884年11月25日来到中国登州结婚。1887年7月一起在登州丹崖山(今蓬莱景区)下自己住所的院子里办起了中国第一所聋人学校——"登州启暗学馆"。

1840年鸦片战争后各国为瓜分中国战事频起,中国与外国对立,朝廷对内专制统治扭曲宣传,长期封建迷信丑化外国人,义和团灭洋运动产生中外矛盾,因此国人对外国人心怀恐惧避而远之。加之当时国人对聋人教育闻所未闻见所未见,又有聋儿不可能上学读书学习的陈旧观念。尽管米尔斯夫妇走访了很多聋哑儿童家庭,但是家长都不愿意让自己的聋哑孩子前来上学,特别是不愿意让孩子跟外国人上学。启暗学馆最初只招收到1名贫苦木匠的聋儿子,直到5年后的1892年学馆也仅有12名学生。但是米尔斯夫妇坚持努力地做着启暗学馆的工作,他们坚信有更多的聋孩子会来启暗学馆。

不幸的是1895年,米尔斯先生因心力衰竭突然去世,长老会不再供给经费。米尔斯夫人被迫于1896年1月31日关闭学馆拖儿带女从事传教以维持生计。被遣返的聋哑学生离开学馆时,双手合十上下摇晃着,这是感谢米尔斯夫人?这是求情不要遣返?这是祈祷早日返校?他们的喉咙呜咽着,眼泪一直在脸上流淌,家长也为此伤感落泪。

米尔斯夫人在从事传教的时间里,一直念念不忘复办启暗学馆,与美国方面保持着通信联系。在罗切斯特聋人学校校长威斯特韦尔特博士的帮助和学校的担保下,米尔斯夫人集中了捐款、米尔斯先生的抚恤金离家易地到人口更多的烟台建校。米尔斯夫人离开登州时,熟悉她的人专门为她举行了送别仪式。在鞭炮齐鸣中,司仪端来一个放着礼物的大盘子,当地中国人给她送了一件披风、一双鞋子、一顶帽子和一幅画卷。披风是丝绸做的,上面缀着绣着150多人姓名的一片片五彩绸片,送这样的披风通常是对立下功劳的官员辞职时所表示的敬重和爱戴。米尔斯夫人披上披风、换上鞋子、戴上帽子、拿起画卷,乐队同时奏起曲唱起歌。米尔斯夫人身上的披风五彩飘飘,既华丽又雅典,既庄严又悲壮。米尔斯夫人在登州生活了十多年,在这里她和米尔斯先生建立了自己的家庭,相濡以沫,养育了三个孩子,而后又在这里埋葬了自己的先生。这里是她情牵梦萦的地方,而今就要离开了。米尔斯夫人这样的身影不禁使人浮想联翩,温柔中透出坚毅、慈祥中透出仁爱,留恋中透出坚持。

米尔斯夫人1898年2月1日来到烟台,租用了通伸旅馆作为校舍,将校名改为"芝罘启喑学馆"。经过六个星期的忙碌准备开学时,不幸又一次打击着米尔斯夫人,他心爱的小女儿露丝因感染猩红热而夭亡。米尔斯夫人强忍着悲痛,在埋葬了女儿几天后就坚强地继续学馆的筹办工作。3月,芝罘启喑学馆开学,招收到7名学生(图5-6)。

不觉就快两年了,通伸旅馆的租房将近到期。在美国传教士和英国传教士组成的学馆委员会的帮助下,米尔斯夫人与当地银行签署了一项协议,在东山海滨(今海军航空工程大学旧校址)先租后买了

图5-6　米尔斯夫人教育中国聋童发音

图源:刘秋芳

一块地皮建设起永久性新校舍并于1899年迁入,学校命名为烟台启喑学堂,后命名为烟台启喑学校(图5-7)。为纪念米尔斯先生,学校又名为"梅尔斯纪念学校"(C R Mills Memorial School)。之后学校在周边继续购买地皮扩增校园,1901年学生人数达15人,米尔斯夫人开始分级教学并增加了编发带、木工和摄影职业技能教学,还设立了幼儿园招收了4名聋幼儿。至此,米尔斯夫人创办的烟台启喑学堂渐为人知,美国一百所聋人学校和其他学校捐赠东西,引起英国、爱尔兰、加拿大、澳大利亚及瑞典对学校的关注。参观过学校的人士赞叹道:"我有生以来第一次看到了奇迹!"

买地建校,使米尔斯夫人背上沉重的债务,学校经济因此十分窘迫难以为继,最严重时圣诞节收到的资金仅够开支到翌年一月。米尔斯夫人为此担惊受怕、焦虑万分、神经紧张、身体衰弱。为此,米尔斯夫人来到上海,通过演说、展览、宣传、登报等方式募集到燃眉之需的资金。

SCHOOL FOR THE DEAF BUILDINGS FROM 1898 TO 1919.

图5-7　中国第一所聋人学校——烟台启喑学校旧景

图源:刘秋芳

Miss A.E.curter.

图5-8　卡特小姐

图源:刘秋芳

　　1904 年,米尔斯夫人返回美国,随身携带了 100 多张关于中国人生活的幻灯片,呼吁更多的人来关心烟台启喑学校。在美国的最后 33 天里,米尔斯夫人举行了 29 场演讲、写了 40 多封信。按照米尔斯夫人的话是"我已经把中国和中国人含在口中",常常三口两口就吃完饭,不停地介绍中国、中国人、中国聋童和烟台启喑学校。加劳德特学院院长加劳德特将她引见给 26 届总统西奥多·罗斯福(Theodore Roosevelt,1858—1919),总统对米尔斯夫人的工作给予了极大的赞赏。美国有人将她的工作与英国的布雷德伍德和美国的加劳德特相媲美。海伦·凯勒知道了她的情况后也为中国聋教育呼吁,为烟台启喑学校筹集了 700 美元的捐赠。电话大王兼聋教育家贝尔也捐赠了 1000 美元,说:"这是一所非常重要的学校!"美国有 22 所学校向她捐赠,50 多所聋哑学校约 19000 名聋哑学生发起了每人每年节省两角钱援助中国聋哑儿童活动。米尔斯夫人这趟美国之行还带来一项重大收获,她说服了自己的外甥女安妮塔·卡特小姐来到中国协助办学(图5-8)。

　　1906 年 3 月 11 日,米尔斯夫人返回中国。1907 年 9 月,米尔斯夫人创办了烟台启喑学校女校。同年 10 月 20 日,卡特小姐来到中国并担任女校校长,中国女性聋童从此得以走进学堂上学。在重男轻女和女子无才便是德的落后观念下,当时即便是听人女孩也很难享有和男孩一样的上学权利,聋女孩的境遇更加悲惨。女校最初招收的 6 名女孩中,有本打算送人当女仆都没有人要的乞丐的聋女,有鸦片烟鬼吸穷身家将女儿遗弃给教会的聋女,有遗弃在教堂被贩卖又从人贩子手中买回来的聋女,有被缠了小脚行动不便的聋女,还有被义和团杀害了父母妻子的中国牧师的聋女。其中还有一位来自我国香港已经 18 岁被教会收养的王凤英,幼年因天花造成既聋又盲。专门负责女校的卡特校长亲自教育,同时找了一位教师一对一反复练习,就像莎莉文老师教海伦·凯勒那样用双手互相触摸进行。王凤英由此从与外界完全隔绝、脾气暴躁的状态中学会了布莱尔盲文和触摸式手语,变成一个温和而有教养的女性,被誉为中国的海伦·凯勒,后来在我国香港瞽目学校任教师。

米尔斯夫人自 1884 年来到中国,一边学习汉语一边开始引进赖恩语音指语(Lyon Phonetic Manual),为中国聋童编写识字用的分级教学卡片。1899 年底,分级教学卡片编制完成,共 361 张,并请人绘制了相应的水彩挂图。在此基础上,米尔斯夫人进一步与中国老师孙名世一起编写出《启哑初阶》(First-step Text for Deafness)6 册共 237 课,于 1907 年印刷出版,这是我国聋校第一套识字学句课本,后经过修订增编,1925 年再版共计 359 课。

1908 年 10 月中旬起,米尔斯夫人带着 1 名教师和 3 名聋生一行 5 人,先后在天津、北京、汉口、上海、苏州等 16 个大城市,进行了一趟行程 2000 多英里(约为 3200 公里)共计 50 多次 3 万多人聆听参观的巡回演讲。此行会见了清政府学部侍郎严修、北洋大学堂监督(校长)蔡儒楷、直隶省会保定府总督杨士骧、南京总督端芳等,扩大了聋人教育在全国主要城市的宣传和影响,促使清政府制定了试办启喑学校计划,促成了之后保定盲哑学堂的建立。山东巡抚袁树勋亲临烟台启喑学校视察,表示希望在其他地方开设此类学校。

为使烟台启喑学校在美国有法律资格的永久性办学权以获得稳定的捐赠资助,米尔斯夫人于 1909 年 4 月再次返回美国。获得永久性办学权后,前来参观的和关注的人士越来越多,甚至电话大王贝尔也来到学校参观,在校生逐年增加。尽管招收来的学生能够全额付费的不到三分之一,学校要承担多半学生的学费、膳食费、衣用费甚至医疗费,但烟台启喑学校依靠国内外的捐助却蒸蒸日上。校园里加盖教学楼、拆旧建新、打水井、筑围墙;教学上增加完善科目、增加职业教育。毕业生也得到了很好的安置,很多学生拿着相当不错的薪水在商务印书馆工作。

至此,烟台启喑学校校园面积达 17.5 英亩,约合 106 多亩。有楼房 6 座,平房数十间,教室 76 间,办公室 16 间,男女宿舍 20 间,礼堂 10 间,游艺室 10 间,另有厨房、食堂、浴室、成绩室、接待室、传达室、工厂等。在校生最多时达 61 人。

米尔斯夫人十分重视聋教育师资培养,她希望中国各地能够开班更多像烟台启喑学校这样的学校造福聋人。米尔斯夫人编写了《聋哑教育讲义撮要》,翻译美国聋人教育资料,从 1898 年到 1941 年间,米尔斯夫人及她去世后接任的卡特校长多次组织师资培训班,先后免费培训来自杭州、南京、上海、北京、沈阳、成都、我国香港、朝鲜平壤等地的教师达 44 人。这些教师后来大都成为当地聋哑学校的创始人或骨干教师,他们在国内外创建了十几所聋哑学校,推动了聋教育在中国乃至东南亚地区的开展。如:

1909 年朝鲜的衣先生在启喑学校接受培训后,回到平壤创办了朝鲜第一所聋人学校。

1909 年孙宗石先生任中国第一所官办聋人学校——保定盲哑学堂校长(后停办)。

1914 年周耀先创办杭州私立聋哑学校(聋人学生周天孚任教师)

1915 年烟台启喑学校派送毕庶沅先生帮助张謇先生开办南通聋哑学校。

1919 年杜文昌在北京创建聋哑学校。

1921 年吴燕生在沈阳创办聋哑学校。

1926 年夏时雨在成都创办的社会服务团盲聋学校任副校长。

1928 年史殿成创办上海坤侨汇聋哑学校。

1928 年张美丽创办了天津葆真私立聋哑学校。

1929 年雷静贞创办古田毓青小学聋哑实验班。

1933 年 6 月罗蜀芳回成都负责成都聋哑学校,1938 年创办私立明声聋哑学校。

1935 年 9 月李绿华在我国香港建立香港真铎启喑学校。

1923 年,为中国聋童工作了 36 年、年届 70 岁的米尔斯夫人退休。烟台当局高度评价米尔斯夫人是"中国聋教育的先驱,她用自己全部的灵魂开创了这项工作,并通过自身的努力让他人相信这项工作,直到聋哑学校成为关爱饱受折磨的聋哑人解脱痛苦的化身"。退休后的她仍然念念不忘中国聋童,说:"中国有 40 多万学龄聋童,但是只有 100 多人有机会读书。"她呼吁美国人士:"我们希望您能从募捐中享受到乐趣。带着您的祈祷、带着您的礼物、带上上帝给您的祝福,愿您加入到我们的行列,一起为中国的聋哑儿童工作!"直到 1927 年,由于中国军阀混战加上年事已高身体虚弱,米尔斯夫人返回美国。1929 年 4 月 19 日,安妮塔·汤普森·米尔斯在芝加哥去世,享年 76 岁。卡特小姐当年撰写印行了《梅

图 5-9 《梅师母略传》
图源:袁东

师母略传——芝罘启喑学馆的创建者》(*Sketch of the Life of Annetta Thompson Mills - Founder of the Chefoo School for the Deaf*)(图 5-9)。

米尔斯夫人退休后,卡特小姐继任烟台启喑学校校长,学校得以持续发展,卡特小姐为此终身未婚。直到日军侵华局势紧张,卡特小姐 1941 年 6 月回到美国,于 1945 年 11

月 1 日突然去世。卡特小姐 1941 年离开烟台启喑学校后,一直在学校任教的栾雪琴、王昭宁、马秀芳先后任校长,直到 1948 年烟台解放后政府接管学校。

"启喑学馆"对中国聋教育的意义非常深远,起着开创先河和示范辐射的作用,中国早期聋人学校大多数和烟台启喑学校有着渊源。不仅如此,米尔斯先生 1862 年抵达登州时,见到登州北门外直到海边尽是荒芜之地,于是在赴美国度假返回时带来二大包花生种子教人试种成功。此后花生生根开花传遍山东各地,成为山东省直到今日的重要经济农作物。当人们说起山东盛产花生时,吃着美味的花生时,又有谁知道这与中国第一所聋人学校的创建人米尔斯夫妇有着密不可分的关系呢?

假如您有机会前往美国罗切斯特聋人学校,您可以看到这里收藏展出着当年米尔斯夫人在中国办学的年报、照片、报纸、信件、明信片以及全套 6 册《启哑初阶》等文物,这些文物上的烟台启喑学校英文为:Chefoo School for the Deaf,即芝罘启喑学馆(Chefoo 为"芝罘"的英语音译),见证着米尔斯夫人在烟台芝罘区那一段难忘的办学历史。

5.3　加劳德特大学及其来由

在美国首都华盛顿哥伦比亚特区东北部佛罗里达大街 800 号,坐落着一所著名的聋人大学,这就是加劳德特大学(Gallaudet University)(图 5-10)。这里环境优美和谐,宁静古朴,建筑赏心悦目,扶疏的树木上不时有胖墩墩的松鼠上下攀爬,环绕校园主要建筑群的道路叫林肯环道。校园正门内前端树木下有一座雕像,只见一个学者模样的人手揽一个女孩做着手势互相交谈,静静地诉说着一个动人的故事。这座雕像中的主人公就是命名大学的加劳德特先生。

图 5-10　加劳德特大学

托马斯·霍普金斯·加劳德特(Thomas Hopkins Gallaudet)1787年生于宾夕法尼亚州费城,后来随全家迁至康涅狄格州哈特福德外祖父母留下的房子。加劳德特自幼聪颖过人,14岁就进入耶鲁大学成为第一届学生中的一员。他毕业后自学法学,1810年又获硕士学位。起先他做推销员,后来进入安多弗神学院学习了两年,成为助理牧师。

1814年的一天,加劳德特在父母的住所附近散步。房前,一群孩子正在玩耍,可是不远处树荫下有个小女孩却不参与,独自一人默默地看着别的孩子做游戏。这一场景引起了加劳德特的好奇,他叫来自己最小的弟弟特迪询究原因。特迪告诉哥哥,那个小女孩是聋人,没法和大家一起玩。

这位9岁名叫爱丽丝的女孩是加劳德特父母邻居科格斯韦尔博士的女儿,她有着明亮的眼睛和秀丽的面孔,可她什么也听不到,什么也不会说。加劳德特顿生怜惜之情,想为她做点什么。他把自己的礼帽摘下来递到爱丽丝手中,然后捡起一根木棍,在地上写了三个字母H-A-T。他指指地上的单词,又指指帽子,一遍又一遍地重复着。突然,爱丽丝点了点头,她明白了"hat"代表了什么意思。

当时美国还没有聋童学校,只有远在欧洲的英国和法国有聋人学校。27岁的加劳德特从此萌生了献身美国聋人教育的念头。他拒绝了美国最大一所教堂请他当牧师的邀请,在科格斯韦尔博士的帮助下筹集资金,决心去欧洲学习聋人教育。

筹集够了资金,托马斯·霍普金斯·加劳德特乘船来到了英国伦敦,他找到了当地的聋童学校。可是想不到这所学校是一个布雷德伍德家族拥有,他们对加劳德特的来意采取拒绝的态度。最后经加劳德特百般相求,对方才答应让他留在他们学校,条件是加劳德特无偿为他们工作三年,同时加劳德特必须许诺不得向任何人透露聋童教育方法,甚至他一旦回到美国仍要保守这个秘密。而且,未来在美国建立聋童学校必须由布雷德伍德家人与他进行。为了能学到聋童教育方法,加劳德特答应了对方的要求。

机会终于来了。一次,他见到一则法国聋童学校教师在伦敦演讲示范的布告。自然,加劳德特前往旁听。两位法国聋童教师其一也是聋人,在他们的演讲示范中,加劳德特第一次看到了聋人的手语。演讲结束后,加劳德特拜见了这二位教师。令人十分意外,这二位法国教师听了加劳德特的述说后,当即邀请他来法国,他们将免费教他聋童教育方法。

加劳德特又来到了法国聋童学校。在向二位教师学习聋童教育方法的同时,加劳德特与聋人教师劳伦特·克勒克(Laurent Clerc)老师经常交谈心迹。加劳德特最终感动了克勒克,他同意前往美国帮助加劳德特建立聋童学校。

在返回美国的52天的航行中,克勒克在船上教加劳德特法国手语,加劳德特教克勒克英语。

1817 年,在加劳德特、克勒克老师和爱丽丝的父亲科格斯韦尔博士等人的共同努力下,康涅狄格州哈特福德成立了哈特福德聋人教养院,后来称为美利坚聋人学校(American School for the Deaf)的聋童学校。是年,爱丽丝和其他 6 名聋哑孩子走进课堂。加劳德特任校长,他与克勒克同时也是教师。

第二年,一位叫索菲亚·弗劳尔的聋哑少女和她妹妹来到学校上学,长期师生相处,加劳德特深深地爱上了她,当索菲亚毕业后,加劳德特同这位聪慧美丽善良的聋哑女孩结了婚。在嗣后的几十年中,她一直是学校最辛勤最可靠的后勤主管。

长期积劳成疾,1830 年,加劳德特不得不从他苦心经营的聋童学校退休下来。学校发展到此时,已成为有数百名聋人学生的学校。在加劳德特的影响下,美国纽约州、宾夕法尼亚州、肯塔基州和俄亥俄州也纷纷建起了聋人学校。老加劳德特虽已退休,但他雄心未老,四处为聋人教育呼吁、奔忙,同时还写了许多聋童教育书籍、手语读本和聋童读物。

1851 年,托马斯·霍普金斯·加劳德特与世长辞,享年 64 岁。

加劳德特与索菲亚养育了 8 个子女。

他们的长子从事牧师职业,在纽约聋人学校兼职任教过,在纽约圣-安教堂为聋人开设了手语讲解《圣经》教义,于 1857 年在纽约开办了美国第一家聋人教堂,1872 年成立了聋人布道团,1875 年成立了"加劳德特之家",帮助老年聋人安享晚年。

他们最小的儿子爱德华·迈因纳·加劳德特(Edward Miner Gallaudet)还在襁褓中时,老加劳德特就考虑这个小儿子的未来,他希望有人能继承起他的事业。自爱德华 12 岁起,老父亲就不止一次给儿子说希望他当一名聋校教师。"It was the best job I ever had. (这是我做过的最好的工作)",他说。小加劳德特怎能不知父亲的苦心呢? 自父亲遇到一个聋女孩起,他就把一生献给了聋哑孩子。爱德华为他有这样一位慈善而坚定的父亲自豪。爱德华也深爱这些不幸而本质上又十分聪颖的聋哑学生,也热爱奔放有力、富于感染力的聋人手势语,更何况他还有一个双耳失聪的聋母亲索菲亚的养育和熏陶呢?

爱德华 14 岁时父亲就去世了。随着年龄的增长,他也免不了受到当时社会潮流的冲击。"难道我就去当个聋童教师吗? 不! 我要当富翁,当银行家!"他 15 岁高中毕业起,就满怀激情地朝着这个方向努力。但时间一长,正如他父亲曾说过的,银行界充满着尔虞我诈、钩心斗角,小加劳德特厌恶这个行业了。

"There must be something in life more important than counting money. "(生命中往往有着比金钱更重要的事情。)小加劳德特悟出了这个道理,他随即转入哈特福德特里尼蒂学院上学,同时业余时间在他父亲开办的学校教书。老加劳德特的想法在他身上开始得到

141

了应验。

不觉三年过去了,爱德华感到教书与搞银行一样单调无聊,他认为自己应做一些比这更有意义的事情。老加劳德特在世时,他曾提到应在聋人学校的基础上办一所聋人学院,说聋人需要一个西点军校。现在,这颗种子在爱德华心中生根发芽了,他决心要像父亲一样做一个开拓者,他要在美国办一所聋人学院。

但是办学就得需要资金,而小加劳德特并没有钱。就当小加劳德特一筹莫展时,他收到了一封阿莫斯·肯德尔(Amos Kendall)从华盛顿寄来的信。肯德尔是杰克逊总统理政时代的邮政总长,后来在华盛顿办了一所盲聋学校。小加劳德特来到华盛顿,与肯德尔共商办学一事。当时周围的人们对此都不支持,认为小加劳德特的想法未免太宏大了。那时小加劳德特才20岁,人们不相信这个肩膀稚嫩的小伙子能在首都办成这么大的事情。但是肯德尔一直支持着他,他建议小加劳德特将哈特福德的美利坚聋人学校迁至华盛顿与他自己的哥伦比亚盲聋哑教养院(Columbia Institution for the Instruction of the Deaf and Dumb and the Blind)合并,一边办学,一边另做图谋。

1864年,小加劳德特给美国国会写了一份议案,要求国会批准哥伦比亚盲聋哑教养院培养聋人大学生。很多国会议员和代表对此都抱反对态度,一些人认为教养院不能变成大学,另一些人认为聋人根本学不了大学课程。

亚伯拉罕·林肯总统支持小加劳德特的议案,议案最终荣获得通过。1864年4月8日,林肯总统正式签署法令成立国立聋哑学院(National College for the Deaf and Dumb)并任命27岁的爱德华·迈因纳·加劳德特任首任院长,林肯总统向他们提供了个人捐款。就在这六天之后的4月14日,林肯总统被支持南方利益的演员约翰·威尔克斯·布斯刺杀身亡。

是年夏季,国会拨款为哥伦比亚盲聋哑教养院购买了13英亩的土地,13名聋人学生进入学院学习,美国成为当时全世界唯一拥有聋人学院的国家。1865年,全部盲生迁入马里兰盲人教养院(Maryland Institution for the Blind),学院更名为 National Deaf-Mute College(国立聋哑学院)。1869年,第一届学生从学院毕业,其中三个学生的文凭是尤利西斯·辛普斯·格兰特总统签的名。从此以后,学院所有的毕业文凭都由在任总统签名,在任总统也是学院法定赞助人,这两个惯例一直延续至今。

142

1894年,为纪念托马斯·霍普金斯·加劳德特,经女校友提议学院更名为加劳德特学院(Gallaudet College)。这一命名于1954年在美国第83届国会第420国会公众法中得到了正式确认。由于托马斯·霍普金斯·加劳德特戴着眼镜,因此他的姓名手势是美国英语手指字母G(张开的右手拇指和食指)从右眼眶处往后捏在一起,这个手势又成为加劳德特学院和后来加劳德特大学的校名手势,也是加劳德特大学罗格 GALLAUDET 从第一个字母 G 到最后一个字母 T 左边分离右边相接两道弧形的含义渊源(图 5-11)。

1910 年,担任了 46 年院长的爱德华·迈因纳·加劳德特退休了。他因对美国聋人教育的杰出贡献获得了很多荣誉。诸如特里尼蒂学院和他父亲的母校耶鲁大学授予的法学荣誉博士学位、乔治敦大学授予的哲学荣誉博士学位以及法国政府授予的十字勋章等。1917 年,爱德华·迈因纳·加劳德特在家乡哈特福德去世。

图 5-11　加劳德特大学罗格和手势

为林肯、哈佛、威斯汀豪斯等众多著名人物雕像的美国著名雕刻家丹尼尔·切斯特·法兰西(Daniel Chester Franch,1850—1931)雕塑了加劳德特大学门前托马斯·霍普金斯·加劳德特教爱丽丝学习英语手指字母"A"的雕像(图 5-12)。美国邮政局 1983 年 7 月 10 日发行了一枚雕刻版托马斯·霍普金斯·加劳德特肖像邮票和一张首日封并且印着:"向听力损伤儿童教育先驱托马斯·H·加劳德特致敬",首日封上盖着康涅狄格州西哈特福德邮戳。

1986 年 8 月 4 日,罗纳德·威尔逊·里根总统签署了美国聋人教育法令,更名加劳德特学院为加劳德特大学(Gallaudet University)。这所聋人大学发展成为文、理、商、艺等几十个学士学科,管理、教育、心理、病理等十几个硕士学科,教

图 5-12　加劳德特和爱丽丝雕像

育、哲学近十个博士学科;拥有手语文学中心、加劳德特研究所、劳伦特·克勒克国家聋教育中心、环球教育中心、国家聋人信息中心、预科学院、英语培训学院、肯德尔聋童示范小学和聋人模范中学、聋童听说训练中心、会议中心、访问者中心、出版社和世界最丰富的聋人资源图书馆这样一所学科最多、层次最高、历史最早的世界著名聋人大学。

5.4 长春大学特殊教育学院的创建

1987 年以前,我国高等学校招生体检标准颇为严格,这一标准即等于将身体有残疾的人包括盲人和聋人拒之大学门外。广大残疾青年无门深造难以成才,同时也加重了残疾人的生活困难。1949—1987 年的 38 年间,全国上过大学的盲人和聋人微乎其微,举国上下盲人和聋人多是文盲和半文盲;除少数家庭条件好的盲人和聋人生活不错外,大多数盲人和聋人在各地福利企业从事小工艺、小零件、小包装等工作,过着或捉襟见肘或仅保衣食的清苦生活;很多没有工作的盲人和聋人靠家人亲友接济维持生计;还有相当多没有家人亲友接济的盲人和聋人在街头流浪甚至从事非法活动。

吉林艺术学院民乐系著名盲人二胡教授甘柏林,同时兼任着中国盲聋哑协会副主席。改革开放后的 1980 年,甘柏林作为中国盲人聋哑人协会代表团副团长赴南斯拉夫访问。他了解到南斯拉夫盲人和聋人不仅可以上大学、工作有保障、福利待遇好,而且不少拥有博士学位,甚至成为社会名流。其中南斯拉夫聋人博士 Dragoljub Vukotic 长期担任世界聋人联合会(WFD)主席(1955—1983)。对比国外与国内的巨大差异,甘柏林倍受震撼,心潮难平。他意识到改变残疾人命运、让残疾人过上正常生活的首要途径就是接受良好的教育,从此萌生了在国内创办残疾人高等教育的强烈愿望。

回国后,甘柏林抱着这一愿望开始四处找民政部、教育部和文化部领导商谈创办残疾人高等教育。经过多方努力,直到 1984 年,甘柏林会见中国残疾人福利基金会主任邓朴方。邓朴方表示赞成甘柏林的想法,给他说:"下面的工作你跑,上面的工作我来协调。"两年后,邓朴方又给甘柏林说残疾人高等教育在北京办有相当的难度,让甘柏林在吉林省想办法。他建议先办成 20 人左右的小班,有了经验之后:"你要 300 万我给你 600 万。"

由此,甘柏林就近游说他工作所在单位——吉林艺术学院的主要领导,最初想在吉林艺术学院办残疾人高等教育。但是学院领导对此感到难度颇大,所以多以推托了之。

转来转去,四处碰壁,甘柏林并不甘心。1986 年春节期间,他又转到吉林艺术学院党委书记苏恩润家里倾诉心愿,希望得到苏书记的支持。坐在两人旁的负责组建长春大学的校长王野平(苏恩润的先生,图 5-13)默默听完了甘柏林的诉说后,对他们说:"这是个好事儿,你们怎么不办呢?"

甘柏林转过身来掰着手指一条又一条地对王野平说了办学的各种阻力和困难:需要五六百平方米的教室,初期需要 15 万~20 万资金……王野平听后说:"办残疾人教育是一件很有意义的事情,据我所知,残疾人在我们国家有 5000 万人口,如果这些年轻人没有接受高等教育的权利，是很不公平的。
而且我所接触到的残疾人都更聪明，还
有比普通人都强的毅力。"

甘柏林接过话头赶紧说："那您是
校长，你们学校办这个能行吗？"

王野平说这件事很不容易，需要很
多条件，不是我们坐在这里说办就能办
的。他说："比如招生来源，毕业分配等
问题，要办就要负责任，他们毕业之后的
发展我也要考虑进去，这件事儿我要好

图 5-13　王野平校长（右）与苏恩润书记
图源：苏恩润

好考虑。"王野平赞叹甘柏林："甘教授你真不简单，院长都否定的事情你还不甘心，还来
找老苏做这个工作，你这个精神是很好的。"

王野平经过深思熟虑，决定在长春大学携手甘柏林教授创办残疾人高等教育。他对
老伴苏恩润说："你们学校有困难的话，我跟老甘来办！"王野平遂挑起了史无前例的创办
残疾人高等教育的担子，上上下下紧张地筹划、安排、联系和奔波。

随后，国家教委口头同意创办残疾人高等教育。王野平遂从长春南下北京到国家教
育委员会和民政部办理各种手续。当时国家教委副主任柳斌和民政副部长张德江也都
表示支持甘柏林的想法，提出"特事特办"。

终于，1987 年国家教委下发了教字 87〔5〕号文件，批复同意长春大学招收盲人、聋人
和肢残人三个类型的残疾人，详细规定了招生省份、招生专业和单考单招的模式。1987
年 4 月，正是长春冬雪初融的时节，王野平和甘柏林亲自前往国家教委取回了批件。北
京城里盛开的桃花仿佛告诉中国高等特殊教育之春从此已经到来。

批件拿下来之后，长春大学在王野平
校长的组织和安排下，成立了长春大学特
殊教育部，按部就班地铺开了办学准备和
招生工作（图 5-14）。长春大学在管理学
院楼一层拨出四间教室，动员校办工厂拿
出 20 万启动资金。为了方便残疾学生考
试，长春大学在南京、济南、天津、沈阳和
长春设立了 5 个考点，1987 年首批在北
京、上海、华北、东北、华东十个省市近千
名考生中，招收了音乐、国画和工艺美术

图 5-14　长春大学首届特殊教育开学典礼

145

三个专业三年制大学专科层次45名盲、聋和肢残学生。次年,长春大学特殊教育部开始面向全国招生,除了音乐和工艺美术专业之外,另增加了两年制企业管理和会计两个招收肢残人的专业。残疾学生一下子增加到一百多人,教室不够,学校从校部大楼一层腾出教室给工艺美术专业学生用;宿舍不够,学校又腾出教工住宅楼几个单元让给学生住。一时间,残疾学生和校领导白天在同一栋楼上课和办公,残疾学生和任课教师晚上在同一栋楼住宿是当时又一别致景观。

长春冬季异常寒冷,室外气温达到零下二十几度,建筑物所有窗户是双层的,操场四周围上土浇上水就是天然滑冰场,一个冬季的白雪覆盖不融不化。然而大多数残疾同学来自北京以南冬季没有暖气的地区,比如上海、江苏、浙江甚至远达福建和海南,他们带来的衣服不足以遮挡东北滴水成冰的严寒。长春大学领导看在眼里急在心里,赶紧号召大家给特教同学捐款送温暖。不几天,特殊教育部残疾学生就统一穿上教职工捐款购买的军大衣。几年间,军大衣成为冬季特殊教育部学生的典型外貌。

甘柏林教授出任特殊教育部第一任主任,同时亲自为盲人学生上音乐课。他还特地请来吉林艺术学院尚德义教授为盲生教作曲。尚德义是一位杰出音乐家,他因1971年创作的乐曲《千年的铁树开了花》而走红。这首为聋哑人写的歌曲声出肺腑、如泣如诉、优美动听,打破了"文化大革命"那一特殊时期的压抑和沉闷,唤起人们对美好生活的向往,打动了一代中国人。尚德义这次在长春大学可真是遇见千年的铁树开了花,只不过在这里实实在在盛开了高等特殊教育之花。是啊!教育才是改变任何人乃至盲人、聋人和其他残疾人固本培元的真正贤医良药,这怎能不让人激动万分,倾心相助?

聋人美术教学方面,专业课请来吉林艺术学院美术系、东北师范大学美术系、吉林省画院老师前来支教,甚至请来了著名国画家郭味蕖的三儿子郭锦综、东北师范大学美术系闫环教授。文化课和学生管理则从吉林省各地聋人学校调入本科学历以上精通手语的优秀教师负责。长春大学同时也不断引进新教师,美术专业中逐渐聚集了一些名流:国画教授李慧君是吉林省著名山水画家;工艺美术教师魏素兰原是长春市工艺美术研究所的工艺美术家;室内外和产品设计教师林森毕业于中央工艺美术学院(现清华大学美术学院),后来油画获得第十一届全国美展银奖,被调入北京工业大学艺术设计学院;书法和美术史论教师刘彦湖后来获得博士学位,被调往中央美术学院任书法教研室任主任……

长春大学招收残疾学生后,在全国特别是在吉林省产生了极大的社会影响。各行各业有钱出钱有力出力,前来帮助特殊教育部。王野平校长委派长春大学党委副书记宋晓薇负责专门四处"化缘"筹集资金。众人捧柴,从中国残疾人联合会、第一汽车制造厂、东北电力设计院等,到吉林省省级单位如吉林省外贸委、交通厅、中国人民银行吉林省分行……再到长春市级单位长春市电影发行放映公司、长春市房地产管理局、长春制药厂、长春市以外单位梅河口啤酒厂、农安炼油厂、刘房子煤矿、通化新华彩印厂、白城纺织厂，等等……总共 62 家单位向长春大学特殊教育部捐款。聚沙成塔，1990 年 6 月，长春大学校园西侧矗立起一栋五层的特殊教育学院教学楼，特殊教育部同时更名为特殊教育学院（图 5-15）。单从教学楼的建设来说，长春大学特殊教育学院是一所汇聚着社会四面八方帮助的爱心学院。

图 5-15　长春大学特殊教育学院教学楼

　　早年尤其是临近春节的寒假火车票颇不好买，火车上也是拥挤不堪，火车车厢里过道甚至座位底下都是人。因此每年寒暑假盲人和聋人学生乘火车回家，特殊教育学院都派人陪护到北京，帮助盲人和聋人同学在北京站中转签字。我还清楚地记着当时北京站排队中转签字的旅客真是人山人海，尤其是盲人同学中转签字颇不容易，特殊教育学院陪同老师往往从清晨一直忙碌夜晚，一直到全部盲人和聋人同学在北京站坐上返回家乡的火车。很多盲人和肢残人同学在音乐专业学习，这些盲人和肢残人同学会在长春到北京的火车上唱起歌。火车迎着朝阳，真是一路歌声一路欢畅，给沉闷的旅途增添了专业水准的音乐会。车厢里的旅客都会问这些学生是哪里的？当他们得知是长春大学特殊教育学院的学生时，都赞叹不已。

　　长春大学特殊教育部的成立，是中国高等特殊教育的一声春雷，震响了中国高等特殊教育特别是聋人盲人高等教育的巨音，结束了中国聋人盲人长期不能上大学的历史，填补了中国盲人聋人在高等教育上的巨大落差。位于长春市斯大林大街南尽头（现更名为人民路）与卫星路丁字口西北角长春大学当时简洁的大门和朴素的校园从此张开臂膀环抱着五湖四海的优秀青年聋人盲人前来就学。可以一点都不过分地说,这是中国高等特殊教育开天辟地的事情,长春大学成为全国高等特殊教育的领头羊,也使特殊教育学院成为长春大学叫响全国的品牌学院。之后的二三十年间,一些大学纷纷效仿长春大学的模式,全国各地从一到二,从二到三到四到五……一路下来近三十所大学或学院成立了高等聋人教育,形成了结构和分布越来越完善的高等聋人教育格局。

5.5 聋人对我国聋人教育的贡献

我国也是世界上最早的教育专著《礼记·学记》提到,"建国君民,教学为先"。(释义:建设国家,管理公众事务,教育是最优先、最重要的事情。)作为聋人,他们同样知道教育对于聋人有着增长知识、学习技能、锻炼能力、改变命运等极其重要的作用。为此,聋人为聋人教育同病相怜、同忧相救,前赴后继、无私奉献,对旧中国聋教育的创建和发展做出了重大的贡献,写下了可歌可泣的篇章。

我国自1887年由美国传教士米尔斯夫妇在烟台创办的第一所聋童学校"启喑学馆"之后,至1949年10月,在战乱纷飞、民生凋敝、国弱民贫的民国时期,聋人奋起自救,先后有43所聋人学校为聋人所创办,占当时全国聋人学校总数的70%以上。有好多个聋人,都是捐家产、卖房舍、集亲友办学,一而再、再而三、三而四百折不屈地办学,都是一而再、再而三、三而四多次迁校办学。例如:

聋人龚宝荣1931年创办杭州吉祥巷聋哑学校并任校长。1937年抗日战争爆发后,辗转流亡余杭、临安、兰溪、永昌、龙游、淳安继续办学,历尽艰难险阻,一直坚持到抗战胜利,成为抗战中全国唯一一所没有中断办学的聋人学校。

聋人孙祖惠四度办学,1935年在杭州创办启智聋哑学校,抗日战争爆发后学校被迫停办。1941年他在上海创办中华聋哑学校,后又到南京创办首都聋哑学校,1946年停办。1949年初他又在杭州创办起华东聋哑工艺学校。

聋人余淑芬先与聋人孙祖惠1934年在杭州创办启智聋哑学校。"七七卢沟桥事变"后日寇大举侵略中国,余淑芬随家人后撤到贵阳,她在家招收聋童办学。新中国成立后在贵阳市教育局的帮助下继续办学,1958年命名为"贵阳市云岩区聋哑学校"。1967年被贵阳市教育局收为国有,成立"贵阳市盲哑学校",余淑芬任校长。

1937年上海"八一三"事变后,上海群学会附设聋哑学校毁于炮火,其他聋哑学校纷纷遣散师生,关门停办,聋哑儿童随即失学流落街头。就在这紧要关头,聋人青年何玉麟挺身而出,组织中华聋协在泸聋人在法国租界的中华聋人协会所在地开办"中华聋哑协会战时附设聋哑学校",并逐步在市内增设了两所分校。新中国成立后何玉麟任上海市第二聋哑学校校长。

聋人章春坡三度办学,20 世纪 30 年代先在杭州办学,1946 年靠卖画筹款在南昌创办了南昌私立启暗学校,1947 年又来到宁波创办了鄞县私立济喑聋哑学校。

聋人潘志海三度办学,1938 年先在吉林省西安县(辽源市)创办聋人学校,1941 年在沈阳创办聋哑学校,1956 年又在石家庄创办聋哑学校。

聋人于孝纯 1932 年到家乡大连金县创办起私立金州聋哑学园。1950 年 9 月于孝纯从金州前来接任沈阳私立聋哑学校任校长。1959 年在市教育局统筹下于孝纯创办沈阳市大东区聋哑学校和大东区聋哑幼儿园并任校长。尤其是创办聋哑幼儿园,当时全国非常少有。

如表 5-1 所示。

表 5-1　新中国成立前聋人创办的聋人学校一览(1931—1949)

序	创办时间	创办人	创办地点	原学校名称	现学校名称
1	1931 年	龚宝荣	杭州	杭州吉祥巷聋哑学校	后更名为吴山聋哑学校 现为杭州市文汇学校
2	1932 年	于孝纯	辽宁大连	私立金州聋哑学园	1945 年"8.13"事变后停办
3	1934 年	孙祖惠 余淑芬	杭州	杭州启智聋哑学校	1937 年抗战后停办
4	1937 年	何玉麟	上海	上海中华聋哑学校	上海市第四聋哑学校
5	1937 年	尹克骐 尹克骥	江苏镇江	镇江胜天聋哑学校	镇江市聋哑学校
6	1938 年	胡文忆 林吉姆	上海	上海哑青学校	上海市第三聋哑学校
7	1938 年	潘志海	吉林辽源	西安县私立聋哑学校 1946 年改名为辽北聋哑学校	辽源市聋哑学校
8	1938 年	中华聋哑协会	杭州	杭州致用聋哑学校	
9	1939 年	中华聋哑协会	浙江嘉兴	嘉兴鸳湖聋哑学校	
10	1939 年	杨继昌	贵州安顺	贵州安顺聋哑学校	

续表 5-1

序	创办时间	创办人	创办地点	原学校名称	现学校名称
11	1940 年	张钟英 吴银翠	合肥		仅 2 年
12	1940 年	钱天序 陈祖耕	江苏无锡	无锡私立惠喑学校后更名为无锡县立聋哑学校	无锡市聋哑学校
13	1940 年	刘翔云	太原	太原私立聋哑职业学校	
14	1940 年	孙祖惠	南京	私立首都聋哑学校	1946 年停办
15	1941 年	周天孚 周洒真	杭州	杭州聋哑学校	杭州市聋哑学校
16	1941 年	李定清	上海	上海私立光震聋哑学校	上海市第一聋哑学校
17	1941 年	王效英	沈阳	沈阳私立聋哑学校	沈阳市聋哑学校现沈阳市铁西区聋哑学校
18	1942 年	祖振纲	重庆	"中华聋哑协会"重庆聋哑文化补习班,1946 年更名为重庆私立聋哑学校	重庆市聋哑学校
19	1944 年	戴天赞 费耀奇	江苏武进 (常州)	武进县民众教育馆聋哑教育班,后更名为武进县立聋哑学校	常州市聋哑学校 常州市聋哑学校
20	1945 年	余淑芬	贵阳	贵阳聋哑儿童补习班	贵阳市盲哑学校
21	1946 年	戴病龙 吴金龙	上海松江	松江县立怀璎聋哑学校	上海市松江区聋哑学校
22	1946 年	陈希聪 蔡润祥 张忠铭	浙江温州	温州私立聋哑学校	温州市特殊教育学校
23	1946 年	麦藻华	广州	广州聋哑学校	后停办
24	1946 年	郝梦麟	河南开封	私立开封市聋哑文化补习班	开封市聋哑学校
25	1946 年	孙民生	沈阳	沈阳中正聋哑学校	
26	1946 年	章春坡	南昌	南昌私立启喑学校	
27	1946 年 5 月	王治斌	黑龙江呼兰县	呼兰县聋哑学校	哈尔滨市呼兰区聋哑学校

续表5-1

序	创办时间	创办人	创办地点	原学校名称	现学校名称
28	1946年	殷哲痕	四川省自贡市	自贡市民众教育馆附设聋哑补习学校	仅办两期
29	1947年	章春坡	江苏鄞县（宁波）	宁波鄞县私立济喑聋哑学校	宁波市特殊教育中心学校
30	1947年	陆君欧 王洪景	江苏江都（扬州）	江都聋哑联谊会辐射补习学校	扬州市聋哑学校
31	1947年	杨时贤 杨智贤	湖北汉口	汉口四智聋哑学校	1956年合并为汉江聋哑学校，现武汉市第一聋哑学校
32	1947年	黄钟	山东济南	济南私立福德聋哑学校	济南特殊教育中心
33	1947年	许廷荣	江苏无锡	无锡县立聋哑学校	无锡市聋哑学校
34	1948年	汪起兴	湖北汉阳	汉阳聋哑学校	
35	1948年	周正宁 徐克诚	安徽芜湖	芜湖聋哑学校	芜湖市聋哑学校
36	1948年	王祖谦	吉林吉林	吉林聋哑青年识字班	吉林市聋人实验学校
37	1949年	孙祖惠	杭州	杭州华东聋哑工艺学校	杭州市聋哑学校
38	1949年	左义文 朱礼贤	浙江嘉兴	嘉兴聋哑学校	嘉兴市聋哑学校
39	1949年	孙祖慧	杭州	杭州华东聋哑工艺学校	与吴山聋哑学校合并更名杭州市聋哑学校
40	1949年	陈仲良	浙江永康	永康聋哑学校	永康市聋哑学校
41	1947年	汤俊萍	南昌	南昌私立启喑聋哑学校	南昌市聋哑学校
42	1949年	陈卓祥 黄振东	香港	香港华侨聋哑学校	
43	1949年	李金良 肖学良	西安	西安市菜坑岸小学附属聋哑教学班	西安市盲哑学校

新中国成立后至"文化大革命"前17年间，很多聋人校长和聋人教师继续在聋教育学校发挥着重要作用，又有很多聋人继续在没有聋人学校的地区筚路蓝缕地艰难创办聋校或任教。据目前统计到的数据，1949年10月至1966年5月，全国聋人学校有34所由聋人任校长（副校长）或创建人。例如：

1949年5月西安解放，10月份两位聋人肖学良和李金良上书西安市文教局请求办

学获得批准。学校最初在西安西门内废弃的开福寺选址,将其四面透风的破旧房间加以修整打扫办学,后发展为西安市盲哑学校。

毕业于上海市中华聋哑学校的聋人彭祖恩1950年来到新加坡,看到当地尚无聋人学校,遂偕夫人于1951年在家招生办学,后成为新加坡华侨聋哑学校校长。1963年得到政府资助建立新加坡公立华侨聋哑学校,并继续任校长。

聋人汤俊萍1947年曾经在南昌启喑学校任教,新中国成立前参加革命,后在省文联工作。但他心系聋人教育意欲通过教育拯救聋人,1953年毅然离开工作条件优厚的省文联,接手聋人章春坡和伍祖荫创建的南昌市聋哑学校并任校长,一心扑在聋人教育直到1986年退休。2019年9月荣获中共中央、国务院、中央军委颁发的"中华人民共和国成立70周年纪念章"。

1954年,原重庆"'中华聋哑协会'聋哑文化补习班"创办人祖振纲留学美国加劳德特学院社会学系毕业,离开了新加坡华侨聋哑学校副校长职务,回国先在上海市第二聋哑学校任教,后在上海市聋哑青年技术学校任教。

原武进县民众教育馆附设私立聋哑教育班聋人创办人戴目,1955年任上海市聋哑青年技术学校校长。

1958年,上海市第三聋哑学校聋人副校长赵铮举家迁往兰州市,协助创办兰州市盲哑学校任副校长。

上海聋人陈达在张掖聋哑学校支教,不惜与上海市聋哑青年技术学校教师的丈夫沈祖诒分居两地长达26年之久。

1959年,印尼归侨聋人李宏渊从上海来到甘肃省临夏回族自治州创办聋哑学校。

1964年,作为省会城市的合肥市还没有一所聋人学校,广大聋人无校可上无书可读。聋人邱汉森急聋人之所急,先撰写请求书再由母亲协助一起前往教育部门口述交涉,在西市区三孝口找到一所小学获得校长的支持,解决了合肥市聋人上学的燃眉之急。起先在小学放学后晚间为聋人开班上课,后来发展成白天班,这是合肥市聋人学校的雏形。

概述如表5-2所示。

表5-2 新中国成立后至"文化大革命"前聋人任聋人学校校长(或创建人)
情况一览(1949—1966)

序	姓名	原任职学校职务	后任职学校	时间	职务	地点
1	何玉麟	上海中华聋哑学校校长	上海市第四聋哑学校	1949 年	校长	上海
2	龚宝荣	杭州市吴山聋哑学校校长	杭州市聋哑学校	1949—1958 年	校长	杭州
3	谢伯子		常州市聋哑学校	1949—1978 年	校长	常州
4	孙祖惠	杭州华东聋哑工艺学校	杭州市特殊教育学校	1949—1963 年	校长 副校长	杭州
5	郝梦麟	私立开封市聋哑文化补习班	开封市聋哑学校	1949-	校长	河南 开封
6	黄钟	济南私立福德聋哑学校	济南市盲哑学校	1949—1952 年	校长	济南
7	于孝纯	金州聋哑学校校长	沈阳市聋哑学校	1950 年	校长	沈阳
8	于孝纯	沈阳市聋哑学校校长	沈阳市大东区聋哑学校	1959 年	校长	沈阳
9	李金良 肖学良	西安市莱坑岸小学附属聋哑班负责人	西安市盲哑学校	1949—1951 年	聋教育 负责人	西安
10	王治斌	呼兰县聋哑学校	呼兰县聋哑学校	1946—1954 年	校长	黑龙江呼兰县
11	余淑芬	杭州启智聋哑学校	贵阳市云岩区聋哑学校	1958—1977 年	校长	贵阳
12			香港华侨聋人学校	1953 年	校长 创建人	香港
13	白秋景	吴山聋哑学校聋人校长	杭州市聋哑学校	1953—1989 年	代校长 副校长	杭州
14	戴目	武进县民众教育馆附设私立聋哑教育班	上海市聋哑青年技术学校	1955—1994 年	副校长 校长	上海
15	宋鹏程	上海中华聋哑学校校长	无锡市聋哑学校	1950—1987 年	副校长	江苏 无锡
16	林骅	温州私立聋哑学校	温州市聋哑学校	1952—1970 年	校长	浙江 温州

续表5-2

序	姓名	原任职学校职务	后任职学校	时间	职务	地点
17	汤俊萍	南昌私立启喑聋哑学校校长	南昌市聋哑学校	1953—1986年	校长	南昌
18	伍祖荫 张志明 杨再清		九江市聋哑学校	解放初	校长 副校长 副校长	江西 九江
19	王振道		绍兴市聋哑学校	1951年	校长	浙江 绍兴
20	田昌柱		宜昌市私立聋哑学校 宜昌市聋哑学校	1953—1964年	校长 校长	湖北 宜昌
21	徐少良		新建县聋哑学校	50年代	校长	江西 新建
22	王幽人		金华聋哑学校	1950年	校长	浙江 金华
23	叶子野		上海松江聋哑学校	1953—1956年	校长	上海 松江
24	王效英 潘志海	沈阳私立聋哑学校	石家庄市桥西区中华大街小学附设聋哑班 石家庄市聋哑学校	1956年	创建人 首任 教师	河北 石家庄
25	黄诗言		津市聋哑人业余义化学习班 津市聋哑学校	1956年至20世纪80年代	创建人 校长	湖南 津市
26	赵铮	上海市第二聋哑学校副校长	兰州市盲哑学校	1958—2008年	副校长	兰州
27	车礼庆 李达	如皋县城镇聋哑业余文化学校	如皋县聋哑学校	1958年	校长	江苏 如皋
28	于孝纯	沈阳市聋哑学校	沈阳市大东区聋哑学校 大东区聋哑幼儿园	1959年	校长	辽宁 沈阳
29	李宏渊		临夏回族自治州聋哑学校	1959年	校长	甘肃 临夏
30	孙岱年		扬州市聋哑学校		副校长	江苏 扬州

续表 5-2

序	姓名	原任职学校职务	后任职学校	时间	职务	地点
31	徐克成		芜湖市聋哑学校		副校长	安徽芜湖
32	姜思农 伍菲		高雄市私立启英聋人学校	1951 年	创建人 校长	台湾高雄
33	彭祖恩		新加坡公立华侨聋哑学校	1951 年	创建人 校长	新加坡
34	邱汉森		合肥市聋哑学校	1964 年	创建人	合肥

1987 年，我国第一所高等特殊教育学校——长春大学特殊教育部成立，其中中国画和工艺美术专业招收聋人。此后又有天津理工大学、北京联合大学等招收聋人。这些高等学府陆续为社会输送了一批新型现代聋人知识青年，他们中间一部分被吸收到全国各地聋哑学校的师资队伍中。这些聋人教师把满腔热忱投入聋校教学和建设中，使这些聋哑学校 20 世纪 90 年代期间从八年制甚至是六年制提升到职高或高中过程中的中坚和栋梁。此外，全国有 3 所聋人创办的民办聋人学校，许多聋人前往支教。

由于听力和言语残疾的磨砺和坚强不屈的努力，很多聋人教师取得了听人教师也鲜能取得的成就。例如：

担任了三十多年上海市聋哑青年技术学校校长的聋人校长戴目，曾任中国残疾人联合会副主席、中国聋人协会主席，为 1990 年和 1994 年版《中国手语》及续集主要编纂者之一。他退休后笔耕不辍，编写了多部重要聋教育专著，如：《圆梦忆当年》《百年沧桑话聋人》《汉语成语手势图解》，等等。

1987 年，聋人缪克强和妻子王小桃创办起龙港聋哑学校，它是改革开放后全国第一个由聋人自筹资金创办的私立聋校。创办初期，学校以缪克强家的民房为校舍，首届招收了 53 名学生，后五易其址。1991 年缪克强、王小桃夫妇卖掉自己的房子，凑足 50 万元盖起学校教学楼和办公楼。1998 年 9 月 14 日，龙港聋哑学校开始向社会招收弱智学生 26 名，又成为温州市第一家培养弱智儿童的私立学校。前后坚持了 25 年至 2012 年停止，学生最多时达 214 人。

北京市第三聋人学校聋人教师梅芙生，在美术教学取得了优异的成绩，1994 年被北京市教育委员会评为"北京市特级教师"。

北京市启喑实验学校聋人教师孙联群，是 2003 年版《中国手语》主要绘图作者，2005 年获"北京市劳动模范"荣誉称号，2014 年评为"北京市特级教师"。之后出版的《北京奥运会和残奥会常用手语》《计算机专业手语》《理科专业手语》《体育和律动专业手语》《美术专业手语》和最近颁布的《国家通用手语词典》的手语绘图都是孙联群所作,为中国手语研究的绘图工作做出了重大贡献。

山东省特殊教育职业学院聋人教授张莉,她悉心教学、不断创新。其师生蜡染作品在中国美术馆展出,2005 年获"全国女职工建功立业标兵"和"全国自强模范"荣誉称号,2017 年被山东省人民政府授予"山东省首席技师"荣誉称号。

2000 年,江西省九江市聋人协会主席何盛华克服了重重困难,罄尽个人财力创办起九江市博爱聋人学校,2007 年积劳成疾去世。

太原市聋人学校聋人教师季谦与北京联合大学特殊教育学院吴铃教授联手合作出版了《中国聋人手语 500 例》,这是中国第一部地道、生动的聋人自然手语著作,为我国手语研究做出了独到的贡献。之后,季谦老师又和聋人芦苇合作,出版了《五国手语》。

南昌聋人何兴武 1993 年始接手病重垂危的聋人朋友周正平交给的南昌市三联聋哑学校,为了办学,何兴武不惜卖掉了自己的住房,妻子兼学校后勤和做饭伙夫,儿子和女儿也加入其中。南昌市委宣传部和南昌市文明办以他的事迹为原型拍摄了电视纪录片《听不到的承诺》和电视故事片《来自无声世界的坚守》。

如表 5-3 所示。

表 5-3 改革开放后聋人任聋人学校校长(创办人)情况一览(1976—2019)

序	姓名	原任职学校	学校	时间	职务	地点
1	张忠铭 黄灿霞	温州市聋哑学校	乐清市聋哑校	1978 年	创办人	浙江 乐清
2	缪克强 王小桃		龙港聋哑学校 (私立)	1987—2012 年	校长 后勤	浙江 龙港
3	周正宁		南昌市三联聋哑学校	1992—2003 年	校长	南昌
4	朱豫湘		六盘水市特殊教育学校	1995—2003 (因违法被判刑)	副校长	贵州 六盘水
5	何盛华		九江市博爱聋人学校(私立)	2000—2007 年	校长	江西 九江
6	赵健全	甘肃省庆阳市西峰聋哑学校	庆阳市聋哑学校	2003-今	副校长	甘肃 庆阳

续表 5-3

序	姓名	原任职学校	学校	时间	职务	地点
7	何兴武		南昌市三联聋哑学校(私立)	2003—今	校长	江西南昌
8	杨晓华	南京市聋人学校	九江市博爱聋人学校(私立)	2007—2009 年	校长	江西九江
9	周娟	重庆市梁平县明达镇中心小学教导处主任	重庆市梁平县特殊教育学校	2008—2011 年 2011—今	副校长 校长 书记	重庆梁平

2000 年后,一些从普通中学毕业参加全国普通高等学校招生考试进入大学的聋人或重听人,凭借自己顽强的毅力,进一步考上硕士研究生直至取得博士学位。他们其中一部分毕业后进入聋人高等院校任教。当然也有一些高学历非手语者聋人在普通高等学校任教,只是这类人难以被发现。例如王续迪,1991 年从西安市聋儿听力语言康复中心毕业后进入普通学校就读,2019 年获得复旦大学基础数学专业博士学位。现在西安理工大学校报编辑部工作并指导研究生,是 2018 年外国聋人网站统计的全世界仅有的 23 位聋人数学博士之一。

如表 5-4 所示。

表 5-4　21 世纪聋人进入聋人高等院校任教情况一览

序	姓名	年代	毕业学校	学位	工作所在学校	职务
1	肖阳梅	2000	内蒙古师范大学教育科学学院	教育学硕士	北京联合大学特殊教育学院	讲师
2	胡可	2004	清华大学美术学院 加劳德特大学	文学学士 语言学硕士	北京联合大学特殊教育学院	助教
3	任媛媛	2006	辽宁师范大学教育学院特殊教育专业	教育学硕士	南京特殊教育师范学院	讲师
4	张珺	2006	北京体育大学研究生院人文社会学专业	体育硕士	山东体育学院体育社会科学系	副教授
5	姚登峰	2007 2016	北京大学信息工程学院计算机专业 清华大学信息工程学院计算机专业	工学硕士 工学博士	北京联合大学特殊教育学院	副教授

157

续表5-4

序	姓名	年代	毕业学校	学位	工作所在学校	职务
6	曲震宇	2007	鲁迅美术学院动漫专业	艺术学硕士	南京特殊教育师范学院	讲师
7	郑璇	2009—2020 2020-	武汉大学中文系 复旦大学中文系	文学硕士 文学博士	重庆师范大学教育科学学院 北京师范大学教育学部特殊教育系	副系主任 教授 教授
8	卢苇	2013	韩国拿撒勒大学	文学硕士	浙江特殊教育职业学院	讲师
9	关雪松	2013	印度甘地开放大学	文学学士	郑州工程技术学院特殊教育学院	助教
10	林婧	2015	北京联合大学特殊教育学院艺术设计 湖北美术学院艺术学理论专业	艺术学学士 艺术学硕士	北京联合大学特殊教育学院	助教
11	武伟星	2017	印度国际大学	艺术硕士	南京特殊教育师范学院	助教
12	张莉		长春大学特殊教育学院		山东特殊教育职业学院	教授
13	徐昊明	2020	韩国拿撒勒大学	文学硕士	郑州幼儿师范高等专科学校	助教

5.6 为什么聋人教育必须有聋人参与?

自1755年世界上第一所聋童学校——法国聋童学校建立之日起,到1869年的114年间,那时的全世界就共有550名聋人教师。[①] 美国第一所聋人学校是在法国聋童学校聋人老师劳伦特·克勒克(Laurent Clerc)的帮助下建立起来的。1858年美国州立聋人学校里的聋人教师比例达到41%。[②] 1989年加劳德特大学257名教职员中有85名聋人,[③]约占三分之一。目前,美国聋人教师这个比例已经增长到40%～80%,聋人学校由聋人

---

① 奥利弗·萨克斯.看见声音:走近失聪人的寂静世界[M].韩文正,译.北京:中信出版社,2016:19.

② 奥利弗·萨克斯.看见声音:走近失聪人的寂静世界[M].韩文正,译.北京:中信出版社,2016.

③ 托马斯·德罗克雷.加拉德特大学的校长[J].交流,1989(4):54-55.

出任校长更是司空见惯。2018 年 6 月长春大学主办的"中美聋人教育和发展论坛"的美方人员中,有一位聋人校长,竟然掌管着两所聋人学校。俄亥俄州圣丽塔聋人学校聋人教师(St. Rita School for the Deaf)达到 50%。至于聋人教师比例达到 80% 的加利福尼亚州佛利蒙特聋人学校(Fremont School for the Deaf)是全美教育质量最高的聋人学校,这里的学生聪明伶俐,思想活跃,被称为聋教育的奇迹。①

加劳德特大学第四任校长爱德华·梅里尔(Edward Merrill)1981 年 1 月在国际特殊教育会议(意大利罗马)上指出:"聋童应有更多的机会面对有成就的聋人,因为他们可以更好地了解这些聋人,引起他们像正常儿童一样的理想。"②2007 年长春大学特殊教育学院 20 年院庆时,加劳德特大学教育系主任理查德莱特尔教授在介绍美国聋人教育时,他归结为五条:"提供辅助帮助;全面平等参与;授予聋人权利;聋人参与领导和决策;录用聋人教师。"

中国第一所聋人学校——烟台启喑学校有聋人李迎春、张翠玲留校任教师,培养了周天孚等聋人教师和聋人校长。烟台启喑学校之后,在战乱交加、国弱民贫、十分缺乏聋人学校的民国时代,聋人奋起自救,在各地聋人先后创办了 43 所聋人学校,占当时全国聋人学校总数的 70% 以上。新中国成立后,这些聋人领导和聋人教师依然在百废待兴的聋教育中发挥着重要作用。

20 世纪 50 年代在学习苏联的热潮中,我国确定了聋人学校"口语教学法"的聋教育方针,同时在政府接收聋人学校的过程中,聋人领导和聋人教师只退不进逐渐自然退出。听人领导逐渐替代了聋人领导,听人教师逐渐替代了聋人教师。改革开放后 1987 年长春大学特殊教育学院建立后,各地聋人高等教育逐渐发展,一部分聋人大学毕业生进入聋人学校任教。2007 年教育部特殊教育处统计的全国聋人教师数字是 400 多人。经过十多年的发展到现在,笔者估计全国聋人教师为 700～1000 人。教育部《2019 年各级各类学校校数、教职工、专任教师情况》显示:2019 年全国 2192 所特殊教育学校,特殊教育学校专任教师 6.2358 万人。按照 1000 名聋人教师的数字核算,平均下来每校聋人教师0.46 人;聋人教师仅仅占特教教师总数的 1.6%,平均每 1000 名特教教师里聋人教师不到 2 人。随着我国高等教育高层次人才培养的进一步发展,各地尤其是大城市聋人学校新教师普遍提高到硕士学历,能取得硕士学位的聋人(手语者)几乎是凤毛麟角,而非手

① 奥利弗·萨克斯.看见声音:走近失聪人的寂静世界[M].韩文正,译.北京:中信出版社,2016:61-63.

② 摘引自爱德华·梅里尔(Edward Merrill)的《耳聋儿童学前的教育》,由中国教育学会特殊教育研究会筹备组编写《特殊教育资料选编》第 96 页。(内部资料,出版年代未注明)

语者的重听聋人很少去聋人学校任教,因此聋人学校面临聋人教师进一步减少的窘境。例如曾经是聋人任校长、重视吸收聋人教师的上海市聋哑青年技术学校,在编聋人教师由最多时的 12 名递减到现在仅仅 2 名。尽管培养和吸收聋人教师和聋人学校领导不是提高聋人教育质量、破解聋人教育问题唯一办法,但是非常重要办法之一。

已故原国家聋教育课程标准研制组组长、中国教育学会特殊教育分会顾问委员会主任程益基说:"如果我们听不到聋人的心声,那我们才是真正的聋人。"(图 5-16)真是一语中的、一针见血。南京特殊教育师范学院特殊教育研究所所长谈秀菁教授为此专门撰写文章,在其《倾听聋人的"声音"》一文里讲道:"聋教育的对象是聋人,但是聋人更是聋教育的主题,因为在这个世界上生存、在这个社会环境里生活的是他们,他们有权利了解这个世界,对自己学习的内容提出自己的看法和要求。""对于从事聋教育课程、教学方法的研究和时间的人来说,找出聋人的'声音',倾听他们的观点和看法,仔细研究一下'谁在说? 说什么? 怎么说?'应是当前聋教育必须关注和认真研究的问题。"[①]聋人学校的学生本来就耳聋,耳聋口哑思维滞后文化落后,反应问题的能力实在有限,怎样才能看到聋人学生的教育效果? 聋人学校没有聋人教师或缺乏聋人教师,怎样听到聋人学生的心底之声?

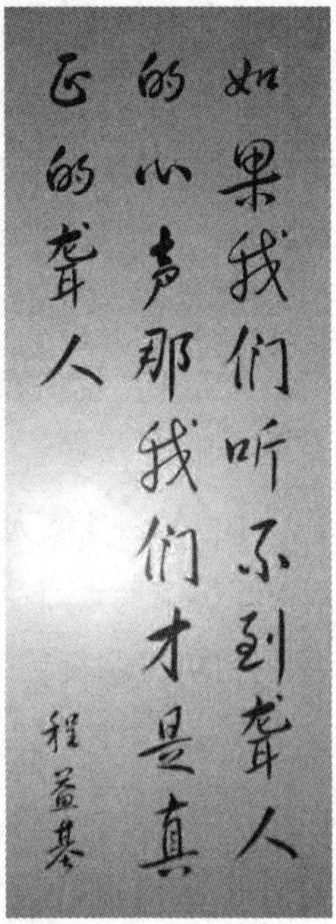

图 5-16 程益基题字
图源:鄂宇

"Nothing about us without us."翻译过来的意思是:"没有我们的参与就不要做出关于我们的决定。"这句话被国际上广泛应用到各个领域,以期政府和社会要倾听受助人的需要和意愿。因此,聋人教育方面,不应该完全由聋人之外的听人来主导,在制定与聋人有关的相关决策时,征求聋人参与并听取聋人的意见应该是必不可少的。聋人听力不好,言语不佳沟通受阻,听人本来更应该俯身请教聋人以加强工作的针对性。否则,听不见聋人的声音去办聋人需要的事情,这就使有时看起来立意善良,但是以听人思维模式主导的相关决策,反而给聋人学生带来了更多的障碍。

聋人教育是弱势的教育,聋人学生是弱势的学生,事实上聋人教育和聋人学生的负面是多于普通学校和听人学生的。而人际之间的交流大多数人都是以"多栽花少栽刺"的引人愉悦态度说话的,一般不愿意说揭疮疤挖缺点以及指责批评引起不快的话语。日常大家也因此更不愿意谈聋人学生的负面,以免让人觉得说负面多了连仅有不多的亮面也被遮掩了。

---

① 谈秀菁. 倾听聋人的"声音"[J]. 南京特教学院学报,2006(4):71.

再好的口语聋人听不到或听不清,于聋人就是隔靴搔痒无济于事。书面语可以帮助聋人和听人笔谈交流,但是受到环境限制很多,能即时即地,也不能一对多人。尽管手语交流质量不如口语和书面语,但对于听力和言语障碍的聋人,手语是其最便捷和有效的交流工具,双手打手语如嘴巴说话即用即出,因此手语自然成为聋人最主要的交流方式。既然手势是聋人最主要的交流工具,聋人学校只有保证教学手语的质量才能有效进行教学,那么聋人学校就有责任保证教师的手语水平。聋人学校要保证教师的手语水平和手语教学质量,就必须有聋人教师带来手语的源头活水使教师的手语常高常新。没有聋人教师的聋人学校,教师手语脱离聋人手语实际,其教学即使表面上看起来手若悬河,实际效果肯定大打折扣。

聋人学校没有聋人教师或聋人教师太少,教师和聋人学生之间的感情就比较疏远,教师和聋人学生之间的手语交流就比较有限且不能深入,聋人学生更没有机会吸收聋人自然手语的引人的精华和生动的细节。于是,听人教师干巴巴没表情的手势汉语大行天下;于是,听人教师支离破碎毫无吸引力的手语授课司空见惯;于是,聋人学校课堂聋人学生到底接收了多少有效语言信息无法反馈;于是,聋人学校的教师手语没有客观的检测;教师和聋人学生之间的交流质量也就等于放任自流。

多数聋人学校听人领导和听人教师是敬业、认真和努力的,尤其是近年来省会城市和发达地区的中等城市是这样的。但是,真正遇见聋人教育和聋人学生各种隐性的、难度大的、没有明确指令的、需要耗费大量时间和精力的问题,他们也常常显得束手无策。

听人和聋人由于站位不同、对聋人生活有无切身体验和同身感受,对涉及聋人教育利害关系的问题看法是有所不同的。因此,听人和聋人对聋人教育的目标、目的和热情也会有所不同,处理聋教育问题的方式亦有所不同,处理聋教育问题的轻重缓急也有所不同。聋人教育要从聋人的经验和角度出发,而现实生活中,人们大多是站在自己的立场上办事的,很多事情如果不是涉及切身的利益,很少有人去主张,最后往往被忽略。吸收聋人参与聋人教育,是聋人学校避免聋人教育全是听人带来的偏颇,均衡听人和聋人对聋人教育方式优劣的最佳办法。

聋人学校比残疾人联合会更需要聋人参与。这是因为残疾人联合会不一定每天都有与聋人接触的工作,而聋人学校则与聋人学生朝夕相处、刻不离身。很多聋教育专家认为,教育部门应该明文规定聋人学校(特殊教育学校)聋人教师和聋人领导的比例。聋人教育必须有聋人参与、聋人教师和聋人领导在聋人学校具有不可替代的重要作用,这些都是毋庸置疑的。这一问题及其重要性一直不能被意识到,也是由于缺乏聋人教师和聋人领导引起的。

聋人教师对聋教育有着听人很难具有、更加切合聋人学生和聋教育实际的教育观念、教学经验和体会。聋人教师易于成为聋人学生自我行为的参照标准和生活乃至人生效法的榜样,更易于树立聋人学生对自己的生活信心和乃至人生信念。聋人教师扮演着无法替代的来自聋人对聋教育反馈的角色,同时也使聋人教师成为聋人学生的代言人和主张者。聋人教师是聋人学生适应社会的缓坡和桥梁。聋人教师扮演着聋人文化和聋人历史的传播者的角色,是聋人中先进文化知识的传播者。聋人教师是聋人学校手语教学水平和质量的检测者。聋人教师是聋人学生手语交流环境优化者。

聋人学校应该是接纳和任用聋人教师是社会聋听和谐相处、构建聋人"无障碍"生活环境的榜样和示范,是一所聋人学校是否真正重视聋人教育的试金石。聋人学校是社会对待聋人的一面镜子,如果聋人学校如果都不能吸收聋人任教师,何谈之外的其它机构聋人就业?何谈聋人的社会地位和权益的维护?如果聋人学校都见不到聋人教师、听不到来自聋人的声音,何谈整个社会对聋人群体的尊重?何谈社会能听到聋人的呼声?如果聋人学生在教育阶段都看不到自己的同类人的聋人师长和聋人榜样,何谈聋人学生努力成长为聋人有用之才?如果聋人学校都不能培养出出色的聋人教师,何谈社会产生出色的聋人人士?何谈聋人在整个社会面前的前途或者出路?

包含了 50 条内容 30 页幅长的联合国《残疾人权利公约》,在其第二十四条教育中,出现了一个清晰明确的职业——残障教师。

为帮助确保实现这项权利,缔约国应当采取适当措施,聘用有资格以手语和(或)盲文教学的教师,包括残障教师,并对各级教育的专业人员和工作人员进行培训。这种培训应当包括对残疾的了解和学习使用适当的辅助和替代性交流方式、手段和模式、教育技巧和材料以协助残疾人。

同时,《残疾人权利公约》在 2016 年 8 月发布的第四号一般性意见(公约委员会对公约的解释性文件,一般可作为缔约国理解和履行公约时的重要参考)第三十六条中也指出:

缔约国必须投资和支持招聘残障教师保证残障教师的继续教育,这就包括了取消法律和政策中的阻碍残障人士成为教师的条款,比如要求残障人士必须满足特定的体检标准,同时为残障教师作为教师提供合理便利。

《残疾人权利公约》是第一个具有法律约束力的国际性文件,它明确提出残障教师是普通教育的一部分,将全纳教育在普通教育里包含残障学生的概念延申到了教育另外不可分割一部分——残障教师。

5.7 双语聋教育给聋教育带来了什么？

爱德基金会自 2004 年开始,坚持不懈地在江苏、四川、贵州等省市引进和推广双语聋教育,我连续三年参加了 SigAm 双语聋教育项目的苏州会议、成都会议和贵阳会议。我既不是双语项目参与人员,又不是双语项目参与学校人员,而是完全自费坐硬座或绿皮慢车前来睡会议免费宾馆的老双语者,一直在打量着、在比较着、在琢磨着、在思考着双语聋教育给聋教育带来的变化。一方面,我长期处在非双语项目聋人学校饱受着聋教育痼疾的包围、缠绕、侵蚀、敲打;另一方面,我看着双语项目学校大张旗鼓轰轰烈烈地在会议上演示、探讨、研究、总结。两方面强烈的对比在我头脑中引起的强烈碰撞可想而知。从惊奇到沉湎,再从沉湎到赞叹,双语聋教育吸引着我这个收入菲薄的聋人学校聋人教师年年参与,它自有着不同凡响的效应和魅力。

5.7.1 双语聋教育推动了聋教育观念的革新

我国自 20 世纪 50 年代推行"口语教学"聋教育政策的 60 多年来,聋教育的语言政策基本没有变化。尽管随着改革开放和社会经济的发展,一些聋人学校特别是大城市的聋人学校,学校建筑和硬件设施不断改善甚至领先潮流,新的年轻的高学历高水平教师进入学校,学校也不遗余力地想方设法引进各种新的教育方法、教学模式、教育技术和教学技能,但是聋教育的整体上仍然没有得到实质性改变。乍看起来这些从普通学校引进的方法是新的,比如多媒体应用、同课异构、说课、智慧课堂应用,等等。但是对待聋教育的根本核心问题——聋人语言及其发展,一直不得要领。教师们之间、领导们之间、教师和领导之间也时有谈及聋学生的教育问题,但是由于没有新观念的引领,最后多是感到无可奈何或归结到其他原因而不了了之。聋学生到底应该以口语为先还是以手语为先?这个 1880 年米兰会议的口手之争否定手语已经在第 21 届世界聋教育大会《2010 年温哥华宣言》澄清并对其带来的副作用深深道歉,但在中国聋教育界还乏人注意或视而不见。双语聋教育单刀直入地切入聋教育的根本观念——双耳不能听的聋学生首先掌握聋人自己的视觉语言即手语,使之成为听力障碍聋学生的学习和生活利器。这一尊重聋人及其聋人语言的观念无疑是向聋教育这块平静无澜潭水中投进一块巨石,引起聋教育界阵阵波动。

5.7.2 双语聋教育解决了聋人教师在聋教育中的角色和地位问题

双语聋教育需要聋人教师和听人教师互相合作、需要在双语课堂上各显其长,这里聋听教师之间形成了配合、互动的合作关系,建立起互相探讨、互相补充的同事加友伴关系。课堂之外,聋人教师还充当着听人教师学习手语和学校手语培训教师的角色,这些学校里的领导和其他教师甚至前来参观学校的人士,也注意到这一互相合作模式对教学的有利变化,看到了聋人教师的优长,看到了手语对聋教育的意义,感到了聋人教师的作用,整个学校形成了合作向上的良好风气。那些没有参与双语教学的聋人教师也因此深受鼓舞,看到了聋人教师的价值,积极发挥自己的优长。双语聋教育使聋教育和手语教学研究获得源头活水,不再因为没有聋人教师走聋教育和手语教学研究聋听隔山隔水脱离聋人生活实际的弯路。

5.7.3 双语聋教育推进了手语研究的进展和手语翻译质量的提高

双语聋教育以手语为先、口语书面语跟进,必定使所有参与项目的领导、专家、学者、教师对手语授课的质量——确切地说是手语的质量的注目;必定要使这些领导、专家、学者、教师对现行手语授课——手语应用的质量进行考量。这样就使所有参与人员清楚地看到了现行手语适应课堂手语教学的距离,就必然对现行手语进行研究、探讨。因此,自然手语和手势汉语、第一语言和第二语言、视觉语言和听觉语言等手语方面一系列问题浮出水面,需要加以研究、论证和解决。因此,语言学探究、手语语言学追寻、手语和手语语法研究、手语采集和提炼、手语著作的编写都提到议事日程之上,吸引了有关专家、学者、一线教师、手语译员、手语翻译专业教育等人员的参与。从基层来到基层去,从聋人中来到聋人中去,形成了一个初具规模的手语研究梯队和团队,发现了一批之前潜藏的聋人手语天才、手语翻译人才,开发了一批双语教学需要的手语教材。改变了过去手语研究高高在上脱离聋人群体和聋教育实际的状况。同时,这些因双语聋教育需要而产生的手语研究又反过来促进了聋听手语的融合、听人教师手语的进步、手语翻译质量的提高,又在整体和基础上推进了聋教育质量的提高。而那些非双语学校,仍然抱着黄皮《中国手语》,一字一动僵硬地以手势汉语为标准,显然与一个鲜活的视觉语言相去甚远。

5.7.4 双语聋教育发现和解决着聋教育的细节问题

无论实行双语聋教育与否,聋教育中潜藏的问题一直存在,只不过是执者注意、执者发现、执者应对、执者解决而已。在以坚持口语为主导的聋教育模式下的学校,教师和领导也明知聋教育中存在的困惑、问题、难题。区别是这些学校只不过大家在一起谈谈而已,只要不是会产生紧迫问题,过后也就不了了之搁置起来。甚至因为这些问题长期难以得到及时解决,大家教得时间长了、看得多了、说得多了,也懒得说或不想说了。这样,聋教育中的问题就依然存在,聋教学的质量依然难以得到真正的提高,聋学生低劣的文化水平和综合素质就依然如故。人们常说:"细节决定成败",这个道理对于聋教育是一样的,这些聋教育中每一个细节问题都时时刻刻影响着聋学生的成长和进步,细节问题解决得好坏决定了聋教育质量的高低。不解决教学细节问题的教师充其量不是因循守旧就是得过且过的教师,不解决教学细节问题的学校充其量不是因循守旧就是得过且过的学校。我们看到,实施了双语聋教育的学校,老师们由于新模式带来的新课堂新内容的革新,不得不去应对和解决教学中出现的一系列新的问题。比如怎样更好地带领聋孩子学习绘本从图到文、怎样解决生活化教学、怎样游戏中学习、聋孩子在教学中思维和想象的培养、怎样解决数学应用题、怎样引导聋孩子课外阅读、怎样解决手语词汇到书面语词汇转换,以及涉及聋听教师怎样互补、怎样融合、怎样进修、怎样学习,还有家长参与和配合、家长学习手语、家庭辅导,等等。无疑,这些细节的解决推动着聋人学校教学质量的提高,我们可以从这些学校中聋孩子的变化中看到。

5.7.5 双语聋教育促进了聋人学校低年级教材的整合和改进

改革开放 40 多年来,聋教育的革新之一是选择聋校教材还是普校教材的争论。聋校教材跟不上新时代聋人学校教学和聋生学习的要求。选择普校教材提高对聋学生的教学要求、缩小聋听学生之间的差距,尽管是聋教育的一种进步,但仍然有聋学生不适应的问题存在,因此有的学校或有的教师左右为难。双语聋教育的新理念和新要求,使每一所参与项目的学校不约而同地寻觅和采集着适宜双语聋教育教学的新内容和新教材,有的学校和教师甚至把视线延伸到国外。比如绘本、教具、童话、故事以及相应的视觉资料、DVD,等等。每次与会人员在探讨和总结双语聋教育得失的时候,又不约而同地提出采集、探讨、研究和编写适宜聋学生学习的新教材是双语聋教育进行的当务之急。各地在会议上交流的各自的教材、方法和心得,也不断充实着聋教育教材的内容。一个学校,理念是引导、是方向、是指针,教材则是基石,没有好的教材就谈不上任何好的理念模式和方法的落实。双语聋教育对聋校教材革新的推动,也是对整个聋教育质量提高的一种鞭策。

我亲眼看到,没有实行双语聋教育的学校,聋孩子 7 岁来聋人学校才在课堂和课余有限地学习手语,10 岁前基本没有什么充分交流,聋孩子语言发展和学习进步的大好时光被白白地搁置了。教师费尽心机、殚精竭虑地教育学生,收效却十分有限。聋学生和聋人学校教师就在这样的情况下苦苦挣扎,彼此浪费了巨大的精力和年华。这就不能不使我们从头来认识“聋孩子最需要的是什么”这一根本问题。总之,双语聋教育是聋教育的新理念、新模式和新潮流,直接针对聋人教育质量难题的要害,要给聋孩子寻找一件学习和生活的利器——首先完全掌握一种语言——聋人自己的语言——手语。只有完全掌握了一种语言才能够交流,有了交流才谈得上学习、思考。那种在听人看来优越的口语但是对聋人学生来说是困难的,即使少数学会了口语的聋人学生,其口语实际上也是有限的和夹生的,更谈不上可以用来充分自如地交流,聋人学生的学习和思考因此大打折扣,这就阻碍着聋人学生的进步和智力成长。

双语聋教育实践给了我们很多重要的启示:由于耳聋原因不同、耳聋时间不同、耳聋程度不同、听力补偿方式不同、助听器材不同、康复训练强弱、言语环境优劣、家庭教育强弱等原因,造成不同之间的聋儿个体发展差异很大,其成长状态良莠不齐。因此,聋人教育更宜想方设法、因人而异、因材施教,采用针对性的教育方法,不宜一刀切和一言堂以一概之,不宜以"口语教学法"作为教学的普遍方法,尤其是不宜以听人的惯性思维去替代聋人学生的实际需要。聋教育者要切中聋教育的命脉深耕细耘,更不宜为了政绩急于求成,快速开花,制造虚假繁荣。

5.8 请您要格外善待敬重聋人学校教师

教师被人们誉为"太阳底下最光辉的职业",又被誉为"红烛""园丁"和"脚手架"。教师对社会的无私奉献有目共睹,教师对国家的重要贡献不言自喻。教师是浇灌幼芽、呵护幼苗、扶持小树、培育栋梁的呕心沥血、润物无声、消耗心智的工作,有着与众不同的辛苦。作为教育组成部分的特殊教育,面对有着特殊状况,教育起来难度更大的聋人学生,则有着比普通教育更加不同的艰辛。

一些不了解聋人学校的人认为去聋人学校教书的教师肯定是没有办法或素质不高。有一聋人学校校长说"自己当初做聋哑学校教师的时候,整个人在村里都抬不起头,村里人认为那是傻孩子、病孩子,你怎么能跟他们在一起,那么你肯定也是傻子"。[①] 提出类似"为什么不去教正常学生而去教聋哑人"这样的奇怪问题。有聋人学校教师谈道,上班坐公交车遇见聋人学生,车上用手语解释聋人学生的提问,旁边竟然有人嘀咕:"看! 大哑巴带了一帮小哑巴。"有好事者问:"聋哑学校教师一个月能拿多少钱工资?"旁边有人大胆猜度:"可能和民办幼儿园教师差不多。"这种对聋人的社会偏见常常无形地扩散到聋人学校教师身上,聋人学校教师是背负着普通学校没有的偏见从事聋人教育工作的,就连我自己都不愿意主动告诉别人我是聋人学校教师。这不是一个偶然现象,就连1956年我国唯有两位曾留学苏联列宁师范学院学习特殊教育之一的银春铭老前辈身上也发生过这样的事情。他回忆起自己1961年毕业回国到上海市第二聋哑学校任教,有人给他介绍女朋友,女方一听是留苏回国的大学生,顿时肃然起敬心生仰慕,转而一听又说在聋哑学校任小学教师,连忙后退说"免谈! 免谈!"

---

① 高一村.教育:为残疾儿童融入社会打开一扇窗[N].北京:中国社会报,2006-03-15,1.

聋人学校教师以及面对聋人学校的人们，为了让听觉官能缺失的弱势聋人学生尽可能阳光地成长，更是尽可能有意赞扬鼓励而避免触及聋人学校和聋人学生的负面，甚至很多时候需要有意放大亮点。事实上，比起普通教育，聋人学校和聋人学生的负面是易见的，其聋人学生及其教育问题更多，其阴影面积是远大于普通学校和听人学生的。残疾人是社会的弱势群体，残疾人的特殊教育是教育的弱势典型。弱势群体和主流社会的差异是巨大的，同样聋教育和普通教育的差距也是很大的。聋人学校教师就是在这样阴影面积较大又不能诉说的环境中毫无怨言、勤勤恳恳、孜孜不倦地悉心教书育人的。

聋人学校每班尽管人数少，但是聋人学生由于听力损失不同、失聪年龄不同、康复力度不同、助听设备效果不同、家庭支持强度不同、语言环境不同甚至性格不同(如内向不喜交流)等原因，造成聋人学生智力发育和接受程度不同，一个班个体学生差异很大，不同于普通学校学生那样素质比较整齐。聋人学校教师针对这种情况常常需要分类教学和个别教学。比如我带高中美术课，不得不将优生和差生分别做不同要求，常常是一边教完后转过来再教另一边。聋人学校规模小，因此聋人学校教师常常担任多个年级不同层次的课程，或者常常兼任非所学专业的课程。聋人学校初中一年级和高中预科年级，常常有外地前来就读的插班生，这些学生的基础与省会城市的聋人学校学生也有很大的距离，教师上课不得不兼顾两种程度的学生。因此聋人学校教师工作负担很重。比如笔者 2020—2021 学年教学任务横跨高中、初中和小学三个学段六个年级的美术课，每天每个年级授课内容的准备和使用材料是我每天发愁的事情。之前，我除了美术还教过科学、历史、思想品德、写字等课程。

聋人学校相较于普通学校，较难做出令人瞩目的教学成效和教育成绩。因此，多数聋人学校想方设法费尽心机，甚至挖空心思、下足功夫、全力以赴去做成绩，希望上级部门和社会看到工作卓有成效、铁树开花的奇景。但真实的情况是，聋人学生喜爱美术、舞蹈的比例并不比听人学生更高，在美术、舞蹈的素质和成就上也并不比听人学生更高。只不过由于除此无它，聋人学校在美术和舞蹈上等项目上增加了更大更多的专门投入，做出了显著的成绩。但教师是学校工作的执行者，这就等于是给聋人学校教师施加更大的工作难度。这些成绩实际是建立在聋人学校对教师更大的压力、对教师更高的要求以及教师更多的奉献之上的。

由于绝大多数家长对聋孩子期望值较低或者是无从教育而无可奈何，因此聋孩子自强上进的比例大大低于听人孩子。由于绝大多数聋孩子家长不会手语，绝大多数聋孩子自幼得不到有效的家庭教育，造成聋儿智力发展滞后，上学前几乎是一片空白。聋孩子上小学后，除了缺乏家庭教育这个问题依然存在外，学校教育和规定也得不到家长的有效配合和监督，这使得大多数聋人学生从小到大没有锻炼出自控、自制、自律能力。因此,聋学生行为非常散漫、随意、懒惰,最基本的良好生活习惯和学习习惯没有养成。聋人学校比较起普通学校,聋校教师教学犹如老牛负重泥泞前行般地吃力,聋人学生进步犹如飓风翻卷下的羊群四散般地艰难。由于聋人学生自律及自理能力比听人孩子差得远,聋人学校教师还更多地充当着许多应该是家长负责的事务。聋人学校教师不单单是教书育人,而且事事时时处处要仔细为聋人学生预设周全、仔细安排、用心准备。很多应该是学生自己做好和完成的事情,聋人学校教师也常常要为聋人学生代劳代庖。大多数聋人学生家庭离学校距离遥远寄宿在聋人学校,聋人学校教师除了教书育人之外,还担当了很多家长的管理和教养责任。

面对聋人学生,手语毕竟难以像口语那样充分自如地表达;学生领会理解接受力弱,因此聋人学生文化知识进步较慢,步履维艰。知其一不知其二、缺乏想象反馈、不能举一反三,学习非常被动。聋人学校教师给聋人学生授课犹如带着蜗牛前行,深有一种一腔热血或满腔热忱梗阻在胸、憋闷在心,难以倾吐的感受,承受着长期的心理压抑。面对各个方面发展缓慢滞后的聋人学生,聋人学校教师的教学工作不单单是长善救失,而是以救失为主。教师需要积储更多的爱心、调适更多的耐心、设置更多的细心、创设更多的办法教育学生,这是一种身心更大更多、更强的投入。对比普通学校,聋人学校教师犹如逆水行舟、老牛拉磨般在贫瘠的土地上年复一年、日复一日辛勤孤独地耕耘、播种、浇水和施肥,却难见花开或花开易落,以更长的时间去等待自己的教育结果,付出和收获差异悬殊,每一点教学成效要比听人学生体验多得多的反复、等待、拖延、消磨,教师深有一种自己磨损精力体力,蹉跎岁月年华、消耗生命的感觉。

长期与相对封闭环境中成长、文化基础较差、缺乏上进心、使用手语说话的聋人学生交流,等于隔绝了教师与正常主流社会的联系,时间长了会使聋人学校教师在知识储备、言语表达能力、专业能力、综合素养等方面逐渐退化、逐渐落后于社会常规水平。聋人学校教师说:"时间一长,比起外面,语言功能、思维都退化了。""都快变得跟这里的学生差不多了。""老师自己都局限了,总感觉得与外界有点隔绝了。"

聋人学校是一个比较冷僻的单位,又由于工作对象是与众不同的用手语交流聋人学生,因此聋人学校比起其他单位显得与世隔绝、生活单调、机遇很少。教师在聋人学校默默无闻地辛勤耕耘,在社会上显示度较低,难有什么显耀的光彩可圈可点,难以创造出什么辉煌的成绩,难以体验到什么特别精彩的经历,难以碰到受人喝彩追捧的机缘。长期在聋人学校教书断绝了教师与外界的关系,聋人学校教师常有在聋人学校"山中方数日,世上已千年"的感受和喟叹。每个人都有希冀自己不断发展、改变现状、追求卓越干一番轰轰烈烈事业的愿望,而这些相对于在聋人学校工作的教师较难。聋人学校教师终其工作生涯平淡无奇,也就是默默地走来奉献一生,再无声无闻地离开。

近年来聋儿电子耳蜗植入渐渐普及,大中城市优质聋儿越来越多地进入普通学校就读,这等于将聋儿筛选了一遍。能跟普通学校随班就读的多是素质较好的聋儿,剩下前来聋人学校就读的聋人学生更多地来自耳病严重、智力发育较差者,或多为边远地带、农村地带、贫困阶层,聋人学校教育和教师教学变得越来越艰难,聋人学校教师愈益陷入更加艰难的处境之中。笔者所在的聋人学校是西北地区最大城市的省会聋人学校,也是西北地区聋人高考升学率最高的聋人学校。笔者任这所聋人学校教师三十年,初到学校工作时感到聋人学校学生素质还不错,差生比率略高于普通学校,约为 20%～30%。但随后逐年差生比率不断上升,近年差生比率甚至可达到 60%～70%。我初到聋人学校给学生是如实以作业质量打分(美术评分以作业为主),后来改为只要学习态度认真,作业不理想也给及格,后来又改为只要人在教室哪怕装样子学习,有作业无论乱好坏也给及格,直到现在不学习无作业甚至经常旷课也得给及格,否则就会出现大面积不及格,更易打击本来心理就比较脆弱的差生。普通学校教师是引导、鼓励、鼓舞和鞭策学生进步,在聋人学校从事教育教学的教师的感受则大多情况下是背着、抱着、搀着、推着、拖着聋人学生前行。

聋人学校是一个相对特殊的机构,视野狭窄很多,活动圈子狭小,生活更加单调,心情较之普通学校更加容易孤闷。表面上,聋人学校教师收入有国家规定的特殊教育补贴,但实际上普通学校因为生源多、资源丰富,教学条件好,教师的福利待遇和个人收入比聋人学校教师高。长期从事聋人教育工作,教师逐渐与社会隔离,教师的人际圈子狭小低质,一生没多少对自己、对家庭、对生活有帮助的朋友,潜在地加重了聋人学校教师的生活困难。聋人学校教师工作对象是特殊的聋人群体,其工作能力和从业经验对其他行业意义不大,不易于形成社会需要的个人优势,与外界流动和职务攀升改变的可能性更小,因此聋人学校教师个人发展余地比较狭窄,容易产生没有前途之感。

普通学校学生成材率远远高于聋人学校,学生毕业后甚至成为领军人物和权重人物,使得普通学校教师职业成就感较强;聋人学校的聋人学生毕业后绝大多数生活在温饱线上,平庸平常,基本难有杰出人物,聋人学校教师的职业成就感也因此远远低于普通学校教师。

我是一个有三十年聋人学校教龄的教师,如果问我三十年教龄有什么感受要对大家说的话,我会说:"每位聋人学校教师都是无名英雄。"如果问我将来退休时有什么愿望,我会说:"我离开聋人学校时,向全体教师九十度三鞠躬。"我更会向每一个问及聋人学校的人强调:"请您要格外善待敬重聋人学校教师。"聋人学校不仅是培育聋人学生的教育机构,而且也是帮扶弱势群体的慈善机构。正是他们,劝人向善慈爱为怀;正是他们,为聋人学生撑起一片蓝天;正是他们,把阳光播撒在聋人学生心田;正是他们,为社会减轻

了负担;正是他们,为家庭分担了忧愁;正是他们,默默无声扶助弱者成才;正是他们,帮助聋人学生自强自立;正是他们,筑起聋听之间的爱心之桥。要深深感谢聋人学校教师,正是他们,把自己个人的发展压缩到最低限度,展示出坚守良知、甘于清贫的更加真正不求回报、甘为人梯、无私奉献的感人形象。

5.9 当前聋人学校需要怎样的变革和提升?

我国经过第一期特殊教育提升计划(2014—2016 年)和第二期特殊教育提升计划(2017—2020 年),聋人学校得到了很大的改观。全国各地聋人学校告别了贫穷落后面貌,不少地区的聋人学校经过整合搬入宽敞摩登的新校园,国家和省市加大了对特殊教育的领导和师资培训;省级城市聋人学校行政级别提高成为当地特殊教育指导中心,一些地区的聋人学校环境和条件直逼甚至超过优秀普通学校;各地聋人学校教学新方法、新尝试搞得轰轰烈烈,越来越多的硕士学历年轻教师进入聋人学校执教……

特殊教育的提升确有助于推升教育的提高。高学历教师确实在各个方面的能力显得更强;口语—书面语电脑自动转换显示设备打破了聋人学生听觉障碍;视觉可视化程度大幅度提高加大了聋人学生信息吸收数量和质量;智慧教室运用现代化手段切入整个教学过程,让课堂变得高效、智能,有助于开发聋人学生自主思考与学习能力;聋人学校校园电子阅览屏打破了聋人学生的封闭状态;图书室条件的改善拓宽了聋人学生的视野……

但是,发展实际上也是有质和量的区别,不同的发展模式是不在同一个量级和质级上的,不能仅仅以是否发展了一概而论。社会各行各业有的发展是引领社会、走在社会前头的发展领头羊,扎扎实实地推进了社会的发展;有的发展是与时俱进、紧跟时代、不甘落后的发展,维持了社会发展的速度;有的发展是迫于大势所趋、被社会发展洪流的推助、帮助和扯拉,免拖发展后腿的发展;有的发展是他人发展百步甚至千步,自己才发展一步两步的发展。全国除了一些地区发展较好的聋人学校外,大多数聋人学校表面上也搞得轰轰烈烈、认认真真,看起来似乎也踏踏实实,但对聋人教育的内核改革力度不大甚至依然没有触及,依然是或避重就轻,或步人后尘,或我行我素,或观望他人,或热衷于形式的表面发展。

相较普通教育,聋人教育不仅一直十分落后,而且更是缺乏主流社会的关注。随着改革开放,社会的高速发展和国家的重视,聋人教育迎来了关心渐多、支持渐强、快速发展的大好时机。但是长时期历史对聋教育的欠账,不是一下子能补齐补全的;尤其是对待聋人和聋人教育在政策上和制度上,受社会观念、定势思维等因素影响深重,也不是一下子就能烟消云散的;改革开放后社会巨大发展推助的正确聋教育学术思想,不是一下子就能推广实现到聋教育实践中的;各级教育主管部门领导少有特殊教育出身,对聋人教育的透彻了解和革新意识与聋人教育的改革需要还有着有很大的距离。聋人学生听力言语障碍加文化较低造成反馈渠道阻滞,聋人教育实情比较隐蔽不易察觉;电子耳蜗植入术筛选走优生将差生留给聋人学校的新情况……以上种种原因导致聋教育问题依然很多甚至非常严重,甚至可以说积重难返。

普通中小学有着政府和教育部门比较严格的监管和督导,普通学校学生没有听力言语障碍,容易了解教育实情。而聋人(特殊教育)学校往往成为教育部门监管督导的盲点,这是因为上级教育部门责任人罕有特殊教育背景、更不太了解聋人教育并且不会手语,因此无法深度了解聋人学生,只能看到聋人学校表面状况。这样一来,聋人学校更易走向避难趋易、避重就轻、报喜不报忧、政绩至上的,模仿普通学校而与聋人学校聋人学生需求相离的表面繁荣和忽视其里的形式主义、务虚主义和取巧主义的偏道。

上级教育部门对聋人学校更加需要监管和督导的应该是:①教师手语水平和手语授课质量;②如何纠正教师手势汉语与聋人自然手语的脱节;③如何补足聋人学生家庭教育缺失;④如何加强聋人学生的手语交流;⑤如何扩展聋人学生信息获得渠道;⑥如何营建聋人学生手语无障碍学习和生活环境;⑦如何针对性地对聋人学生的需要和缺陷进行教育;⑧如何为聋人学生建立较高的参照目标和人生榜样;⑨聋人学生如何补足和拉近与普通学生的差距。

聋人学校总是让人感到是表面的和被动的发展,而不是主动的和根本的变革;总是感到形式主义过多,务实主义太少;总是感到华而不实,装饰成绩的表面过多,而针砭弊病的实质太少;总是感到是换皮不换瓤、换汤不换药的发展,而不是聋教育界有识之士希望看到的聋人学校内部根本的改变和质的发展。总的来说,聋人学校的教育偏离聋人学生需要,聋人学校教师教学付出损耗较大,聋人学校的教育机制不够顺畅,聋人学生的素质问题层出不穷,聋人学生与听人学生的差距很大,聋人学生与高等学校的期望值和社会的需要距离依然很大……

台湾师范大学特殊教育专业林宝贵教授说:"世界的聋教育,事实上就是一部语言沟通与语文教育的发展史。"①对于聋人来说,听力损失所引起的最大问题就是语言沟通的问题。语言沟通问题解决了,聋人其他的教育问题、学业问题、情绪问题、社会适应问题自然迎刃而解。聋人学校无论教学环境和硬件设施怎样改善,聋人教育的根本问题不会改变。聋人学生的根本问题是耳聋造成接受外界信息受阻以及由此带来的心智成长和

171

① 张宁生.由"双语"引出的话题[J].现代特殊教育,2003:2.

文化学习的影响,那么聋人教育需要解决的依然是不惜一切代价开拓聋人学生信息渠道,以尽可能减少耳聋对聋人学生造成的损害,使聋人学生尽可能接近听人学生水准的发展。

5.9.1 聋教育观念革新及其制度建设

国家教育部门需要组织和集中全国聋教育专家,在全面调查和征求意见(特别强调专家组和被征求意见者必须有相当比例的聋人学者、聋人教师、聋人大学生、社会聋人)的基础上,把脉开方,扭转聋教育狭隘、偏颇、脱节等问题,制定出符合聋教育规律的政策和制度,查缺补漏地扭转聋人学校虚华现象,为聋人学生的进步做一些有针对性和促进性的实事。主要有以下方面。

(1)制定出符合聋人教育需要的语言政策。停止20世纪50年代至今没有明令改变的聋教育"口语教学法"单一模式,在口语、手语和书面语综合交流方式下,确定手语交流的地位。提倡融合教育、双语教育、差异教育等。

(2)制定出聋教育学校中聋人教师和聋人领导的参考比例,并将培养聋人教师纳入高等师范教育培养体系,以保证聋教育学校对聋人教师的需求。

(3)对聋教育学校如手语教学、双语教学、手语学习和培训、手语活动等做出规定。

(4)建立特殊教育教师资格认证制度,聋人学校新教师必须在手语等级、聋人教育理论和教学技能上有入职标准。

(5)制定聋教育学校教师业务考核水准评价体系。如手语水平、手语授课水平等,并纳入考核和专业技术职务评审。

(6)制定有利于聋教育学校教育规律和聋人学生成长规律的考评标准,使聋教育学校避免惯性地进入务虚的政绩至上形式主义管理方式。

(7)由于聋人学生多数家长不会手语造成家庭教育严重缺失、聋人学生就学的聋人学校(特殊教育学校)比较封闭、聋人学生文化知识发展较慢基础较差、聋人学生接触主流社会机会较少等原因,导致聋人学生学习习惯和生活习惯很差、生性散漫慵懒、学习惰性严重、缺乏积极进取追求卓越的精神,思想和品质问题更多。因此教育部需要组织专家编写一套适合聋人学生的思想教育教材以及配套手语和字幕演讲视频。

(8)由于各个聋人学校(特殊教育学校)缺乏甚至没有聋人教师,聋人学生手语发展起点晚进步慢,是影响他们学习进步的一个因素。因此教育部应该在国家通用手语研究的基础上,编写一套聋人学校小学的手语教材及其相应的视频,以促进他们的手语交流较快提高。手语教学应该尽可能由聋人教师担任。

5.9.2　提倡融合教育

"南橘北枳"这个典故告诉了我们,环境对于人成长的影响非常重大。"近朱者赤",在接近主流社会的教育环境中,聋人学生也会自然而然地接近主流社会的教育目标。在远离主流社会封闭的教育环境中,聋人学生会出现偏离主流社会,变得狭隘、自守、上进心不足等问题。新加坡前些年已经取消了聋人学校,聋人学生完全分散到普通学校融合就读。广州市启聪学校(聋人学校)与广州实验教育集团花城实验学校联合进行了创造性的有益尝试,学校同时招收听人学生与聋人同校上学,2017 年 12 月 15 日《中国教育报》以整版对此进行报道。北京市启暗实验学校、常州市中吴学校(原常州市聋人学校)学前教育招收听人幼儿;杭州市文汇学校(原杭州市聋人学校)、徐州市特殊教育学校也进行了类似的尝试。这一模式值得各地聋人学校学习和探索,聋人学生可以在听人学生身上学到很多在聋人学校学不到的品质和素养,会有力地促进聋人学生的发展与进步;也能从小培养听人对聋人的容纳,促进聋人与社会的融合。

5.9.3　提倡双语双文化聋教育

1970 年,马萨诸塞州福雷明罕(Framingham,Massachusetts)成立聋人学习中心,实行双语双文化教育。经过十多年发展取得了显著效果后,形成了一个双语双文化聋人教育运动,之后有几十所聋人学校纷纷加入并效仿。挪威、瑞典、丹麦等国家,政府已经明文规定聋人学校实行双语教育。紧接着,我国台湾、香港、澳门地区都积极实施双语双文化教育。21 世纪初双语双文化聋教育在我国试行了十多年,在我国聋校教育中取得了一定的发展和成绩。但是从全国范围来看,目前双语双文化聋教育实验学校仅仅二十多所。时至国际聋教育双语教学浪潮奔涌而来,在聋教育学术交流对双语双文化聋教育呼声日高的今天,全国两千多所聋人学校(含特殊教育学校)对双语双文化聋教育依然未高度重视,这一情况亟须改变。

5.9.4　积极吸收合适比例的聋人教师甚至聋人领导

我国聋人学校自 19 世纪 50 年代实施效仿苏联"口语教学法"聋教育方针后,随着聋人学校里的聋人领导和聋人教师比例逐渐减少,聋人学校里来自聋人对聋人教育的声音逐渐微弱,聋人学校逐步变成了全部由听人管理的聋人学校。这样的聋人学校不接聋人"地气",偏离聋人学生的成长需要,尽管改革开放后,聋人学校引进了一些聋人教师,但由于聋人教师数量微小,更没有使聋人教师的作用得以显现。同时聋人教师没有进入聋人学校的决策层,来自聋人对聋人教育的意见依然难以被聋人学校注意到。在聋人学校,积极吸收合适比例的聋人教师甚至聋人领导,意义重大:聋人教师是支优质手语队伍,是听人教师学习与聋人交往的范本;聋人教师是聋人学生学习聋健交往的样本;聋人教师是聋人学校沟通无障碍的最好检验员;聋人教师是激活教师手语学习的助剂;聋人教师是增加聋人学生信息密度的重要部分。

5.9.5 建设手语无障碍校园

美国加劳德特大学有一条大家都自觉遵守的规则:无论听人还是聋人,在校园里都必须使用手语交流,哪怕是听人和听人之间谈话也要如此,以便聋人知晓其情并且可以随时加入交流。这一深入聋人人心的规则早已扩展到全美各地聋人学校。笔者在美国聋人学校当教师的朋友发来有关图片显示,他们的聋人学校校园里立着提示牌(图5-17):"Kentucky School for the Deaf:Please Use Sign Language While on Our Campus(肯塔基聋人学校:校园内请使用手语。图5-17a)""Minnesota State Academy for the Deaf:Sign Language Used Here(明尼苏达聋人学校:这里使用手语。图5-17b)""Metro Deaf School:MDS Is ASL Environment. Please Sign at all Time. (麦德龙聋人学校:MDS是美国手语环境学校,所有时间请打手语。图5-17c)"。而在国内聋人学校,似乎只有上课和与学生有关的事情教师才使用手语,而其他事情就与聋人学生绝缘了。但是,课外也是一个重要学习渠道,拓宽着每个人的视野和信息。只有手语交流任何时候畅通无阻,才能尽可能给聋人学生带来更多的信息。只有给聋人学生带来尽可能多的信息,才能过尽可能促进聋人学生的发展。

图5-17a

图5-17b

图5-17c

图5-17 美国聋人学校提示牌

5.9.6 激活手语交流

语言是交流的工具,人的一切活动依靠语言交流、沟通来实现。既然聋人学生的问题是听力造成的语言障碍,聋人学校就要以疏通语言渠道为第一要任,不遗余力地疏通聋学生语言阻碍。2018年6月长春大学"中美聋人教育和发展论坛"会议中,美方荷华州聋人学校校长全程用美国手语演讲,以显示自己的手语水平和手语无障碍对聋人校园的引领。美国加州佛利蒙特聋哑学院听人院长亨利·克劳平(Hengry Klopping)博士的手语流利精彩程度与聋人不分伯仲,以至于他的聋人学生赞美他是位耳朵听得见的聋人。我国各地也有这样手语熟练的领导和教师,但是整体来看,手势汉语垄断了聋人学校,与能达到全体教师员工手语熟练的水准还相去甚远。很多学校让不会手语的新教师一进校门就给聋人学生上课,他们的手语让聋人学生非常费解。也有相当多教了十几年甚至二十几年聋人学生的教师手语还不达标。这样一来聋人学校的教育质量肯定会打折扣。聋人学校不单单教师和领导要熟练掌握手语,聋人学校后勤、生活教师、食堂人员、门卫等也应该熟练掌握手语。

5.9.7 加强聋人学生家长教育

聋人学校最大的教育问题之一是家长参与程度很低,聋人学生缺乏家庭教育。由于聋人学生的居住地通常很远也非常分散,非常不易集中,因此聋人学生家庭教育这个问题,聋人学校领导和教师也感到非常棘手。但是任何困难都不是绝对的,只要努力想办法,是可以尽量补足这块短板的。比如:教育部门制定聋人学生家长守则;聋人学校编制中、低、高年级聋人学生家长手册,指明聋人家庭教育的方法、策略和要点,要求家长努力做到;建立家长培训公众号,经常发布一些家庭教育内容;编写一些家庭教育手语资料散发给家长,吸引聋人学生给家长学习手语;花点精力开学第一天和期末最后一天举办给家长举办精彩的家庭教育活动,等等。

5.9.8 校园建设引进聋人文化

假如让聋人学生和教师停止用手语交流的话,大多数聋人学校几乎与普通学校无异,很少能见到聋人文化痕迹,无法分出普通学校和聋人学校的区别。其实聋人文化独有的特色和丰富的内涵,是聋人学校难得的校园文化资源。聋人学校应该突出聋人特点、加强聋人文化宣传。如:聋人历史、聋教育历史、聋人手语、聋人英杰、聋校历史,等等。在聋人学校活动中,也宜增加聋文化特色内容如:手语诗、手语舞、手语剧、手语美术、手语雕塑、手语电影、手语演讲,等等。

5.9.9 关爱聋人学校教师

聋人学生由于听力和言语障碍以及因此造成的智力发展滞后,教育起来是非常不易的事情,聋人学校教师的生命和精力犹如被黑洞吸走般的感觉。同时聋人学校平淡无奇、少有波澜、难有出彩的机会,很少能接触到外界日新月异的精彩。时间长了会使聋人学校教师产生沉闷压抑、欲语难言、语言退化、与世隔绝、没有前途、难以发展、跟不上时代等感受。因此教育部门和聋人学校领导要善待教师,关心教师、爱护教师,多设身处地想想聋人学校教师的不易,积极改善教师工作和生活条件,将评优、提资、选拔、荣誉、奖励的机会多留给一线教师,多为教师寻找和创设职业发展、成功和出彩之路。

6 / 聋人文化 Deaf Culture

有一个国家，在那里每个人都是聋子。

——[美]伊利亚·卡明斯基(1977—)

有聋人群体存在，就会有聋人文化。如聋人历史、聋人文物、聋人文艺、聋人人物、聋人遗迹，等等。由于聋人文化内容较多且资料分散，不易搜集，分析研究起来更加不易，这里挂一漏万地介绍一下笔者力所能及搜集的聋人文化素材。

6.1　聋人手语

使用手语交流是聋人群体最显著的特征，作为聋人交流语言的手语也必定因此成为聋人文化的核心。

印度 2006 年起发行了一套 1RUPEE（卢比）、2RUPEES（卢比）和 50PAISE（派司）三枚手势硬币，面值除了数字和文字外，配以相应手势（图 6-1）。尽管这三枚硬币不是针对聋人专门发行的，但也是目前所知全世界唯一一套手势图案的硬币，有着明显的聋人文化意味。

图 6-1　印度手势硬币

为纪念世界聋教育之父、法国巴黎聋童学校创始人莱佩 306 年诞辰。2018 年 11 月 24 日，谷歌网站主页发布了附有法国字母手势的涂鸦纪念抬头（图 6-2）。

图6-2　谷歌涂鸦法国手指字母抬头

另外还有其他有关聋人文化的文创产品，如图6-3～图6-11所示。

图6-3　海尼克聋人学校200周年首日封

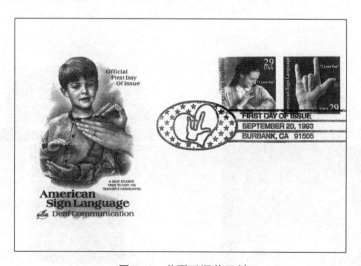

177

图6-4　美国手语首日封

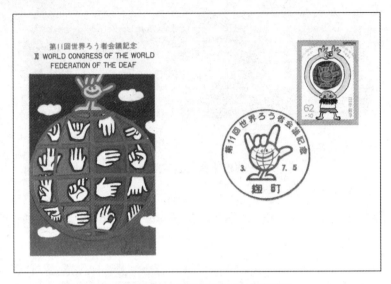

图6-5 第11届世界聋人大会明信片

图6-6 国际手势"我爱你(ILY)"饰品　　图6-7 耳模(助听器封闭耳道用)耳坠

图6-8 手语文化T恤　　　　　图6-9 不列颠手语字母T恤

图6-10　韩国手语数字时钟

图6-11　联合国发行的《千手观音》邮票

6.2　聋人文学和诗歌

有聋人,就会有聋人文学。2002年7月美国华盛顿举行的"第二届'聋人行'(DEAF WAY II)世界聋人艺术和学术博览会",出版了《聋人行选集——聋人作家文学作品》(*The Deaf Way II Anthology, A Literary Collection by Deaf and Hard of Hearing Writers*)(图6-12)。从1937年聋人创办的、仅仅出版了12期的聋人杂志《瘖铎》可以看到一些聋人作品。1980年创办的《中国聋人》和后来改刊为《盲聋之音》且再次改刊为《中国残疾人》的杂志也刊登着一些聋人作品。在零散的聋人出版著作中,也可以看到聋人的文学风采。电子通信时代的微信、微博、博客和一些网站也可以看到越来越多的聋人文学作品。

在我国,非手语者的聋人群体中蕴藏和产生着一些聋人诗人,个别聋人诗人取得了相当出色的创作成就。例如,赵鸿伟(浙江)、梁亚军(陕西)、左右(陕西)等,他们均在中国作家协会《诗刊》上发表过作品,被当地省级作家协会吸收为会员。少数文化较高的老年手语者聋人曾受到旧式教育和家庭环境的影响、会作律诗和填词,个别诗作词作异常精彩,如余淑芬、吴明哲、邢思斌、徐维秋,等等。2009年安徽阜阳聋人邢思斌将搜集到的这些诗词作品编写为《锵声——中国残疾人诗词选集》,在中国社会出

图6-12　《聋人行选集——聋人作家文学作品》

版社出版。手语者聋人不会说话,用手语交流,应该比非手语者聋人更加压抑一些,但很少能见到他们创作诗歌。这可能是与他们生活处境比较艰难、文化基础较差、缺乏诗歌创作引导等原因有关。

在欧美发达国家,聋人诗歌出现很早,并且非常兴盛。欧美不仅有众多的聋人诗人、诗歌网站,纸质诗歌出版作品,而且他们把聋人诗歌细分为直接以手语表达的诗歌视频、聋人和重听人创作的诗歌、有关耳朵的诗歌、有关聋人生活经历的诗歌、有关聋人文化和手语的诗歌,等等。《美国聋人年鉴》(*American Annals of the Deaf*)1884 年卷收录了爱德华·迈因纳·加劳德特(Edward Miner Gallaudet)发表在《哈泼斯杂志》(*Harper's Magazine*)(《哈泼斯杂志》创刊于 1850 年,是仅次于美国持续发行时间最长的《科学美国人》的月刊,内容涵盖文学、政治、艺术等多个方面的杂志)的文章《聋人的诗歌》(*The Poety of the Deaf*),介绍国立聋人学院(加劳德特大学前身)聋人学生的诗歌创作,并推介了 19 位来自不同国家的聋人诗人,向人们展示了全世界范围内聋人诗歌创作成就。[①] 随着智能手机的普及,手语诗逐渐传入我国,国内张鹏、季谦等聋人做了有益的尝试,其中张鹏做出了较大的成绩。令人欣喜的是苏州市善爱手语公益服务中心邀请了奥地利华裔聋人倪大伟为大家介绍外国手语诗歌,2019 年 8 月 30 日举办了"第一届手语诗歌创作大赛",涌现出了很多出色的手语诗歌作品,促进了我国聋人手语诗歌的发展。上海大学中国手语和聋人研究中心倪兰教授 2020 年在复旦大学出版社推出了手语版《中华经典读本(一)》,用优美的手语表演了 25 首古代诗词,将我国手语诵读诗词推进了一大步,其可作为文艺表演借鉴,也推动了聋人学校古诗词教学。

多萝西·迈尔斯(Dorothy Miles, 1931—1993),生于英国威尔士北部,8 岁的时候因患脑脊膜炎失去听力。1946—1950 年,她在玛丽黑尔聋人语言学校(英国唯一一所聋童语言学校)上学,学校里鼓励使用英语,几乎禁止手语。她和其他聋童学会了英国手语,却只能偷偷使用。1957—1961 年,她来到了美国加劳德特学院(现加劳德特大学)学习英国文学,大学期间她接受了系统的诗歌创作教育,可以用英语创作散文、诗歌等,并掌握了英国手语和美国手语。1967 年,她加入刚刚成立的美国聋人国家剧院(National

180

---

① 贾振峰等.美国手语作品早期发展探究[J].绥化学院学报,2015:10,31-33.

Theatre of the Deaf)，成为一名演员，发现手语也可以遵循诗歌的规律，于是开始尝试手语诗歌创作。起初，她是将自己以前的英文作品翻译成手语诗歌，后来她开始直接用手语进行创作，为文学增加了新的载体。她去世后，英国成立了以她名字命名的多萝西·迈尔斯文化中心（Dorothy Miles Culture Centre）。

　　伊利亚·卡明斯基（Ilya Kaminsky，1977— ），出生于苏联（现乌克兰）奥德萨（Odessa）市的一个犹太家庭，4岁时因医生误诊而失去听力。卡明斯基有着异常曲折起伏的人生经历。他的祖父在斯大林时代被镇压枪毙，祖母被判刑20年并被遣送到西伯利亚古拉格劳改营挤牛奶，1岁的父亲维克特被送到孤儿院。父亲的外祖母坚强地从一列一列火车顶上跳过，穿过大半个苏联，把父亲从孤儿院里"偷"了出来。卡明斯基儿童和少年时代又经历了邻国摩尔多瓦的独立战争和苏联解体的巨大冲击。苏联解体后，反犹浪潮掀起，全家倍受磨难。1993年他16岁时，父亲带着全家以难民身份辗转来到美国纽约州的罗切斯特市，又经历了多舛的流浪和新环境的排异。一年后父亲去世。

　　卡明斯基12岁开始发表散文和诗（以俄语写作），出版过小诗册《被保佑的城市》。他后来用英语写诗，2002年小诗册《音乐疗法》一问世即获得好评。2004年《舞在敖德萨》（Dancein Odessa）是卡明斯基的第一本诗集，一出版便斩获美国6项文学大奖。美国艺术与文学学院麦卡夫奖授奖辞说："这位年轻诗人为英语带来了阿赫玛托娃、曼德尔施塔姆以及茨维塔耶娃的遗产，但同时他的诗歌语言同明天的广告语一样新鲜，同民间音乐一样令人感到熟悉。卡明斯基的想象力是如此具有蜕变性，令我们的共振带有同等的悲伤与欣喜。"美国曾有位伟大的苏裔美籍诗人布罗茨基，卡明斯基从此就被誉为"小布罗茨基"，是曼德尔施塔姆、茨维塔耶娃、策兰、布罗茨基的传人。《舞在敖德萨》里有句名言是："失去听力后，我开始看见声音"。

　　卡明斯基第二本诗集《聋子共和国》（Deaf Public）是一部童话诗，"有一个国家，在那里每个人都是聋子。"由于这本诗集还没有汉译本，目前无法了解其具体内容。卡明斯基是身居世界主流社会的著名聋人诗人，以其家族和自己艰难多舛的经历锻炼出来的思想、静观默察发展出来的敏锐和富有穿透力的写作能力，耳聋与外界隔离保留的童心，以耳聋人的身份创作了被世界欣赏的大量诗歌作品。

张鹏（1974—2019），1996 年毕业于湖北美术学院服装设计专业。在武汉音乐学院宣传部任职，后期成立了金羽鸟艺术服饰公司，任公司经理、服装设计师。1992—1995 年加入中国残疾人艺术团，赴欧洲、东南亚、澳大利亚等国家和地区演出。2003 年当选为"湖北省自强模范"。2005 年自编自演哑剧小品《情系奥运》，荣获湖北省残疾人艺术会演一等奖，荣获全国第六届残疾人艺术会演表演金奖。2011 年起担任国家通用手语词汇研究课题组成员，参与了《计算机常用词通用手语》《体育和律动常用词通用手语》《国家通用手语常用词表》《国家通用手语词典》等手语书籍的研究工作，参与国内各地手语相关研讨会议，创造了一系列手语词汇，丰富了中国手语词库。

2016—2018 年，张鹏受欧美手语诗影响，在中国率先潜心研究手语诗，在中国各地聋教育和手语相关会议等活动中进行手语诗表演，成为中国手语诗第一人。2018 年 7 月 18 日受邀赴韩国国家语言院进行手语诗讲授及表演，因其手语风格独特，表达感染力强，被赞誉为"他的手语是有灵魂的"，被国内手语和聋教育界誉为"手语魂"。他让手语走近艺术，将手语推上了表演艺术。"上帝按下了静音键，他却用手发声。"这句话似乎是对张鹏老师的生平最好的诠释。

6.3　聋人美术

聋人用眼睛观察感知外界，生活对于他们来说，每天睁眼起床，就如同开始在看卓别林的无声电影，直到晚上上床闭眼睡着为止。这使他们仿佛生活在隔离于尘世社会之外的玻璃无菌罩里，形成了奇特的感知、奇特的思维、奇特的眼光、奇特的表达。所以，有时个别聋人绘画非常奇特、古怪，下笔如有神助，宛如天外来客。这里，主要介绍一些富有聋人文化意味的聋人画家及其作品。

瞿溢（1967—），江苏南通人。他自幼喜爱美术，4 岁即开始画画，12 岁作品在美国展出。1990 年毕业于长春大学特殊教育学院中国画专业后，在南通博物苑工作。他 1999 年参加捷克布拉格"第五届国际残疾人技能竞赛"，2003 年参加印度新德里"第六届国际残疾人技能竞赛"均获得丝绸手绘项目银牌。瞿溢看了 70 多集的电视连续剧《甄嬛传》，又看了 6 本长篇小说《甄嬛传》，自编 20 集内容，并根据多年搜集的宫廷和服饰资料，绘制完成了连环国画《甄嬛传》。瞿溢任江苏省美术家协会会员，2002 年上海人民美术出

版社出版了《瞿溢画集》,2014 年上海人民美术出版社出版了《瞿溢画集(二)》。他根据
2005 年 2 月 9 日在中央电视台"春节电视联欢晚会"上 21 位聋人女演员舞蹈表演《千手
观音》创作的中国画作品《千手观音》(图 6-13),再现了聋人舞动双手的优美的身段和舞
姿,其如蝶如鹤盈盈翩翩,是一幅具有中国画特色的聋人经典美术作品。

图 6-13　瞿溢及其作品

　　卓克·巴德(Chuck Baird, 1947—2012),美国聋
人,居住在亚利桑那州凤凰城(费尼克斯),1974 年在罗
切斯特理工学院获得艺术学士学位。他曾在美国国家
聋人剧院做过许多年演员和场景设计,之后一直致力
于创作聋人手语题材的绘画作品。他的作品以超现实
主义手法巧妙地把美国手语手势和自然形象结合在一
起,创意高超,特色鲜明,扩大了聋人手语的影响、增强
了聋人文化的实力,丰富了油画的表达内涵,使聋人手
语美术作品在油画领域争得了一席地位(图 6-14,图 6
-15)。他曾在各个聋人学校短期教学,被罗切斯特理
工学院聋人工学院和加劳德特大学邀请举办画展,为

学校创作聋人题材的壁画。1993 年在 *Down Sign Press* 出版了个人画集。2002 年任"第
二届'聋人行'(DEAFWAY II)世界聋人艺术和学术博览会"文化艺术顾问,同时在美国
国家动物园展出了"动物手势(Animals Sign)"个人油画展。

图6-14 鳄鱼(油画) 卓克·巴德

图6-15 绘画(油画) 卓克·巴德

托尼·麦格雷戈(Tony McGregor,1958—),美国聋人,生于德克萨斯州,自幼习画,先就读于加劳德特大学后转入特克萨斯大学获得学士学位,活跃在当地聋人组织,通过众多的学科学习,在德克萨斯大学获得博士学位,最后逐步成为专职艺术家。他把美国手语手势和印第安民间图案结合在一起,用电烙铁烙绘在开口的葫芦上,成为图案造型奇特、古朴,效果富有聋人文化意味的案上艺术品(图6-16)。

图6-16 手势乌龟(葫芦烙画) 麦格

卢新达·穆赫兰道(Lucinda Mulhollanda),英国人,伦敦艺术大学中央圣马丁学院(Central Saint Martins,University of the Arts London)工业设计系硕士。她一出生就是严重的耳聋患者,很早就戴上了人工耳蜗。穆赫兰道设计了一些别致、个性化的产品。在2017年的毕业作品展览上,她呈现的项目是一系列时髦的助听器设计,目的是让人们摆脱对佩戴者残疾身份的联系,让原本的听力辅助装置变成独特的时尚装扮(图6-17)。

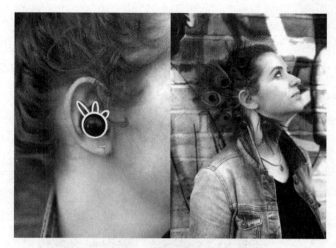

图 6-17　时尚助听装置和电子耳蜗器外观

6.4　聋人演艺

在中国,谈及聋人演艺,大家必说聋人舞蹈《千手观音》。这部张继刚导演的聋人舞蹈风格独特,场景惊异,震撼人心。《千手观音》2004 年上了残奥会,2005 年上了中央电视台春节联欢晚会,名声响彻全国,在欧美顶级剧院演出,联合国发行了邮票。此外,每五年一度的全国残疾人艺术会演也展示着聋人高水平舞蹈和演艺作品。但是专门的聋人演艺组织和聋人演艺节目还有待发展。聋人演艺要拓宽种类,不宜仅仅局限在舞蹈,比如四川南充聋人岳鑫的川剧变脸、北京聋人冯刚的手语相声、西安聋人铁锋的卓别林秀等,需要扶持。

在外国,聋人演艺很有聋人特色,且有着聋人自己的演艺团体。笔者曾观看过俄罗斯聋人演出的诙谐幽默的木偶剧。1965 年在美国联邦政府卫生、教育和福利部门的拨款帮助下,于 1967 年在康涅狄格州沃特福德(Waterford, Connecticut)成立了国家聋人剧院(National Theatre of the Deaf)。国家聋人剧院成立后,剧作迭出,每年都在全国巡回演出,成立后 19 年就演出了 3000 场。经过不断改进,演出越来越富于聋人特色,1977 年获得美国戏剧奖 Tony Award(托尼奖),1984 年在洛杉矶奥林匹克运动会艺术节演出。美国国家聋人剧院演出的足迹遍及欧洲主要国家甚至南斯拉夫和列支敦士登,加勒比海沿海国家甚至古巴,澳洲澳大利亚和新西兰,以及亚洲印度、以色列、新加坡、日本、泰国、韩国和中国。帮助或促使英国、法国、瑞典、澳大利亚和日本等国家建立了聋人剧团,帮助外国培训聋人演员。

1986 年 4 月 28 日—5 月 20 日,在中国戏剧家协会和美中艺术交流会的主办下,美国国家聋人剧院在北京、广州、杭州、南京和上海巡回义演(图 6-18),演出了《竹林之谜》《别了,我的老伙伴》《美国寓言故事数则》等。演出门票收入全部捐赠给中方以推动中国聋人演员的培养和聋人演艺事业的发展。

图 6-18　美国国家聋人剧团访华演出节目单

6.5　聋人电影

由于听人以绝对优势占据着社会文化主导权,电影作为一种大众文化媒介,其制作成本高昂,远非聋人力量所能及。因此,绝大多数聋人题材电影和聋人形象表明听人对聋人生活的理解。随着现代数码技术和互联网的发展,使拍摄和传播电影更为容易,现在聋人题材的电影日渐增多,尤其是私人组团拍摄的聋人内容的视频故事产出很快。由于电影属于视觉艺术,更为聋人所喜闻乐见,国际上经常组织世界聋人电影节、亚洲聋人电影节、香港聋人电影节等活动。美国加劳特德大学于 2009 年 11 月 4—7 日举行了第一届国际聋人电影节。

2017 年 5 月,聋人郑小三导演,制片人陈玲琳、摄影师陈洋,以及男女主角单仁冰与安迪均是聋人,他们制作的 5 分钟时长作品手语 MV《单身情歌》获得第十二届英国聋人电影节“最佳艺术片奖”。之后,郑小三带领一支以聋人志愿者为主的 12 人团队开始筹备,2018 年 9 月 21—23 日,以“用电影与艺术的力量促进社会融入”为主题的上海国际聋人电影艺术展 SHIDFF 终于开幕。此举标志着中国聋人在电影行业的独立崛起。北京聋人冯刚也做了类似的尝试,2020年5月20日上海随梦文化传播有限公司出品了中国首部手语剧《嗨友记》,聋人电视剧又做出了可贵的努力。

《热泪心声》(*The Miracle Worker*)(美国,1962)(图6-19)

海伦·凯勒病后父母发现她失去视力和听力,不禁悲痛万分。之后生活在黑暗和无声世界的海伦·凯勒由于无法通过视力和听力接受教育,性格变得狂躁、野蛮,生活因之随意、混乱,家人连吃饭也无法安宁。后来海伦·凯勒的父母请来莎莉文老师来教养海伦·凯勒。但是海伦·凯勒自幼由于眼盲耳聋没有教养,使莎莉文老师的工作

图6-19 《热泪心声》

变得十分困难,长时间无论怎样都不见成效。莎莉文老师把自己的工作视为上帝挽救不幸者的神圣使命,苦思冥想,终于想出新办法。莎莉文老师请求海伦·凯勒的父亲腾出打猎用的小房子居住以避开干扰,带上一个黑人男孩作为样板,用心布置生活环境和道具,从生活中学习,手把手一点一滴教养海伦·凯勒。经过坚忍不拔的辛勤的教育,"doll(洋娃娃)""water(水)""mother(母亲)""teacher(老师)"……海伦·凯勒终于学会了很多指拼单词。海伦·凯勒同时也感知到莎莉文老师的辛勤付出和博大爱心,亲吻莎莉文老师。莎莉文老师即时教给她"爱(love)"这个抽象词汇的四个手指字母,和海伦·凯勒拥抱在一起。

《失宠于上帝的孩子》(美国,1987)(图6-20)

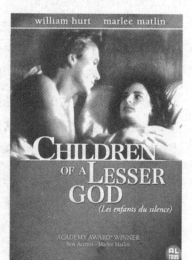

听障学校的教师詹姆斯·利兹不喜欢按常规出牌,有他自己总结出来的一套有效的教学方法。他应聘到缅因州的基特里奇总督学校任教,并喜爱上了这个地方,打算在这里定居。在利兹新的教育方法的指导下,学校里十多岁的反应迟钝的听障学生在学习上有了长足的进步,并对他产生了信任感。往届毕业生萨拉·诺曼在毕业后当了学校的清洁工,她性格孤僻,拒绝了利兹提出的学习的要求,这使她与利兹矛盾重重。利兹决心要将萨拉恢复到原来热情可爱的性格,因为他认为每个人都是渴望倾诉的。利兹的努力有了效果,两人逐渐都对对方有了好感。但萨拉同时又感到矛盾和苦闷:在交往中,利兹总是表现出一种以恩人自居的独断专行的态度,这使

图6-20 《失宠于上帝的孩子》

187

萨拉十分厌恶。利兹终于意识到了自己的缺陷和萨拉身上的优秀之处,他们都是"失宠于上帝的孩子",他们的地位是平等的。女主角饰演者玛丽·马特琳荣获第 59 届奥斯卡金像奖最佳女主角,成为奥斯卡奖历史上第一位聋人影后、最年轻的奥斯卡影后。

《胜利人生》(The Hammer)

影片根据真实事件改编,讲述一名美国失聪男子麦克·咸美(Matt Hamill)具有摔跤天分,然而他在主流学校读书,受尽歧视,这导致他性格孤僻。中学毕业后他入读 Purdue University,可是他上课十分吃力,老师又时常背对学生,他因看不到老师唇型而导致学习困难。自幼外祖父强迫他学习说话,不让他学习手语,大学上课就算有手语传译,他也看不懂,最终成绩一落千丈被赶出学校。与此同时,青梅竹马嫌他听障离他而去,麦克惨受打击,意志十分消沉。他幸得外祖父鼓励,重新振作,转入罗切斯特理工学院(Rochester Institute of Technology)。这所大学有专门为听障学生而设的学院,同学们沟通以手语为主,麦克为了融入这圈子,也要学习手语。在这里,他重获新生,认识了好朋友,交了女朋友,加入了学校的摔跤队,代表学校参加全国摔跤比赛,击败对手三连冠,首度赢得全国冠军。片中所有聋人角色均由现实中的聋人演员担任,聋人文化气息浓厚,手语视点十分给力!

《无声的舞者》(美国)

女主角是一位爱好舞蹈的听障女生,只能用手语和外界沟通,她喜欢用舞蹈来表达自己内心的感觉,最大的梦想就是要成为百老汇最顶尖的舞者。该片描述她如何去完成她的梦想,发掘她人生的方向。它同时也告诉青少年如何自我发现和面对问题,充满了感人的励志精神。

《无声呐喊》(韩国,2011)(图 6-21)

影片根据真实事件改编,在韩国上映后票房取得成功的同时,也给韩国社会带来了深远影响。电影改编自同名小说,而小说则取材于发生在光州一所聋哑学校的真实事件,讲述了一位来自首尔的美术老师去聋哑学校应聘教师职位,逐渐感觉到学校笼罩着压抑的气氛,他发现老师们毒打听障学生,以校长为首的教职工竟然还性侵听障学生。这一真相令他感到十分震惊,于是联合幼真将学校老师和校长告上了法庭。电影的上映成功唤醒了外界对于光州聋哑学校的性侵犯及暴力对待一案的关注,舆论压力亦促使警方成立专责小组,重新调查案件。涉案的其中一名 63 岁教职员金某曾在

图 6-21　《无声呐喊》

2006 年二审中被判缓刑获释,但于 2012 年 7 月 5 日金某被改判为入狱 12 年。

《走出寂静》(德国)

这是关于理解和尊重的德国家庭电影,讲述一个父母都是聋人的女孩,从小就以口语和手语串起父母亲与外界的连接,却经常以自己的想法替对方翻译。女孩有很棒的音乐天赋,不顾父亲的反对,坚决学习黑管,女孩想要从父母亲无声的寂静世界,走出自己精彩的音乐世界。

《聋人之国》(俄罗斯)

影片女主角丫丫是一名儿时被继父暴打导致失去80%听力的人,在当时的社会,残疾人受到多种不平等的对待,以致丫丫只能够靠跳脱衣舞为生。但这个女孩同时也热爱着用身体来表达自我的方式——舞蹈,舞蹈中的那个梦想之国是唯一能让丫丫继续生存下去的动力。

《棒球之爱》(韩国)

聋人体育励志电影,讲述韩国顶尖棒球投手,连续三届 MVP 得主金尚男,不断惹上麻烦,最近又酒后用球棒袭击别人,在网络和媒体上引发了抗议与批评。球队高层也不再容忍他,将他暂时逐出球队,下放到一家教会慈善学校,担任一支由听障队员们组成的棒球队的教练,帮助孩子们实现在高中棒球联赛中至少赢得一场比赛的愿望。

《笔谈女公关》(日本)

影片根据齐藤惠里自传小说改编。女主角青森一幼年时因病导致失聪,为此曾经十分失落,吸烟、饮酒、偷盗她都尝试过,最后她找到了能托付终身的职业,一名擅长笔谈的女公关。她随身携带纸笔,跨过黑夜世界的种种陷阱,最终成为东京银座 NO.1 女公关。

《听说》(我国台湾地区,2009)(图6-22)

秧秧为了成全聋人姐姐小朋参加聋奥会的梦想,在游泳池旁为小朋加油打气,善用手语的听人黄天阔来给听障游泳队队员送便当(快餐),看见秧秧和小朋眉飞色舞地用手语对话,不禁怦然心动,遂主动上前用手语攀谈。

图6-22 《听说》

为了制造见面机会,黄天阔到体育馆前卖便当,也因此知道秧秧经济拮据,开始替秧秧制作免费爱心便当。秧秧感动不已,详细画下爱心便当的内容并标上不同的价钱,坚持日后手头宽裕再一并偿还。透过送便当的过程,天阔对秧秧和小朋的生活了解愈来愈多,也被秧秧全心照顾小朋的手足之情触动,利用秧秧在百货公司中庭广场做街头艺人的契机表白自己的爱意。

两人的好感急速加温,却因沟通上的误会发生手语口角。为了挽回爱情,天阔来到百货公司中庭广场做街头艺人的老地方寻找秧秧……

其实秧秧是位听人。

7/聋人权利 The Rights of Deaf People

你砍了我的手指,我就用双臂打手语;

你砍了我的双臂,我就用双肩打手语。

——[英]聋人话语(佚名)

7.1 从"口手之争"到尊重手语

自 1760 年法国神父莱佩(Abbé Charles Michel de L'Epee)在巴黎创办第一所聋校开始,世界聋教育至今走过了三百多年的历史,伴随聋教育最大的曲折是采用手语教学还是口语教学的"手口之争"。"手口之争"可以分为三个阶段:米兰第二届世界聋教育大会(1880 年)之前是手语主导阶段;米兰会议后到 20 世纪 60 年代是口语主导阶段;20 世纪 60 年代后,进入综合交际法及双语双文化法主导阶段。

手语交流主导阶段可谓是聋人历史的黄金阶段,手语被莱佩应用在聋人教育,成为接通聋人被听力障碍封闭的心智的通道,有史以来一直受到社会忽视、排挤、隔绝、剥削、遗弃的聋人崭露头角,成为聋人学校教师、作家、工程师……登上了社会的舞台。

17 世纪,英国的约翰·瓦利斯和威廉姆·霍尔德曾争辩究竟该采用口语还是手语来教导聋人。瓦利斯主张口语教学,而霍尔德则提倡手语。18 世纪,法国莱佩和德国海尼克的争议使这一矛盾更加突出。莱佩主张手语教学,海尼克则提倡口语教学。之后,由于口语教学法易于形成成果和宣传推广,口语教学法尽最大的可能将聋人学生拢回主流社会,同时口语教学法更易于被占绝大多数的聋人学校听人教师和聋人的听人家长所接受和支持。因此,口语教学法后来占领了聋人教育上风。

1880 年 9 月 6—11 日,第二届国际聋人教育会议(International Congress on Education of the Deaf,ICED)在意大利米兰召开。出席"米兰会议"的代表共有 149 名,其中意大利 87 人,法国 56 人,美国 5 名,仅有 1 名聋人(美国)代表。会议目标就是禁止聋人教育中的手语教学。会上有 12 个代表发言,其中支持口语教学的有 9 位,支持手语教学的只有

3 位。与会者投票表决,压倒性地通过了以口语作为聋人的沟通方式的决议。

"米兰会议"之后,从 1880 年到 20 世纪 60 年代,美国和大部分欧洲国家的聋人学校实施口语教学,手语在课堂上被禁止,生活中手语不被人们鼓励并且被视为一种禁忌,家长被告知打手语对聋孩子不利。他们声称手语不是语言,只不过是一堆丑陋又粗糙的手势的堆积。一些学校用戒尺惩罚使用手语的聋人学生,身为世界第一所聋人学校的法国巴黎聋人学校对发音不好的聋人学生竟然以冲冷水澡和浸入盛满冷水的游泳池作为惩戒手段(图 7-1)。甚至身为"电话大王"和"聋教育家"亚历山大·格拉汉姆·贝尔,也提倡口语教学。聋教育界听人管理者的所谓争取聋人尽可能口语交际,以便回

图 7-1 游泳池做什么用?

归主流社会的"善意"聋教育口语教学法,使聋人受教育的效果大幅度退化,聋人学校中的聋人教师大幅度减少,聋人文化受到严重抑制,严重地损害了聋人的发展,聋人群体的能力严重萎缩,将聋教育开了 130 年的历史倒车。而且此举造成的负面作用难以一时恢复,其不利影响至今仍在。

20 世纪 50 年代随着中国向苏联学习的风潮,也将聋教育转向口语教学,聋人学校禁止学生打手语,甚至教师对打手语的聋学生使用打手心这一惩戒手段。这一时期尽管聋人学校数量和在校聋人学生数量在国家公立教育体制的建设下有了大幅度增长,但诚恳地说,聋人学生依然是听人主导下口语教学法之下的被抑制者。改革开放后的 1984 年,教育部颁布的《全日制聋哑学校教学计划》中,再次强调"坚持口语教学"。2016 年教育部制定的《聋校义务教学课程标准》中"沟通与交往"课程提出:"在沟通交往能力的发展过程中,聋生的口语、手语和书面语能力都应得到发展。"对聋生语言能力设定了口语、手语和书面语三线并进的原则,等于肯定了手语的重要作用,这是一个很大的进步。但由于仅仅是一门课程的要求,而不是总纲或政策层次的定义,其对手语在其他课程的作用和意义产生的影响就比较有限。同时由于没有专门具体提出手语的标准,加上历史上几十年口语教学法原因造成的强大惯性,绝大多数聋人学校(特殊教育学校)各科教学依然以口语教学为主,聋人学生依然是听人主导下口语教学法之下的手语被抑制者。

"聋者以眼为耳,哑者以手为口。"[1]这是吕叔湘著作《文言虚字》里的古语,可见聋人用手语说话自古而然。世界第一所聋人学校的创建人莱佩也说:"Sign language is the

191

———————

[1] 吕叔湘. 文言虚字[M]. 上海:新知识出版社,1957:59.

mother tongue of the deaf people."（手语是聋人的母语。）作为聋人之口的双手和聋人之声的手语，尽管被强势的主流社会压制了一百多年，但并不是能够压制住的。聋人以手为口，正像我们不能堵住一个人说话的嘴巴一样，聋人仍然要时刻舞动双手用手语说话。美国聋人玛丽·索恩利（Mary Thornly）在自己的油画作品《米兰》（图7-2）中将西班牙著名画家戈雅描绘拿破仑镇压西班牙起义者的油画《1808年5月3日的枪杀》（图7-3）中的被屠杀者置换成"ASL（美国手语）"三个大字，控诉禁止手语等于屠杀手语，即等于屠杀聋人的语言，给聋人教育、聋人生活带来了一个多世纪的黑暗。

图7-2　米兰（油画）　［美］玛丽·索恩利

图7-3　1808年5月3日的枪杀（油画）　［西班牙］戈雅

《聋人文化概论》里记录了英国聋人中流行的话语:"你砍了我的手指,我就用双臂打手语;你砍了我的双臂,我就用双肩打手语。"①这是一句多么坚强、多么坚定、多么无视歧视和压制的话语!聋人只要见了用手语交流的人的,是异乡人、陌生人或异国人,就倍感亲切,就认为那是自己的同类人,就抑制不住向前用手语交流的愿望。世界聋人会议、赛事、聚会等活动上,你可以看到不同肤色、不同国家、不同种族、不同信仰、不同服饰、不同体态的聋人兴高采烈、乐此不疲地用手语交谈着,他们之间的融合速度和程度是任何群体都无法相比的。天下聋人是一家,聋人以手语分内外。有位名叫亚力克·奈曼(Alec Naimen)的美国聋人来中国,他说自己无须找宾馆,第一天即有当地聋人热情地将他接到家里留宿,他说:"谁还是残疾人呢?"②有位聋人大学生从东北来到陕西,在大街上见到本地聋人一边行走一边用手语交谈,她立即眼中放光,欲上前交流,后盯着他们的手势目送着他们远去。一次笔者与聋人朋友在西安聚会,在大街上走着走着,就有一位俄罗斯聋人青年看到我们用手语交谈,主动前来用手势指着耳朵表示他也是聋人,加入了我们的交流。这是无论如何无法用听人人际观念解释的。

随着20世纪60年代以来美国加劳德特大学教授威廉C·斯多基美国手语语言学的研究和确立,手语重归理性的轨道上来。威廉C·斯多基美国手语语言学的建立,确立了手语的语言学地位,更改变了手语的使用者——聋人的社会地位和生存状况,深远地影响着聋人群体的生活和聋文化的发展。在威廉C·斯多基手语语言学研究的影响下,人们逐渐摒弃了对"聋"的病理性定义,认识到聋人的读写困难源于语言、文化和教育的因素而不是手语。威廉C·斯多基手语语言学研究确立了手语语言的地位,为聋人赢得了自尊,找回了自我和希望,并且有了本质的提升。而后,聋人开始不断扩大他们的自我意识和交际需求并逐渐在社会生活中有了自信。聋人不仅对自己的手语感到自豪,而且对英语这门第二语言也有了更多的学习动力。手语成了他们回归主流社会的真正工具和桥梁。威廉C·斯多基手语语言学研究对聋人语言——手语的肯定也使越来越多的听人改变了对聋人的偏见,对手语给予了应有的尊重和关注,使聋人的生存空间和社会机遇随之有了很大的改善。威廉C·斯多基手语语言学研究掀起的手语语言学运动影响巨大,逐渐走出美国,遍及世界。丹麦、瑞典和泰国等国在法律上肯定了手语的地位和价值,推广聋人双语(手语和书面语)教育,手语翻译职业化,这些国家的聋人已经赢得重要的教育和人类文明的权利。

193

2010年7月18—22日,第21届世界聋人教育大会(ICED)在加拿大温哥华隆重召

① 张宁生.聋人文化概论[M].郑州:郑州大学出版社,2010:92.
② 特殊需要儿童教育导论[M].肖非等,译.北京:中国轻工业出版社,2007:300.

开。来自 64 个国家的 489 人(不包括工作人员、手语翻译和其他协助人员)参加了会议,中国有 4 人列席。这次大会正式否定了 1880 年在米兰召开的第二届世界聋教育大会上的一系列决议,指出禁止聋教育课堂上使用手语对聋人群体的严重伤害,并为其对聋人群体造成的负面影响表达了深深的歉意。大会产生了新的协议,呼吁促进和支持多语言和多文化教育环境,以及将本国手语列为法定语言。聋人群体被世界各国认可为语言和文化少数群体,第一次被赋予了与主流社会群体平等的权利和尊重。可以说它是一个拨乱反正的大会,一个创造聋人历史的大会,也是一个帮助聋人群体追求正义、公正和平等社会生活环境的大会。

2010 年世界聋教育大会(ICED)温哥华宣言
——走进聋人参与和合作的新时代

在与主流社会的伙伴关系的框架下,国际聋教育大会(ICED)温哥华 2010 年组委会以及英属哥伦比亚聋人社区共同发表以下宣言:

宣言

在全球范围内,聋人公民都面临一种遭遇,即在大多数人眼中他们是残疾的。这种"残疾思维定式"直接导致了对于包括聋人在内的所有"不一样"的群体的排斥和贬损。其结果是,很多国家的聋人仍然被阻止或排斥,不能够广泛地参与社会。很多聋人都无法参与平等决策、获得公平就业机会和优质的教育。

尽管社会上存在这样的"残疾思维定式",聋人群体仍积极地为社会的多元性和创造性做出了贡献。他们在教育、经济、政治、艺术和文学等各个领域为自己的民族争光。同样地,我们必须承认聋人群体是每一个社会不可或缺的语言和文化上的少数人群,他们对此拥有不可剥夺的权利。

因此,我们敦促所有国家要承认这一点,并且鼓励所有公民,包括聋人,都有权利积极参与社会。

关于 1880 年米兰国际聋教育大会的决议

1880 年在米兰召开的国际聋教育大会上,与会者通过了几项决议。这项决议影响了全世界各地聋人的教育和生活。这些决议:

禁止在世界各地聋教育课堂使用手语,结果严重损害了世界各地聋人公民的生活;导致聋教育政策以及司法规定对于聋人公民的排斥;阻碍了聋人公民参与就业培训、再培训及其他职业规划方面的计划、决策以及获得政府的资金支持;阻碍了聋人公民能力的发展和各项事业的成功,并且妨碍了很多聋人追求自己的理想;剥夺了许多聋人充分展示其文化和艺术才能和为国家的多元化发展做出贡献的机会。因此,我们否决所有1880年米兰国际聋教育大会上通过的反对聋教育使用手语的决议;承认并真诚地为米兰会议对各国聋人公民所造成的负面影响,表示道歉;并且呼吁所有的国家记住历史并确保其教育课程接受和尊重所有的语言和交流形式。

新的协议

即将签署此协议的成员,让我们:

1.呼吁全世界所有的国家认可和遵守联合国宪章,尤其是残疾人权利公约中所明确指出的教育应当强调语言习得以及学业、实践和社会知识的相结合。

2.呼吁所有的国家承认世界聋人联合会第15届会议2007年在马德里通过的决议,尤其是促进和支持在平等和适当的环境中接受多语言和多文化教育的条款。

3.呼吁所有的国家将本国聋人手语列为法定语言,并给聋人群体以听人主流群体同等的对待。

4.呼吁所有的国家辅助、增进和欢迎本国聋人公民参与所有与其生活息息相关的政府决策。

5.呼吁所有的国家让聋人参与聋儿的养育,帮助那些有聋婴儿、儿童以及青少年的家长,尊重聋文化和手语。

6.呼吁所有的国家支持以儿童为中心的教育方法,并对听人和聋人家庭提供以家庭为中心的服务和支持。

7.呼吁所有的国家帮助确诊的聋人找到当地和国家的聋人组织、聋人学校和项目,进行早期干预。

8.呼吁所有的国家尽一切努力确保聋人获取关于他们人权的信息。

9.呼吁所有的国家承认并允许聋人在各国成为自豪、自信、富有能力和创造性的公民。

签名:

国际聋教育大会(ICED)温哥华2010年组委会

世界聋人联合会

加拿大聋人协会

加拿大英属哥伦比亚聋人社群

(吴安安译,2010)

尽管 2010 年第 21 届世界聋人教育大会(ICED,温哥华)是对 1880 年在第二届世界聋教育大会(米兰)的拨乱反正,重新确立尊重聋人群体及其手语,但是米兰会议以来一个多世纪带来的负面影响不是一下子能够完全消除的。尤其聋人群体在世界大多数国家里没有被重视,国家对聋人政策的改进也几乎全靠听人缓慢地了解,他们对聋人这个弱势群体的紧迫的重大需要常常知之甚微,而聋人群体又十分缺乏发声的渠道,这就造成聋人群体生活环境的改善也是一个极其艰难曲折和缓慢的过程,其中包括对聋人群体非常重要的手语及手语的地位。1880 年米兰会议的严重错误,说明任何事情都是兼听则明偏信则暗,聋教育更是这样。聋人的心声和实情不易表达,因此,聋教育以及与聋人有关的机构要有聋人参与,聋教育以及与聋人有关的会议要倾听聋人的意见。

总的来说,世界仍然是朝着光明的一面前进的,越来越多的国家为本国手语立法确定其法律地位。近些年,我国越来越多的人士特别是大学生尊重手语、理解手语、喜爱手语。大学建立手语研究专业渐多、开办手语翻译专业的大学逐渐增多、各个大学中产生了越来越多的手语社团、个别有识之士的大学老师将手语引进高校课堂成为大学生的选修课、各地手语组织如雨后春笋、民间手语翻译服务机构也日渐增多。目前来说,这些机构人数远远不够力量还有所不足,但我们乐观地相信,随其不断增长达到一定数量,必定能促使社会态度和政府行为实质性的改变,尽管这是一个非常漫长的期待,聋人们当然希望这一漫长的期待尽可能缩短些。

7.2 1968—1978 年针灸治疗聋哑病

针灸治疗聋哑,实际效果非常有限,但一直屡屡不绝。20 世纪 50 年代和 60 年代初,报刊零零星星有一些中医和针灸尝试治疗聋哑病的报道。1960 年有关部门还召开过全国针灸治聋经验交流座谈会,有着人们希望治愈聋哑病的良好愿望和辛勤探索。

1969 年 2 月 11 日,一篇文章报道某卫生科成立了一个"临时聋哑医院",一批被针灸治愈的聋哑人登台演出,演出的节目就是反映他们由聋哑到能听、能说的生动事实……

随后,在众多媒体的推波助澜下,各地医院纷纷效仿,全国卷起了一场大面积的针灸治疗聋哑病运动。各地部队向聋哑学校派遣军医针灸治疗聋哑学生,各地医院尝试针灸治疗聋哑人。因此,20 世纪 70 年代的聋校学生和社会聋人都基本受过头痛欲裂、痛苦异常的耳穴位针灸治疗。那时大学毕业的人较少,"文化大革命"期间大学又停止招生,军队士兵多是初中和小学文化程度,很多军医不过是部队连队卫生员,并非正规医生,他们的针灸医术是匆忙培训后掌握的。有的地方军医进驻聋哑学校,针灸人手不够,又培训聋哑学校教师一起给聋人学生针灸。我国仅有的两名 1956 年留学苏联学习特殊教育的留学生之一银春铭先生回忆上海市各聋哑学校的情况,当时是"针灸治疗全面开花,老师人人学针灸,学生人人接受针灸治疗"。卫生员加教师一起针灸,加重了被针灸的聋人的痛苦,成为那个时代聋人挥之不去的惨痛记忆。

医学专家们都知道,感音性耳聋和先天性聋是不可逆转的。针灸仅仅对某些疾病有舒散缓解和辅助治疗作用,1980 年世界卫生组织公布了 43 种针灸有效的病症,并没有包括耳聋病症。针灸的原理是刺激人体穴位以及相通的经络,并不能修复大多数聋人的感音性耳聋造成的听觉毛细胞损伤。因此,针灸不可能治疗聋哑,已经因聋而哑的聋人,更不可能因针灸治疗就能张口说话。

1972 年意大利著名导演安东尼奥尼拍摄的纪录影片《中国》,就有一段针灸麻醉剖腹产(事实上剖腹产这样重大手术是不可能依靠针灸麻醉完成的)。"一根银针治百病",发展成当时农村医疗的主要方式。很多第三世界国家听到中国针灸治疗聋哑这个消息,都来中国取经,希望把针灸技术带回自己的国家,救治聋哑人,但结果令人非常失望。慢慢地,针灸打开聋哑"禁区"到后来就不了了之。

在当时那种情况下,也有坚持严谨治学,坚持正直为人,坚持实事求的人。协和医院著名耳鼻咽喉专家张庆松(1908—1982,图 7-4),1932 年获美国纽约州立大学医学博士学位,1938—1939 年在美国进修。曾任协和医学院副教授、北平医院副院长兼耳鼻喉科主任。新中国成立后,历任北京医院副院长兼耳鼻喉科主任,北京大学医学院教授,协和医院院长兼耳鼻喉科主任、变态反应科主任、教授,中国医学科学院临床医学研究所副所长,中华医学会副秘书长、常务理事,中华医学会耳鼻喉科学会主任委员,《中华耳鼻咽喉科杂志》主编,卫生部医学科学委员会委员,最早主编出版了高等医药院校教科书《耳鼻咽喉科学》,1954 年任中华聋哑

图 7-4　张庆松

人协会全国委员会委员。在有关针灸治聋哑的文章雪片似地飞向《中华耳鼻咽喉科》杂志编辑室时,作为中华医学会耳鼻咽喉科学会主任委员和《中华耳鼻咽喉科》杂志主编的张庆松坚决顶住了这股歪风,坚持不在他主管的杂志上发表一篇不实事求是的文章。他在协和医院公开讲,"我当了一辈子耳科大夫,我就不信针灸能够治疗聋哑。"为此他被剥夺了处方权,先是在门诊叫号,后来干脆被派去扫厕所。"文化大革命"后,张庆松恢复原职。

7.3　DPN 运动和 BPN 运动

位于美国首都华盛顿东北佛罗里达大街 800 号的加劳德特大学（Gallaudet University）是世界历史最早、规模最大、层次最高的著名聋人大学。在这里，教职员工与学生都怡然自得地使用聋人手语交流。然而就在这所貌似风平浪静、与世无争的特殊大学，1988 年 3 月 1—13 日年却爆发了一场轰轰烈烈的"Deaf President Now"（"聋人现在当校长"，简称 DPN）人权运动。

1864 年 4 月 8 日，林肯总统签署法令，国会特许建立了美国、也是世界第一所聋人学院，首任校长由议案提交人、同时也是美国第一所聋童学校创办人托马斯·霍普金森·加劳德特（Thomas Hopkins Gallaudet）的儿子爱德华·迈因纳·加劳德特（Adward Miner Gallaudet）担任。在他之后，校长人选依次更迭，也都由听人担任。但是时间到了 20 世纪 80 年代，全体学生包括教职工（加劳德特大学有三分之一教职工是聋人）乃至全美聋人都深切、强烈地感到他们需要一位自己的聋人校长。就当第六任校长杰瑞·李（Jerry Lee）离任，校董事会不顾离任校长的恳切建议以及师生们的愿望决定任用一位既不了解聋人文化也不会手语的北卡罗来纳州大学副校长的听人——伊丽莎白·安·津瑟（Elisabeth Ann Zinser）博士为第七任校长时，这个火山终于喷发了。

本来三位校长候选人中有两位是聋人，其一是加劳德特大学文理学院院长欧文·金·乔丹（Irving King Jordan）博士，另一位是路易斯安那州聋哑学校校长哈唯·科森博士，全体师生都翘首等待着聋人大学校长的到来。可是由于 19 人的校董事会中 15 人都是听人，天平自然而然向听人候选人倾斜。他们认为，校长能不能通过手语与加劳德特师生和校友交流并不重要，重要的是能同校董事会、有听力的外界，尤其是加劳德特大学必不可少的赞助者——国会随时对话。

1988 年 3 月 1 日，学生和支持聋人当校长的人在校园里举了一次大规模的集会。校董事会害怕事态扩大，3 月 5 日星期六那天在华盛顿的威拉德酒店秘密开会，星期日确定了津瑟当选校长。然而就当校董事会自以为自己的工作大功告成之际，此时也是学生们的工作热火朝天之时。晚间，几百名学生从校园步行到城里五月花大酒店。在那里，简·斯皮尔曼（Jane Spilman）董事长对他们说津瑟博士"很会关心人……会把加劳德特大学领导得很好……""聋人士还无法融入正常人的社会体系"，"聋人还不具备在听力健全的世界上发挥作用"。学生们看到自己殷殷以待的愿望落空了。

3 月 7 日星期一早晨，教职员到校上班时，发现校门已被堵，没有学生上课。他们成群结队高举旗帜和标语牌，上面写着"我们要求立即任命聋人校长！""给聋人权力！为任命聋人校长而战!"以表达他们内心的愿望得不到重视的压抑和无奈之下的愤怒心情。

加劳德特大学聋人教师艾伦·萨斯曼(Allen Sussman)博士质问道:"If deaf persons are not considered good enough to run the university, then what's the point of having a university for deaf poople?"(如果聋人不被认为有足够的能力管理这所大学,那么这所聋人大学还有什么存在的意义?)

当天下午,斯皮尔曼夫人来到学校体育馆,想对一千多名学生发表讲话。学生则根本不买账。当斯皮尔曼说道:"昨天校董事会选出了新校长。程序是合法的、正当的,决定是最后的。"此时,学生被彻底激怒了,他们冲出校园列队向一英里外的国会大厦走去。"我们站起来对着世界呼喊的时间到了!团结起来,坚强起来,以失聪为荣!"学生领袖杰里·科维尔说:"黑人已经有了他们的大学校长,妇女也有了。我们也要有。"他们认为津瑟是有建树的、知名的,却是不会手语、不了解聋人的高等教育家,这样的人来管理聋人大学,是对聋人能力的侮辱。

学生队伍来到宾夕法尼亚大街,穿过拥挤时刻的车流,来到白宫前面的拉斐特公园,最后来到国会大厦前。许多驾车人看到"HONK 4 DEAF PREZ(为聋哑人校长鸣笛4下)"的标语牌时立即照做不误,以表示同情和支持,尽管学生听不到鸣笛。警察忙赶来维持秩序,他们向学生喊话却得不到任何回音,起不到任何作用,此时他们也不免感到莫名其妙。由于学生们组织得力、秩序井然,警察没有扣押任何人。

到了星期二,各界聋人已团结起来。校园名义上开放,但是课堂教学却受到抵制。加劳德特大学校友会和美国国家聋人协会都支持学生们,好几个州的聋人学校学生举行同情罢课进行声援。一队队的聋人、聋人儿童家长,一车车的支持者从东部各州源源到来,罗切斯特理工学院聋人工学院师生驾车14个小时来到华盛顿加入加劳德特大学师生队伍,队伍里甚至出现了来自加拿大、欧洲各国和新西兰的聋人,他们聚集在国会大厦前。学生们发起的"立即任命聋哑人校长基金会"到了周末,收到了三万九千美元之多的捐款,其中曾长期雇用大量聋人职工的美国邮政局工会捐了五千美元。同时,"立即任命聋人校长理事会"宣告成立,成员有学生、教员、职工、校友和聋人团体的代表,他们组织在全国各地和国会进行游说和鼓动活动。

3月9日星期三是最关键的一天,津瑟博士抱着挽救危局的希望赶到华盛顿,想立即接管校长职务。上午,津瑟会见了四位学生领袖,要求他们收回要求。她说她希望成立一个顾问委员会,请学生、教职员工帮助她了解加劳德特大学和聋人文化,并且说她已经开始学习手语。学生们则拒绝谈判,只保证不使用暴力。当天下午,教职员以147票对5票的表决结果要求斯皮尔曼辞职,并且以136票对8票的表决结果支持学生们的要求。

星期五上午,津瑟宣布辞职。3月13日星期日在校董事会召集的紧急会议上,斯皮尔曼也辞职了。国际商用机器公司（IBM）的一位行政主管、聋人菲利普·布拉文当选为董事长，乔丹当选为校长。加劳德特大学迎来了建校124年第一位聋人校长。当乔丹校长和董事长布拉文、学生会主席赫里伯克喜气洋洋地聚在一起时，加劳德特大学历史上第一次出现了坐在这三把交椅不用手语译员帮助自由交谈的情景，同时也昭示着学生运动的彻底胜利，加劳德特大学从此翻开了崭新的一页。

人们看到，学生们的旗帜和标语牌上赫然地写着"WE STILL HAVE A DREAM！"（我们也有一个梦想！）（注："我有一个梦想"是黑人民权运动领袖马丁·路德·金一篇著名演说词的标题），从中可以明显地看出他们在某些方面受到20世纪60年代南方黑人争取民权运动的影响。但是当年黑人进入白人商店，对白人和警察充满敌意，而加劳德特大学学生则没有。有好几位学生领袖都听过后来被誉为"DPN之母（Mother of DPN）"的政治和历史学副教授玛丽·马兹库恩（Mary C. Malzkuhn, 1928—2016）博士的课，课堂上还讨论如何采取非暴力反抗的方式来改善聋哑人的处境。他们懂得甘地和马丁·路德·金等倡导的非暴力反抗。这场运动与20世纪60年代和70年代初发生在伯克利、哥伦比亚和其他大学内的学生运动显著不同。聋人学生们组织得十分严密，所有校门都有人看守，食物照常供应，信使和译员站岗值班，听人志愿人员帮助接听电话，新闻界和电视台有人联系，采访报道和记者招待会有人安排。他们向聋哑人团体、国会议员、总统候选人和劳工领袖呼吁支援。尤其四位学生领袖，他们都是聋人父母生下来的先天聋人子女，却成熟、有条有理、充满着自信和沉着，令他们的教授们啧啧称赞。在加劳德特执教已有20年之久的英语教授杜鲁门·斯特尔说："我过去真没想到他们竟有这么棒。"另一位名叫艾伦·萨斯曼的教授说："他们没有出一点差错。学生们的举止得体……他们的行为本身为这次抗议运动做了最有力的宣传。"提到四位学生领袖时他说："他们都是条理分明的出色演说家。他们是聋人中的西赛罗（注：Marcus Tullius Cicero 公元前106—43，古罗马政治家和演说家）。"值得一提的是，手语译员在这场运动中发挥了重要作用，他们是站在学生这一边的。在美国，手语译员比任何国家都要多，加劳德特大学就设有手语翻译专业及硕士学位。在电视演播室，聋哑人发言人可以借助译员毫无困难地接受采访。美国加州一位议员说："我从未看过如此完备的人权运动。"

10月21日星期五早上，欧文·金·乔丹博士作为加劳德特大学的第八任校长的就职典礼正式举行。那天虽然细雨绵绵，体育馆和另外两处会场却座无虚席。全校各部门、校友以及各大学、政府机关和聋人团体的代表们兴高采烈地蜂拥而至。学生们拥抱乔丹校长、亲吻乔丹校长，佩戴的徽章上写着"我爱加劳德特"。

乔丹任校长后，加劳德特大学的入学率上升、私人捐款增加、联邦政府提供的资助甚至超过学校提出的预算额度。加劳德特大学从此获得了新生命，全世界聋人也为一名聋人能出任大学校长而高兴而自豪。乔丹说:"加劳德大学由聋人出任校长这件事的重大意义无论怎样强调都不过分。这是意义非常非常深远的事。"当他参观聋童学校时,他发现聋童的"自我评价和期望出现了令人瞩目的转变"。他说他看到聋童希望自己成为国会议员,其中一名更想成为美国总统。乔丹校长情不自禁地说:"这实在太好了!"

DPN 运动的发生并不是聋人一时心血来潮,也不是非此无它的必然选择,而是长期积蓄别无旁路的结果。传统观念中的听人一直认为聋人是离不开听人帮助的弱者,需要听从听人的安排。这就造成聋人群体的呼声常常被习惯性地置若罔闻,聋人的需要常常被置之不理。听人遇事总是自觉而不自觉地站在自身的角度和立场,从而产生了一种强大无形的压制,严重地影响了聋哑人才能的开发乃至发挥。但物极必反,越是难以发声的群体最后酝酿出的喷发越大,越是轻视弱者越会招致来自弱者的强烈反弹。聋人群体既然会产生诺贝尔奖获得者和奥运会金牌者,怎么能小视他们呢? DPN 运动告诉了我们:聋人尽管聋,但同样有自己相应的权利。执政者的正确态度应该是:尊重每一个群体、尊重每一位人、尊重每一种诉求,哪怕他们看起来确实很弱,听起来声音确实很微。

运动的学生领袖之一蒂姆·拉力士(Tim Rarus)说:"学生运动的意义远远超过推选一位聋人校长,它意味着聋人开始摆脱无知和压迫,开始为身为聋人而自豪。"更多的聋人开始认识到"聋人可以做任何听人能做的任何事情",而不应屈服于他人设置的各种障碍。这场运动从学生抗议发展到聋人人权运动,其高潮以 1990 年 7 月《美国残疾人法》的出台为标志。它明令禁止在就业、政府提供的利益和服务、公共设施和通信上歧视残疾人。规定所有地方政府要为残疾人提供特殊服务,针对聋人来讲,包括配备手语翻译、助听设备、电视字幕、聋人专用电话、录像教材,等等,规定各公共场所要为残疾人提供特殊服务,使他们能平等地进入和使用。1988 年到 1993 年,美国通过的包含聋人利益的法案,比美国二百多年来通过的还多。

2006 年,担任了 19 年聋人大学校长的聋人欧文·金·乔丹博士将退休离任,校董事会选任了一位叫简·凯莱赫·费尔南德斯(Jane Kelleher Fernandes)的聋人,可是加劳德特大学师生却不买账,又在校园复制了 DPN 活动。不过这次标题有所改动,叫作"Better President Now"("更好的聋人当校长",简称 BPN)。他们认为,简·凯莱赫·费尔南德斯尽管是聋人,但是在加劳德特大学 6 年政绩不佳,属于那种和听人关系比聋人关系更加密切的非聋人文化意义上的聋人。因此,聋人学生又在校园举行抗议活动,要求校董事会选任更符合聋人师生意愿、完全是聋人文化意义上的聋人校长。如果说 1988 年 DPN 活动是 Deaf Against Hearing(聋人反对听人),而 2006 年 BPN 活动则是 Deaf Against Deaf(聋人反对聋人)。10 月 21 日,4000 多名抗议者游行到国会,以表达他们的愿望和要求。加劳德特大学教职人员召开了一次严肃的会议,并以 82% 的票数投票赞成费南德斯辞职或被罢免。BPN 抗议活动的结果是：10 月 29 日，校董事会决定撤销费南德斯为加劳德特大学的下一任校长。加劳德特大学后来选任资历丰富、曾任纽约聋人学校校长、罗切斯特理工学院国家聋人工学院院长，以及在教育部和美国联邦政府任职的聋人罗伯特·R.达维拉(Robert R. Davila)为校长。

经过 DPN 运动和 BPN 运动，加劳德特大学校长的选拔和任用走过一条自我日益完善的轨迹。从听人校长伊丽莎白·安·津瑟(1988.3)到第八任聋人校长欧文·金·乔丹(1988—2006)，从重听人身份校长简·凯莱赫·费尔南德斯(2006.10.29)到第九任聋文化身份校长罗伯特·R.达维拉(2006—2009)，从后天性聋人校长到第十任先天性聋人校长 T. 艾伦·赫尔威(T. Alan Hurwits，2010—2015)以及现十一任聋人女校长罗伯塔·柯达诺(Roberta Cordano，2016 至今)。

7.4 手势汉语和自然手语

自 20 世纪 50 年代加劳德特大学英语系教授威廉 C·斯多基(William C. Stokoe)博士创立手语语言学学说，经过 70 多年的发展，欧美和世界手语研究和著作汗牛充栋，都无一例外地明确地指出手语是不依赖于任何语言的独立的视觉语言，手语有自己的语法和特点，手语不是口头或书面语对应的语言。手语必须跟从聋人手语打法和语法习惯，而不能以口头语或书面语对应去打手语。随着手语语言学研究的深入发展，有学者指出，由于手语这一空间视觉语言的特殊性——视觉信号转换的关联性，视觉短期记忆的特点，手语必须符合视觉认知——手势之间的视觉关联性。因此，手语和口头语和书面语完全不同，甚至从某种意义上可以说手语和口头语和书面语差异很大(超过本族语和外语的差异)一种独特的语言。以口头语或书面语意义对应地打手语，事实上是空间视觉上一堆杂乱无章、聋人难以理解的手势堆砌。国内聋人手语专家指出：这种手势汉语只能表达简单的词句，无法深谈。

笔者虽非手语专家，但由于身为聋人和研究兴趣使然，我一直关注着手语及其研究。早在 2000 年国内手语研究还是一片沉寂的时候，我就将留学美国朋友赠送的美国手语畅销书(封面印着已经出售十万册)——《美国手语短句集》(*THE AMERICAN SIGN LANGUAGE PHRASE BOOK*)翻译成汉语。这本书中的手语句子就是完全按照聋人手语打法习惯，即不了解内情的听人认为词语颠倒的、而不是按照英语句子的词汇一一对应打手语。后来这本译作由于版权问题没有解决而未出版，但是陕西师范大学老师和我一起将书中美国手语语法介绍翻译成文被刊登在 2001 年 2 月《中国特殊教育》杂志上，这也是国内较早介绍美国手语语法的译作，文内明确指出手语不是和口头语对应的语言。

我国学术界的手语研究大约开始于 21 世纪初。尽管学术界也频频指出手语是不同于汉语的独立语言,打手语不应与汉语词字对应,但需要付诸实践的聋人学校却应者寥寥。由于我国聋教育是国家统一指导,而国家自 20 世纪 50 年代的"口语教学法"实行之后直今的七十多年里,没有再次明确颁布聋人教育语言政策,也没有明确否定"口语教学法",这就导致各地大多数聋人学校(包括特殊教育学校中的聋人教育)实际上依然继续沿袭和延续着 20 世纪 50 年代的"口语教学法"实施教育和教学。即使 21 世纪初少数聋人学校在国外先进聋人教育方法的影响下、在国内外聋人教育组织的帮助下大胆进行聋人教学改革的尝试,如爱德基金会和挪威聋人基金会开展的长达十多年的"双语聋教育"项目,但多数聋人学校依然我行我素地沿袭和延续着过去的口语聋人教学法。这种"口语教学法"以口语交流为主流,手语跟从口头语和书面语,聋人学校没有或缺乏聋人教师而导致手语没有源头活水,因此脱离聋人实际、聋人不易看懂的手势汉语垄断聋人学校教学,使聋人学校教育和教学有效性大打折扣,聋人学校的聋人学生所能接受的有效信息被严重压缩。

由于如上这样的聋人学校占全国绝大多数,加之国内聋人学校聋人教师非常少有,因此以口头语和书面语一一对应的手势汉语就占据了绝对上风,就形成了占据聋教育主流的强大的手势汉语势力。他们认为:聋人教育的目的和目标是尽可能培养残而不废的聋人,让他们尽可能回归主流社会,因此以与口头语和书面语对应的手势汉语教学是非常必要的,甚至认为离开了手势汉语就无法进行教学。他们还以口头语和书面语衡量聋人手语,认为聋人手语词汇颠倒、杂乱无章,不利于教学,进而武断地认为聋人文化水平低劣、书面语写作能力低下就是聋人手语造成的。这些估测的论断甚至长期主导着聋人学校及教育。

又由于我国尚未建立起手语翻译社会服务体系,因此各地的对公手语翻译任务就自然而然地落在聋人学校的肩上。各地公安局、人民法院、残联活动、政府公务活动等必不可少的手语翻译需要,基本都是以单位名义向聋人学校提出,由聋人学校派人员前往实施手语翻译。这就又导致聋人学校的脱离聋人实际、聋人不易看懂的手势汉语向社会扩散。2000 年以来,随着我国残疾人事业的发展,各地残联普遍和当地电视台建立了手语新闻节目,其手语新闻主持人也是残联请聋人学校派员,这就进而又导致脱离聋人实际、聋人不易看懂的手势汉语被扩散到电视新闻节目上,导致国内广大聋人观众自手语新闻节目开始出现直到现在二十多年,聋人并不观看手语新闻这一奇特现象。

与之相应的聋人自然手语在手势汉语的强势冲击下,只能在聋人自己的生活圈中传播。以至于和聋人学生交往较深的聋人学校老教师渐渐退出后,聋人学校的聋人学生的手语也越来越接近手势汉语。这一与汉语口头语和书面语一一对应的手语,机械、死板、无生气,让聋人雾里看花容易疲倦,更难有创造和发展。而任何一种语言都是活的语言,都是在生活交流中不断创造和发展的,语言离开了创造和发展必定要进入逐渐消亡的境地。

这一现象一直持续到近几年,随着我国手语研究的纵深发展、高校手语研究团队的渐渐稳固、智能手机视频通信对手语研究交流的促进,手语研究才渐渐向聋人自然手语靠拢。尤其是历时五年的国家通用手语研究,新出版的《国家通用手语词典》第四册加入了国家通用手语研究项目组"手语语法特点举例"研究成果,肯定了聋人手语语法的基本特点,指出手语不与书面语相对应,手语语序和汉语语序不同,使聋人手语有了正确的定位。于是,那些精彩绝伦、形象生动、富于创造的手语聋人渐渐出现甚至成为活跃在当地的手语达人。由此,人们惊异地发现,聋人自然手语才是地道的手语,才是发掘不完的手语宝藏。手语研究学者和资深聋人教师认为:聋人书面语能力不足恰恰是因为没有及早以手语开发聋人语言造成语言神经发育迟缓,并不是手语本身造成的干扰。因为口语和手势汉语聋儿难以理解,这怎能成为自己所能掌握和应用的语言呢?

手势汉语和自然手语之争,是中国聋人教育特有的问题之一,实际上是全国聋人学校中的聋人教师过少的原因造成的。聋人学校缺乏聋人教师,等于阻断了聋人学校手语的源头活水,听人习惯的手势汉语和聋人使用的自然手语之间失去了自然调节,聋人学校的手语必定会向着听人的手势汉语一边倾斜。手势汉语有时也有着解释汉语字词的便利,但不能也不应成为手语的主流。因为语言是交流工具,聋人的语言就要用聋人看得明白的聋人自然手语去交流,绝不能以一种聋人看不懂的听人手势汉语去替代。

手势汉语和自然手语之争,有些类似国际聋教育发生过的手语教学法和口语教学法的"口手之争(图7-5)",或者说手势汉语和自然手语之争是口手之争在手语应用上的延续。这是语言是给谁使用、让谁看懂的立场造成的问题,也是强势的汉语对弱势的手语的渗透。但是,手语是聋人的语言,那就不应以听人的语言来替

图7-5　口语主义和手语主义(漫画)　伊恩·芬内尔

换聋人手语。其次,手语是给聋人看的,就要聋人能够看懂。所以,手语好不好,不应该由听人来决定,而应该是聋人说了算。聋人的自然手语才是地地道道的聋人手语,手语研究、手语学习、手语教学、手语播报、手语翻译要向聋人自然手语看齐。

7.5 电子耳蜗

2007 年秋天,由 70 多名美国老年聋人组成的旅游团来中国旅游,他们在西安旅程内容安排之一是参观当地聋人学校。正巧旅行社司机的夫人是我校教师,因此这组人数颇多的聋人旅行团就安排到我校参观。他们被分成四组在学校转了一圈来到我所在的教室,其中一组与师生交谈了一阵子将要离开时,一位男性老者问我怎样看待电子耳蜗。他还特地将"耳蜗"的英文"Cochlear"写在黑板上。我说:"我是不赞成聋人植入电子耳蜗的。"中国口译又被随团的美国手语翻译员翻译成手语给他后,他用手语问:"Why(为什么)?"我说:"聋人的障碍与否主要来自社会是否包容聋人,而不是耳聋本身。"这句话先由中国翻译翻译成英语,再由美国手语翻译传到他眼中时,他微笑着点了点头随队离开了。

在西方尤其是美国,随着聋人的觉醒和聋人人权意识的提高,聋人并不认为"聋是需要医治的疾病",而认为聋是一种文化差异,对自己身份的高度认同,为自己是聋人而感到骄傲。对他们而言,接受人工耳蜗移植从而获得听力会破坏了他们的聋人身份,背离他们的聋人文化价值观。因此,他们认为给聋人植入电子耳蜗是戴着仁慈的面具"对聋人群体的谋杀"。听人学者如哈伦·莱恩(Harlan Lane)以著作《仁慈的面具》(*The Mask of Benevoleme*)(图7-6)帮助聋人说话,冷静地指出电子耳蜗的负性作用,认为电子耳蜗瓦解了聋人社区,降低了聋人为社会做贡献的能力。

图7-6 《仁慈的面具》
哈伦·莱恩著

电子耳蜗植入的推动者,包括电子耳蜗制造商总是大力宣传电子耳蜗的好处,劝说家长让聋儿不要使用手语。在听人来看,电子耳蜗似乎是医学科技的进步、是聋人的福音、是拯救聋人的希望。然而聋儿中 96% 的聋哑儿童的父母听力正常,对耳聋缺乏了解,没有聋人生活经验,这就造成聋儿在很大程度上依赖于电子耳蜗推动者的引导。但是,国外有研究对自 2000 年以来接受植入的 2 万多名聋哑儿童进行了调查,发现 47% 的儿童已完全停止使用这些设备。聋儿和聋儿家长付出了巨大的经济代价和身体痛苦,最后换来的是这样的结果,所以有专家指出,"许多只使用口语长大的聋哑儿童无法获得足够的听觉信息来发展语言"。儿童需要有相当密度的语言才能蓬勃地发展，并不单单是获得听力。语言习得是促进认知发展、心理健康和社会连接的纽带。当孩子们没有充分接触语言时，他们的大脑就不会正常发育，他们在社会上和情感上变得孤立。

耳聋只是对声音感知出现障碍，但并不影响人的身体活动机能，而且耳聋也不会破坏身体的完整和完美。因此，聋人身体健全、四肢灵活、生龙活虎、行动自如、飞奔如箭、跳跃如簧……除了听，聋人与听人的身体活动能力完全一样，哪怕是进行身体剧烈接触和产生较大震动的对抗性运动（如：舞蹈体操武术、搏击拳击摔跤、篮球足球排球、跳高跳远跳水、滑冰滑雪滑板、拳击攀岩潜水，等等）也没有任何问题。但是，植入电子耳蜗是一项重大手术，是对聋人健全身体的一次破坏，聋人由此身体受损，行动有所受限，再难以随心所欲地参与和听人一样的身体剧烈对抗和产生较大震动的运动。电子耳蜗植入人数越多，越是整个聋人群体体质的退步，能够从事竞技体育和高端技能的聋人会越少。所以说电子耳蜗降低了聋人的体质，削弱了聋人的身体能力。

幼年植入电子耳蜗的聋人，尽管有可能借助康复的听力前往普通学校随班就读，对学业乃至之后工作帮助很大。但是再好的电子耳蜗也无法代替正常听力，无法如听人那样聆听自如。抛开电子耳蜗这种人工听觉刺激的效果如何不说，言谈方发音高低和清晰程度、言谈方普通话标准和清晰程度、聆听环境的安静程度、高强度聆听专注产生的听觉疲劳、担心听觉遗漏产生的心理压力，种种因素都会影响听觉质量。

在过去网络不发达、没有智能手机的时代，聋人要联系社会需要更多地依赖口传耳这一单一聆听渠道的听力康复，电子耳蜗还不失为那个时代的一种信息传递手段。而在科技日益发达、人手一部智能手机、吸收信息渠道因之而无限宽广、智能社会即将来临的今天，人的学习、工作和生活的选择也更加多样化，智能化又为聋人提供了越来越先进、越来越便利的沟通方式。如此，再以巨大的经济代价、人身痛苦、破坏身体和终身隐患换取人工听力康复，其意义将显得越来越小。聋人为什么不能在保全身体完整健康的前提下，利用科技的发展、网络信息的吸收、远程手语翻译的辅助、口语转换文字系统等方式取得学习、工作和生活的成功呢？

如果你是聋人群体中较为活跃的成员，没有必要去接受人工耳蜗移植手术。手语无论是就其丰富性、词汇和生动程度，都可以和其他任何口语媲美。有聋人朋友也曾考虑过要不要做人工耳蜗移植手术，但他最后决定不进行手术。有人问他原因时他这样回答："我决定这一辈子都做聋人群体中的一员，就不用再纠结要不要做人工耳蜗移植了。"他说得很有道理，他每天都用手语和聋人交流，和听人之间也找到了行之有效的沟通方式，这就足够了。如果一个人已经能够生活得很开心，能满足日常需要，那何必又要去做人工耳蜗移植手术、参加言语治疗等类似的事情呢？

尼泊尔聋人 Pratigya Shakya 于 2014 年画了很多幅尺寸不大的水彩画(图 7-7、图 7-8),作品风传到全世界聋人网站和手机中,道出植入与不植入电子耳蜗两个不同的世界,非常值得准备植入电子耳蜗的聋儿家长认真赏析。聋人中有关此类的画作还非常多,表现电子耳蜗植入的画面也触目惊心(图 7-9),说明植入电子耳蜗的确实存在很多问题。植入电子耳蜗的痛苦和后遗症毕竟是由聋人来承担,因此聋人对电子耳蜗应有发言权,聋人家长如果有考虑植入电子耳蜗意向,尽量要多听取来自聋教育专家和聋人的建议,不宜武断地做出决定。

图 7-7　我要手语(手绘)　Pratigya Shakya　图 7-8　手语真好(手绘)　Pratigya Shakya

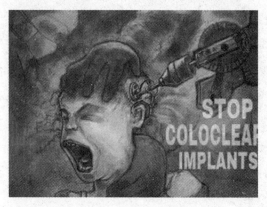

图 7-9　停止电子耳蜗植入(外国聋人手绘)　佚名

澳大利亚是世界上最早将电子耳蜗应用于临床的国家,是世界上最大的电子耳蜗产品输出国,是最早向中国提供电子耳蜗产品的输出国,我国多数聋人患者植入的是澳大利亚电子耳蜗产品。但是有曾在聋教育圈内的人士退休后在澳大利亚定居,却说在澳大利亚没有看到对电子耳蜗的宣传,看到的大部分是听障人自然地使用手语,尊重每一个人都是独特的个体。这个事例告诉我们:一个容纳聋人的社会是不太需要电子耳蜗,同时也不是非要聋人听力康复和开口讲话的,手语也是一种非常好的交流方式。从中可得

出一个道理:不包容的社会,才特别需要聋人向听人靠拢看齐,才会把非主流的手语看作是异类语言,才特别需要听力康复和聋人开口讲话,也因此才特别需要植入电子耳蜗去改造聋人。我们要努力建设一个更加和谐包容的社会。

我们努力提高对聋人的接纳和包容程度,由此也能提高聋人群体的素质而尽量缩小聋人与听人间的差距。聋人群体的素质和社会差距小了,那么也将意味着耳聋的阻碍变得不足为道。假如社会对聋人成长有帮助、教育有容纳、就业有保证、生活有关心、沟通有手语翻译、出门有平等、人格有独立……那么聋人身有聋耳也无足轻重。反之,假如社会对聋人遗忘、忽略、冷漠、歧视甚至是排斥,不向聋人提供他们更加需要的手语翻译服务,聋人就依然处处受到困阻和孤立,那就需要将耳聋带来的影响降到最低,聋人就特别寄望于电子耳蜗康复。我们的社会,应该更加注重怎样多赋予聋人学习、工作和生活的能力,而不应该将主要的重心过度地放在如何让聋人恢复听觉和开口说话上。这是因为,一个人最根本的是学习、工作和生活的能力,花费过多的时间和过大的代价去为了恢复听觉而耽误一个人的能力教育和培养,使之能力缺欠,这也是一种得不偿失的"康复"。

科技的发展也给聋人带来了深刻的影响。但电子耳蜗终究是一种听力辅助工具,是一种辅助手段而不是替代手段,对待电子耳蜗应该是多元化的一种选择,不应跟风,更应该像选择高考志愿和供职单位等那样的是一种人生选择。2001 年,美国一部关于电子耳蜗的电影《无声的呐喊》(*Sound and Fury*)入围奥斯卡金像奖最佳纪录片。影片以真实的故事描述了一个失聪的哥哥彼得和一个听力正常的弟弟克里斯,兄弟两人在结婚后,都生下了听障孩子。当双方都在考虑是否要为孩子做耳蜗内植手术、装上电子耳蜗时,引起了家族之间,正反两面的激烈争执……到底要让自己的下一代,做个融入听障文化世界、彻彻底底的听障人士好呢? 还是让孩子装上电子耳蜗,拥有一般正常人的听力? 影片并没有偏袒哪一方,也没有提供答案,而是让观众自己去分析和思考,读者不妨抽空搜索网络去看一看。

7.6 影视字幕

我少儿时代耳朵听力好的时候,同等情况下对有字幕的电影会更加倾心。就连一同去看电影的大人也会问:"有没有字幕?"那时国产电影完全没有字幕,只有部分外国电影带有字幕。偶然遇见没有字幕的外国电影,大人小孩都会抱怨:"怎么没有字幕?"现在回想起来,感觉字幕对于听人也是很重要的。长时间听电影对话听觉容易疲劳,字幕有助于分担听觉负担。有时被电影情节所吸引忽略了话语,有时电影镜头切换太快跟不上听到的言语,有时电影情节紧张语速很快、专业词语和新出现的词语或方言,有时需要将电影情节与话语进行分析印照,等等,遇到这些情况,人们就会发出感叹:有字幕就好了。由此推想,需要字幕的人还会有:怕影响家人学习或工作而关闭声音选择字幕节目的听人、方言地区人士学习普通话、接触汉语的外国人士、家中有聋人的听人,等等。

连听人都这么需要字幕,那么聋人加上因各种原因听力降低的人如老年人,需要电视字幕的将数千万人。没有字幕的影视对聋人来说,就如同雾里看花终隔一层、就如同堕入烟海茫然一片、就如同隔靴搔痒莫知所以,其尴尬、窘迫、孤独、寂寞可以想象。尤其是周围的人被影视有趣的情节吸引在互相品味或哄堂大笑,更是聋人与众不同、格格不入、坐立不安的难受、尴尬、沮丧时光。聋人以视觉吸收信息,影视字幕就等于聋人的耳朵,没有字幕就等于把聋人排斥在影视之外,国家大力推行社会无障碍建设,肢残人和盲人的障碍是有形的,很容易被察觉到,但聋人的障碍往往是无形的,不容易被察觉到。对于聋人来说,障碍是沟通问题,那么电视上的字幕对于聋人就如同肢残人和盲人需要的坡道和盲道。即便是康复较好的聋人,对于正常音量和语速的影视语言,也会有听觉遗漏,时间长了更会有听觉疲劳,遗漏会越来越多。他们同样非常依赖语音转换为文字,依赖实时字幕。

生活中,语音文字信息无处不在、无时不有。听人都可以回忆到,在广播、电视等媒体里听到新鲜词语,大人小孩都会跟着学,只要听到即使不学也会留下印象。推而广之,字幕对于每个年龄段的聋人都很重要,文字输入就是信息输入,有信息输入就会产生接受效应,人一生的很多学习收获都是在有意无意的输入中得到的。对聋人而言,缺少视觉文字的字幕,等于减少了信息输入,对其影响是很大的。

增加影视字幕,是聋人争取权益的重要一项。美国聋人曾经打着"CBS: WE WANT CAPTIONS!"(我们要字幕)的横幅标语在纽约 CBS(Columbia Broadcasting System,哥伦比亚广播公司)总部门前抗议,要求 CBS 增加字幕。为此,美国国家聋人协会成立了字幕研究所,以专门解决推广普及影视字幕的问题。20 世纪 70 年代,美国研制出闭路电视字幕系统:

(1)与加配字幕工作配套的法规。1990 年的《美国残疾人法》(ADA)要求在一年里建立完善的、提供给听力或语言残疾人的电话传输服务的职能要求、指导方针、运作程序等规定,要求在技术和财政等方面对其给予支持。有的法规还规定违犯者将被处以严厉的惩罚。

(2)关于能接收字幕的电视设备的立法。1990 年的美国《电视译码电路法》(TDCA)强调了闭路字幕对于美国公民的重要性,详尽地规定了闭路字幕设备的各种具体规格,要求在三年内必须使所有美国出售的屏幕大小在 13 英寸以上的电视机装有内置闭路字幕译码器,就好比收看有线电视节目,必须在电视机上安装解码器一样。

209

（3）关于电视节目必须配上字幕的立法。1996 年的美国《电讯法》要求该法通过 18 个月后，所有的美国电视节目都要打上或补上闭路字幕。

1999 年 4 月，中央电视台《实话实说》的一场节目中，现场观众有一半是聋人，聋人观众提出的增加字幕的意见得到了主持人的认可，从此之后，《实话实说》节目率先每期都配上了完整的字幕。2002 年 4 月，聋人唐英、冯永彤、冯晔、姜昀在当时网站开始兴盛的时期，创办了"聋星网"，针对聋人观看国内电视各个频道依然是只见其影不知其事的情况，利用网络策划和号召"字幕工程"。他们组成了写稿小组、攻关小组、宣传小组，并明确各小组的职责。先后有 40 多名聋听网友积极报名加入各志愿服务小组，集中在当年全国助残日期间的 5 月 18、19 日在线上和线下向各电视台、报社、网站等媒体发送信息。之后引起社会强烈反响，先后有六个省（市）的新闻媒体发表了字幕工程的报道：

2002 年 5 月 19 日，《鄞州日报》星期天特刊第八版《法律维权》报道《字幕工程何时让聋人打开心窗？——助残日宁波聋人的呼声》：宁波残联理事长接受记者采访表示支持字幕工程，改变聋人接收信息渠道窄、接收信息量少的状况。

5 月 25 日，江西《信息日报》第三版头条新闻报道《让聋人看懂电视——访聋人博士生、字幕工程首倡者唐英》：江西省残联干部张女士表示跟省电视台协商，跟宣文处负责人沟通，看能否从宣传经费里安排一点资金用于字幕工作，江西聋协就字幕工程写了个报告上交给省残联，得到有关业务部门的支持，提交理事会讨论。

7 月 23 日，安徽《新安晚报》理想生活专栏报道了《到处都有字》。

8 月 7 日，安徽《新安晚报》报道《聋女孩奔走呼唤字幕工程》：呼唤全社会关注字幕工程等，安徽残联表示支持。

当年，北京市聋协副主席成海在专门协会工作会议上向市残联汇报了字幕工程情况。市残联领导在会上表示重视，会后表示将字幕工程作为市残联无障碍工作的内容。

7 月 6 日，《武汉晚报》扶助行动版报道《呼唤字幕工程——让聋人朋友看懂电视》及《武汉地区听障人士收看电视节目调查表》。

7 月 20 日，《武汉晚报》扶助行动版报道《听障人士呼唤字幕工程》等。

另有《扬子晚报》、深圳相关媒体等发表了字幕工程的报道。

字幕工程之后，全国电视节目里的字幕渐渐多了起来，使聋人观众得以更多地分享电视中的信息和乐趣。2014 年起，中国残疾人联合会网站开始专门为聋人观众制作了带字幕的"春节联欢晚会"链接。但是，依然有很多电视频道和电视节目至今还没有字幕，各方需要进一步努力继续填补这些字幕空白。2019 年 7 月 23 日，在全国政协召开的"加强农村基本公共文化服务建设"专题协商会上，全国政协委员、中国残疾人艺术团团长邰丽华手语发言说，农村残障人群对身体康复的需求和对美好生活的向往是很深切的，他们也希望得到更加丰富多样的公共文化服务,她建议,在播放新闻或转播体育赛事的同时添加字幕,使听障朋友们可以像听人一样,在观看节目时,能同步分享更多信息和快乐,更好地满足各类群众的需求。我们期待着电视电影里的字幕越来越充分,聋人不管选择哪个频道哪个节目,都没有无字幕的尴尬出现。据行业人士说,这个问题从技术层面上说不是很难,关键是需要有关部门的关注形成合力去解决。

7.7 聋人驾车

美国是世界上最早使用和普及汽车的国家,早在 1920 年左右,随着民众驾驶汽车的逐渐普及,美国最早有四个州将拒绝聋人开车写进了机动车法令,其他州随之纷纷效仿,其解释是:聋人听力不佳开车有危险,认为聋人听力不好不能及时避让来往车辆容易导致车祸。为此,美国国家聋人协会特地成立了机动车局,对此以歧视性法令进行统计调查,在各州建立废除此歧视性法令委员会。随着聋人驾车安全记录良好被广而知之,各州逐渐放弃了禁止聋人驾车的法令条款。而事实上,美国保险公司和警方分析数据后发现,聋人发生车祸的概率比听人要低。美国率先开放了聋人驾驶汽车,之后世界各国都逐渐效仿允许聋人考证驾车。不仅如此,美国 1927 年就有女性聋人奈莉·扎贝尔·威利赫特(Nellie Zable Willhite)取得飞机驾驶执照,1947 年有聋人胡林·A.托马斯(Rhulin A. Thomas)驾驶飞机横跨大西洋飞行。联邦航空局后来允许聋人申请考小型飞机驾驶执照。一部分聋人拥有自己的私人飞机,他们还建立起聋人飞机驾驶协会。

除了欧美发达国家,巴基斯坦、伊朗、古巴、马来西亚、泰国、韩国等国,及我国香港、澳门、台湾地区都允许聋人开车。我国随着改革开放后人民生活水平的提高,聋人也开始梦想能驾驶汽车,他们向自己所在地有关部门咨询聋人开车问题,得到的答复都是聋人不能开车,不能发放驾驶执照。

2007 年,留学奥地利的聋人 H 特地拍摄了奥地利聋人驾驶汽车的视频,于同年 10 月 8 日在自己的博客发布手语视频:《为什么不允许聋人开车?》。这段视频在聋人中扩散极其迅速,给中国聋人打了一剂开车梦的强心剂,在聋人圈里引来阵阵波澜。各地个别听力较好或有门路的聋人首先拿下了驾驶执照,引来更多的聋人摩拳擦掌、雀跃欲试。

江西王名珑没有左手手掌,申请驾驶执照屡遭拒绝,在他的内心引起了极大的波澜。为了争取残疾人的"驾驶权",2001 年他从江西瑞金出发,驾驶摩托车周游全国,于 2002 年 11 月抵达广州。他的经历得到广州市残联的关注,这个过程中,有一位聋人李先生谈道:"有很多聋哑人朋友,有的做广告设计工作,有的做商业贸易,需要用车的地方很多,但就是不能像正常人一样去申请考取驾驶证。"广州市残联发展处处长符大伟表示,"残疾人是一个比正常人更需要汽车的群体……解决残疾人驾车上路问题迫在眉睫"。

2003 年 8 月,公安部公布了"17 项交通管理便民措施",其中明确规定"允许左下肢残疾的人员考领小型、微型自动挡载客汽车驾驶证"。对此,中国残联维权部权益处叶奇表示,"这个新措施是政策上的突破,保障了残疾人驾车的权利。"但是鉴于广大聋人驾车愿望迫切以及国外普遍允许聋人驾车,希望"进一步扩大残疾人领取驾照的范围,例如,条件成熟时,能允许符合条件的聋人早日实现驾车的梦想"。

肢残人考取驾照的消息让广大聋人群体羡慕不已。2004 年北京两会期间,有聋人在《北京晚报》和新浪网联办的"两会专题"发出呼吁:"我本人是聋人,住在北京市,我爱人是聋人,……我渴望开车……"这个未署名的聋人朋友表达了聋人希望开车的迫切愿望。几天后,另一网名为"蒙蒙相思雨"的聋人在"聋人在线"网站发布了一篇题为《聋人的梦想》的帖子,其中谈道,"我是一名聋人,也是一名大学毕业生……学开车、考驾照,是我们聋人多年的梦寐以求。抱着同样梦想的聋人太多了……每天挤公交车上下班,看着人家驾驶小汽车,我心里就痒痒的,不知有谁能把我们聋人的梦想实现,推翻聋人不能开车这一个现实中的问题"。

2005 年,时任中残联副主席的张海迪以及中国聋人协会副主席于兵等委员联名向全国政协提交提案,希望解决聋人和其他残疾人考取驾照的问题,促使国家将此事纳入议事日程,中残联表示"将争取在 2008 年之前,让非左下肢肢残人士实现开车梦"。2009年,中国残疾人联合会副理事长程凯表示"我国正在加快推动残疾人驾驶汽车的进程"。

2009 年 7 月 20 日,中国残联在西安召开了残疾人驾驶汽车座谈会(图 7-10)。座谈会期间,中国肢残人协会和中国聋人协会在户县举办了一场残疾人驾驶汽车演示,来自北京、上海、内蒙古、江西、福建、陕西、黑龙江等地的几十名残疾人代表,肢残人依靠辅助装置,聋人耳戴助器在演示场地中灵活自如地驾车飞驰。中国聋人协会主席刘再军、

图 7-10　中国残联残疾人驾驶汽车座谈会的聋人代表

中国聋人协会副主席高晓峰观看了西安市已有驾照的聋人驾车竞赛,取得了第一手证据。随后座谈会又进行了"残疾人机动车驾驶证申领和使用规定研讨会",对其中有关残疾人驾驶机动车条款提出补充修改意见。

2010 年 4 月 1 日,公安部《关于修改〈机动车驾驶证申领和使用规定〉的决定》正式

实施,放宽了机动驾驶证的申领范围,聋人"佩戴助听设备能够达到合格标准(两耳分别距音叉 50 厘米能辨别声源方向)的,可以申请小型汽车、小型自动挡汽车准驾车型的驾驶证"。4 月 1 日,在西安市东城驾校,陕西省首个面向残疾人的汽车驾驶员培训班开班,上百名残疾人包括聋人来到西安东城驾校开始学习汽车驾驶。一个月后,其中的聋人学员在全国最早拿下驾驶证。几日之后,北京德福缘汽车驾驶员学校正式启动招聋生,首批 81 名聋人终于迈向了考取驾驶执照的第一步并于 9 月拿到了驾照。从此,各地驾校陆续为聋人开辟通道,聋人的驾车梦终于实现。

2011 年 9 月 18 日,长安汽车杯两岸三地残疾人汽车场地竞技赛陕西分站赛在西安举行,来自全省六个地市的近 80 名残疾人汽车驾驶爱好者参加了听力残疾组和肢体残疾 A、B、C 组比赛。11 月 11 日,长安汽车杯两岸三地残疾人汽车场地竞技赛总决赛在西安渭水园拉开帷幕,来自包括香港、澳门、台湾在内的 32 个省、自治区、直辖市的 111 名选手参加了总决赛的角逐。本次大赛是由中国残疾人联合会支持,中国肢残人协会、中国聋人协会、中国残疾人体育运动管理中心和中国汽车工业协会联合主办,长安汽车全程赞助,是目前全国第一次规模最大的社会公益性残疾人驾车比赛。

2011 年,网络上关于聋人驾考的问题都是一片叫好之声。不过好景不长,新的问题出现了:2012 年 7 月武汉的科目三考试由原先的人工提示变为语音提示,参加考试的聋人即使戴着助听器,也只能听见声音,听不懂内容,"满怀希望却被新规难住";由于各地对政策的落实情况不一致,一些城市的聋人朋友在办理驾考报名的时候吃了闭门羹,有的人为了拿证不得不取道北京参加考试;听人士对于大量残疾人考取驾照也表示出担忧:"南京 400 位残疾人领了驾照,令人担心吗?""网上约车遇上聋人司机 驾照手续齐全但仍担心"在网络上引起热议……

聋人群体始终以积极的态度予以应对。他们举办场地汽车赛向公众展示聋人的车技,"470 多名聋人领照路驾,没有发生过一例伤亡事故",用数据证明聋人开车没有危害交通。2017 年 3 月 3 日全国政协会议期间,于兵在媒体采访的过程中更代表千万聋人提出了一个新的目标:"允许聋人申请 B1 驾照并参与客货运载就业。"从更广的视角来说,聋人得到的将不仅仅是一本驾照,更是社会的认同、理解和尊重。驾驶执照向聋人解禁后,2019 年成都武侯区有物流公司办起默行者聋人自主创业平台,从接单到发单到送货全部由聋人操持,70 多个聋人开起小型货车为物流公司送货。聋人司机们说:开车送货增加了聋人就业,提高了自己收入,日子过得更加开心。物流公司负责人向中新社记者表示:聋人司机思想专注、吃苦耐劳,客户认可、好评不断,体现了自己的人生价值,证明了自己的实力。

7.8 聋人教师资格认定

聋人教师与聋教育同时出现并且一直互相依存地发展着。例如,美国第一所聋人学校就是加劳德特远赴重洋邀请到法国聋人教师克勒克老师,在克勒克老师的帮助下建立起来,并且是在克勒克老师毕生的奉献下完善起来的。再如我国最早的聋人学校一经成立,米尔斯夫人就在自己的聋学生中挑选出佼佼者任教,而且这所学校的聋人毕业生在杭州等地创办聋人学校。1949 年前,我国聋人先后创办了 43 所聋人学校,占全国聋人学校 70% 以上。

1949 年后,分布在全国各地的聋人学校、聋人校长和聋人教师继续起着重要作用。但是由于 20 世纪 50 年代中国聋教育向苏联"口语教学"看齐,以及后来"文化大革命"的动荡,聋人教师逐渐萎缩,几乎退出聋教育舞台。

改革开放后于 1987 年成立的长春大学特殊教育学院以及之后纷纷建立的聋人高等学校,为全国各地输入了一批新型聋人知识分子,他们其中很多人成为聋人学校教师,这给刚刚恢复元气急需补充教师的聋人学校输送了新鲜血液。

2000 年 9 月,教育部颁布了《〈教师资格条例〉实施办法》,我国建立了教师资格证制度。随着国家制定的教师资格证准入制度的实施,由于聋人无法参加和通过其中对普通话的考核口语试讲、体检对听力的要求,聋人进入聋人学校任教的大门又被堵住。而且之后又形成了一连串反应:一些已被吸收到聋人学校的聋人教师由于没有教师资格证,面临着工作无法转正、无法评审专业技术职务、工资不能调升、没有教龄补贴、没有特殊教育教师补贴、不能享受带薪寒暑假……诸多问题,最后的结局是各地直接拒绝聋人报名应聘聋人学校教师。

2010 年,全国政协委员、中国聋人协会副主席于兵等人在全国政协会议期间递交了"关于聋人从教取得教师资格问题"的提案,但是教育部的回复没有实质性改变的内容。

毕业于北京联合大学特殊教育学院的聋人学生杜银玲,一直钟情于做一名手语教师。杜银玲左耳听力 93 分贝,右耳听力 100 分贝,在国际听力障碍分级标准中,25 分贝以下属于正常听力,而 91 分贝以上属于极度听觉障碍。她同样难以通过教师资格证考试。全国与杜银玲处境相同的聋人更是数量庞大,使教师这一聋人学校产生之日就有的聋人天然职业,因一纸教师资格证,与聋人"隔河相望"。杜银玲说:"听障人士要获取教师资格证受到很多限制,普通话没法考,面试也得口语,体检(的时候)还有听力限制。"她说推动这件事不是为了自己,只有更多像她一样的听障人士投入进来,大家一起努力才能实现。为此,杜银玲、崔竞和其他聋人们一起进行了不懈的努力。2015 年 3 月,杜银玲向教育部去信提出申请参加教师资格证考试。同年 9 月,杜银玲号召聋人联名向教育部和中国残联去信争取聋人报考教师资格证的合理要求,短短两天就有 61 人签名。

2015 年 12 月 3 日"国际残疾人日"前一个月 11 月初,杜银玲与全国许多听障人士一起联合行动起来,以"一天一人一信"的方式,共有来自全国 30 个省市的 30 位听障人士参与,连续 30 天以邮政 EMS 向教育部和中残联寄出《关于为听障人士参加教师资格考试提供合理便利的建议信》(图 7-11),提出了三条具体建议:取消对于听障人士需要提交普通话水平证书的要求;允许考生以手语代替口语进行面试;取消各地教师资格体检标准中关于听力方面的规定。

图 7-11　聋人"一人一信"向教育部、中残联寄信

图源:杜银玲

这些行动最终得到教育部的注意。2015 年 11 月 30 日,教育部特殊教育处李天顺处长在《国家中长期教育改革和发展规划纲要(2010—2020 年)》中期评估特殊教育专题报告发布会中表示:"最近几年我们在基层一线调研的时候,有很多听障人士反映在取得教师资格的时候遇到障碍,这样的教师不在少数。但是教师资格的设计还没有对听障人士如何从事特殊教育提供合理的便利。教育部有关职能部门正在研究政策解决这一问题。"

2016 年 6 月,杜银玲荣幸地被邀请前往四川教育厅研讨和草拟聋人取得教师资格证认定办法,最后认定条件初步草拟为:笔试提供合理便利;面试提供合理便利,用专家库来针对各类残疾考试;体检上,听、语、视不作相应要求,比如听残不作听力要求。

杜银玲与其他聋人们的努力终于得到了大家预期的结果。2016 年 8 月 9 日,教育部官网公布《教育部对十二届全国人大四次会议第 9428 号建议的答复》称,拟授权四川省开展听力残疾人参加中小学教师资格证考试试点。教育部向四川省教育厅发出《教育部教师工作司关于四川省教育厅开展听障人员教师资格认定十点工作的函》,2017年12月5日,四川省教育厅发布《关于开展听障人员教师资格认定试点工作的通知》,展开聋人参加教师资格证考核改革试点,允许以手语考核代替普通话考核,拆除了聋人取得教师资格证的篱笆。《关于为听障人士参加教师资格考试提供合理便利的建议信》里的三条建议在公布的《关于开展听障人员教师资格以上试点工作的通知》中,被一一采纳。

2018年3月22日,应教育部和四川省教育厅《关于开展听障人员教师资格认证试点工作的通知》文件要求,成都市普通话测试中心将开展听障人员普通话培训测试试点工作,为听障人员申请教师资格证书提供测试支持。

2018年3月27日是成都市普通话测试中心通知的网上报名第一天,当天中午,30人的名额就已报满。杜银玲鼓励还没来得及报名的听障朋友:"没有报上的听障朋友们不要着急,肯定还会有第二批、第三批,并且还会普及全国,会越来越好的!"

2018年4月18日,杜银玲在成都特殊教育学校与其他29位来自四川各地的听障人士进行普通话水平测试前的培训。这次培训对于杜银玲来说具有非同一般的意义,因为她既是这场听障人员普通话水平测试的参与者,更是推动者。对于这次普通话水平测试的试点,杜银玲说:"我希望这次四川的试点能够成功,把经验推广到全国,让所有梦想当老师的听障人士都能实现自己的'教师梦'。"

2018年11月17日,第一批听力障碍考生以手语代替普通话的形式在成都进行教师资格面试。当年底,杜银玲等第一批听力障碍考生陆续接到教育部门通知领取到教师资格证。

聋人YF给自己起的网名叫Sail,他希望自己的生涯能够一帆风顺。他在山东省一所聋校当教师,可是在聋校工作十年有余的他却因为听力障碍的原因并不顺利。在没有政策支持的情况下,他无法通过教师资格认定考试的普通话、说课和体检环节,因此也就无法取得教师资格证考试。虽然他的课很受聋校学生的欢迎,但是他却始终是一名代课老师。学校里的工资调升、职称晋升都和他无缘。当他得知四川省听障人员教师资格认证试点工作的消息后,马上向山东省教育厅请求,希望山东省也开展听障人士教师资格认定试点工作。但是反馈回来答复是"没有先例"或"没有开展试点工作的条件"。迫不得已之下,Sail只好采用了亲友的建议,2018年Sail花了很大的力气将自己的户口从山东迁到四川,然后前往成都参加了2019年四川省教师资格认定考试,最终成功地拿到了梦寐以求的教师资格证。之后他又将户口迁回山东,这横跨两省、铁路单程距离2294公里的一纸证书来得可真是不容易。

YQ是一位耳聋志坚的"学霸",2012年他获得景德镇陶瓷大学概率论与数理统计专业硕士文凭。毕业后,他通过有关部门特批,进入景德镇市特殊教育学校担任教师,成为该校唯一的聋人教师和第一个拥有硕士学位的教师。因为身边同事都有教师资格证,YQ一直也想依靠自己的努力拿证。让他没想到的是,因为江西省还没有聋人参加教师资格证以手语考试代替普通话考试的先例,聋人要想通过教师资格证考试,比高考和研究生考试更难。时间都到了2019年,YQ这样出色的聋人教师还是没有教师资格证。于是,微信群里关心他的人们纷纷帮助他出主意,甚至建议他先将户口转入成都,等拿下教师资格证后再把户口转回景德镇来。由此可知,获得教师资格证对聋人教师而言,任重而道远。

聋人教师资格认定经过聋人努力终于曙光在前。截至2021年,教育部已热潮权四川、河南、山东、甘肃、吉林、江西、安徽8省份开展听障人员参加中小学教师资格考试和认定试点工作。但是,聋人具有教师资格并不等于能够顺利地当教师,尤其不等于能够进入聋人希冀的聋人学校当教师。在没有上级明文规定的情况下,目前聋人学校依然基本都是惯性地坚持招聘听人教师而不愿意招聋人教师;新招听人教师的学历已经逐步提高到硕士学位,而聋人的学历基本都是非师范专业学士学位。聋人学校怎样合理地吸收聋人教师,依然是一个长期没有合理解决的问题。

7.9 手语翻译

2020年1月,新型冠状病毒肺炎在武汉爆发,之后在全国各地陆续出现新型冠状病毒肺炎患者。各省纷纷立即启动重大公共卫生事件Ⅰ级响应:封城、道路管制、限制流动、小区封闭……整个国家处于紧急状况。国家成立了国务院联防联控机制,加上国家卫健委和各省卫健委,每天一次到数次发布疫情发展和控制情况。此时,出现了一个问题,就是联防联控机制发布会上,全国聋人在电视上、手机上和电脑上只见负责人隔着口罩滔滔不绝地讲话,而没有实时字幕和手语翻译,因此聋人面面相觑莫知所以。在国家如此紧急的状况中,聋人由于看不到字幕和手语翻译,不能第一时间获得有关信息。这对于响应国家统一号令、政府具体安排、保护聋人群体健康安全等,有着非常不利的影响。

聋人们,尤其是CODA(聋人夫妇的听人子女)们和一些聋人高校及聋人中小学教师们认为,政府有关部门的工作缺位应该立即改进,尽快安排实时字幕和手语翻译。只有这样,处在国家紧急状况之中的聋人才不会显得惊慌和无助。来自海外的图7-12就是新型冠状病毒肺炎爆发下众人奔忙中聋人无助的真实写照。

对于这种状况,也有许多清楚聋人需求的团体或个人通过互联网这种媒介形式向疫情下的聋人群体进行手语服务。比如上海的随手执梦手语文化中心"每日疫情手语速报"和"公共健康手语科普"、听援公益团队的"手语科普、防疫"视频、武汉守语者支援湖北聋人行动、手之声"新冠肺炎"手语翻译特别服务,等等。但是这其中大部分的手语视频是对主流媒体信息的二次整理,相对于主流权威媒体进行直播的疫情报道而言,缺乏权威性和时效性,是国家信息之后的补充。要满足聋人在特定条件下的信息需求,确保获取及时准确的权威信息,主流媒体配备手语翻译及字幕应该是最佳的方式。

图7-12　我需要手语生活信息无障碍

(外国聋人漫画)佚名　图源:杨军辉

聋人这一诉求在武汉封城后的第12天得到了有关部门的积极响应。2021年2月4日,北京市人民政府举办的新型冠状病毒肺炎防控新闻发布会在全国首次配备手语翻译(图7-13)。在中国残疾人联合会的协助下,2月8日开始,国务院联防联控机制新闻发布会加配现场手语翻译。上海市、天津市、重庆市也立即效仿了这一做法。

图7-13　北京新冠肺炎防控工作发布会配手语翻译

2020年2月11日,火神山医院感染四科一病区有一位75岁的老年女性聋人患者,由于病人不允许亲友陪护,医生和她交流特别不方便,于是在微信群里征集手语翻译协助。南京市"00后"手语翻译陈鑫联系上了病区主任,分别在12日、13日和18日三次以手机微信视频和这位聋人患者以手语交流,转述了她手语描述的病情,帮助了这位聋人患者。

由此可见,手语翻译于聋人多么重要!聋人沟通需要手语翻译,就像吃饭喝水一样刻不可离。大家对国家疫情防控部门及时配备了同步手语翻译而欣慰,同时也谈了很多

不足。比如:

政府部门请出来的手语翻译多是当地聋人学校教师,手语翻译的手语能力更没有获得聋人的认可。

聋人学校实施口语教学,手语多是与聋人学校脱节的手势汉语,因此目前聋人学校教师的手语翻译传递的信息质量大打折扣。

聋人在政府疫情防控发布会上看到的手语翻译质量还比较有限,与聋人标准的手语翻译和 CODA 的手语水平有较大距离。

手语翻译应该站在发言人附近,不应与发言人距离太远,使聋人看不到发言人的表情。

手语翻译认证制度没有推广,手语翻译标准没有检测依据。

手语翻译目前还并非聋人公益服务,一时无法普及。私营手语翻译单位和广大业余手语翻译的处境因此还比较艰难。

各级政府新闻发布会手语翻译需要进一步普及,最好到地市级。

重大新闻发布会应该加配现场手语翻译和即时字幕,使之成为常态标配……

近十年来,我国手语翻译事业在提速发展。目前已有五所高校建立了手语翻译专业,国家完成了通用手语研究、编订和出版工作,手语著作出版此起彼伏,各地民营手语服务方兴未艾,全国人大代表和政协委员呼吁社会重视手语。聋人群体翘首以盼手语翻译服务普及的日子早日到来,那时聋人将不再有交流沟通障碍,也即聋人群体不再偏安一隅,能够和听人一起愉快学习、工作和生活的幸福时代。

2021 年 7 月下旬,河南郑州及其他地市相继遭受了前所未有的暴雨和洪灾。郑州24 小时降雨 610.5 毫米,有关部门估计相当于 150 个西湖的水量在郑州从天而降。面对天空的倾缸暴雨和脚下的浊浪奔涌,接打不成电话、听不到电视里应急播报、助听器和电子耳蜗进水失效……单独居住的聋人(聋人如听人一样单人或家庭居住)该是怎样的束手无策难以呼救?

尽管当时有"手之声"提供免费远程翻译等帮助,但依然让聋人感到仅依靠民间帮助势单力薄、鞭长莫及并且力不从心,聋人的处境让人揪心撕肺。假如我们建立有覆盖各个社区的手语翻译服务,假如在应急播报中考虑到聋人群体的需要,设有手语翻译和实时字幕,聋人灾民的情况就会好得多。从这里我们也能看出手语翻译服务对聋人群体的重要意义,国家应尽早补足这一社会体系中的漏隙。

8 / 推动聋人事业的听人 Hearing Ally

故人不独亲其亲，不独子其子。

——戴圣(生卒年不详)

8.1 外国推动聋人事业的听人

　　佩德·庞塞·德·利昂(Pedro Ponce de Leon, 1520—1584)，西班牙人，原本是一位修道士。他在修道院遇到了两个贵族失聪的男孩时，开始教育聋童，后来扩展到十多个聋童。他在马德里圣萨尔瓦多(San Salvador)修道院建立了一所聋童学校，被称为世界上"第一位聋童教师"。庞塞主要教育聋童学习口语，他的学生全是能雇得起私人家庭教师的富裕贵族的聋孩子。一些聋童在他的教育下，学会了西班牙文、数学甚至占星术。在教育聋童的过程中，庞塞也利用手指和手势帮助聋童学习，这些手势可能是后来字母指拼的早期渊源。庞塞大胆对聋童进行教育，他的教育成果改变了 15 世纪前人们认为聋人头脑简单、聋人不可教育以及不能被基督挽救的落后观念，开创了聋童教育的先河。

　　阿贝·查尔斯·米歇尔·德·莱佩(Abbe Charles Michel de L' Epee, 1712—1789)，法国人，出生于凡尔赛的一个富裕家庭，本是一位天主教神父，后来转向为穷人提供慈善服务。50 岁时他有一次进入贫民窟，遇见一对孪生聋童姐妹，在和她们的交往中对手势产生了浓厚的兴趣，决定致力于聋人的教育和救赎，开始从事聋童个别教育工作。1755年在巴黎创办了世界上第一所聋童学校。莱佩认为手势是聋人的母语，主张在教学中使用手语，为手语教学法体系的创始人。莱佩将社会弃如敝屣的聋哑人比手画脚的散碎手势用作聋人的"普世语言"，在对聋人细致观察的基础上，他编辑整理出了一套法语手势符号体系,称为"系统手语"(methodical sign),为聋人打开了一扇开启智慧的窗户,为聋人开辟了一条探索世界的道路。著有《通过手势法对聋人进行教育》(*Instruction of Deaf and Dumb by Means of Methodical Signs*,图 8-1)《真正的聋教学法》等著作。莱佩出色的聋教育思想和成果对后来的聋教育产生了深刻的影响,莱佩去世时,欧洲各地效仿他共建立起 21 所聋人学校,他因此被誉为"聋人教育之父"。在他去世两年后,国民议会承认他是"人类的恩人",并宣称聋人根据"人权和公民权利宣言"享有权利。1791 年,莱佩成立的巴黎国家聋人教育机构开始获得政府资助,后来改名为圣雅克研究所,之后又改为现在的名字:Institut National de Jeunes Sourds de Paris。

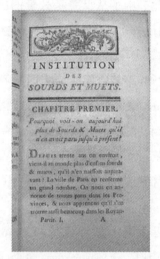

图 8-1　莱佩及其著作

塞缪尔·海尼克(Samuel Heinicke,1727—1790),德国人,1755 年做私人教师时接受了第一个聋生,并受到由一荷兰医生阿曼(Amman)写的《说话的聋人》一书的影响。1769 年再次以教育聋童为职业,1778 年应家乡选民的要求,在莱比锡创办了德国第一所聋人学校(现名"塞缪尔·海尼克聋人学校")。他认为口语是发展聋人抽象思维的必要基础,书面语应该在口语的基础上获得,手势和手语不是语言,必须要以说话、读唇才能完整地沟通人的思想。他坚持用口语教学,形成一套帮助聋人发音的教学方法。他全力推行口语教学,是口语教学体系的创始人。著有《聋哑人的思想模式》(*On the Thought Patterns of the Deaf-*

Mute)（1780 年）和《关于聋哑人与人类语言的观察》（*Observations on the Deaf and Human Speech*）（1788 年）。

托马斯·霍普金斯·加劳德特（Thomas Hopkins Gallaudet,1787—1851），美国人,1795 年获耶鲁大学文学学士, 1810 年获文学硕士学位。起先他做推销员,后来进入安多弗 神学院学习了两年,成为助理牧师。

1814 年加劳德特在父母的住所附近见到一位 9 岁的聋哑 女孩爱丽丝,由此产生了从事聋童教育的决心,随即乘船远渡 重洋来到了英国伦敦学习聋童教育,不意遭到聋童学校主人布 雷德伍德家族的拒绝。后来他在伦敦遇见讲学的两位法国聋 童学校的聋人教师,跟随他们前往法国学习聋童教育,并且进一步说服了聋人老师劳伦 特·克勒克（Laurent Clerc）前往美国,1817 年 4 月 15 日在康涅狄格州哈特福德建立了美 国第一所称为美利坚聋人学校（American School for the Deaf）的聋童学校,任校长兼教师。 1930 年加劳德特退休,但他依然四处为聋人教育呼吁、奔忙,同时编写了许多聋童教育书 籍、手语读本和聋童读物,编辑了聋人小报《美国聋哑人年报》。

爱德华·迈因纳·加劳德特（Edward Miner Gallaudet, 1837—1917），美国人,托马斯·霍普金斯·加劳德特的小儿 子。在杰克逊总统理政时代的邮政总长阿莫斯·肯德尔 （Amos Kendall）的帮助下,他们共同说服国会创建聋哑学院。 1864 年 4 月 8 日,亚伯拉罕·林肯（Abraham Lincoln）总统签 署法令成立了国立聋哑学院（National College for the Deaf and Dumb）,任命爱德华·迈因纳·加劳德特为任首任院长,使美 国成为全世界唯一拥有聋人学院的国家。1910 年,担任了 46 年院长的爱德华·迈因纳·加劳德特退休,他因对聋人教育 的杰出贡献获得了特里尼蒂学院和他父亲的母校耶鲁大学授予的法学荣誉博士学位、乔 治敦大学授予的哲学荣誉博士学位以及法国政府授予的十字勋章等荣誉。

1894 年,国立聋哑学院更名为加劳德特学院（Gallaudet College）。1986 年 8 月 4 日, 罗纳德·里根总统签署了美国聋人教育法令,更名加劳德特学院为加劳德特大学 （Gallaudet University）。

亚历山大·格拉汉姆·贝尔（Alexander Graham Bell，1847—1942），美国人，著名的发明家、科学家、企业家和聋教育家，著名的"电话大王"。贝尔的母亲是位聋人，他出于继承父志，为了改善聋人交流的愿望，试图用电磁连续振动的曲线来使聋人看出"话"来，这项研究虽然没有成功，但由此引发发明了世界上第一台电话机，被誉为"电话之父"，创建了贝尔电话公司和贝尔实验室。

贝尔还制造了助听器、改进了爱迪生发明的留声机、发明了金属探测器，发明了测量听力器，娶了聋女梅布尔·加德纳（Mabel Gardiner）为妻。从1875年到1922年间，他从美国政府那里就取得了三十项专利权。为了纪念贝尔的功绩，人们将电学和声学中计量功率或功率密度比值的一种单位命名为"贝尔"。

1871年4月5日，贝尔开始在波士顿聋哑学校供职，1872年在波士顿建立了一所聋教育教师培训学校。1873年，26岁的贝尔任波士顿大学语音学教授，1879年，贝尔退出贝尔电话公司，在苏格兰的格里诺克建立了一所聋人学校。贝尔对聋人手语改进贡献也很大，在聋教育中他提倡口语教学，并将可视语言推广到聋人教育领域，强调发音机理在发音过程中的重要作用，建立了"贝尔聋和重听者协会"，现为"亚历山大·格拉汉姆·贝尔协会"，向全世界的聋人提供如何最有效地对应耳聋的最新资料。

威廉C·斯多基（William C. Stokoe，1919—2000），美国人，1937年进入威尔斯学院，1941年获学士学位，1943年获硕士学位，1946年获威尔斯学院博士学位。

威廉C·斯多基于1955年来到加劳德特大学英语系任系主任和教授，1960年他在布法罗大学出版的期刊《语言学研究》（*Studies in Linguistics*）上发表了《手语的结构》（*Sign Language Structure*）的论文，第一次对手语语法进行了描述性阐述，1965年和两位聋人同事卡尔·克龙堡（Carl Croneberg）、多萝西·卡斯特兰（Dorothy Casterline）合作编撰出版了《基于语言学原则的美国手语词典》（*A Dictionary of American Sign Language on Linguistic Principles*）（图8-2），1971年出版《我们时代的手势》（*Sign of Our Times*）。1972年创刊第一份手语研究杂志《手语研究》（*Sign Language Studies*），任该刊主编并一直持续到1996年。

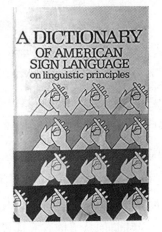

图8-2　威廉 C·斯多基及其著作

威廉 C·斯多基从语言学、符号学、认知学、生理学和古生物学研究美国手语,创立了手语语言学,并且在四十多年严谨的研究和不懈的努力下使之不断深入、巩固和完善,确立了美国手语在语言学界的合法地位,使得美国手语现在被广泛认可为适合聋人学习的语言,也是适合广大听人学生在美国高中和大学学习的第二语言(外语)。威廉 C·斯多基的手语语言学认为,美国手语是一种真正的、自然的语言,具有作为语言所具有的语言特征和语法体系。手语的手势并不是与英语单词对应的形式,更不是一种依赖于口语的模拟或辅助表达形式。手语是一种视觉语言,手语与口语这种听觉语言的差异在于语言形式构建的不同。不仅如此,甚至认为人类视觉语言早于听觉语言出现,手势是人类语言的起源,语言的词汇和句子来自手势的具体化。

在威廉 C·斯多基的手语语言学的影响下,人们逐渐摈弃了对"聋"的病理性定义,为聋人赢得了自尊,为聋人找回了自我和希望。威廉·斯多基因此成为公认的"美国手语之父",他掀起的手语语言学运动影响超越了美国国境,遍及世界。丹麦、瑞典和泰国等在法律上肯定手语的地位和价值,推广聋人双语(手语和书面语)教育,手语翻译职业化,这些国家的聋人已经赢得重要的教育和人类文明的权利。

卢·范特(Lou Fant,1931—2001),美国人,是一对聋哑夫妇的健听儿子。1953 年获贝勒大学文学学士学位,1955 年获哥伦比亚大学教师学院理学硕士学位,1967 年获马里兰大学哲学博士学位。他做过手语教师、手语翻译、手语顾问、手语教练以及手语演员,先后在纽约市莱克星敦聋人学校、加劳德特大学、加利福尼亚州立大学诺斯里奇分校和西雅图中央社区学院任教。

1967 年卢·范特与人创办起美国第一家聋人剧团——国立聋人剧院,1978 年亲自参与演出和指导了在 PBS 播出的儿童电视剧《彩虹之端》(*Rainbow's End*),此外还有《次神的孩子》(*Children of Lesser God*)、《通往天堂的路》(*Highway to Heaven*)、《干杯》(*Cheers*)等电影和电视短剧。他创作了《洞熊之家》(*Clan of Cave Bear*)、《即兴》(*Off Hand*)等 8 部手语电影,培养了第一批诸如 Diane Keaton, Henry Winkler, Mare Winningham 手语演员,曾获得众多奖项和荣誉。尤其是 1985 年 8 月开拍,11 月完成影片的《次神的孩子》(*Children of Lesser God*),21 岁的聋人女演员玛丽·玛特琳(Marlee Matlin)因扮演女主角萨拉而获 1987 年第 59 届"奥斯卡"最佳女主角奖,卢·范特本人获美国影视"艾美奖(Emmy Awards)"。他被誉为铺架起聋人与听人之间两种文化桥梁大基的先驱,开辟了聋人手语戏剧影视艺术的先河。

卢·范特还是美国一家手语翻译考核和发证机构——The Registry of Interpraters for the Deaf 的主要创建人和负责人之一,一生共出版过 5 本手语学习书籍及此外的手语研究论文,其中《美国手语短句集》(*THE AMERICAN SIGN LANGUAGE PHRASE BOOK*)以聋人自然手语编撰,被公认为最好的、发行量最大的美国手语会话读本之一。

哈伦·莱恩(Harlan Lane,1936—2019),美国人。1936 年 8 月 19 日生于纽约布鲁克林。1960 年始,先后在哥伦比亚大学获得心理学学士和硕士学位、哈佛大学心理学博士学位。之后,他任波士顿东北大学(Northeastern University)心理学教授,他的研究重点是心理学、语言学、神经语言学、语音处理和手语。1973 年又在巴黎大学索邦文理学院获得博士学位,使他的研究直接延伸到世界聋教育发端的法国。莱恩在 20 世纪 70 年代在东北大学创办了美国手语课程,他雇用了 Marie Jean Philip, Ella Mae Lentz, Elinor Kraft, Nancy V. Becker 等聋人,以确保学生向聋人学习地道的美国手语。他还创建了新英格兰手语学会,这是一个致力于研究 20 世纪 70 年代中后期美国手语语言学的组织。同时,莱恩与长期合作者富兰克林·菲利普斯(Franklin Phillips)一起,将法语聋人文学翻译成英语。

莱恩是一位神经语言学者,是一位杰出的教授,一位多产的作家,也是一位世界聋人社会进化的梦想家。他专注于聋人群体的语言和文化研究。他以著述为聋人鸣不平发真声说真话,直言不讳地主张赋予聋人权利,支持聋人文化。他的整个生命都集中在创造一个超越社会态度和观念的聋人世界。特别是他担心人工耳蜗的影响,在与 H-Dirksen Bauman 合著《打开你的眼睛:失聪研究》(2007 年)里说:"除非聋人对聋人和残

疾的文化定义提出质疑,至少要与正常化技术寻求将这些含义制度化的努力一样积极,失聪儿童和成年人过着最充实的生活,并为我们多样化的社会做出最充分的贡献。"

　　莱恩是几个与聋人有关的重要著作的作者或合著者,包括:《阿维龙的野男孩》(*The Wild Boy of Aveyron*)(1976 年),《当倾听心灵:一部聋人历史》(*When the Mind Hears:A History of the Deaf*,图 8-3)(1984 年),《聋人的经历:语言和教育的经典》(*The Deaf Experience:Classics in Language and Education*)(1984 年),《仁慈的面具:使聋人社区丧失能力》(*The Mask of Benevolence:Disabling the Deaf Community*)(1992 年),《美国早期的聋人艺术家:John Brewster 的世界》(*A Deaf Artist in Early America:The Worlds of John Brewster*)(2004 年),与他人合著了《走向死亡世界之旅》(1996)和《视觉的人们:聋人的种族和祖先》(*The People of the Eye:Deaf Ethnicity and Ancestry*)。美国手语和聋人研究系的教授 Benjamin J. Bahan 博士,1979 年与莱恩博士和波士顿大学退休教授 Robert J. Hoffmeister 博士合著了《进入聋人世界之旅》(*A Journey into the Deaf-World*)。参与编撰《加劳德特聋人百科全书》(*Gallaudet Encyclopedia of Deaf People and Deafness*)。

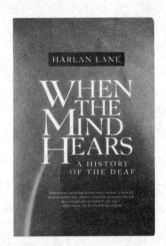

图 8-3　哈伦·莱恩及其著作

8.2　中国推动聋人事业的听人

　　安妮塔·汤普森·米尔斯(Annetta Thompson Mills,1853—1929),美国人,女。米尔斯夫人是中国聋人教育第一人,是"中国聋人教育之母"。

　　安妮塔在美国罗切斯特聋人学校结识了在中国烟台传教的查尔斯·罗杰斯·米尔斯(Charles Rogers Mills)(1829—1895)传教士,他们两人于 1884 年 8 月来到中国结婚,

1887 年一起在山东省登州(今蓬莱市)创办起中国第一所聋人学校——"启喑学馆"。米尔斯夫人以惊人的毅力,克服了丈夫的去世、女儿的早逝、资金的缺乏、办学中断等极大的困难,1898 年获得罗切斯特聋人学校威斯特维利博士的资助,集中了捐款、米尔斯先生的抚恤金以及贷款,米尔斯夫人将学馆迁至烟台购地盖楼重建学校,更名为"芝罘启喑学校",后又名"梅尔斯纪念学校"(C R Mills Memorial School)。1907 年,她说服在加劳德特学院任教授的侄女安妮塔·卡特(Annetta E Carter)作为她的助手来中国帮助她办学,将赖恩手势介绍到中国,并且以"贝尔字母"为依据编写出中国聋哑学校第一套聋童教科书《启哑初阶》(First-step Text for Deafness)6 册,共 237 课。直到 1927 年,由于中国社会动乱加上年事已高、身体虚弱,74 岁的米尔斯夫人才返回美国。1929 年 4 月 19 日,安妮塔·汤普森·米尔斯在美国芝加哥去世。

张謇(1853—1926),字季直,号啬庵,生于江苏省南通县农民家庭,16 岁考中秀才,1894 年考中状元,授六品翰林院修撰。1895 年目睹列强入侵,国事日非,毅然弃官,抱着"实业救国"的志向,投身实业救国之路,是"洋务运动"中我国近代著名实业家。1911 年任清末中央教育会长、江苏议会临时议会长、江苏两淮盐总监。1912 年南京临时政府成立,授实业总长未就职,1913 年任北洋政府农工商总长兼全国水利总长,后因不满袁世凯复辟帝制而辞职。1917 年中华农学会成立,张謇被拥戴为名誉会长。

1895 年,张謇在南通筹办中国最早的纺织企业——大生纱厂,其后陆续创办许多重要企业如:通海垦牧公司、同仁泰盐业公司、大达内河轮船公司、天生港、资生铁厂、广生油厂、复新面粉厂、阜生蚕桑染织公司、翰墨林印书局等 20 多个企业。同时,创设淮海实业银行,形成大生资本集团,成为中国东南沿海实力最雄厚的民族资本集团。

张謇在"实业救国"的同时提倡"教育救国""父教育母实业"。非常重视发展文化教育事业,是近代文化教育许多领域开创"第一"的人。他 1903 年创办了通州师范学校,这是我国第一所师范学校。1907 年创办了农业学校和女子师范学校,1909 年倡建通海五属公立中学(即今南通中学)。1912 年创办了医学专门学校和纺织专门学校、河海工程专门学校(今河海大学前身),此外还陆续兴办一批小学和中学。后来张謇把师范学校的测绘、蚕桑等学科发展成为十几所职业学校,其中以纺织、农业、医学三校成绩显著,以后各自扩充为专科学校,1924年合并为南通大学。1905年他在通州建立了国内第一所博物馆——南通博物苑。1915年建立了军山气象台。1919年他邀请了著名的导演兼剧作家欧阳予倩,在南通办起一所培养戏剧人才的学校——伶工学社,并且建造了一座更俗剧场。还兴办有图书馆、医院、公园、路工局、贫民工厂、育婴堂、养老院、残废院、栖流所和济良所等中国最早的社会公益事业。

1903年6月14日,张謇东游日本,参观了京都岛津盲哑院,决心创办盲聋学校。1907年,即光绪三十三年,张謇写信给江苏朱按察使劝说兴办盲哑学堂,未获回音。1911年,张謇到烟台参观了张裕酒厂和烟台启喑学校。1912年7月6日至1916年11月25日,历时四年多,在狼山观音岩下建立起盲哑示范传习所和南通狼山盲哑学校(图8-4)并任校长。张謇于1915年在学校开办了盲哑师范科,因此他也是中国盲哑师范开创人。

图8-4　南通狼山盲哑学校旧景

陈鹤琴(1892—1982),浙江省上虞县人,我国著名幼儿教育家。1914年清华大学毕业后考取公费留学美国,与陶行知同行。1917年进入哥伦比亚大学师范学院专攻研究教育和心理学,1919年获硕士学位。回国后历任南京高等师范学校教授、东南大学教授及教务主任、南京晓庄试验乡村师范学校指导员及第二院(幼稚师范院)院长等职;创办南京鼓楼幼稚园、江西省立实验幼稚师范学校、上海市立幼稚师范学校和国立幼稚师范专科学校。曾发起组织幼稚教育研究会、中华儿童教育社,并主编《幼稚教育》《儿童教育》《小学教师》《活教育》等刊物和《幼稚教育丛书》《幼稚教育论文集》。新中国成立后,任南京大学师范学院院长、南京师范学院院长、全国政协委员和江苏省政协副主席、江苏省人大常委会副主任、中国文字改革委员会委员、中国人民保卫儿童全国委员会委员等。

陈鹤琴对特殊教育有过很多高瞻远瞩的论述,先后撰写了《特殊儿童教育在美国》《聋儿与口吃》《哑巴会说话》等文章,1935 年 8 月 1 日在《新闻报》上发表的《对于儿童实施后的宏愿》一文,提出:"愿全国盲哑及其他残废儿童,都能够享受到特殊教育,尽量发挥他天赋的才能,成为社会上有用得分子,同时使他们本身能享受到人类应有的幸福。"陈鹤琴从致力于中国教育科学化和民主化角度出发,十分关爱特殊儿童。是站在中国儿童教育发展高度将幼稚教育、国民教育和特殊教育并列为儿童教育的第一人,充分认识到发展特殊教育对社会进步的价值,积极呼吁社会关应注特殊儿童教育和发展。

　　陈鹤琴曾专程赴美国考察并带回大量特殊教育书籍资料、教具和玩具,于 1947 年 3 月开始创办上海特殊儿童辅导院并兼任院长。当年学校招收了弱智和问题学生,1949 年上海解放后开始招收聋哑学生。学校后被上海市政府接收,更名为上海市聋哑儿童学校。之后,1951 年学校创办聋哑"文化补习班",后来在此基础上取消"补习班",试办"技术班"。1955 年发展成为上海市聋哑青年技术学校。1959 年中国盲人聋哑人福利会成立后,陈鹤琴被聘为该会委员。

　　杜文昌(1893—1968),山东省掖县人。1914 年毕业于中国最早的教会大学——齐鲁大学文科。在学期间,因见街头流浪聋哑人无依无靠,又深为我国第一所聋人学校——烟台启喑学校创建人米尔斯夫人的精神所感动,毕业后即入烟台启喑学校师范班学习研究五年时间,1919 年来到北京创办起北平私立聋哑学校,1920 年米尔斯夫人亲临学校视察指导。学校最初在东城交道口福音堂借了三间平房招收聋人学生,1922 年租道济医院东院为校舍,1926 年迁至东城老君堂,1928 年迁入后海北侧清醇亲王马号,1946 年改名为华北聋哑学校。杜文昌创办聋哑学校,筚路蓝缕、不怕艰苦,勤俭自律,两袖清风。不但悉心教育聋人学生,校园学习和生活丰富多彩,而且重视职业教育自力更生,设有纺织科、木工科、园艺科、装印科、缝纫科供聋人学生学习,创办校办工厂锻炼学生生活和工作能力,所制产品接济学校和学生,使学校逐渐发展成为新中国成立前办学质量最高、声誉最好的聋人学校之一。1920 年到 1949 年,先后有黎元洪、阎锡山、孔祥熙、张伯苓、蔡元培、胡适、蒋梦麟、陶行知、宋美龄、郭沫若、董必武等名流为学校亲笔题词,著名画家齐白石、徐悲鸿曾为学校作画。1951 年由北京市人民政府接管,更名为北京市第二聋哑学校(图 8-5)。2007 年与北京市第四聋人学校合并搬迁到东校厂并命名为北京市启喑实验学校。

图8-5　北京市第二聋哑学校旧址

　　吴燕生(1900—1958)，1923 年 3 月在沈阳开办了辽宁私立聋哑职业学校并任校长，这是辽宁省第一所聋哑学校。1931 年"九一八"事变日寇侵华，学校被迫停办后，先在沈阳做聋人家庭教师，1933—1935 年受到张学良将军和辽宁省教育厅的资助曾去日本东京聋哑学校甲种师范部学习聋教育两年，师从日本聋教育家川本宇之介。1935 年创办了北平市立聋哑学校，其是现北京市第一聋人学校前身。1937 年 12月，吴燕生奔赴延安，任延安干部子弟小学(原鲁迅师范学校干部子弟小学班)教务主任、副校长，延安保育院小学校长、八路军干部子弟小学校长。1945 年后任嫩江省教育厅副厅长兼联合中学校长，1948 年任安东省教育厅副厅长、创办安东师范学校并兼任校长，1950 年任旅大市教育局副局长，创办大连工农速成中学并兼任校长，1954 年任旅大市卫生局局长，1956 年调入北京任中国聋哑人福利会副主任委员兼总干事直到去世。

　　吴燕生 1935 年著有《聋教育常识》，这是我国第一本聋童教育著作。书中介绍了外国聋教育观点和方法，论述了耳聋和聋教育的渊源。书中对聋童家长提出了十点忠告，主要有：发现孩子耳聋要及时治疗、治疗效果不好要及早送聋童去学校、要注意保护聋童的视力、聋童课外指导更加重要、加强聋童读唇看口形的能力、破除迷信加强聋童教育等。

周有光(1906—2017),生于中国常州,毕业于上海光华大学,获得经济学学士,兼修语言学。他曾在国内和美国华尔街从事金融工作,1949年回国,在上海教授经济学。1954年,周有光被中国文字改革委员会邀请担任汉语拼音方案委员会委员。1955年,周有光提出普及普通话的两项标准,并提出汉语拼音方案三原则:拉丁化、音素化、口语化。1958年2月11日,第一届全国人民代表大会第五次会议通过了《关于汉语拼音方案的决议》,同年,汉语拼音开始在全国应用,并成为师范院校和中小学的必修课程。

1958年,中国聋哑人福利会邀请"汉语拼音方案"制定专家周有光等文字改革专家和有经验的聋校教师组成手语改革委员会,制定了《汉语手指字母方案(草案)》。经过试行后,1963年12月29日中华人民共和国内务部、教育部、中国文字改革委员会公布实施《汉语拼音手指字母方案》。《汉语拼音手指字母方案》很大地扩展了中国聋人手语词汇并推进了聋人学校的口语教学,很多中国聋人手语手势借用了汉语拼音手指字母,尤其是抽象词汇手势。同时,《汉语拼音手指字母方案》推进了聋人学生学习汉语拼音,并且极大地帮助了聋人学生学习语文、练习口语表达,有力地促进了聋人和听人之间的交流。

1982年,经周有光的努力,国际投票通过汉语拼音方案为拼写汉语的国际标准(ISO7098)。他于20世纪50年代开始主编的《汉语拼音词汇》,成为后来电脑中文词库的基础。

美国时间2018年1月12日,Google用首页Doodle纪念了周有光先生的112周岁诞辰。"Google"单词的六个字母中的l为周有光年轻时的画像,G、g和e用三本书代替,o变成了两张纸,正反面自动翻页分别写着这家搜索公司的中文名"谷歌",和它们的汉语拼音"Gǔ Gē"(图8-6)。在涂鸦的介绍中称,拼音极大地增强了国民的读写能力,降低文盲率,减轻了外国人学习中文的痛苦,向盲人提供了一种通过盲文阅读的方法、将无数的中国方言与其共同的声音命名法联系起来。此外还有一个周有光大概没有预见到的效应:方便了人们用电脑键盘和手机快速输入中文。

图8-6 谷歌网站周有光涂鸦首页

朴永馨(1936—),辽宁省沈阳市人,北京师范大学教育学部特殊教育专业教授。1961年7月毕业于苏联莫斯科国立列宁师范大学特殊教育系,后在北京市第二聋人学校和北京市第四聋人学校从事弱智和聋童教育工作。1979年底调入北京师范大学教育系组建国内第一个特殊教育教研室任主任至1995年,首次在高校开设"特殊教育"和"残疾儿童心理"课程。1988年组建特殊教育研究中心任主任至1997年。主要兼职曾有:中国残疾人康复协会常务理事,中国教育学会特殊教育专业委员会副理事长和学术委员会主任、中国高等教育学会特殊教育分会理事长等。主要译、编著作有:《智力落后学生心理学》《缺陷儿童心理》《聋童教育概论》《特殊教育概论》《特殊教育学》《特殊教育辞典》《中国手语教学辅导》《学说话》等。享受国家"政府特殊津贴",获得"全国优秀特殊教育工作者"等称号和"曾宪梓教育基金奖"。

张宁生(1937—),浙江省诸暨县人。1962年从北京大学心理学专业毕业,后在大连市盲哑学校任教。1979年调入辽宁师范大学,任教育系心理教研室主任、特殊教育研究室主任、特殊教育研究中心主任、教授、博士研究生导师。编著有:《听力残疾儿童心理与教育》《残疾人高等教育研究》《同在蓝天下》《手语翻译概论》《聋人文化概论》等著作。在他的努力下,辽宁师范大学成为我国第一个特殊教育硕士学位授权单位,培养了国内第一批特殊教育专业盲聋本科生、促成聋人学生周婷婷和盲人学生王峥主演电影《不能没有你》的拍摄等。享受国家"政府特殊津贴",曾荣获"曾宪梓教育基金奖"。2005—2013年起任中州大学聋人学院设计艺术学院特聘教授,协助中州大学建立了我国第一个手语翻译专业。

王野平(1927—2016),辽宁省昌图县人。历任东北师范大学教师、吉林省委宣传部干部、吉林省教育厅副厅长。1986—1993年间任吉林科技大学校长(长春大学前身)、长春大学校长。他在任长春大学校长期间,与吉林艺术学院盲人

二胡教授、中国盲人协会主席甘柏林一道，争取到中国残疾人联合会、吉林省人民政府和国家教育委员会的支持，于 1987 年建立起我国第一所招收盲、聋、肢残三类残疾人的高等学校——长春大学特殊教育部，其中工艺美术专业和中国画专业招收聋人，开辟了我国残疾人高等教育先河。

甘柏林（1935— ），湖南省长沙市人。1938 年长沙大火烧毁父亲持股的长沙市电灯公司，使家道败破。1941 年他被送进孤儿院，1943 年双目失明，1946 年春进长沙盲校。1951 年入南京市盲哑学校，随宋廷亮（盲人）老师学习二胡。1955 年被选送北京中国盲人训练班音乐班，随刘北茂教授学习二胡，并得到蒋凤之、张韶、刘明沅等名师的指导。1956 年 5 月 25
日，中央人民广播电台播放了甘柏林二胡演奏的刘天华和阿炳的几首乐曲。1956 年参加了"第一届全国音乐周"，演奏《怀乡行》《二泉映月》等曲目。在北京、长春、吉林、长沙、台北、台中、香港等地举办二胡独奏音乐会，先后赴朝鲜、南斯拉夫、西班牙、美国、埃及等访问演出，用二胡再现了我国民乐《二泉映月》《苏武牧羊》《病中吟》《听松》《独弦操》《湘江乐》《马头琴之歌》等经典作品。多次在中央广播电台、中国唱片社录音和录制唱片。唱片远销澳大利亚、苏联、东欧、新加坡等国家，成为驰名中外的盲人二胡演奏家，被誉为"活着的阿炳"。历任中国人民志愿军文工团教员、中国盲人福利会盲人干部训练班教员、吉林市艺术学校教员、吉林艺术学院民乐系教授。1987 年与长春大学校长王野平一道，创建起我国第一所招收盲、聋、肢残三类残疾人的高等学校——长春大学特殊教育部，任长春大学特殊教育学院名誉院长并亲自为盲人学生授课。曾出席第一届全国文教群英会和第三次全国文代会，为中国残联第一、二、三届主席团委员、第三届主席团副主席，第一、二届评议委员会副主任，第一、二、三届中国盲人协会主席，第九届全国政协委员。

顾定倩（1958— ），1975 年毕业于北京师范学校，后在北京市第三聋哑学校任教。1982 年毕业于北京师范学院中文系，同年参与北京师范大学特殊教育专业的创建，至今在北京师范大学教育系特殊教育教研室主要从事特殊教育系聋教育
和手语教学研究工作。有多种特殊教育专著出版和论文发表。与朴永馨编写的《特殊教育词典》是一部 76 万字的特殊教育重要工具书；与朴永馨、刘艳红编辑的《中国特殊教育史资料选》（上中下）是一部 240 万字的中国特殊教育历史资料。

233

先后任教育学部分党委书记、教育学部副院长、教授、硕士生导师、教育部高等学校特殊教育师资培养教学指导委员会主任委员。曾任《中国手语》(续集)编写组副组长、《中国手语》(修订版上下集)编写组组长,主持编写了华夏出版社出版的《北京奥运会和残奥会常用手语》《计算机专业手语》《理科专业手语》《体育专业手语》《美术专业手语》等。2010年任国家盲文和手语研究中心主任,2014年任"国家通用手语研究"课题组组长,主持编纂《国家通用手语词典》。为中国手语研究做出了重大贡献。

张继钢(1958—),著名编导。12岁开始从事舞蹈演出,17岁开始编导舞蹈作品,1987年免试进入北京舞蹈学院,1990年毕业后在北京舞蹈学院任教。后任中国人民解放军总政治部歌舞团团长、解放军艺术学院院长、总政治部宣传部副部长、武警政治部副主任,少将军衔;中国文联第六、七、八、九届委员,北京市舞蹈家协会副主席;中国舞蹈家协会编导学术委员会委员、中国人民解放军高级职称评审委员会委员、中国特殊艺术委员会主席、中华文化促进会副主席、中国舞蹈界唯一"世纪之星"称号获得者、"中华民族二十世纪舞蹈经典"获奖人。第三、第四、第五、第六届全国舞蹈比赛评审委员会委员,第二届全国"群星奖"舞蹈比赛评审委员会委员,享受国家特殊津贴,国家一级导演。

张继钢创作的作品有360多部,其中大部分作品曾在60多个国家和地区上演,9次获得国际大奖,获国内大奖、金奖、一等奖40多次。主要有:舞剧《野斑马》《一把酸枣》、舞蹈诗《西出阳关》、音乐剧《白莲》、歌剧《黄河人》、大型音乐舞蹈《一个士兵的日记》、民族音画《八桂大歌》,等等。还担任国家和军队重大晚会总导演,作品《伟大的长征》《我们的队伍向太阳》《金秋风韵》《青春的旋律》《神奇的女人》《金鼓催春》《跨世纪的钟声》《毛泽东颂歌》《东方神韵》,以及1997—2005年春节"双拥"文艺晚会等60多台,均获得极大成功和广泛影响。

1994年,张继钢担任远南残疾人运动会开幕式《我们同行》大型团体操总编导。后编导中国残疾人艺术团残疾人文艺演出《我的梦》,其中聋人舞蹈《千手观音》走遍世界,轰动全球,曾在纽约的卡内基音乐厅、华盛顿肯尼迪表演艺术中心、意大利的斯卡拉大剧院、悉尼歌剧院等世界顶级艺术殿堂演出,2004年9月28日在雅典残疾人奥运会闭幕式上演出,2005年2月9日在中央电视台"春节电视联欢晚会"上演出。2005年张继钢任中国特殊艺术委员会副主席,2008年任北京第29届奥林匹克运动会开幕式副总导演、2008年北京残疾人奥运会开幕式总导演。在开幕式导演了300多名聋人女演员参与的

《星星，你好！》、聋人演员参与的《永不停跳的舞步》舞蹈作品，在闭幕式上导演了聋人舞蹈《千手观音》衬托下由 10 岁聋女孩汪伊美用手语演出的残奥会圣火熄灭仪式。

吴安安（1954—）。1978 年毕业于上海外国语学院英语系。先后在美国旧金山州立大学（SanFrancisco State University）和英国伯明翰大学（University of Birmingham）研修学习。1990—2014 年在爱德基金会工作，任社会福利部主任。她是中国双语聋教育项目的发起人。在她的主持下，1996 年，爱德基金会与南京市聋人学校合作，在爱德聋儿康复中心开办了学前聋儿双语实验项目。2004 年在挪威聋人福利基金会（Signo Foundation Norway）的支持下，爱德基金会与江苏省教育厅合作，在江苏省五所特殊教育学校（南京、镇江、扬州、常州和苏州）开办了双语聋教育项目。项目命名为 SigAm 中挪双语聋教育项目。

2006 年，四川省教科院和贵州省教育厅积极申请，使成都市特殊教育学校、乐山市特殊教育学校、贵阳市特殊教育学校和贵定黔南州特殊教育学校加入该项目。2010—2014 年，SigAm 中挪双语聋教育项目继续在四川和贵州省开展，并扩大到其他六所特殊教育学校（四川的金堂、自贡，什邡和贵州的铜仁、安顺和遵义），同时重庆市聋哑学校也加入该项目。2005 年编译《双语聋教育在丹麦》在华夏出版社出版，2009 年编译《聋童早期教育指南》在江苏教育出版社出版。

孟繁玲（1958—），1979 年始在郑州市盲哑学校任教师、教导处主任。2001 年获得"全国模范教师"称号，2002 年教师节，受教育部邀请赴京参加北京师范大学百年校庆及第十七个教师节庆祝活动。2001 年协助中州大学（现郑州工程技术学院）创办特殊教育学院，任副院长。后任郑州工程技术学院特殊教育学院院长，教授。她领导特殊教育学院，以聋人为本，从聋人需要出发，重用聋人教师和聋人人才。创办全国第一个手语翻译专业；创办"聋艺画廊"，将聋人学生作品推广到社会；创办"聋人相亲会"帮助聋人寻觅人生伴侣；编著聋人高

等教育教材，《聋人与社会》《手语翻译概论》《聋人文化概论》等；发展国际聋人教育交流，2006 年在中州大学举办了"第六届世界手语大会"，2017 年促成"中英聋人英语教学和多媒体资源开发学术交流会""中国—马来西亚聋生公益助学项目"，使聋人大学生走

进林国荣创意科技大学短期学习。2020 年 11 月 25 日,孟繁玲所主持的《手语基础——跟着聋人学手语》被教育部公布为国家级一流本科课程认定结果。这一系列创举使郑州工程技术学院特殊教育学院有力地推进了聋人高等教育的发展。2018 年退休后,孟繁玲被郑州幼儿师范高等专科学校聘任协助增加特殊教育科目。

林勉君(1964—2019),韩国华裔,祖籍山东省栖霞市。1945 年日本投降后祖父、父亲移民韩国。出生在韩国的她高中毕业后进入我国台湾师范大学卫生教育系,副修聋教育,毕业后在台北市启聪学校任教。2005 年赴美国加劳德特大学就学并获得教育学硕士学位。2007 年回到烟台,2009 年 4 月创办"山东省爱聋手语研究中心",获得山东省民政厅的正式批准,成为全国第一家省级手语研究机构。她带着在韩国和美国学习和工作经历历练成的国际眼光,步步为营稳打稳扎,重用聋人员工、领导该中心人员进行社会手语培训、组织手语推广活动、提供手语翻译服务、编写出版手语读物、创办国际手语夏令营、组织爱聋手语暨聋教育研讨会、牵线搭桥协助国际聋教育和手语交流、创办爱加倍餐饮有限公司和爱加倍商贸有限公司,等等,推助了中国手语研究和聋文化事业。2019 年 9 月,林勉君又推出了"聋小志早餐车",推助聋人就业。

9 / 聋人英杰 The Distinguished Deaf Persons

普罗米修斯给人类偷来了天火，而爱迪生却把光明带给了人类。

——[美]赫伯特·克拉克·胡佛(1874—1964)

9.1 世界近现代著名聋人

约翰·古德利克(John Goodricke, 1764—1786)，英国人。古德利克生于荷兰，幼年时因发烧导致聋。他在少年时就对星空产生了深厚的兴趣。1782 年冬季，不满 20 岁的古德利克持续观测了位于英仙座的变星大陵五(英仙座 β 星)，测算出它的光变周期为 2 天 20 小时 49 分 8 秒，并且提出了大陵五的光变机理，认为大陵五是由一亮一暗两颗恒星组成的双星系统，两颗星相互环绕运转，当两颗星相互遮掩时，总体亮度就变暗。106 年后的 1888 年，德国天文学家沃格耳使用分光法证实了
古德利克这个设想。这种双星现在叫作食变双星，或食双星。1783 年 5 月，古德利克向英国皇家学会报告了他的理论，并因此获得英国皇家学会的科普利奖章。接下来的两年里，古德利克又先后发现两颗变星：天琴座 β 星(中文名渐台二)和仙王座 δ 星(中文名造父一)。古德利克正确地指出仙王座 δ 星是一颗本身光度就在变化的真正意义上的变星，以仙王座 δ 星为代表的一大类恒星称为造父变星。1786 年，古德利克当选英国皇家学会会员，两个星期后，未满 22 岁的古德利克因过度劳累去世。为纪念这位杰出的聋人天文学家，约克大学的古德利克学院以他的名字命名。

劳伦特·克勒克(Laurent Clerc, 1786—1869)，法国人。1 岁时家人将他放在火炉旁的椅子上，他摔下椅子被火炉烧伤了右脸颊，这是家人认为他失去听力和嗅觉的原因。以至于他的姓名手势是右手食指和中指弯曲伸出由上而下挖一下右脸颊，表示他右脸颊

的烧伤疤痕。劳伦特·克勒克12岁进入法国聋童学校，毕业后留校任教师，是聋教育创始人莱佩创建的法国聋童学校后继校长、著名聋教育家阿贝·西卡德 AbbéRoch–Ambroise Cucurron Sicard 的学生。1817年，克勒克遇见前来求教的美国聋教育先驱托马斯·霍普金斯·加劳德特（Thomas Hopkins Gallaudet），后随加劳德特在美国康涅狄格州哈特福德帮助建立起美国第一所聋童学校——美利坚聋人学校（American School for the Deaf）。克勒克老师带来的法国手语也是美国手语体系的渊源，因此，他被誉为"美国聋教育之父"，帮助密歇根州、威斯康星州、肯塔基州和拉巴马州建立起聋人学校。为纪念克勒克老师的贡献，加劳德特大学设有劳伦特·克勒克（Laurent Clerc Medal）奖章，授予聋教育杰出人士，加劳德特大学国家聋教育中心被命名为劳伦特·克勒克国家聋教育中心（Laurent Clerc National Deaf Education Center）。

托马斯·阿尔瓦·爱迪生（Thomas Alva Edison，1847—1931），美国人，是举世闻名的伟大发明家、科学家。爱迪生8岁时只接受过3个月的正规教育，12岁起开始自谋生活，在火车上卖报度日。12岁时他在火车上做实验引起车厢着火，盛怒的列车员打了他几耳光，导致了他右耳鼓膜受伤终生成为聋人。爱迪生一生发明了电灯、留声机、电报机、电影、蓄电池、电影放映机、复印机，等等，一生在美国共获得1093项创造发明，对19世纪人类生活的改变做出了巨大贡献，被誉为"发明大王"。他除了在留声机等方面的发明和贡献以外，在矿业、建筑业、化工和军事等领域也有著名创造和巨大贡献。

为了发明电灯，爱迪生在实验室里常常一天工作十几个小时，有时连续几天试验，据说曾经失败了上千次。他接连试验了6000多种植物纤维，最后又选用竹丝，通过高温密闭炉烧焦，再加工，得到炭化竹丝，装到灯泡里，再次提高了灯泡的真空度，使电灯可连续点亮1200小时，最后直到改用钨丝做灯丝。19世纪前人们用油灯、蜡烛等来照明，电灯的发明使夜晚黑暗世界大放光明，极大地扩展了人类活动的范围，也极大地扩展了人类的生产效能，是人类生活的一次巨大飞跃（图9–1）。人们高度赞扬爱迪生说："他把'阿拉丁神灯'送到了我们身边，让世界的

图9–1　爱迪生发明的电灯

每一个角落都充满了光明。"

　　爱迪生也是一位伟大的企业家,1879 年,爱迪生创办了"爱迪生电力照明公司";1880 年,白炽灯上市销售;1890 年,爱迪生将其各种业务组建成为爱迪生通用电气公司;1891 年,爱迪生的细灯丝、高真空白炽灯泡获得专利;1892 年,汤姆·休斯敦公司与爱迪生电力照明公司合并成立了通用电气公司,开始了通用电气公司在电气领域长达一个世纪的统治地位。爱迪生于 1931 年 10 月 18 日去世,1931 年 10 月 21 日,爱迪生下葬之日的夜晚,全美境内包括纽约自由女神塑像的火炬熄灯一分钟,以纪念对这位造福全人类的伟人。

　　康斯坦丁·埃杜阿尔多维奇·齐奥尔科夫斯基(俄文:Константин Эдуардович Циолковский,英文:Konstantin Eduardovitch Tsiolkovsky,1857—1935),沙俄和苏联人,著名航空学家、火箭动力学家、飞机理论创立者、宇航学创始人,被誉为"现代宇航科学之父"。9 岁时因患猩红热几乎完全丧失听力,靠自学学完大学物理和数学。他在中学任教 40 年之久,一生中大部分时间都是在莫斯科南部卡卢加郊外的木屋中度过的,在极其艰苦的环境中进行宇航研究工作。齐奥尔科夫斯基于 1903 年发表了《利用喷气工具研究宇宙空间》一文和以他的名字命名的公式,他推论出在不考虑空气动力和地球引力的理想情况下计算火箭在发动机工作期间获得速度增量的公式,即 $V=\omega Ln Mo/Mk$,奠定了火箭和液体发动机的理论基础(图 9-2)。齐奥尔科夫斯基是航天学理论的奠基人,他的著作说构成了一个相当完整的航天学理论体系,其中许多研究成果在航天史属于第一:①首次明确提出液体火箭是实现星际航行的理想工具;②首次较全面地研究了各种不同的液体推进剂,并提出液氢液氧是最佳的火箭推进剂;③首次推出火箭在真空中运动的关系式,并计算出火箭的逃逸速度;④首次提出了火箭质量比的概念,并阐述了质量比的重要性;⑤首次画出了完整的宇宙飞船的设计草图;⑥首次提出了液体火箭推进剂的泵输送方法;⑦首次提出了火箭发动机燃烧室的再生冷却方法;⑧首次提出利用陀螺仪实现宇宙飞船的方向控制;⑨首次研究了失重对生物和人的影响,并提出了减轻失重和超重不利影响的措施;⑩首次开展了失重和超重对小动物影响的试验;⑪首次提出利用植物改善舱内环境和提供宇航员食物的措施;⑫首次提出多级火箭的设计思想;⑬首次研究了火箭在大气层中运行时的空气动力加热问题;⑭首次提出空间站和太空生物圈设想;⑮首次提出利用太阳光压推进宇宙飞船的思想;⑯首次提出太空移民思想。

239

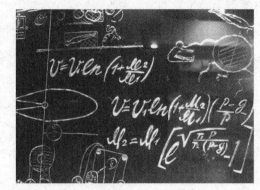

图 9-2　齐奥尔科夫斯基及其公式手迹

　　齐奥尔科夫斯基一生发表了 580 篇科学论文和科学幻想作品,在人类还没有用上飞机和汽车的年代,齐奥尔科夫斯基已经准确预言了未来。他说:"地球是人类的摇篮,但人类不会永远躺在这个摇篮里。"在他的理论和研究基础上,1924 年在苏联成立了第一个宇航学会,1924 年 8 月 23 日,齐奥尔科夫斯基被选举为军事航空学院的第一位教授,1932 年获得苏联劳动红旗勋章。1957 年 10 月 4 日,苏联成功地发射了世界上第一颗人造地球卫星,开启了人类航天时代。1987 年苏联以齐奥尔科夫斯基像发行 1 卢布硬币;在卡卢加有一个以齐奥尔科夫斯基命名的宇航博物馆;月球上有一个以齐奥尔科夫斯基命名的环形山,有一个小行星(第 1590 号)以齐奥尔科夫斯基命名。

　　查尔斯·朱尔斯·亨利·尼科尔(Charles Jules Henri Nicolle,1866—1936),法国人,18 岁学习医学时耳聋。1892 年进入里昂斯巴斯德研究院从事细菌研究工作,1893 年获得巴黎大学医学院医学博士学位并任教授。1903 年他前往突尼斯担任巴斯德研究院院长,一直到 1936 年逝世。他在突尼斯埋头研究长达 33 年之久,在该地研究斑疹伤寒的防治工作,并创办了突尼斯巴斯德研究所档案馆,把突尼斯巴斯德研究院办成举世闻名的细菌学研究中心,研制了许许多多血清和疫苗,使该所成为细菌学研究和生产防治传染病血清和疫

苗的著名中心,用来治疗或预防多种流行很广的传染病。各国学子云集于此,造就了大批医药人才,更拯救了不计其数的病人。尼科尔在他父亲研究工作的基础上,将通过体虱传播的流行性斑疹伤寒和通过鼠蚤传播的地方性斑疹伤寒区别开来,1928 年获诺贝尔生理学和医学奖,表彰他在斑疹伤寒方面的贡献。此后,他还发现了非洲利什曼原虫病

（黑热病）也可以由病犬传播,还发现苍蝇可以传播沙眼。不仅在斑疹伤寒,他还在麻疹、猩红热、牛蹄疫、白喉、肺结核等许多重要疾病的病理和医疗方面有着不朽的贡献,对于细菌研究设备亦有许多改进和创新。

亨丽爱塔·斯旺·勒维特（Henrietta Swan Leavitt,1868—1921）,美国人,出生于美国马萨诸塞州的兰开斯特,亨丽爱塔·斯旺·勒维特1892年毕业于哈佛大学拉德克利夫学院。19世纪90年代,哈佛大学天文台的天文学家皮克林招募了一些聋哑女性对天文台拍摄的照相底片进行测量和分类工作,1893年勒维特作为其中之一参加了工作。聪明的她在处理工作的过程中惊讶第发现,小麦哲伦云中的一部分变星的光变周期越长,自身的亮度变化就越大。1908年她把这一发现公布在哈佛大学天文台的年报上。经过进一步深入仔细的观察和计算,在1912年才证实了当时的天文学界的热门话题,那就是造父变星的周光关系。1921年,美国天文学家沙普利成为这个天文台的主任,勒维特随之开始领导哈佛大学天文台的恒星测光工作。同年年底,勒维特因癌症逝世。造父变星周光关系的发现在天文学上具有重要意义,1913年丹麦天文学家赫茨普龙就利用视差法测定了银河系中几颗较近的造父变星的距离,距离尺度得到标定。1915年,沙普利成功解决了造父变星的零点标定问题。随后,美国著名天文学家哈勃利用造父变星测量了仙女座大星云的距离,确认了它是一个河外星系。为纪念这位女天文学家,第5383号小行星以及月球表面的一座环形山以她的名字"勒维特"命名。

内莉·扎贝尔·威利赫特（Nellie Zable Willhite,1892—1991）,美国人。2岁时因患麻疹而失聪,7岁时进入苏福尔斯聋人学校。内莉35岁进入航空学校学习飞行,成为南达科他州第一位女飞行员,是世界上第一个有执照的聋人飞行员。

内莉的父亲为她买了一架开敞式驾驶舱的亚历山大鹰石OX-5双翼飞机。她以父亲的昵称给它起名为"帕迪"。她曾经说过:"尽管我几乎听不到发动机的轰鸣声,但只要有震动,我就能马上判断出哪里出了问题。"她以做"谷仓风暴"为生,做飞行表演、比赛,给想坐飞机的人带车。她在气球目标比赛中,驾驶飞机紧凑、快速、敏捷地飞进气球中击破气球,在比赛中表现出色。

二战期间,内莉是飞行学校地面教员,之后她继续从事商业飞行员的工作,一直到

52 岁。内莉创立了"九十九"南达科他分会,由一群开拓性的女飞行员组成,内莉被选入南达科他州航空名人堂。19 世纪初,失聪者能有的机会微乎其微,内莉以自己的勇敢、坚强冲破阻碍,向人们证实了什么是聋人的真正可能。亚拉巴马州伯明翰南方飞行博物馆的航空机库中至今仍展示着内利驾驶过的"Pard"亚历山大鹰石 OX-5 双翼飞机,成为博物馆引以为豪的藏品之一。

约翰·沃卡普·康福思(John Warcup Cornforth,1917—2013),英国人,英国皇家学会会员。生于澳大利亚新南威尔士州阿米代尔。10 岁时由于耳硬化症听力开始下降,十年后完全丧失听力,主要以阅读在普通中学学习。他 16 岁考入悉尼大学,1937 年取得理学学士学位,1938 年取得理学硕士学位,后获得牛津大学圣凯萨琳学院的奖学金赴英国留学,1941年在牛津大学获哲学博士学位,并留校任教到 1946 年,于1953 年获得了 Corday-Morgan(英国皇家化学学会科尔迪-摩根奖)奖章。后转入伦敦国立药物研究所直到 1962 年,1962—1968 年在壳牌石油公司的米尔斯德化学酶类学研究所工作任副主任。1971 年任苏塞克斯(University of Sussex)大学教授,1982 年退休。在二战时期,康福思在青霉素的研究上有重要影响,并参与《青霉素化学》(*The Chemistry of Penicillin*)的编撰。他因采用同位素示踪技术从事酶的催化反应的立体化学研究取得成果,由于他在研究有机分子和酶催化反应的立体化学方面取得优异成果,特别是对甾醇和萜烯类的生物合成有了新的了解,同瑞士籍南斯拉夫裔化学家弗拉基米尔·普雷洛格(Vladimir Prelog,1906—1998)共同获得 1975 年诺贝尔化学奖。为此,他 1976 年获得皇家金质奖章,1977 年英国女王伊丽莎白二世授予他爵位,1982 年获得 Copley Medal 奖(科普利奖章,是英国皇家学会颁发的、1731 年建立的世界上历史最悠久的科学成就最高荣誉奖)。

罗伯特·H. 韦特布雷赫特(Robert H. Weitbrecht,1920—1983),美国人。生于加利福尼亚州,先天耳聋,自幼喜爱科技和天文。1942 年获得加利福尼亚大学伯克莱分校(University of California,Berkley)天文学理学学士学位。1957 年获得芝加哥大学(University of Chicago)天文学理学硕士学位。他起初作为物理学家在加州大学辐射实验中心工作,后来作为电子科学家在美国海军航空导弹试验中心,为曼哈顿计划(Manhattan Project)即美国原子弹研制参与人员,改进了电离辐射探测器,获得"美国海军卓越成就奖(United States Navy's Superior Accomplishment Award)"。1948 年他进入聋人商界,和另两位聋人——矫牙医生詹姆斯·C.马斯特斯(James C. Marsters)和电气工程师安德鲁·塞克斯(Andrew Saks)一起合作,研制电话声音耦合器。1964 年成功制作出现在称为电传打字机的聋人电话——teletypewriters(TTY 或称 TDD)(图 9-3)。该耦合器把从一台机器发出的电信号变成了声音,然后将其在另一台机器里转换回电信号,以便信息能够被打印出来。他研制的电话声音耦合器(acoustic coupler)被称为 Weitbrecht modem(韦特布雷赫特猫),即现在电话线上网的猫(modem)的雏形。他曾获得劳伦特·克勒克奖(Laurent Clerc Award)、亚历山大·格拉汉姆·贝尔协会聋人奖(Alexander Graham Bell Association for the Deaf Award)、加劳德特大学荣誉理学博士(Honors Doctor of Science degree from Gallaudet)、乔治·霍普金斯大学成功奖(Certificate of Achievement award from Johns Hopkins University)、美国电话先驱荣誉会员(Honorary member of the Telephone Pioneers of America)等荣誉。

图 9-3　罗伯特·H.韦特布雷赫特及其研制的聋人电话(电传打字机 TTY)

　　Ildikó Újlaky-Rejtö(1937—),匈牙利人。她先天性耳聋,15 岁开始学习击剑,1960—1976 年共获得 7 枚各届奥林匹克运动会击剑项目奖章。1960 年在罗马举办的奥林匹克运动会女子团体花剑金牌;1964 年获得在东京举办的奥林匹克运动会女子个人花剑金牌、女子团体花剑金牌;1968 年获得在墨西哥城奥林匹克运动会女子团体花剑银牌、女子个人花剑铜牌;1972 年获得在慕尼黑举办的奥林匹克运动会女子团体花剑银牌;1976 年获得在蒙特利尔举办的奥林匹克运动会女子团体花剑铜牌。此外,1959—1973 年还获得各届世界击剑锦标赛 5 枚金牌、7 枚银牌和 3 枚铜牌。

欧文·金·乔丹(Irving King Jordan,1943—),美国人。21岁在海军服役时因骑摩托发生车祸失去听力,之后入学加劳德特大学并获得心理学学士学位,在田纳西大学(University of Tennessee)获得心理学硕士学位和哲学博士学位。1973年开始在加劳德特大学任教,1986年任加劳德特大学文理学院院长。1988年在"聋人现在当校长"学生运动中当选为加劳德特大学(Gallaudet University)第八任校长,成为世界第一个聋人大学校长,2007年退休。曾任国际聋人体育联合会(International Sports Federation for the Deaf)主席。

玛丽·玛特琳(Marlee Matlin,1965—),美国人,女。生于伊利诺伊州莫顿格罗夫,她在一岁半的时候因患麻疹而失聪。1985年,20岁的玛丽·玛特琳出演了由Markmedo执导的舞台剧《失宠于上帝的孩子们(Children of A lesser god)》,扮演女主角萨拉,因此被看中并出演了同名电影,1987年21岁时获得59届"奥斯卡"最佳女主角。她是奥斯卡奖历史上最年轻的最佳女主角奖获得者,也是第一位荣膺此奖项的听障人士,同时成为四位初涉银幕就获得奥斯卡小金人的女演员之一。此后,她演出大量的电影和电视片,如《烽火怪杰》《幕后玩家》《甜蜜的耳聋》《爱的就是你》等电影角色,参演《小镇风云》《宋飞正传》等电视角色。同时热心参与社会公益事业,曾为聋人争取影视字幕奔走呼吁。著有《聋儿童的穿越(Deaf Children Crossing)》《人无完人》(Nobody's Perfect)《一代名伶》(Leading Ladies)《女主角》(Heroine)《我后来呐喊》(I'll Scream Later)等著作。玛丽·玛特琳被前总统克林顿任命国民服役公司董事会成员,目前是美国红十字会的发言人,曾在多家慈善组织的董事会任职。

迈克尔·蔡托夫(Michael A. Chatoff),美国人。1967年获女王学院(Queens College)学士学位,在布鲁克林法学院(Brooklyn Law School)学习时因双耳患听神经瘤失聪。1978年在纽约大学法学院(New York University School of Law)获得法学硕士学位,后来获得法律博士(Juris Doctor)和律师证书,成为维护聋人权益的专业保护者。他参与起草过联邦司法系统使用的聋人特殊交流需要的《法庭翻译法令》(Court

Interpreters Act)（P. L. 95–539）、协助起诉过纽约电话公司和纽约州公众服务部门。特别是他参与了著名的"艾米·罗雷案"，这一案例促成了美国《1975 全体残疾儿童受教育法》（*Education for All Disabled Children Act of* 1975）的出台，因而他当选为"美国杰出人士"，是在美国最高法院（SUPREME COURT）出庭辩护第一位聋人律师。

菲利普·威廉·布拉文（Philip William Bravin），美国人。1966 年毕业于加劳德特学院，任美国国际商用机器公司（IBM）技术和营销主管，纽约市莱克星敦聋人学校（Lxington School and Center for the Deaf）董事长。1988—1994 年成为加劳德特大学（Gallaudet University）第一个聋人董事长，出任美国国家字幕研究所所长和主席。之后又任聋人通讯服务公司（Communication Service for the Deaf，CSD）技术研究和开发主任。

本杰明·J·苏卡（Benjamin J. Soukup），美国人。先后在奥古斯塔纳学院（Augustana College）、北科罗拉多大学商学院（University of Northern Colorado，College of Business）和康奈尔大学（Cornell University）学习。1975 年开始创建聋人通讯服务公司（Communication Service for the Deaf，CSD），任执行总裁。CSD 是全美最大的由聋人领导的非营利商业机构，共有3000 多名员工，在 33 个州设立有办事处，与 SPRINT 电话公司合作建立了聋人通讯服务公司。本杰明·J. 苏卡博士曾任美国国家聋人协会主席，三十多年来积极倡导聋人人权，在海内外有广泛的影响，2000 年加劳德特大学授予他荣誉博士学位。

泰伦斯·帕金（Terence Parkin，1980— ），南非人，出生于津巴布韦的布拉瓦约，先天耳聋，12 岁开始学习游泳，在格拉汉姆·希尔（Graham Hill）教练的有效指导下，成为非洲 200米和 400 米蛙泳个人纪录保持者。泰伦斯·帕金听不到发令枪的声音，助听器对他有干扰又不能见水，因此他依靠希尔教练创造的照相机闪光灯发令进行训练。2000 年摘得世界游

泳锦标赛男子 200 米蛙泳铜牌。听不到赛场上嘈杂的声音其实对帕金来说是一件好事，他几乎可以不受赛场紧张气氛的干扰，专心地参加比赛。2000 年悉尼奥运会比赛组委会允许南非教练在起跳台附近手持一个微型装置，枪响的同时教练按动按钮，装置上的红灯闪烁，帕金一看到红灯就随即起跳。他以 2 分 12 秒 50 的成绩获得奥林匹克运动会男子 200 米蛙泳银牌。

罗伯特·R. 达维拉（Robert R. Davila），博士，美国人。8 岁耳聋，1953 年获得加劳德特学院学士学位，1963 年在亨特学院（Hunter College）获得硕士学位，1972 年在锡拉丘兹大学（Syracuse University）获得博士学位。曾在小学、中学、加劳德特大学教育系任教。曾任纽约市和华盛顿特区学督、具有 180 年历史的纽约聋人学校首任聋人校长、加劳德特大学教育系主任和预科部副院长、罗切斯特理工学院国立聋人工学院（National Technical Institute for the Deaf, Rochester Institute of Technology）院长、教育部特殊教育和康复服务办公室助理秘书、联邦政府残疾人教育和就业政策助理国务卿。2007 年 1 月任加劳德特大学第九任校长。

T. 艾伦·赫尔威兹（T. Alan Hurwits），美国人。先后获得华盛顿大学（Washington University）电气工程理学学士学位、圣路易斯大学（St. Louis University）电气工程理学硕士学位和罗切斯特大学（University of Rochester）教育学博士学位。1965 年在麦克唐那·道格拉斯公司工作，之后进入罗切斯特理工学院任聋人工学院教育援助助理主任、教务长、副院长、国家聋人协会主席。2003 年任罗切斯特理工学院（Rochester Institute of Technology）副院长，兼国立聋人工学院（National Technical Institute for the Deaf）院长。2011 年 1 月任加劳德特大学第十任校长。

伊利亚·卡明斯基（Ilya Kaminsky，1977—），出生于苏联（现乌克兰）奥德萨（Odessa）市的一个犹太家庭，4 岁时因医生误诊而失去听力，12～13 岁开始发表散文和诗（以俄语写作），出版过小诗册《被保佑的城市》。1993 年他全家得到美国政府的政治庇护，16 岁的他以难民身份来到美国纽约州的罗切斯特市。1994 年父亲去世，他开始以英语写作，"以新的语言来悼念父亲"。2002 年小诗册《音乐疗法》一问世即获得好评。2004 年出版第一本诗集《舞在敖德萨》（包含音乐疗法），引起诗坛轰动，亚当·扎加耶夫斯基和罗伯特·品斯基等知名诗人纷纷为其背书，已再版五次，出版社 2018 年以其中部分诗选推出手工制作的限量版英俄双语纪念诗集《作者的祷告》。第二本诗集《聋子共和国》还未正式出版已获得部分奖项，并以小诗册形式在荷兰先行出版。卡明斯基毕业于乔治城大学，2004 年在加州大学获得法学博士，目前是加州圣地亚哥公立大学教授，教世界文学、诗歌创作及翻译，主编《国际诗刊》。获得过的荣誉包括美国《诗刊》露丝·李莉诗歌奖金（Ruth Lilly Poetry Fellowship）、美国艺术与文学学院的 Metcalf 奖、Tupelo 出版社的 Dorset 诗歌奖、怀丁作家奖（Whiting Writer's Award）、蓝南基金会（Lannan Foundation）的文学奖金等。2011 年 9 月 24 日获首届中国宁夏"黄河金岸诗歌节"鸿派国际青年诗人奖。

兰斯·奥尔雷德（Lance Allred，1981—），美国人，先天性耳聋，依靠助听器和读唇交流，身高 2.11 米。奥尔雷德 14 岁开始打篮球，高中最后一年，他被评为犹他州的最佳高中球员。后来他在犹他大学、韦伯州立大学上大学并代表学校队打篮球。在韦伯州立大学，他再次成了明星球员，夺得分区篮板王第三名。后来他去欧洲讨生活，首先到了土耳其，后来在法国、西班牙打球，之后又回到美国在 NBADL（NBA DEVELOPMENT LEAGUE，NBA 发展联盟）打球。奥尔雷德有出色的中距离投篮能力，而且篮板能力非常出色，在中锋这个位置上，他的传球能力也颇为出色。2008 年的 3 月 12 日，骑士队（Cleveland Cavaliers，克里夫兰骑士队）首发中锋受伤，第一替补被召入了 NBA，第二替补去了土耳其，另一个大个子本·华莱士也因为背部痉挛，缺席了多次训练和比赛。而曾经入选 NBADL 全明星队的中锋奥尔雷德成了最合适的人选。

247

格里·休斯（Gerry Hughes，1958—），英国苏格兰人，出生后即发生耳聋，格拉斯哥圣罗奇中学聋人学生教师。休斯1981年驾船环行大不列颠群岛，2005年驾船横跨大西洋。2012年9月1日，年已54岁的休斯从英国出发，经由赤道、南非、澳大利亚、新西兰，到达南美洲，征服世界五大海角（合恩角、好望角、鲁汶角、

塔斯梅尼亚的西南角、斯地沃尔特的西南角），苏格兰当地时间2013年5月8日，成功驾船回到英国苏格兰的特伦港。休斯单人驾船环游世界，征服世界五大海角，行程持续了8个月，航行距离超过51499公里。这个成就在过去40多年，全世界仅有300人达成。相比耳聋带来的障碍，船上的电子设备故障更令人烦恼，因为海浪打击而造成的设备故障，他时不时需要停靠附近港口修理。最惊险的一次，巨大的海浪使船颠覆，"一下子什么都颠倒过来，连油门都掉了下来"，幸好船还能驾驶，但船上的自动驾驶仪和两台电脑遭到破坏。"作为一名耳聋者，我唯一的不便是不能接收高频无线电海上预报，但我能感受到海浪和海风的震动，这是我和船的沟通方式——即使在我睡着的时候，我还能知道哪个方向有来风。别人可以听到这些，但我用感受来弥补。"

田村聪（1965—），日本国东京都立川市人。于2016年5月21日成功登顶珠穆朗玛峰（8848米），成为世界上唯一登顶世界最高峰的聋人。田村有37年的登山经验，这是他第三次挑战珠峰，他从3月开始进行高原训练，登顶路上因氧气面罩发生故障而遭遇头痛的困扰，听不到落石及雪崩声音的田村也面临很

多危险，过去两次受强风、地震的影响放弃登顶。田村登顶后回到日本发表感想，他通过手语翻译表示：珠峰"周围的山看起来较低，云海十分神秘"，"氧气面罩出了问题，登顶十分艰苦，拼尽了全力，为了活着下山费了很大力气"。但他仍欣喜地表示，"那是一座犹如女神的大山"。

9.2　中国近代、现代著名聋人

9.2.1　聋人教育

何玉麟（1906—2003），浙江镇海人，1937 年被推举为中华聋哑协会理事长，他让出上海白尔路 320 号（今顺昌路 59 号）自己家的房舍作为协会会址。1937 年上海"八一三"事变后，在国破家亡、其他聋哑学校纷纷关门遣散学生的时候挺身而出，组织中华聋协在泸聋人在法国租界的中华聋人协会所在地开办"中华聋哑协会战时附设聋哑学校"并逐步在市内增设了两所分校。新中国成立后任上海市第四聋哑学校校长。

于孝纯（1909—1988），辽宁省金县人。曾就读于北关第一中学、奉天商业专科学校。17 岁时因患伤寒致聋。1928 年起先在奉天聋哑学校任教。1931 年"九一八"事变后奉天聋哑学校停办后，1932 年于孝纯回到家乡金县，在县城租了三间房子创办起私立金州聋哑学园。1941 年聋人王效英和于孝纯弟弟于诚中创办了沈阳私立聋哑学校，1950 年 9 月于孝纯从金州前来接任沈阳私立聋哑学校任校长，1952 年学校更名为沈阳市聋哑学校，于孝纯改任教导处主任。1958 年，于孝纯的提议得到沈阳市教育局批准和支持，1959 年在市教育局统筹下于孝纯创办沈阳市大东区聋哑学校和大东区聋哑幼儿园并任校长。

龚宝荣（1911—1975），先天耳聋，1930 年抱着"为同病造福"的愿望，在母亲的支持下，卖掉家里 8 亩地，1931 年在杭州市创办起杭州私立聋哑学校（后改名杭州市私立吴山聋哑学校）并任校长，这是中国第一所聋人创办的聋人学校。同时参与办学的还有龚宝荣的母亲翁惠芬、夫人范瑞娟、姐姐龚淡如（聋人），可谓卖家兴教、举家办学。他参考英语 26 个字母手势，首创了 40 个注音符号手切图，编写的《手切课本》于 1935 年经教育部核准公开发行，很多聋人学校一直使用到新中国成立之初，是我国聋人手语发展的一个重要里程碑。

1937 年"七七事变"后，他带领学校师生辗转流亡余杭、临安、兰溪、永昌、龙游、淳安继续办学，历尽艰难，一直坚持到抗战胜利，是抗战期间我国唯一没有停学的聋人学校。

宋鹏程（1922—2021），江苏江阴人，7岁患脑膜炎导致双耳失聪。1935年毕业于上海私立聋哑学校，1938年16岁时与聋人胡文忆一起创办上海哑青聋哑学校，1940年任上海中华聋哑学校教务主任、校长，期间在新华艺术专科学校半工半读学习，1943年任上海南市聋哑学校校长、又转中华聋哑学校校长将两校合并，兼中华聋哑协会理事长，曾培养了傅逸亭、梅芙生等优秀聋人。新中国成立后，宋鹏程到无锡市聋哑学校任教导主任、副校长。到退休为止，宋鹏程在聋人教育奋斗了整整50年。1956年参与教育部全国聋哑学校教材编写、1958年参与中国聋哑人福利会《聋哑人通用手语图》编绘。曾任全国盲人聋哑人二、三、四届代表大会代表，无锡市人大代表。和戴目合编《梦圆忆当年》、自印《聋人世界寻旧踪》，为我国早期聋人教育整理和保存了珍贵的资料。

戴目（1927—2018），江苏常州人。1944年在江苏省武进县民众教育馆创办聋哑教育班，1945年进入苏皖解放区从事新闻工作，新中国成立后任上海市教育局视导员，1955年任上海市第一聋哑学校校长，1956年参与创办上海市聋哑青年技术学校并任副校长、校长。1988—2003年任中国聋人协会主席，1993—2003年任中国残疾人联合会副主席。1991年被中国残疾人联合会授予"全国自强模范"荣誉称号。参与《中国手语》和续集编纂工作，编著《多国手语拾掇》，和宋鹏程合编《梦圆忆当年》《中国手语浅谈》、和闻大敏合编《百年沧桑话聋人》《汉语成语手势图解》《现代汉语常用词手势图解》等著作。

何兴武（1943—），江西南昌市人。1994年，聋人周正平两兄弟起头与何兴武合作创办了南昌市三联聋哑学校。办校不到5年，周氏兄弟先后去世。临终前，二人嘱托何兴武一定要将学校继续办下去。聋人何兴武接手三联聋哑学校，由于学生多来自贫困家庭无力缴纳学费，为了办学何兴武不惜贴进自己和妻子的退休金，甚至卖掉了自己的住房。妻子兼学校的后勤、伙夫和保育员，儿子和女儿也加入其中。南昌市委宣传部以他的事迹为原型拍摄了电视故事片《来自无声世界的坚守》，南昌市文明办拍摄了电视纪录片《听不到的承诺》。

孙联群(1954—),1991年毕业于长春大学特殊教育学院工艺美术专业,北京市启喑实验学校(原北京市第二、第四聋人学校)中小学高级教师。他是2003年版《中国手语》主要绘图作者。之后华夏出版社出版的《北京奥运会和残奥会常用手语》《计算机专业手语》《理科专业手语》《体育专业手语》《美术专业手语》《中国手语基本手势》以及《国家通用手语词典》的手语绘图都是孙联群所作,二十多年如一日,为中国手语研究的绘图工作做出了重大贡献。孙联群在聋人中学美术教学上不断探索、勇于创新、成绩卓著,四次被评为北京市骨干教师,两次被评为"北京市优秀教师",还被评为"北京市自强模范",北京奥运会残奥会工作先进个人,江民特教园丁奖,交通银行特教园丁奖,2010年获首都十大教育新闻人物,2005年获"北京市先进工作者"荣誉称号。2015年被评为"北京市特级教师"。

张莉(1969—),女,1990年毕业于长春大学特殊教育学院工艺美术专业。现为山东省特殊教育职业学院教授,山东省聋人协会主席。她在蜡染扎染刺绣方面研究较深,教学成果显著,学生作品在中国美术馆展出。获第五届国际残疾人技能竞赛(捷克)蜡染项目金牌。2001年11月被国家劳动和社会保障部授予"全国技术能手"荣誉称号,2003年被山东省人民政府授予"山东省先进工作者"荣誉称号,2005年被中华全国总工会授予"全国巾帼建功标兵"荣誉称号,2009年被中国残疾人联合会授予"全国自强模范"荣誉称号,2016年被国务院残疾人工作委员会授予"全国残疾人事业工作先进个人"荣誉称号,2017年被山东省人民政府授予"山东省首席技师"荣誉称号。

郑璇(1981—),女,2岁时失聪,听力为左耳100 *dB*、右耳120 *dB*。她以顽强的毅力克服了重重困难和听人一起上学直到高中毕业,1998年参加全国高考考入武汉大学国家人文科学实验班,2005年获武汉大学文学硕士学位,2008年获复旦大学中文系手语语言学方向博士学位。其由博士论文改编的著作《中国手语如何表达非视觉概念》2011年由知识产权出版社出版。2015年在华东师范大学出版了《手语基础教程》。

2009—2019 年在重庆师范大学教育科学学院任副教授、教授,硕士研究生导师,特殊教育系副系主任。2020 年始在北京师范大学教育学部特殊教育系任教授。曾获"上海市自强模范""重庆市五四青年红旗手""感动重庆十大人物""重庆市优秀党员"等荣誉称号,被中央电视台、中国青年杂志、解放日报等二十多家媒体报道。2016 年 10 月被美国圣克劳德大学孔子学院(Confucius Institute,St. Cloud State University)邀请前往明尼苏达州都市聋人学校教授一年孔子课程,2017 年获得哈肯学院布什总统基金资助赴美进行中美聋教育比较研究,2018 年成为全国"最美教师"之一,2019 年被中国残疾人联合会授予"全国自强模范"荣誉称号,2019 年被中华妇女联合会授予"全国巾帼建功标兵"荣誉称号。

姚登峰(1979—),湖北省天门市人,1 岁因注射链霉素致聋,在母亲的艰辛训练辅导下,能说流利的口语,一直在普通学校就学直到高中毕业。1998 年参加全国高考,成绩达到一本录取线,因耳聋被一所重点大学退档处理的情况下,被湖北民族学院计算机科学与技术专业录取,四年连续被评为优秀学生,于 2002 年毕业。2006 年获北京大学软件工程专业工学硕士学位,2016 年获清华大学人文学院语言学及应用语言学专业文学博士学位。现为北京联合大学特殊教育学院副教授,清华大学博士生导师,北京市信息工程重点实验室硕士生导师,中国计算机学会会员,美国计算机学会会员。他编著的《基于 RUP 的软件测试实践》于 2009 年 9 月由清华大学出版社出版,与其母亲合著的《登峰——从无声世界走来的清华博士》2017 年在中国社会出版社出版,与邱云峰等合著《中国手语语言学概论》于 2018 年在中国国际广播出版社出版。

付心知(1975—),4 岁时因病失聪。2003 年毕业于华东师范大学中文专业并获得文学硕士学位,泉州市特殊教育学校教师,福建省骨干教师、福建省教学名师。她悉心教书育人,努力钻研教学方法,教研论文多次发表在国家级期刊上并获奖,主持国家、省、市教研课题,开发十多种校本教材,2018 年被评为"福建省特级教师"。她长年潜心聋校语文教学,2019 年在光明日报出版社出版《聋校语文有效教学的艺术和方法》。先后获得交通银行"特教园丁奖"、福建省"五一劳动模范"、"福建省最美教师"、第五届福建省"敬业奉献道德模范"等荣誉。

9.2.2 文艺

谢伯子(1923—2014),江苏省常州市人。先天耳聋,自幼随父亲谢玉岑和外祖父钱名山学书法诗词,随叔父谢稚柳和姑父谢月眉学画。12岁拜张大千、郑午昌为师学画。1942年19岁时加入上海国画会,23岁在上海举办个人画展,1947年获上海文化运动创作奖,1948年《美术年鉴》评述:"生有异禀,虽病暗而胸次寥廓,挥毫落纸,有解衣般礴之慨。家学渊源,得力于石涛甚深,写山水则气魄雄伟,作人物则神韵俊逸。"1956年,其作品入选"第二届全国国画展"并被国家收藏。1986年6月,其传略载入台湾商务印书馆《民国书画家汇传》。1992年在上海市美术馆举办个人画展,1999年在上海书画出版社出版《谢伯子画集》,2011年人民美术出版社出版《谢伯子画集》。2012年在常州大酒店举行中央电视台专题纪录片"谢伯子"开机仪式,2013年在常州博物馆举办中央文献出版社出版的《九秩初度·谢伯子先生谈艺录》图书发行仪式暨九十华诞会。谢伯子国画作品以山水居多,他的画作下笔雄健豪迈,构思奇巧多变,气魄雄伟壮丽。

谢伯子于1949—1978年担任常州市聋哑学校校长,长达30年之久。他大胆任用聋人教师和领导,从聋人学生的切实需要出发,在抓好文化教育的同时注重职业教育尤其是美术职业教育,是"文化大革命"前全国办学质量较高的聋人学校之一。

图9-4 《千岩霞气》(中国画) 谢伯子

冯增春（1928—2014），河北省束鹿人。笔名毅进，意为"富有毅力和进取精神"。冯增春从小喜爱美术，1946年考取京华美术学院，后师承著名国画家吴镜汀先生。冯增春一生致力于连环画创作，重点为苏俄题材。作品有《钢铁是怎样炼成的》《无产者安娜》《童年》《雪地追踪》《牧鹅少年马季》《将计就计》《小西姆》等。尤其是《钢铁是怎样炼成的》这部作品（图9-5），冯增春精益求精呕心沥血耗时4年，把积储都花费在购买与苏俄有关的图片资料和观看苏俄电影上，还让自己的家人为他的连环画作品摆姿态作为创作参照模特，最终绘

成这部440帧的中国连环画经典作品。连环画《钢铁是怎样炼成的》的出版是当时的大事件，特别是中小学生和青年人以拥有为自豪。《钢铁是怎样炼成的》自1958年出版，与董洪元绘制的高尔基《童年》《在人间》《我的大学》三部曲齐名，在我国外国题材连环画中居首席地位。先后于1962年、1972年、1982年、2000年、2008年再版，总计印刷量超过200万册，1963年在首届全国连环画艺术评奖中获得绘画二等奖，被人们赞誉为"当代保尔绘保尔"。

图9-5　《钢铁是怎样炼成的》(连环画)　冯增春

谢洪宾（1935—），浙江省上虞县人。中国电影家协会员，中国动画学会会员。1956年毕业于上海市聋哑青年技术学校实用美术科电影动画专业，同年进入上海美术电影制片厂从事美术电影人物造型设计，擅长水彩风景画。1963年他开始独立设计美术电影人物造型，一直工作到1999年，是新中国美术电影重要贡献人士之一。主要有《半夜鸡叫》《小八路》《神医阿凡提》《开心果》和《奇婚记》等几十部影片，成为

一个时代的经典印记。尤其是《半夜鸣叫》和《小八路》（图9-6、图9-7）木偶影片中的高玉宝、周扒皮、虎子、黑藤等人物形象特色鲜明，家喻户晓，同时被出版成摄影连环画广为流传。1980年《半夜鸣叫》获第二届全国少年儿童文艺创作二等奖。1987—1990年，谢洪宾为《中国手语》绘图成员之一，为《中国手语》的编绘做出了贡献。

图9-6　半夜鸡叫　电影人物设计：谢洪滨

图9-7　小八路　电影人物设计：谢洪滨

吕坚毅(1945—)，山东省莱州人，居住在青岛市。中国美术家协会会员，曾任山东省聋人协会主席。吕坚毅主要表现多姿多彩的海洋鱼类和五彩缤纷的海底世界，是中国画坛画鱼研究最深远的画家，被誉为"海洋画家"（图9-8）。他以传统中国画技法为根基，借鉴了西方绘画的光影、明暗、立体等方法，兼之以肌理制作，作品传达出"似水、似月、似云、似雾、似仙境的海底斑斓世界"，让人领略到海洋"如梦如诗般的神奇"。曾多次在日本国际书画大赛中获得金奖和银奖。业绩编入《世界艺术家名人录》《中国残疾人名人辞典》《中国当代名人大典》《当代著名书画家精品集》《中国美术名家名作选集（1900—2003）》《中国现代美术家人名大辞典》《中国当代艺术界名人录》等。2002年7月参加了在美国华盛顿举行的"第二届'聋人行'（DEAFWAY II）世界聋人艺术和学术博览会"，作品《无敌》被选为广告画之一。2013年参加中国澳大利亚建交40周年美术大展并荣获金奖，2013年参加由《中华国粹》杂志社主办的中国新加坡山西写生展，2012年参加韩国首尔亚洲美术展，2010年参加由徐悲鸿纪念馆主办的"徐悲鸿诞辰115周年国际美术展"。1998年在青岛出版社出版《吕坚毅画集》，2009年在天津人民美术出版社出版《吕坚毅画海洋鱼》。

图 9-8　吕坚毅及其中国画《梦归故里》

邰丽华(1976—)，女，湖北省宜昌市人，2 岁时因注射链霉素导致耳聋。1998 年毕业于湖北美术学院装潢设计专业，曾在武汉市第一聋人学校任教，长期任中国残疾人艺术团舞蹈演员，舞蹈先后获第三届、第四届全国残疾人艺术会演一等奖、第五届全国残疾人艺术会演金奖、第二届"奋发文明进步奖"个人文艺奖。主要有独舞《雀之灵》和响誉国内外的《千手观音》。曾在纽约卡内基音乐厅、华盛顿肯尼迪表演艺术中心、意大利斯卡拉大剧院、悉尼歌剧院等世界顶级艺术殿堂演出，2004 年 9 月 28  日，邰丽华和中国残疾人艺术团聋人舞蹈演员在雅典残疾人奥运会闭幕式上表演了《千手观音》。2005 年 2 月 9 日在中央电视台"春节电视联欢晚会"上表演《千手观音》，受到了时任总书记胡锦涛的接见。邰丽华 2003 年获"全国自强模范"荣誉称号，2005 年获"全国五一劳动奖章"、全国妇联授予"巾帼建功先进个人"称号，获中央电视台"2005 年感动中国人物"，2005 年当选为中国残疾人联合会特殊艺术协会副主席、2006 年获"中国青年五四奖章"、2008 年当选中国人民政治协商会议委员第十一届委员。2013 年当选中国聋人协会副主席。现为中国残疾人艺术团团长、艺术总监、国家一级演员。

赵鸿伟(1965—),笔名阿门,浙江省宁海县人。现为浙江省作家协会会员、中国诗歌学会会员、浙江省聋人协会副主席。他自幼双耳失聪,16岁开始在省刊发表处女诗作,先后在《人民文学》《上海文学》《诗刊》《星星》《诗歌报》《诗选刊》《飞天》《雨花》《萌芽》《三月风》等报刊上发表500余首诗歌作品,获市级以上奖30余次,多次选入《中国诗歌精选》《中国年度诗选》等权威性年度文本,出版个人诗集《民间歌喉》《门里门外》《天使与海豚》《开门见诗》等。他的组诗《中年心迹》荣获"人民文学"2008年度奖。评委会认为:"这位聋人诗人克服了听觉上的障碍,用一颗纯粹的诗心接通世界,凭借作品中优秀的语言感觉和艺术质地表达对生活深刻的理解。""阿门的《中年心迹》谛听内心的声音,他的诗在身体与精神之间、在疼痛与平和之间保持着复杂的张力,在轻如光线、细如发丝之处,他领会生命的节气和节律。"

朱明静(1989—),女,天津市人。幼年时药物中毒致使失聪。2016年毕业于天津理工大学聋人工学院艺术设计服装专业,毕业后,朱明静就职于天津市西青区新闻中心,2016年全国首创在电视台进行手语气象播报,成为一名天气预报手语播报员。2008年她的28万字博客集《珍惜·爱》由天津社会科学院出版社出版。尚在初三的她即加入中国作家协会天津分会。大学时她积极推广手语,协助编写《韩慕侠武术社应用手语》。其作品《猪窝日记》由吉林人民出版社出版,获得2013年度"中国大学生自强之星"荣誉称号;36万字的长篇小说《破茧成蝶》入选中国作家协会2014年重点作品扶持项目,长篇小说《太阳花》入选2015年天津作家协会重点扶持作品项目,均由百花文艺出版社出版。2017年批准为中国作家协会会员。

洪泽(1970—),女,黑龙江省齐齐哈尔市人,出生3个月时因注射卡那霉素致聋,1992年毕业于长春大学特殊教育学院工艺美术专业。曾任上海市达捷玻璃艺术品有限公司高级工艺美术师,自办泽雷艺术品设计有限公司。曾获"上海市十大杰出青年""上海市劳动模范"等荣誉称号,1997年被中国残疾人联合会授予"全国自强模范"荣誉称号,2007年获"全国五一劳动奖章",2008年当选上海市聋人协会副主席,2018年当选为上海市聋人协会主席。1992年,洪泽在上海市达捷玻璃艺术品有限公司任玻璃器皿雕花设计师,产品多次荣获大奖并销往20多个国家和地区。她大胆创新,把中国国画、书法、木刻、漆画、壁画等艺术融入创作和设计,有的兼以中国传统图案和民间图案如皮影、剪纸、年画等,有花瓶、酒瓶、果盆等数百种,使玻璃器皿雕刻这一来自国外的工艺美术形式赋予鲜明的中国特色和个人风格(图9-9)。1997年,她在人民大会堂把自己刻有邓小平像的作品《97'香港回归》亲手送给江泽民主席。2002年7月参加了在美国华盛顿举行的"第二届'聋人行'(DEAFWAY II)世界聋人艺术和学术博览会"。2010年在上海世界博览会生命阳光馆展示自己的作品,受到了胡锦涛总书记的接见。2019年获得中共中央、国务院、中央军委颁发的"中华人民共和国成立70周年纪念章"并参加国庆观礼。

图9-9　洪泽和她的玻璃雕刻作品

曹瑞强(1966—),5岁时因药物中毒失去听力,毕业于上海市聋哑青年技术学校工艺美术专业。曾任上海遗珠阁紫砂艺术制品有限公司工艺美术师、艺术总监兼副厂长。现成立曹瑞强雕刻工作室。他的紫砂陶作品主要是中国特色的佛像和喜面、神仙道释、装饰雕塑、卡通人物等,兼做各种人物雕塑。其作品细腻圆润逼真,耐人寻味,给人一种愉悦、和气、吉祥的感受(图9-10)。其作品《密宗财神》《黑美人》

图9-10　曹瑞强工作照

等入选全国第一届工艺美术名家名作展,其他作品多次在上海艺术博览会展出。近年来他经常赴我国台湾地区,新加坡、马来西亚、泰国等东南亚地区和南非等海外地区参展。

曹瑞强的作品曾被发表在《艺术家》《典藏艺术》《紫玉金砂》《中国文物世界》《壶中天地》等艺术杂志上。2002 年 7 月参加了在美国华盛顿举行的"第二届'聋人行'(DEAFWAY II)世界聋人艺术和学术博览会"。2010 年为上海世界博览会生命阳光馆创作了长 11.8 米,高 3.5 米"生命之墙"的浮雕墙,同时在上海世界博览会上展示自己的作品,受到了胡锦涛总书记的接见。

9.2.3 体育

楼文敖(约 1918—?),3 岁时聋哑,10 多岁时跟随里弄小商人王有富练习跑步。1941 年在上海市田径运动会(一说为上海第三届全沪公开越野赛)上,楼文敖第一次参赛便获得 10000 米比赛冠军,并把第二名落下 1000 米。1946 年 6 月,他以 32 分 56 秒 4 的成绩打破当时的 10000 米全国纪录。在 1947 年的上海市运动会上,他又以 32 分 38 秒的成绩打破第 9 届远东运动会上日本运动员保持的 32 分 42 秒 6 的 10000 米亚洲纪录。随后,他创造了 31 分 27 秒 4 的个人最好成绩。1948 年 5 月,在"中华民国"第七届全国运动会开幕式上,他被组委会选为火炬接力手中的最后一棒,在万众瞩目下跑进主会场。比赛中,楼文敖 5000 米的成绩为 16 分 08 秒,10000 米的成绩为 32 分 47 秒,两项成绩均被列为"中华民国"的正式田径比赛最高纪录。当时报纸称他是"今日中国田径界最出色的一个人""长跑怪杰""异中之花""赤脚大仙"(图 9-11)。

图 9-11 中国参加奥运会的聋人楼文敖

1948 年 7 月 29 日至 8 月 14 日,第 14 届奥运会在伦敦举行,中国派出 33 名男运动员参赛,其中田径选手陈英郎、黄两正、楼文敖 3 人参赛。7 月 31 日在 10000 米比赛中,由于带钉跑鞋的一颗铁钉穿破了鞋底,磨破了楼文敖的脚,最后他拖着流血的脚在 33 名选手中获得第 17 名;8 月 1 日,在 5000 米比赛中,楼文敖与世界名将扎托贝克同分在第 2 组,以磨破的脚比赛,在 12 人名选手中名列第 7 名;8 月 8 日,在马拉松比赛中楼文敖身着 201 号码布,在 15 公里和 20 公里时楼文敖为第 2 名,半小时后他倒在了比赛途中。1948 年年底,楼文敖在参加完美国波士顿马拉松年赛后,前往香港,在南华体育会的一家游泳馆当清洁工,后失去音信。

赵晓东(1968—),北京市残疾人联合会残疾人体育训练中心干部。1991 年毕业于长春大学特殊教育学院工艺美术专业。多次参加全国残疾人运动会并获跳远、三级跳远、跳高金牌。1997 年 7 月在丹麦获得第 18 届世界聋人运动会跳远金牌,创造了 7.03 米的记录。2001 年获第 19 届聋人奥运会跳高、跳远二枚银牌、三级跳远铜牌。2002 年在我国台湾举办的第六届亚太聋人运动会上获跳高、跳远二枚金牌、三级跳远铜牌;2003 年被中国残疾人联合会授予"全国自强模范"荣誉称号。

张珺(1980—),女,一岁半时因高烧注射庆大霉素导致双耳全聋。2003 年毕业于山东师范大学中文系,2003 年进入北京体育大学研究生院人文社会学专业,致力于残疾人体育和体育康复研究,2006 年获硕士学位。现在山东体育学院体育社会科学系副教授。2001 年 8 月在意大利罗马举办的第 19 届聋人奥运会上,以 11 米 92 的成绩打破聋人女子三级跳远世界纪录获得银牌,2002 年 11 月在台湾举办的第六届亚太聋人运动会上打破亚太地区聋人女子跳远纪录并获得跳远金牌,连续四届在全国残疾人运动会获得聋人跳远、三级跳远金牌。2008 年 12 月在第八届亚太聋人体育联合会会议上当选为执行委员。

史册(1985—),女,黑龙江省伊春市人,先天性右耳畸形,9岁开始练习乒乓球。2004年考入哈尔滨工业大学人文学院。2003年第六届全国残运会聋人组乒乓球比赛女子单打、双打和团体三块金牌得主。在2005年1月澳大利亚墨尔本第20届聋人奥运会上,一举夺得了乒乓球女子单打、女子双打和混合双打三枚金牌以及女子团

体的银牌。2005年被国家体育总局授予"优秀运动员"荣誉称号。2006年2月被国际聋人体育委员会授予"2005年度最佳女运动员"。2008年5月在保加利亚索菲亚举行第一届世界聋人乒乓球锦标赛上获得女子团体、女子单打、混合双打三枚金牌和女子双打银牌。2019年被中国残疾人联合会授予"全国自强模范"称号。

9.2.4 其他

余益庵(1900—1979),湖北省枣阳县人。年少耳聋重听,幼读私塾,1919年春考入枣阳县乙种蚕业学校专修半年,结业后在当地教私塾。1926年,余益庵在熊集组织农民协会,组建农民自卫军。1927年加入中国共产党。1928年5月,他在枣西的蔡阳铺、琚湾一带开辟游击根据地,建立农民自卫队。同年8月,中共襄枣宜临时县委成立,为县委委员并兼任枣西区委书记,11月任鄂北临时特委委员。1930年5月14日,余益庵等成功地领导了著名的"蔡阳铺暴动"。15日,农民自卫队在琚湾高桥铺整编,建立"红九军第五总队",任党代

表。6月25日,"红九军第五总队"于黄龙陶山庙整编为中国工农红军第九军第二十六师,任党代表。1931年4月,任红二十六师师长,随后当选为鄂北临时分特委委员。9月17日,余益庵率红二十六师与贺龙军长率领的红三军七、八师会师。1932年成立红九军总指挥部,任总指挥长。1938年9月,任襄东特委任组织委员。1939年3月,襄东特委改为襄枣宜县委,任县委书记,7月改任随枣地委组织部长。1940年1月,任地委军事部长,主持地委工作,7月任地委书记。1941年9月,随枣地委改为鄂北特委,成立鄂北游击指挥部,任书记兼指挥长。1942年9月,调入新四军第五师政治部任民运部长,1943年2月调入鄂豫边行政公署任人事处长兼工农处长。1945年11月,鄂北专署成立,任专员。1946年6月,随新四军五师突围并转战南北,先后任信阳、陕南行署专员。1948年随解放大军南下回乡。

新中国成立后,余益庵历任襄阳专署专员、湖北省民政厅厅长、第三、第四届政协湖北省副主席(1964—1983)。1953 年任中国聋人福利会副主任委员,1960 年任中国盲人聋哑人协会主任委员。

洪雪立(1901—1984),福建省南安县丰州镇人。青年时代南渡新加坡、印度尼西亚谋生。1927 年回乡募捐创办中南学校,1929 年前往菲律宾为中南学校募捐经费,期间加入中国共产党。1930 年从菲律宾回国,参加中共丰州支部活动,同年 6 月任中共泉州县委委员兼南安区委书记。1934 年回到泉州后进入晋南(晋江、南安)游击区工作,任中共山边区委书记,率山边区红军游击队开展游击战争。抗日战争爆发后,厦门各界成立抗日后援会,洪雪立任文艺界后援会的《抗日导报》主编,宣传抗日救亡,反对分裂投降。日寇侵占厦门后,市工委组织"厦门青年战时服务团"在漳州一带开展工作,任秘书长兼组织部长。1939 年,洪雪立受命到菲律宾筹建报馆,出版《建国报》。太平洋战争爆发后,在菲律宾共产党领导下参加抗日战争。1953 年任教育部盲聋哑教育处专员,1956 年 2 月任中国聋人福利会副主任委员,第一、第二届中国盲人聋哑人协会副主席,1958 年 7 月 29 日任中国聋人手语改革委员会主任委员。参与制订新中国聋教育课程计划,在新中国聋教育口语教学、制定汉语拼音手指字母等方面做出了贡献。1959 年任内务部聋人福利会副主任,后任北京市第一聋哑学校校长。

明德英(1911—1995),女,出生于山东省沂南县岸捷镇岸堤三村贫苦农民家庭,2 岁时因病造成聋哑,21 岁嫁给沂南县马牧池乡横河村人贫苦农民看坟人李开田。1941 年冬天,大批日伪军包围了驻沂南牧马池村的八路军山东纵队司令部。11 月 4 日,一名八路战士民身负重伤后,被明德英发现,将他掩藏起来躲过了日军的搜查。在失血过多、昏迷不醒和极度虚弱,周围没有水源的情况下,正在哺乳期的明德英把自己的乳汁挤进他的嘴里将他救活。随后,她又和丈夫杀了家中仅有的两只鸡,做成鸡汤,一口一口地喂给小战士。明德英夫妇

冒着日伪军时常搜查的危险,在自家窝棚、附近墓地、村外石沟和草丛里,精心照料、掩护和转移着伤病的八路军战士。1943 年,明德英又从日军的枪林弹雨中抢救出八路军山东纵队医务处香炉分所 13 岁的看护员庄新民。这位聋哑妇女明德英就是后来小说《红嫂》、京剧《红云岗》、芭蕾舞剧和电影《沂蒙颂》中"红嫂"的原型。山东人民出版社 1963 年出版了连环画《红嫂》。1990 年前国防部部长迟浩田上将为沂蒙红嫂题词:"蒙山高,

沂水长,好红嫂,永难忘"。1992 年 3 月 6 日,聂荣臻元帅为她题写"革命先进妇女的光辉形象"。2009 年 9 月 10 日,明德英被评为"100 位为新中国成立做出突出贡献的英雄模范人物"。

李石涵(1919—1994),湖南省桂阳县人,生于福建省福州市闽侯县。1935 年春在湖南省衡阳成章中学读书时,因脑膜炎后遗症致聋。他的父亲是 1925 年北伐战争时期入党的老党员李木庵。在父辈的启蒙教育和言传身教下,他自幼即受到革命思想的浸润和左翼文化的熏陶,于 1937 年到达延安,1938 年参加延安鲁迅艺术学院筹备工作,并学习美术、木刻。1939 年 6 月到晋西北八路军 120 师独工旅。1940 年在延安总政宣传部军政杂志社任校对股长,1941 年重回鲁艺任图书馆主任,1942 年任晋西北八路军贺龙指挥的 120 师三五八旅教育干事、政治部宣教科科员、情报部宣传部长。

1945 年起,先后任华北联合大学图书馆副馆长、馆长和东北大学(后为东北师范大学)政治资料室主任、图书馆副馆长、馆长。1950 年任中国驻瑞士大使馆秘书、研究室代主任。1955 年任北京师范大学图书馆副馆长、校顾问、史学研究所研究员,兼任中国聋哑人福利会筹委会常委、中国聋哑人福利会常委、中国盲人聋哑人协会常委。1979—1984 年任中国盲人聋哑人协会副主席,1988—1993 年任中国残疾人联合会主席团副主席。编著出版抗战史料《从七七到八一五》,先后被各地解放区以几十种版本印刷发行。另编著有《现代民谣民歌选》,选编陕甘宁边区怀安诗社《怀安诗社诗选》等。

9.2.5 海外杰出华裔聋人

林法祥(1946—),英文姓名为 Fat Lam,生于广州,在我国香港长大,10 岁时耳聋。香港台山小学毕业后做过西装学徒、木工、邮包工及砖工等。晚上不忘自修,曾在工专(现香港理工大学)修读。1968 年获信义宗(基督教新教的一个重要派别)资助到美国留学加劳德特学院(Gallaudet College,即加劳德特大学前身)学习,1971 年毕业获物理专业理学士学位。1974 年获乔治·华盛顿大学(George Washington University)数学专业理学硕士学位,开始在加劳德特大学数学系任教。1987 年获蒙大拿大学(University of Montana)数学专业哲学博

士学位,在加劳德特大学数学和计算机科学系任教授,2001—2007年任系主任。林法祥是第一个在美国获得博士学位的华裔聋人,也是美国第一位有博士学位的聋人数学系主任。

杨军辉(1969—),女,1994年获首都师范大学教育学学士学位,之后在北京市第四聋人学校任高中语文教师。2001年获美国罗切斯特理工学院教育硕士学位,2006年获美国加劳德特大学教育学博士学位。2007年开始在英国中央兰开夏大学(University of Central Lancashire)教育与社会科学学院手语和聋人研究中心任教。她尽己所能向国内介绍外国聋人教育、聋人文化和手语研究,协助和参与国内聋人活动和手语研究,参与复旦大学国家社科重点项目"中国手语语料库"合作研究,2017年促成"中英聋人英语教学和多媒体资源开发学术交流会"。

10 / 聋人问题 Issues on Deafness

听人不读书，有路走不远；聋人不读书，无路可通行。

——张宁生(1936—)

10.1 聋人需要怎样的无障碍？

正如决定一个木桶内水容量的，不是长板而是短板；评价一个国家的发达程度，判断标准不是强者的高度，而是弱者的地位。一些发达国家，把"弱者先行"作为一种风尚、文明和教养。在德国汉堡，公交巴士到站后会利用液压侧倾车身，方便腿脚不便的老人或残疾人上下车；在日本东京，所有地铁车门上都刻有盲文，告知盲人所在车厢位置；在美国纽黑文，政府补贴令当地穷困人群得以和耶鲁大学医学院博士生住在同一幢公寓。2013 年，《有人》杂志主编蔡聪(盲人)专访了一位来到中国访问的哈佛大学法学院盲聋女学生哈本·吉尔马(Haben Girma)。随后又有报道哈本·吉尔马挑战冲浪，2016 年应邀访问中国人民大学法学院并做题为"Striving for More Inclusive Community(建设更加包容的社区)"的演讲。

对于盲人和肢残人，"无障碍"应该主要是公共设施便于盲人和肢残人行走和使用，这方面对于"硬件"设施要求可能多一些。对于听力和言语障碍的聋人，"无障碍"应该是信息和交流的畅通无阻，"硬件"和"软件"都需要，但似乎对于"软件"支持——社会人文环境的支持要求更多些。聋人到底需要什么样的"无障碍"？这个问题恐怕还得由聋人自己来讲。

（1）手语是一种优美的动态性、视觉性、形象性和表演性语言，它的表达方式与口语和书面语不同，但同样有着丰富动人的表达内容和思想内涵。聋人希望自己在任何时间和任何地方使用自己的语言——手语时，都能得到周围听人的理解和尊重——"他们只不过因为听力和言语障碍，需要用手语这一方式交谈。"而不再存在异样的或奇怪的或轻视的目光。

（2）生活中人们总会遇到急事，如火灾、急病、遇匪、遇盗、车祸、问事，等等，听人可以求助 119、110、112、122、114 等免费电话报警、报急和求助。可是聋人遇到这些情况应该怎么办？他们有时甚至因为无法及时报警求助，给自己或家庭或集体带来影响或损失。2009 年 1 月 11 日，公安部要求各地开通 12110 手机短信息报警服务，除此之外，聋人也殷切希望有关通信部门能够开通 112、120、122、114 等手机短信和微信服务。如有紧急事项，聋人能够通过手机信息及时获取。国家公共事务发布会应该配备现场手语翻译和实时字幕。

（3）乘坐公共交通工具，聋人希望普通列车、公共汽车、电车、中巴、轮船和长途汽车等能够安装上显示站名的装置。聋人到了外地，会有坐公共汽车、电车、中巴、轮船和长途汽车等因不知站名而坐过头的事情发生。现在大城市部分公共汽车、电车、中巴等逐渐有了这种装置，但是尚未普及，聋人希望这种装置越普及越好。

（4）人人都有三病五疾，聋人去医院看病，希望医生能够仔细耐心地以书写方式问询病因、感受，交代清楚诊断、治疗方式、注意事项，等等，聋人更加希望医院能早日有手语熟练的人员专门为聋人提供手语翻译服务。医院应该配备手语导医在挂号处、检查处、收费处、药剂师、护士、住院部等为聋人提供帮助。

（5）去一陌生地方或者外地，聋人害怕找不着地方。现在城市在飞速发展和扩大，街巷阡陌纵横不说，一个住宅小区几十栋甚至上百栋楼房也屡见不鲜，一栋楼房有十几层或二十几层，聋人往往费尽脚力但莫辨南北东西、上下左右。聋人建议城市街道、巷弄、小区名称、楼房编号、单元顺序乃至示意图都要齐全和便于识别。

（6）走进医院、银行、商店、邮局、车站、码头、宾馆、电信、机关、单位等场所，聋人希望服务和价格标识明显清楚、商品或服务明码标价，零售商品最好使用自动计算电子称。在这些场所的人员，如遇聋人询问，应该耐心仔细为聋人书写解释。

（7）打开电视机或走进电影院，聋人希望有字幕的电视节目和电影越多越好。电视中的相声和小品节目，常常把听人逗得捧腹大笑，但此时的聋人却不知所云，丈二和尚摸不着头脑，心里不是遗憾不已，就是了无意趣甚至难过异常。建议电视相声和小品节目能够配备即时字幕让聋人分享快乐。

（8）聋人学校、聋人学校宿舍、聋人俱乐部等场所应该安装闪光门灯以方便聋人"敲门"和"开门"。

（9）家用电器产品的设计应该考虑到聋人顾客的特殊要求。如抽油烟机、空调、热水壶等，内部应该安装闪烁灯，电器在工作时不停地闪烁，以提示和警示聋人。

（10）邮局包裹投递员、速递公司投递员、物流公司送货员、商场家电家具送货员向聋人家庭送货时，应该耐心地用手机短信息联系。

（11）聋人希望大学聋人学校多为聋人开设适宜聋人学习的专业，使聋人对他们未来的职业有更多的选择。很多工作如手语教师、邮件分拣、超市理货员、眼镜装配、蛋糕制作、打字员、药剂师、钳工、会计、牙医等适宜聋人去做,但是做这种工作的聋人却少之又少,社会应该为聋人就业着想,在这些工作种类上向聋人做一些倾斜。

(12)聋人学校非常需要高素质的聋人教师和聋人管理人员,高等院校应该把培养各科和各类聋人师资作为重要任务,以保证聋人学校对聋人教师和聋人管理人员的需要。

(13)聋人个人生活更加需要手语翻译的协助,但目前聋人找工作、上医院、打官司、购物、孩子的家长会、生活意外或突发事件等生活中比较重要的事情需要手语翻译帮助却无人可找。因此聋人希望高等学校大量培养手语翻译,手语翻译职业尽早社会化、职业化、认证化,政府购买聋人手语翻译服务。有了手语翻译的帮助,聋人的困难和问题就会好解决得多了。

(14)各级残疾人联合会应该配备聋人干部。没有配备聋人干部的残疾人联合会应该至少配备一名精通手语的听人工作人员或相关领导,便于听取聋人群体访谈、深入聋人生活、了解聋人实际、指导聋人协会、组织聋人活动,等等。

(15)博物馆、图书馆、美术馆、科技馆、展览馆、文化馆等公共文化场所不仅应该为聋人提供手语解说服务,而且应该尽可能提供印刷书面资料和介绍。有聋人参加的会议、讲座、群众活动,应该尽快普及手语翻译和同步文字转换的协助。

(16)聋人非常需要熟练手语的法律援助人士和聋人律师。培训或培养熟练手语的法律援助人士和聋人律师,是当前我国社会残疾人事业亟需解决的问题。

(17)聋人学校、聋人就业集中的单位等应该早日配备聋人教师、配备聋人干部甚至配备聋人领导。这些聋人教师、聋人干部和聋人领导起着联系聋人群体和学生、听取和反映聋人群众和学生意见,协调学校或单位领导同志解决聋人群众和学生困难的重要作用。各地人大、政协、共青团、工会、妇联应该有聋人代表和委员,反映聋人群体需求和呼声,帮助聋人群众解决问题和困难。

聋人需要"无障碍"的地方肯定还有很多很多,而且随着社会的发展,又会出现新的聋人对"无障碍"的需要。希望社会、机关、单位、组织、个人乃至聋人自己能够关心聋人"无障碍"的需要,大家一同努力,共同构建一个真正完美的、真正"无障碍"的、聋人和听人共享文明的现代社会。

267

10.2 当前聋人文化素质为什么还不够高?

聋人头脑机智、四肢健全、行动自如,看起来生龙活虎,按理说应当比其他种类残疾人处境好一些,更可以和听人不差上下。但在实际生活中,尽管现在聋人可以上大学,但大多数聋人大学毕业后拿着低薪在私企工作,收入仅够自己穿衣糊口,同时在啃老。几乎没有独立购房、抚养后代的能力,并且时时有失业的危险。造成聋人这种困境的原因有很多,而文化素质不足是主因。

10.2.1　家庭教育严重缺失

听人儿童的教育自出生时就开始了,父母和家人对听人幼儿每一句有意或无意的话语都饱含着教育和引导。当听人幼儿上小学一年级时,就已经会说相当复杂的话语、理解相当复杂的事物,懂得了基本生活常识、礼仪常识、简单的文字和数字应用、良好的生活和学习习惯等,这是每一个儿童进一步成长的重要基石。而聋儿因听力障碍,阻断了聋儿和家长的沟通通道,也就等于阻断了家长对聋儿的教育通道。绝大多数家长对此茫然无策,又不主动学习手语和教孩子学手语打破交流阻隔,从而导致聋幼儿家庭教育的空缺。在中国,几乎百分之百聋儿的幼年是这样度过的。他们来到聋人学校之前,完全是天天看着五光十色的生活而不知所以然,形成了巨大的教育断层,也等于说学龄聋儿与听人儿童拉开了六七年的教育距离,而这个断层就是从家长这里形成的。不仅如此,由于严重缺乏家庭教育,良好习惯没有养成,聋儿几乎是任意自为地长大,身上积累了非常多甚至非常恶劣的坏毛病。而且这些坏习惯、坏毛病由于还未学会手语以及年龄已大,纠正起来异常困难,对他们的学习和成长带来了非常不利的影响。

10.2.2　学习相当困难

对于聋耳来讲,家长不会手语就意味着聋儿语言输入不足,语言输入不足则会造成语言神经和智力发展迟缓。这样,大部分聋儿带着家庭教育空缺造成的空白的大脑来到聋人学校上一年级时,几乎什么都不会。这些聋儿既不能听也不能说更不会写,又不会手语,良好的生活习惯和学习习惯根本无从谈起。聋人学校教师面对着这样的聋儿同样有着很大的沟通障碍。聋人学校教师几乎是从零开始教育这些聋儿,生活上从如何吃饭、喝水、睡觉、如厕、整理文具、收拾床铺开始;常识上从周边一草一木一房一舍一物告知;学习上从一、二、三、1、2、3、a、o、e起头;交流上从你我他、好坏、行、不行、大小、多少来学习文字和手语。聋儿也因为耳聋口哑加上不会手语,学习举步维艰、困难重重。聋人学生上课主要凭借眼睛观看,容易疲劳、容易遗漏。因此,聋人学生的学习质量很不理想。聋人学校教师肩负着这样艰巨的教育负担艰难地一步一步前行,聋儿家长也大多是将孩子推给学校了之,谈不上配合教师和学校对聋儿的教育。聋儿的学习进度和质量因此与同龄听人儿童相差甚远。

10.2.3 聋人中小学交流很不充分、信息密度不足

尽管学术界对我国 20 世纪 50 年代施行至今的"口语教学法"多有指责,但是由于我国教育行政部门没有明文指明聋人学校应该采用何种教学方法,因而实际上绝大多数聋人学校(特殊教育学校)基本依然延续着"口语教学法"的聋教育模式。但是人首先需要交流才有思维,而交流的首要条件是掌握语言。首先,聋人学生毕竟听力受损,依靠读唇看口型加残余听力揣摩猜测的口语是破碎支离、难以形成完整的交流内容,势必使聋人学生的信息接收和沟通交流受到严重的限制。此外,"口语教学法"使教师队伍偏重听人教师,聋人学校里教师教学和学校活动手势汉语盛行,聋人学生在课堂里接受的信息大打折扣,课堂外听人教师和聋人学生手语互动比较冷清,聋人学生在学校获得的信息密度远远低于普通学校,智力成长因此放缓导致滞后。

10.2.4 聋人中小学很封闭,教育严重不足

聋人学生大概到三四年级时,才开始能够用手语和简单文字进行初步交流。他们学习和交流的质量如何且不谈,但是到了这个时候的学生就已经十多岁了(很多聋人学生上学晚,常常比听人同年级学生年龄大),这样年龄的聋生往往精力旺盛,对五光十色的外界兴趣盎然。加之他们因为幼年家庭教育缺失没有培养好生活习惯和学习习惯,往往对枯燥的学习内容不感兴趣,课堂上很难收回心来集中注意力。到了小学高年级,他们进入青春期,对外界更加感兴趣,聋人学生自律性差容易走失,而且走失后不易寻找,聋人学校不得不以严厉的封闭式管理防止学生出走。而且学生越是对外感兴趣,学校越是防范严厉,学校越是防范严厉,学生越是对外感兴趣。由此,聋人学生天天在范围很窄的聋人学校生活,视野和见识受到严重的阻碍,通过社会接触的学习更是谈不上。因此,导致聋人学校高年级课堂上教师费尽心机讲解,聋生因为没有见过而不知所云或只知一二,难以产生联想、想象,教学成效大打折扣。尽管现在聋人学校教学内容在追赶普通学校进程,但实质上与普通学校差距很大,聋人学生实际掌握的知识与普通学校相比,差距也很大。

10.2.5 聋校封闭式管理,学生易于坐井观天

聋人自幼在聋人学校上学,很少接触同龄听人学生,几乎没有机会接触普校那样高质量的学习环境。聋人学校出于聋人学生不易管理和安全第一的考虑,对聋人学生实行严格的封闭式管理,使聋人学生形成井底之蛙的处境;又由于聋人学生极度缺乏社会经验容易受骗,聋人学校基本严禁聋人学生与社会聋人交往,成长过程中缺乏必要的社会化学习;聋人生活在游离于听人主流社会之外的聋人社会中,很少能见到主流社会精彩杰出的成就和创造,聋人学生因此缺乏参照的高标准,聋人学生缺乏激励人生的榜样;聋

人学生耳聋口哑接受信息受阻,发展慢于普校学生,思维深度不如同龄听人学生。因此大多数聋人学生上进乏力,易于满足、得过且过、散漫随意。

10.2.6　聋人高校专业单一,长技不足过人

由于聋人学校毕业的聋人学生没有实力参加全国高考,目前招收聋人的高等学校对聋人学生全是以单考单招进行的,考试要求和试题难度比全国高考低很多。社会都是尽量赞扬同为大学生的聋人的优点,避免对聋人这样的弱势群体的负面宣传,但实际上进入高等学校的聋人学生的文化知识素养技能是大打折扣的。招收聋人的高等学校多是低批次本科和专科院校,这些招收聋人的高等学校专业也不是很多。聋人学生耳聋口哑加上低批次本科和职业院校的文凭,又带着先天不足的差距,没有很强的竞争优势。而且,由于聋人学生在聋人学校的学习基础远低于普通学校同龄听人学生,他们来到高等学校后,在英语、政治、语文等重要学科的教育上比不上听人学生,也就是没有实力去报考硕士研究生取得高级学历。在目前连聋人学校新进教师都是名牌大学本科生和硕士研究生的情况下,聋人要谋一份稳定的公职工作,显然力不从心。

10.2.7　缺乏政策保障

由于聋人一直处在劣势环境中,个人素养难以提高,国家没有出台,针对聋人和残疾人的专门倾斜政策,如公务员和教师录用聋人、适宜聋人的一些职业向聋人倾斜,等等。中国人口众多,竞争很强,学历教育不断提高,社会也没有形成针对聋人的如手语翻译就业指导协助之类的专门服务,等等。可以说,聋人承受着艰难的生存困境。

10.3　听人夫妇教养聋孩子常常有很大的问题

孩子耳聋是家庭一个天有不测的突发意外。伴随孩子耳聋而来的聋儿教育,更是一个不被大众了解的领域。一旦发现孩子耳聋,家长无一不是百味陈杂、五雷轰顶、六神无主、焦虑不安、怨天尤人、忧郁沮丧、肝肠欲断、哀伤欲绝……因此聋儿家长往往束手无策、夜不能寐地发愁焦虑,或是道听途说、心里没底地摸石头过河,或是跟风使舵、忽东忽西,或是南辕北辙、背道而驰,而真正能把准聋儿教育命脉的家长少之又少,最后造成众多的聋孩子的发展与社会需要严重脱节。这对聋儿本身、聋儿家庭、聋人学校直至社会产生了巨大的消耗,常常会给聋孩子带来一生的困扰。

父母对孩子的爱是毫无异议的,但是爱是一回事,怎样爱和让爱结成正果又是另一回事。如果有人询问:聋人教育的最大问题是什么?家长可能完全不知道,聋人学校全部教师都会把手指指向聋人学生的家长:"聋人没有家庭教育""家长不管或不会管""聋

人学生习惯不好"。家庭教育的严重缺失是聋教育最主要的问题之一。

（1）有些聋儿家长把聋儿康复的全部希望寄托在聋儿的听力康复和学习说话上,家长不顾聋儿学习说话的困难,拼命教聋儿学习说话,而对聋儿听力和言语之外的教育忽略遗漏,仅仅扮演着聋儿家庭言语矫正师的角色。而每一个家长应尽到的家庭教育作用无从谈及。

（2）有些聋儿家长把聋儿聆听和说话当作唯一目标,以为能听懂话语和自己会说话就等于康复了。家长忽略了聋儿尽早熟练掌握一种语言,进而与周围融合尽可能多地吸收有用信息、通过聆听和说话学习生活知识和能力、培养和锻炼生活习惯和学习习惯、进而塑造思想健全人格这些更加重要的事情。

（3）有些聋儿家长听任或盲从电子耳蜗移植宣传,以为电子耳蜗可以解决聋儿的一切问题,安装上电子耳蜗就可以高枕无忧了。全然不顾电子耳蜗的不足、隐患和后遗症以及孩子受到的折磨。直到十几年后聋儿走出学校走上社会,家长才发现孩子有可能会成为游移于听人和聋人之间的特殊的电子耳蜗人。

（4）有些聋儿家长习惯成自然地站在听人的立场,看到聋人生活的处境艰难,产生了对聋人群体过度的恐惧。这些家长排斥聋人群体及其手语交流方式,限制或不允许自己的孩子与聋人接触,把回归主流社会当成聋孩子康复和人生的唯一目标。全然不顾聋孩子的听力状况以及在主流社会是否适应、是否融合、是否愉快、是否与周围关系和谐等,同时也失去了向优秀聋人学习的机会。结果造成长大成人后的聋孩子孤单、迷惘甚至孤僻、自卑。

（5）有些聋儿家长整日沉湎在聋儿说话是否进步、是否能和听人交流上,忽略了聋儿因听力损失信息接收密度不足的问题,造成聋儿孤陋寡闻,如同井底之蛙。以至于孩子学习难以引导、难以启发,思维简单,不懂人情世故,心智成长受到了严重的阻碍。

（6）有些聋儿家长不愿意学习手语,甚至排斥手语。结果仅仅成为孩子的衣食父母。除了孩子的生活起居之外,无法和孩子充分交流,即使交流也仅仅限于不得已的生活起居的简单问题,除此之外就把孩子晾在一边置之不理。孩子从聋人学校回到家,就等于回到一个寂静、孤立、与世隔绝的真空世界,家庭对孩子的心智成长几乎一无所助。

（7）有些聋儿家长对听力言语康复不理想以及在学校学习不理想的聋儿束手无策,听之任之。家长因孩子耳聋交流困难,就忽视了对孩子良好的生活习惯和学习习惯培养,造成自己的聋孩子自幼散漫、随意、懒惰、任性,对其毕生学习、成长带来了极大的消耗,终成家庭和社会的负担。

（8）有些聋儿家长一个劲要把孩子培养成战胜耳聋困难的在某一方面成功的超人,以为成功后孩子的人生就一路绿灯了。家长忽略了人格养成、情绪调适、人际融合、平常心理等素养上的培养。结果使个别聋孩子某方面有所成功之外,却孤索离群,身无所寄,心无所托。

(9)有些聋儿家长由于对聋儿教育束手无策,或是家庭距学校较远而鞭长莫及,就把聋孩子扔给学校置之不理。要知道家庭教育和学校教育有如人的左右手是不可分割的。单靠学校教育,课堂之外的要求达不到、教育延伸的要求达不到、引导启发的要求达不到、督促管理的要求达不到、家庭作业质量的把控达不到、聋儿教育的特殊设计配合达不到……

聋儿家长应怎样尽到教养责任

(1)尽早尽快学会、学好手语,建立一个与聋儿畅通的交流渠道。

(2)严格培养聋儿良好的生活习惯和学习习惯,有错必纠。

(3)努力学习聋人教育方法引导聋儿成长。

(4)关心成功聋人的成长轨迹,规划聋儿成长路线。

(5)经常与自己的聋孩子交谈。

(6)只要可能就随时随地把生活中的事情告诉孩子。

(7)努力教会聋儿与听人交往。

(8)积极搜寻各方信息,为聋儿成长牵线搭桥。

对于任何人,教育都是事关毕生的头等大事,容不得半点含混。耳聋严重影响聋儿的教育,如何在耳聋的情况下对症下药地做好聋儿教育,更是聋儿成长中重中之重的问题。耳聋隔离了人和人的联系,如何弥补割裂人际交流后对聋儿造成的损害,是聋教育的重要内容。多数聋儿家长不是不够努力,而是教育和引导聋儿的努力方向不完全正确。笔者在自己的著作中曾指出:"聋孩子可以像听人一样成才,只是聋孩子在接受教育的过程中需要付出更多的耐心、讲究更多的方法、运用更加适宜的手段、寻找更好的方向、创设更好的交流和学习环境。"[①]聋儿家长的迷茫无知,对耳不能听的聋儿来说,才是比耳聋本身更大的损害。因此,聋儿家长要走出无知和误区,虚心学习聋教育方法,认真学习聋人手语,要从聋儿语言矫正师转变成聋儿教育专家。只有这样,才有可能最大限度地弥补孩子因聋造成的家庭教育的损失,才能为孩子打好家庭教育基础,使学校教育

---

① 陈少毅.从聋到龙:聋人生活必读[M].北京:华夏出版社,2009:6-7.

顺利一些。只有这样,才能在孩子成年后,使聋儿家长真正卸下包袱,安然地看到孩子能够自强自立,成为社会的有用之才。

10.4　直击聋人的软肋——文化知识水平过低

由于同是聋人这个感情因素,我一向是为聋人鼓掌与欢呼,尽量少说聋人的短处。但是聋人文化知识水平过低这个软肋,却不能不再说了。聋人文化知识水平低,是聋人的普遍现象,是聋人所有困难和艰难的根源,是聋人所有目标和理想突破的瓶颈。聋人要从根本上改变自己的处境,归根到底,首先要提高自己的文化知识水平,做一个和听人同肩的高文化水平的人。不这样的话,聋人的一切愿望都是海市蜃楼、聋人的一切努力都是水中捞月,社会帮助聋人的一切努力也会同样付诸东流。

早在 2002 年长春大学特殊教育学院十五周年院庆时,长春大学就曾积极努力,希望能为聋人争取硕士学位授予权。可是花了很大代价后,上级主管部门发现聋人学生的文化知识水平很差,"这样的文化水平,也就相当于普通中学初中的文化水平"。于是,提升聋人学位这个事情一直拖延到 15 年后的 2017 年才实现。

爱德基金会争取到挪威聋人协会的资助,坚持不懈地搞双语聋教育项目。带聋人学校领导和聋人教师出国参观、印刷简报和出版书籍、聘请专家讲学撰写论文、组织教学研讨活动、培训聋人教师……可是,在聋人教师培训现场备课时,绝大多数聋人教师竟然因书面语表达能力的限制备不出课。这些聋人教师很多是临时聘用,他们希望转为和听人一样的正式教师,可是其文化知识水平过低这一限制条件让聋人教师望而却步。因此,爱德基金会方面的负责人最希望的就是聋人教师提高文化知识水平。爱德基金会邀请的专家张宁生教授指出,项目中最关注的一个问题也是聋人教师的素质,为此还专门为聋人教师做了提高文化素养的讲座。其中,他说了一句语重心长、用心良苦的话引起聋人教师的注意:"听人不读书,有路走不远;聋人不读书,无路可通行。"是啊!聋人听力语言都不行,文化知识再不行,怎么能走长远呢?

很多聋人大学毕业生希望到聋人学校做教师,我国聋人学校的聋人教师比重确实太低,需要增高。但是除了少数聋人,绝大多数聋人大学毕业生难以进入聋人学校。我还为此为聋人教师呼吁,写的《重视发挥聋人教师在聋教育中的作用》论文不仅刊登在《现代特殊教育》杂志并被网站转载,还拿到"全国首届现代特殊教育论文大赛"一等奖。但是,"聋人要正视自己,看自己是否有教书育人这个能力。比如某聋人老师,写的汉字语序颠倒,这样的老师能写教案吗?能教好学生吗?能写论文吗?能搞教育科研吗?"聋人想当教师,你知道教师的应聘程序吗?你能考下教师资格证吗?你能充分掌握教育学和

教育心理学相关知识并考出高分吗？你能在招聘面试时斩将过关吗？

聋人要受到社会的尊重，首先需要和听人对等的知识水平与能力结构。其实很多时候，听人并非歧视耳聋，而是因为聋人较低的文化水平导致沟通上的不顺畅。

我对聋人说："听人不上学就成了文盲，但是他有听力通道，脑子不会落后，做生意说不定还会成功。而聋人不学习，外塞内闭，肯定会成为一个一无事成者。因为聋人和社会唯一的沟通渠道就是文化知识能力。"

即便是从事艺术，也需要深厚的文化基础。学美术的聋人非常多，比例远远高于听人，也有个别聋人画得非常勤奋，但是成为美术大家的聋人却非常罕有，这个原因其实是文化基础限定了聋人的艺术发展。大凡艺术大家，除了勤学苦练，无不是文化大家，文化功底是支撑艺术大厦的必备重要基础。

有聋人认为自己好好创业做生意，有钱过好日子就可以了，不需要多高的文化知识。这种想法是不对的。在高度发展的社会，开店也是在开文化，卖东西也等于在卖文化，否则很难在林林总总的商业堆里显露头角。人的经济成功固然需要敢打敢拼，但文化知识也决定了你的交际、视野和思路高度。文化知识水平不高，即使不怕辛劳勇于创业，加上天时地利，最多也只能做得顺利些、富裕些。但是绝难进入高端实业圈，因此不是停滞不前就是容易跌跟头，绝难成为行业中坚或佼佼者。

知识就是力量，知识就是财富。工作、生活、学习，哪样都离不开文化知识。聋人本来就听不到说不成，文化水平再过低，就没有办法让社会注意到聋人的问题了。这就是聋人的问题特别多、特别严重又特别难以解决的原因之一。我本人在残联开会时就遇到过既不会笔谈又不会手语的聋人代表，这样的聋人代表怎么代表聋人发声？有的政协委员或人大代表热心聋人权益问题想帮聋人做提案，可是如果聋人协会负责人难以说出个所以然，不免让这些委员和代表心灰意冷、不了了之。

可能会有聋人认为："聋人教育质量不行，使聋人从小就吃亏了。我们先天不足，这让我们怎么办？"这也确实是实情。但是聋人学校的问题不是一下子能够改变的，勤能补拙，发奋学习仍然可以弥补先天文化的不足。很多聋人从小听不到说不成，但是却能行笔如云，笔下生花。这就是不被外界条件所影响，一直以来坚持学习的结果。学习是一种习惯，只要下苦功夫坚持不懈，世界上没有不可战胜的高峰，聋人中也有这样大量的例子存在。

聋人，现在是该你刻苦学习文化知识的时候了！没有扎实的文化知识水平，什么都难以做到。

10.5   聋人为什么找工作难？聋人应该怎样应对找工作难的问题？

10.5.1   聋人找工作比较难的原因

就业难是困扰聋人最严重的问题,聋人的就业率甚至低于盲人和肢残人,而且失业比率也高于盲人和肢残人,这就更不用说和听人相比了。造成聋人就业难有多种原因:

(1)文化知识薄弱。目前聋人学校的教学进度和质量无法和普通学校相比,聋人掌握的文化知识也远远比不上普通学校学生,聋人学生的素质也远远不如普通学校听人学生;尽管当今聋人可以上大学,但招收聋人的高等学校都是单考单招,考试要求也低于全国统一高考;高等学校的在校聋人学生由于基础薄弱,能够掌握的文化和专业基础也难以和听人齐肩。因此,走出学校的聋人面对人口众多、就业困难的社会,就难以竞争过更强大的听人。社会就业量较大、工作较稳定的部门聋人也因为文化基础薄弱,难以过关。

(2)学历相对较低。由于聋人的文化水平特别是英语,与研究生考试要求差距过大,参加全国硕士研究生统考考上研究生基本没有可能。国内现有已经毕业或正在就读的硕士以上聋人研究生,基本是从普通高中毕业而且从小学到大和听人一起学习并且一直保持优异成绩的聋人或重听人,或者是少数聋人学校毕业的聋人学生通过留学获得硕士或博士学位。社会对人的学历要求越来越高,如国家公务员招考的基本要求是学士以上直至博士文凭,幼儿园、小学和初中教师要求本科或硕士文凭,高中教师要求硕士文凭,大学教师要求博士文凭。而当今,高等教育已经大众化,聋人仅仅持有大学专科和本科文凭没有什么特别的竞争力。而和听人一起学习并且一直保持优异、持有硕士以上学历的聋人和重听人绝大多数都有很好的工作单位和收入。

(3)专业狭窄。目前招收聋人的高等学校的专业仅仅二十来个。单考单招的聋人高等学校都是省属二本或三本大学,难以和名牌大学毕业生竞争。因此,聋人在人山人海的就业大军中去竞争,劣势明显。

(4)听力语言障碍。我国聋人手语翻译服务还很欠缺,大学快毕业的聋人多是靠自己单枪匹马地跑工作,他们搜集就业信息没有听人那样灵敏迅捷,打电话联系根本不行,和用人单位的沟通也不方便,就业选择因此受到了很大的限制。接纳残疾人的社会环境尽管这几年有了很大的改善,但与理想还有很大距离。

(5)社会经验不足。手语者聋人自幼生活在聋人圈子里,很少和听人来往,以至于长大走上社会后,发现自己缺乏社会经验,遇见问题不会对应,跟不上社会对人的素质的需要。

10.5.2 聋人应对就业压力和困难的措施

(1)进一步提高学历和文化。家长和聋人学校要花大力气提高聋人学生的文化水平,从小严格抓起,特别是要像听人那样从小重视外语学习。聋人中学和聋人高等学校要抓好聋人学生的外语和政治等相关学科的教学质量,力争给聋人学生创造报考研究生的条件。进入大学的聋人在刻苦学习各门学科的基础上,要花大力气提高自己的外语水平,积极参加大学外语考级,力争在毕业前报考硕士研究生。

(2)加强品格培养和素质修砺。现代人获取知识很容易,持有各种专业文凭的人也多如牛毛。现代生活和产品的极大丰富使各个行业之间的竞争不断加强甚至白热化,这使得在各个行业要不断提升服务水平和产品创意,现代人的生活波动和行业转换也因此变得频繁了。因而很多时候,人们看人、单位看人更加注重人的品性。但是个人的品格、修养和素质则需要长时间培养和修砺才能得到。所以,生活习惯、人生态度、性格性情、为人方式、自我管理等成为决定成功的重要因素。在道德、自律、诚信、敏锐、创意、谈吐技巧、动手能力、沟通能力、合作能力、脚踏实地等方面,聋人要加强锻炼和磨砺。

(3)学习优势专业技能。聋人在学好大学各科文化和专业的基础上,要善于审时度势、善于分析研究社会人才需求,同时还要善于发现自己的长处,努力发展自己的优势专长,使自己在某一方面能够"技高一筹",走在别人前面。锻炼自己的专业优长,要像产品设计和制造一样,"人无我有、人有我优、人优我特、人特我奇。"在现代生活中,靠投机取巧是不能长久的,必须使自己的技能有别人难以达到的含金量,这样才能使你在就业大军中脱颖而出。

(4)学习创业。就业的机会总是有限的,而创业的机会则是无限的。尽管创业有难以预测的风险,聋人创业也因听力语言障碍面临很大的困难,但是还是有一些聋人成功创业并且致富的。要创业,这就需要聋人及早具有创业意识、锻炼创业能力、积极积累创业信息和经验。同时善于寻找和把握时机,勇于尝试、不怕失败、不断创新、矢志不移,直到获得成功。创业更能扩展个人智慧和能力,使人生获取更大的成功。

(5)多与听人打交道。人的成功则是在与人的交往中实现的,尤其是听人掌握着社会的主要资源,所以聋人必须努力打破聋人圈子,主动和听人来往,多与听人拜老师,多向听人交朋友,多向听人学习,以弥足聋人的严重先天缺陷。听人交际广泛,渠道众多,办法较多,有时私下有意无意的聊天中透露的某个信息就是聋人有用的机会。

10.6 聋人和听人结婚能够幸福吗？

也有一些聋人和听人结婚组成家庭，尤其是那些在听人中间长大的"非手语者"聋人。很多聋人和听人都会问：聋人和听人结婚能幸福一生吗？

这个问题其实真的不好回答，聋听婚姻有幸福的也有不幸福的。何况每个人的自身条件、修养、素质、喜好确实各不相向，两颗心能够碰撞在一起，有很多因素使然。仔细分析，婚姻美满幸福与否有很多因素潜藏在其中，要把握好这些因素的平衡才是幸福与否的关键。把握不好这些因素的平衡，即使是听人和听人或聋人和聋人，婚姻也容易失败。这些因素主要有：身体因素（高矮胖瘦美丑健康等），文化因素（家庭教养、接受教育程度、个人修养等），经济因素（双方收入高低稳定与否，包括双方父母给予的经济支持等），感情因素（双方互相了解和理解程度，相悦相知程度等），性格因素（个人喜好、性格、习性等），志趣因素（生活追求、志向追求追求），等等。

聋人耳聋，首先在身体要素上失分，耳聋毕竟影响着人与人之间的交流，影响着人生、事业的成功和家庭生活，也因此肯定影响着聋人和听人婚姻的美满程度。但是各种因素又不是绝对的，而是互相制约互相作用的。比如爱美之心人人皆有，弱势的一方如果颜值较高也许会赢得另一方的青睐；长久深入的互相了解，会给双方感情上加分；较高的文化、学历、素养以及能力，可以为自己争得对方的信赖；稳定的工作和较高的收入是保证生活质量的要件，也是婚姻的重要基础之一；两情相悦、性格互补、习性相引，是感情和婚姻的润滑剂，等等。

有人说爱情可遇不可求，其中有很多偶然因素。因听力损伤而失分的聋人，要使自己和听人的婚姻美满幸福，要多给自己在其他因素上加分，以赢得对方的好感，比如提高文化知识水平、提高工作和生活能力、提高个人修养，等等。同时还要特别注意克服双方交流的障碍，比如，帮助听人一方学习手语、提高笔谈交流质量、参与聋人生活、使听人一方多了解聋人等。

聋人和听人夫妇中聋人一方尤其要注意的是，不能有以婚姻改变自己不利之处尤其是经济不利之处的心理，也不能有依靠对方高枕无忧的依赖心理。而要在婚后也一直保持自己的思想、人格尤其是经济的独立性，使自己不仅可爱而且可敬。否则，一旦使听人一方感到不堪重负，聋人一方听力和交流的不便就会成为听人一方烦躁厌恶的导火索，对婚姻的威胁往往非常大。

社会对聋人的态度也会或多或少地影响着听人对聋人配偶的态度。因此，听人要摆正自己的心态，避免被对聋人的偏见所左右。此外，毕竟耳聋给听人一方带来很多不便，

听人一方也因此在生活中可能担当了更多的责任或者事务。则聋人一方要更体贴、宽容和爱护听人对方,听人一方也应对聋人一方付出更多的宽容和关怀。

美好的婚姻在于经营。聋听婚后,随遇而安、坦然平淡、知足常乐,培养共同爱好和志趣,等等,都是把握婚姻平稳幸福的要素,夫妻双方要在这些方面多加努力。

总的来说,聋人和听人结婚的比率尽管不是很高,但还是缓慢增多,尤其发生在聋人一方的相貌或才能或素养或家庭比较优异的情况下。聋人和听人连理,在国际上也是常见的。笔者觉得,聋人和听人结婚,有益于后代抚养,有益于聋人和听人融合,有益于提高聋人社会地位,是件好事。

10.7 聋人夫妇(尤其是先天性聋人)的生育大事应该怎样决定?

绝大多数聋人结婚后都生育自己的孩子。但是,个别聋人夫妇,尤其是先天性聋人夫妇没有生育孩子。这也是值得注意的聋人问题之一。

生育孩子,是每个人一生很重要的事情。同事或朋友闲谈到家庭孩子,常常说:"人生一辈子,三分之一处在年幼,三分之一献给孩子,只有三分之一才属于自己。"后代的抚育和教养占人生非常大的比重,甚至很多人说:"这辈子也就为了孩子。"一天天看着自己的辛苦换来孩子健康、聪明、快乐成长成才,也是人生最大的快乐之一。有的人喜欢孩子,喜欢抚育孩子,甚至生养多个孩子。在 20 世纪 80 年代前,一对夫妇有五六个甚至八九个孩子,都不是稀奇的事情。

在欧美国家,不限制生育,更不干涉残疾人、聋人、包括先天性聋人的生育。2009 年,一对加拿大聋人兄妹游览西安时告诉笔者,他们的父母总共生育了 10 个孩子,其中 6 个孩子是先天聋人,父母认为这是上帝的礼物,无论听人还是耳聋都一样爱他们。

《残疾人权力国际公约》里关于残疾人生育有如下规定:

序言

（十四）确认个人的自主和自立，包括自由做出自己的选择，对残疾人至关重要。

第二十三条

尊重家居和家庭

一、缔约国应当采取有效和适当的措施，在涉及婚姻、家庭、生育和个人关系的一切事项中，在与其他人平等的基础上，消除对残疾人的歧视，以确保：

（一）所有适婚年龄的残疾人根据未婚配偶双方自由表示的充分同意结婚和建立家庭的权利获得承认；

（二）残疾人自由、负责任地决定子女人数和生育间隔，获得适龄信息、生殖教育和计划生育教育的权利获得承认，并提供必要手段使残疾人能够行使这些权利；

（三）残疾人，包括残疾儿童，在与其他人平等的基础上，保留其生育力。

生育权是基本人权之一，是受法律保护的。也就是说，生育孩子是夫妇自己的事情，他人包括聋人父母也无权干涉，他人包括聋人父母也不应该干涉。国内外没有任何残疾人、聋人不许生育孩子的法律规定。但是残疾人、聋人，特别是有遗传隐忧的先天性聋人的生育问题涉及多方面因素，很复杂。聋人夫妇，尤其是先天性聋人夫妇的生育，常常受到来自聋人夫妇双方父母的干涉或禁止。引起聋人双方父母干涉聋人夫妇生育孩子的主要原因有以下几方面。

（1）聋人夫妇经济收入差，孩子抚养难以保证，需要聋人夫妇的父母提供支援。

（2）聋人夫妇因为听力和言语障碍难以教养孩子，教育孩子的责任转移到聋人夫妇的父母身上。

（3）尤其担心聋人夫妇生下遗传性耳聋的孩子。

经济基础是抚养孩子的保证，夫妇教养孩子是法律义务和责任，生育健康的孩子是每一个人的愿望。但是，无论怎样，生育问题是当事人自己的事情，外人包括当事人的父母是不应该干涉的。由于聋人处于弱势地位，比如可能聋人夫妇的住房是父母提供，或者是聋人夫妇的经济不独立需要父母支持，聋人夫妇的父母以收回房子或不给经济帮助威胁他们。聋人夫妇不得已屈从父母，在生育孩子的问题上就失去了决定权。有时，在聋人夫妇的父母强烈反对的情况下，聋人夫妇不得不屈从父母不允许他们生育孩子的决定。

笔者有一次去寻访一对聋人夫妇，他们正好顺路带我去同一个小区里其父母家，当她怯怯地向母亲提及某某朋友生了孩子，其母当即高声打断她的话说："你别管人家！"这对聋人夫妇就是一直没有生育孩子的丁克夫妇。还有一次,有一对丁克聋人夫妇说其父母不让他们生孩子,我说生育是自己的事情,父母有建议权但是没有决定权。她就双眼发亮地希望我给她父母做工作同意自己生孩子。我出于对聋人的同情答应试试,她带我见其母亲。她试探地对其母说:"陈老师说聋人生孩子应该自己决定。"其母看见她的"生孩子"手势立即变脸怒吼:"这事你想也别想!"笔者见状赶忙缄口,更不敢去帮忙做其母的思想工作了。

当然,聋人夫妇生育孩子的问题,不单单是聋人夫妇双方的事情。因此,笔者觉得应该选择一个更和谐、更公正的方式来决定。

(1)聋人夫妇的父母应当尊重他们本人对生育孩子的意见。

(2)聋人夫妇的父母应当赞成并尽可能成全和帮助他们生育自己的孩子,使他们有一个完整的人生。

(3)对聋人夫妇生育孩子未来可能出现的问题,坐下来和聋人夫妇一起耐心认真地探讨商议,找出妥善的应对办法。

(4)对有遗传可能的聋人夫妇,说服他们去医院认真做一下遗传评估和基因检测,让科学证明结果。

(5)积极协助聋人夫妇教养孩子,尽可能弥补他们听力言语障碍对孩子健康成长的影响。

(6)对确实不宜生育后代的聋人夫妇,要做好他们的思想认识工作,使他们能够发自内心地接受。

笔者在这里说句心里话,聋人仅仅是耳聋和因此带来的沟通不便,在智力和体力上是没有任何问题的,完全能够依靠自己自立甚至成为出色人士为社会做出贡献。如果一个国家能够包容残疾人,给残疾人一个平等公正倾斜的生活环境,耳聋其实不是什么大问题。同时,聋人夫妇也要勤奋勤劳、自立自强,力争在经济上独立、在住房上独立,这样可以使自己拥有更大的自主权免受他人左右。

10.8 聋人夫妇教养孩子是个很大的问题

在中国,聋人夫妇生了孩子(绝大多数是听人孩子)后,大多数是由聋人夫妇的一方父母来教养孩子。聋人夫妇孩子是听人,聋人夫妇的听人父母教养聋人夫妇的听人孩子,家庭就走向口语交流的模式(这些聋人夫妇的听人父母也大多数手语不佳),而常常把聋人夫妇冷落在一旁。这种养育方式,造成聋人夫妇和自己的孩子感情疏离。陕西师范大学一特殊教育专业硕士研究生就向我请教过,说她身为聋人的哥哥和嫂子的两岁听人孩子排斥聋父母,不愿意和聋妈妈在一起玩一起睡觉,使聋人夫妇倍感受伤。2017 年韩国聋人题材电影《通往儿子的心路》展示了同样的困惑,一对聋人夫妇上幼儿园的儿子不愿意和父母在一起生活,要去奶奶家住。聋人夫妇的孩子从咿呀学语直到上幼儿园,上小学、上中学,都是聋人夫妇的父母代劳的。这样的结果是:孩子与聋人夫妇交流的问题一直得不到解决,孩子和聋人夫妇感情疏远,聋人夫妇对孩子的教养和学习的指导束手无策。同时,在孩子的心理上也感到家庭乃至社会对聋人的疏离,认为自己父母是聋人很不光彩,并且在聋人父母不光彩的阴影中长大。聋人夫妇也没有充分感受到教养孩子的快乐,对孩子的思想和学习无法了解和过问,孩子所在学校的家长会极少参加,孩子在学校的表现无法知道底细,在聋人夫妇父母代劳的旁观中看着自己的孩子长大成人。而且,这样长大成人后的聋人夫妇的孩子和父母交流的时间也十分有限,至多是生活中无法回避的简单问题和事务,很少有较深的沟通和长谈,更少有关心聋人父母的疾苦。无论从哪方面来看,这都是一种不太健康的教养方式。聋人夫妇应该选择更好的教养方式,努力去改聋人夫妇教养孩子时的这种不当方式。

聋人父母教养听人孩子应该做到的事项

(1)自孩子出生,尽量自己带孩子,直到孩子长大成人。

(2)及早并且持之以恒地教孩子手语,而且孩子的手语越流利越好,让孩子成为既会手语又会口语的双语人,能从容应付与自己的聋人父母和听人的两种交流。

(3)通过与孩子手语交流,教养孩子,使孩子从小知道并感到手语交流只不过是另一种交流方式,是一种需要和聋人交流的语言,并不是什么不光彩或低人一等的交流方式。

(4)让手语成为聋人夫妇和孩子交流必不可少的纽带,能够毫无障碍地交流。

(5)带孩子参与聋人活动,让孩子了解聋人群体,使孩子从小认识和理解聋人这样一个弱势群体的生活和需要,从而从内心产生愿意帮助聋人、帮助弱者的慈善、仁厚和博爱之心。

(6)积极鼓励孩子长大后去手语翻译资格考核颁证机构考证考级、参与聋人活动、帮助聋人手语翻译,等等。

(7)积极鼓励孩子长大成人后从事聋人教育、手语翻译(也可以业余)等工作。

(8)积极鼓励长大成人后的孩子和其他聋人的孩子成为好友、组成团队(如手语翻译团队)甚至在人多势众之后组成社会团体,去帮助更多的聋人,为聋人争取权益,帮助聋人改善弱势和困难的处境。

聋人夫妇的孩子在校园和邻里很容易受到其他孩童的语言中伤,如:"你是聋子(哑巴)的孩子!""你爸(妈)是聋子(哑巴)!"说这些话的孩子可能一时不快脱口而出,也可能是不明事理有口无心。这一情形几乎每个聋人父母的孩子都经历过,对聋人夫妇的孩子伤害很大。因此,聋人夫妇要帮助孩子面对这样的事情,坦然告诉孩子这正是社会需要改进的地方,最好的办法是淡然地宽容对待,不斤斤计较、针锋相对,做好自己才是给他们最好最有力的回击。

你也可以教会孩子一些应对的话语,特别必要时软中带硬、义正严辞地让那些说这种话的孩子感到脸红、感到惭愧。例如:

(1)"您听力好,品格人格应该更好。"

(2)"贬低他人,是否有些不太高尚?"

(3)"您说他人的不是,我担心这可能会拉低您的品格。"

(4)"我父(母)是聋人,但他(她)从不贬损他人。"

(5)"正是我父(母)是聋人,使我懂得了一个人怎么样,主要是品格而不是听力。"

(6)"我父(母)确实是聋人,但他(她)却很优秀,我为他(她)自豪。"

(7)"发明大王爱迪生就是位聋人,您天天晚上都要生活在爱迪生发明的电灯下,内心应该像那电灯一样明亮。"

(8)"宇航学创始人齐奥尔科夫斯基是位聋人,您不感到震惊吗?"

等等。

10.9　重听人也是一个非常需要关注的艰难群体

重听人,主要指听力损伤轻度到重度、会说话、不会手语、生活在听人主流社会中间的那些人。重听人由于分散在听人中间,人数难以统计,大概不低于手语者聋人。

重听人常常都比较优秀。他们的文化水平、思维模式、生活方式基本和听人一样。重听人常常两极分化,常常可以产生非常杰出的人士,比如聋人博士、大学聋人教师、聋人作家、聋人画家,等等(注:此处又把重听人写成聋人的原因是由于聋人想为自己增加底气和荣光,不约而同地常常把杰出重听人归类到聋人中间来)。我本人就认识和知道很多在北京大学、复旦大学、清华大学、中央美术学院学习和已经毕业的重听人。至于毕业和在读硕士博士的重听人,更是数量非常多。

但是总的来说,杰出的重听人仍是少数,大多数重听人还是普通人。由于重听人分散在听人中间,彼此不像聋人那样自发地组成小圈子以及以手语为核心和认可的组成方式,因此这些人的问题更加不易为社会注意到。

其实,重听人的问题严重程度并不亚于聋人,有时个体生活苦痛程度可能比手语者聋人还要剧烈和深刻。这是因为,重听人文化知识水平高、思想更深刻,但独居在听人中间,重听人的苦痛大多要自己承受,既不能在听人中间化解,也没有手语者聋人那样可以在相类的同伴中得到安慰。重听人既是听人社会的边缘人,也是手语者聋人社会的圈外人。重听人以自己和听人接近的文化水平、思维模式、生活方式在听人中间生活,向往听人的事业高度和生活水准,对耳聋产生的与听人的生活距离和反差的感受更深,在内心产生的痛苦也就更加强烈。

我的著作《从聋到龙》出版后,我就遇到很多重听人来信和网上的求助和倾诉。他们中间有的是大学毕业没有工作茫然无路;有的是人到中年收入低微又无一技之长;有的是离异独身;有的是大龄未婚;有的是自己颇为出色但凑合婚姻的配偶素质低劣;有的是尽管颇有成就但孤身一人……

欧美国家社会团体发展得比较充分,聋人社会团体不仅有聋人协会(Association of the Deaf),而且有重听人协会(Association of Hard of Hearing)、后期耳聋人协会(Association of Late-Deafened Adults)、老年聋人协会(Deaf Seniors)、聋人妇女联合会(Deaf Women United)以及盲聋人协会(Association of the Deaf-Blind),等等。不同协会的工作也以各种聋人的特色和需要有所不同。相比之下,我国聋人社会工作显得还比较单一,有待进一步改进、加强和深入。

11 / 聋人自励 Deaf Self-Advocate

只有强大才能赢得尊重。

——[印度]阿卜杜尔·卡拉姆(1931—2015)

11.1　聋人怎样努力才能有利于摆脱困境？

聋人的处境尽管和社会关注有很大的关系,但是社会的改变是一个漫长的渐变过程。因此,聋人无论处境多么艰难,改变自己仍得主要靠聋人自己。俗话说"打铁还得自身硬",如果自己是一块真正的好钢,社会还是求之不得的。怎样把自己锻炼成为一块社会需要的好钢,这才是每一个聋人需要时时刻刻认真思考努力实现的重要问题。

11.1.1　聋儿家长要学好手语,要严格要求和教育聋儿

聋人困境的根源,首先出现在聋儿家长在聋人幼时和未成年前家庭教育的缺失。"教育是家长打地基,学校盖房子,自己装修"。在学校,凡是表现好的学生,多是孩子的家长教育有方、要求严格。"生而同声,长而异俗,教使之然也。"人生下来天赋并没有多少差异,而最终的差异是后天形成的。学生好的和不好的多不是头脑聪明和不聪明的问题,而是差生的家教差,因此毛病多。时间长了,这些毛病对他们自己的学习拖累和牵制越来越大,最终和好学生拉开的距离也越来越大。教育好聋孩子,家长首先要解决和孩子的沟通和交流问题。家长要放下面子、放下思想负担,认真学习并教授孩子学习手语,早日打破和孩子的交流困境。即便是电子耳蜗安装比较成功的今天,即使孩子的听力得到很好的康复,家庭教育不够或不得当,也未必能够确保孩子一定能够成才。面对聋孩子,第一是用手语沟通交流,第二是通过手语的沟通交流做好家庭教育,这是比口语训练重要一万倍的事情。

11.1.2　加强学习,提高学历

享年112岁的"汉语拼音之父""汉语拼音手指字母之父"周有光先生曾题词:"教育使先进别于落后。"抓好教育、加强学习是任何人追求美好未来的根本之举,对聋人也不

例外。在家长打好家庭教育基础的前提下,聋人自己也要从小高标准地严格要求自己,要像听人那样从小一直不放松自己的学习,把学校课堂和书本教育的每一项内容掌握到心,要像听人学生那样,打好全面坚实的文化知识基础,直到大学具备考取硕士研究生的实力,有条件的家庭争取留学海外,争取攻下高级学位,为自己的未来奠定更强的硬件。在抓好学习的同时,学好一门过硬过人的长技,为今后生存打好基础。为此,要讲究学习方法,要多和听人同龄学生做朋友,多学习听人学生的学习方法。比如,每天早晨,要自觉地坚持早读语文和英语以及美文(我所在的聋人学校很少见到聋人学生自己晨读);每一天、每一课都要紧跟老师的讲解,吃透消化;每天自习,做到独立完成作业,掌握学习内容,不留夹生;经常练习日记和写作,等等。

11.1.3 刻苦自砺,奋发图强

每个聋人都要知道自己的劣势和困境;每个聋人都要想到人生有未来家庭、后代、赡养父母、自己养老的责任和重负;每个聋人都要明白在劣势和困境中,不努力就不会有幸福。因此,处在劣势和困境中的聋人,每一分钟都要刻苦自砺、奋发图强、矢志不移、超越他人,立志当各个行业的高端人才,一定要谋得一份衣食无忧甚至富裕小康的工作。在品德上要卓拔、在学业上要优异、在技能上要超群、在事业上要成功。《礼记·中庸》里说:"人一能之,己百之;人十能之,己千之。果能此道矣,虽愚必明,虽柔必强。"(释义:别人付出一份努力,自己付出百份努力;别人付出十份努力,自己付出千份努力。如果明白了这个道理,即使很愚笨也会变得聪明,即使很柔弱也会变得强大。)一个人只要自强不息、用心专一,终会实现自己的理想。

11.1.4 要努力成为高端人士

现在社会用人单位对学历要求提高了很多,很多岗位要求硕士甚至博士学历,大城市中学教师包括聋人学校要求硕士学历,大学教师要求博士学位。子曰:"君子求诸己。"人生境遇尽管和环境、社会等因素关联很大,但是最主要的还是自己。现在高校扩招,硕士、博士生人数众多;国际流动,海归人才也多芸芸济济。你不超出别人就只能在低层次就业大军中竞争,你不努使自己比他人更优秀,就不要抱怨工作难找、就业困难。在生活中我看见很多人,包括听人也包括聋人,卧薪尝胆、自强不息,逆袭而上最终成为高端人才,成为某个领域的领军人物。

11.1.5 扩大聋人社会影响,增加参与社会的机会

明白了自己的劣势和困境,当自己的家庭、事业比较稳定后,聋人还应该多想办法,努力为改变聋人群体的劣势和困境出力。比如聋人要积极创业,争取赢得更多的资金,用这些资金办一些有利于聋人的事业;聋人努力创作具有聋人文化特色的作品,争得社

会影响,改变社会对聋人的看法;聋人在各自的岗位上争取优异成就,争当各行各业的管理人士,增加聋人参与的机会。如果社会上这样的人士越来越多,社会对聋人会越来越接纳,聋人参与社会的机会也会越来越多,聋人困境的改变就会越来越快。

11.1.6　教好后代,扩大影响

尽管中国有两千多万聋人,但在 14 亿社会总人口中,聋人所占的比重还是较小的,聋人要赢得广泛注意还是很艰难的。因此,聋人在把自身这块铁打硬的前提下,还要注意努力扩大自己的实力和影响力。在欧美国家,聋人争得自己的利益还有来自聋童家长和聋人亲友的大力支持。而离聋人最近最容易争取的就是聋人自己的子女(欧美把这类听人称作 CODA,即 Hearing children with deaf parents,聋人双亲的听人子女)。聋人的子女一般都是听人,他们一半生活在聋人世界,一半生活在听人世界,是处在聋人文化边缘的人。他们是聋人父母带大的下一代,亲眼看到自己聋父母的艰难和自己成长的不易,他们又有着和聋人父母天然的亲情和血缘关系,会从内心同情自己的聋父母乃至世上所有的聋人。因此,聋人在自立自强的同时,要精心努力地带好自己的孩子,让自己的孩子成才成功。聋人的杰出听人后代越来越多,对聋人的帮助也会变得越来越大。

11.2　聋人要改造自己的一些习性

和聋人接触多了之后,会发现相当数量的聋人说话行事,有影响自己形象或影响他人的不好习惯。尽管这些聋人习性与聋听融合不足脱离社会有关,但不管怎样,不受欢迎并且影响自己和听人的融合,聋人要努力改变。有时听人并不是歧视聋人、不愿意与聋人打交道,而是聋人的素养和习性让听人感到不适。笔者甚至觉得这应该是聋人学校教育和聋人生活训练的内容之一。

(1)要加强学习提高文化知识水平。"腹有诗书气自华""拥书自雄"。文化知识多寡不仅显示着自己的学识和思想水平,而且涵养着你的气质和性格,修炼着你的谈吐和举止。文化知识较差的话,举止言谈必定肤浅、粗俗、愚鲁、令人可厌。从聋人学校毕业的聋人在文化知识的宽度、广度和深度上均落后于听人,因此聋人更要多看书学习提高自己。

例一:我带过的一位聋人学生聪明伶俐,手语话语机智引人,舞蹈优美动人,是老师眼里的好苗子。但是她禁不住诱惑,初一就退学走上社会。二十多年后的她,参加一个讨论会时总是打断他人说话,时时拟人缺陷,话语节外生枝。

例二:另一位聋人学生原本是聋人学校校花,参加过全国残疾人文艺会演。但由于

没有中学可上过早就业了,与大家聚会时只会重复他人话语,谈吐寡然无味。

(2)多和听人来往,多虚心听取听人的意见,多濡染听人的处事方式,多效仿听人处事的优点,稳定情绪尽量不随意波动,礼貌优雅如沐春风地接人待物。聋人不要总是待在聋人圈子里不与听人往来接触,那样的话必定自我封闭、脱离社会、自阻出路。

例一:早年有一聋人曾在铁路列车段工作,为卧铺列车洗被单。虽然收入不很高,工作辛苦,但非常稳定。但她由于轻信聋人卖画挣大钱的传闻,就放下稳定工作随同聋人合伙外出去卖画,结果因长期旷工不归被单位开除。而之后卖画逐渐行不通又失去稳定收入来源,丈夫与她离婚,生活变得异常艰难。为了抚养儿子和维持生计,她不得已只好自己揣摩煎饼果子做法,自制一套工具天天上街卖煎饼果子,单身把儿子带大。

例二:有位聋人高中毕业后其父在某国有单位帮助落实了一份烧锅炉的正式工作,尽管辛苦些但工作稳定、收入尚好。但他执意要去聋人就业较多的私营企业以便和聋人在一起。后来这家私营企业倒闭,他只好另寻出路拿着低工资依然在其他私营企业工作。以至于婚后由于夫妻双方收入都太低不敢生孩子,年龄很大了一直过着丁克生活。

(3)聋人使用的手语交流方式表情比较强烈,观感上不如听人口语来得温和儒雅,聋人幅度较大和速度较快的手语交流会让周围听人感到不适,尽管他们很少会直说出来。因此,聋人进行手语交流时神态宜庄重诚恳,使用手语时不宜太快、不宜太急促,表情不宜过度扭曲。这方面,北京地区的聋人做得就比较好,北京聋人手语交流时语速较慢,看起来稳重、文雅、大方,无论是聋人还是听人都感到很有修养。

(4)手语是一种比较热烈张扬的交流方式,有优点,也有不足。聋人进行手语交流时,要注意周围的环境,根据场合有时也需要收敛一些,不宜只顾自己而影响他人。尤其是聋人在博物馆、展览馆、图书馆、会场、机场、部门等宜保持安静的地方,使用手语更要稳重、稍慢、优雅和谦虚一些。远距离挥手召唤他人,要静心等待时机,不宜过于张扬高调。

(5)聋人以目为耳,与人交流时需要一直盯着对方,这有时也会让听人感到不适甚至不太礼貌。他们也很少会对聋人说出来,但实际上都会有此感觉,这是听人与聋人的交流方式不同造成的。人们在交流中毕竟要随众而不能只顾自己,聋人也应这样。因此,建议聋人和听人交流时,眼神适当加些调节和转移,插进一些赞赏、微笑、点头、同感等微小的表情态度,这样互相交流的效果会好得多,会让不了解聋人的听人感到聋人有礼貌、有修养,也会使聋人得到更多的听人朋友。

(6)聋人的一些手语比较直白。因此,使用"坏""开除""讨厌""不喜欢"等听人一看就明白并容易引起反感的聋人惯用词语时尤其要谨慎。必须表达这些态度的话,最好用中性柔和一些的词汇。如:"不够好""不够满意""不太合适""不能接受",等等。

287

例一:我曾亲眼看到,几位聋人路过地摊,其一用甩小指手语对其他人说那件东西"不好",另一人附和地用右手八字从嘴往外撇手语说自己也"不喜欢"。由于聋人进行手语交流时表情同步,因此听人一看就明白这些手语的意思。尽管下甩小指表示"不好"聋人习以为常是不够满意的意思,并没有恶意,但摆地摊的听人非常反感,反复挥手示意聋人离开。

例二:我有一次与几个聋人去山区写生,路旁一辆面包车主问我们是否需要搭车。就在面包车主不厌其烦给我们笔谈讲路线、商量价钱时,旁边一位聋人不想坐车,就用手语说"开除"(他的本意是不要此车),结果引起车主不快。在这种人生地不熟、前不着村后不着店的地方,我都特别担心会引来麻烦甚至纠纷。

(7)诚实地说,不会说话的聋人发出的声音很不好听,一些说话不佳的聋人的语音也会让听人感到别扭。聋人在仓促焦急的情况下发出的这种声音会更加强烈一些,会让周围听人感到不适。因此,聋人与人交谈时,注意不宜发出令人不悦的声音,表情和体态要优雅、诚恳、大方。

(8)聋人以视觉接收信息,也造成一些聋人喜欢以独特举止和姿态吸引周围人的注意。但是一些聋人不看场合毫不自律地刻意与众不同,举止言谈和表情体态突兀奇特,也会让周围听人感到不可理解甚至误认为发生了什么特别的事情。这个问题聋人也应该注意改进。

(9)聋人手语的表达力还是逊于口语的,手语交流表情也比较夸张,和听人交流阻隔大一些,因此性格较听人容易急躁一些。而性急是引发摩擦、矛盾、不快的主要因由。任何事情都是在平和的协商中解决的,哪怕你再有理,他人心情没有平静就无法理解,争议就无法解决。因此,聋人要努力克制自己,耐心听取他人看法,不要着急。遇见实在解决不了的争端时,不妨避而远之,另想办法。

(10)聋人喜欢手语聊天,往往是不聊个天昏地暗决不罢休。朋友来访,聋人们可以从早晨聊到晚上,主人甚至把自己的家务和工作放下,客人也毫不顾及主人和自己的家务和事务;手语角聋人聚会一大早来了聊了一个上午,中午又要聚餐,在餐厅再从中午聊到晚上。这虽然是聋人交往的一个特性,但严格地来说有时是个不好的特性。节假日和朋友多聊一会儿也是好的,但生活中毕竟有更加重要的工作和家务需要做,无论生活还是工作都是从做中推进的。因此,聋人朋友们心中要有时间观念,聊天要有节制,要把家庭和单位作为生活中时刻不忘的重心。

(11)要管理好自己的情绪,宽宏大量、为人随和,不要动不动就不高兴,不要过于执拗、倔强,更不能随意发火。在生活和工作中不要计较一时长短,哪怕对方不对,也完全可以一笑了之或回头走开。

(12)由于聋人从小习惯依靠父母,加上家庭教育严重不足,一些聋人生性散漫、懒惰、随意,给周围的人留下了不好的印象。勤勉、勤劳、自律是个人一生必备的品质,因此在生活、学习和工作中,要严于律己,眼快手勤,不怕吃亏,多做一些。

例一:美术课需要整理布置教室或展览,叫一些聋人学生来帮忙,有的聋人学生竟然开溜逃避。美术老师在五楼上课,每次上课竟然要老师去三楼文化课教室将聋人学生请来。

例二:星期一上课的高中聋人学生,总是有一部分要在课堂睡觉,我对其劝告批评也无济于事。后来我才知道,是他们作息混乱,周末晚上沉迷于手机,半夜一两点才睡。

(13)工作要认真负责,吃苦能干,勤奋上进,按时保质完成工作任务。严格遵守单位规章制度,尤其是考勤管理。

例一:某聋人中等技术学校毕业后,被安排在大城市电信局工作,这简直是一个让众人羡慕的好单位。但她生性随意,不遵守纪律,多次不顾工作旷工外出,对单位管理和工作影响很大。结果单位领导一气之下依规定将其开除,此时她才幡然醒悟但已经于事无补,之后生活变得遽然艰难起来。

例二:某聋人学校领导比较同情聋人,寻机破例以正式编制招聘了数名聋人在学校食堂工作。可是其中有的聋人认为在食堂工作不高雅,怕苦怕累工作不认真,大事做不来,小事又不愿意做,以致领导表示今后再也不敢录用聋人工作了。

(14)做事控制声音不干扰他人,这是一个人有素质、有教养和有礼貌的表现。因此,聋人要注意自己的举止言行,有时虽然有些强聋人所难,但聋人仍然尽可能不要发出这些令人不悦的声音,这也是聋人给人留下好的印象的一个重要方面。

例一:我带高三学生参加高考,在高校与高考学生家长和教师交流会上,有聋人高等学校老师反映:为了促进聋人和听人融合,提高聋人学生素养,关照聋人学生生活,学校安排聋人学生和听人学生同住在一个宿舍,但是有的聋人学生不注意约束自己,半夜三更才返回宿舍并且声音很大,影响听人同学休息以致听人学生不愿意和聋人学生住在一起。

(15)说话行事要注意考虑他人感受,养成推人推己、将心比心的换位思考方式,不可只图自己方便。

例一:聋人喜欢手机视频手语谈话,对于习惯于视觉沟通的聋人无可厚非。但是到了别人那里,就要稍微克制一下,要注意环境是否适宜视频手语,不宜想视频就视频。

例二:我陪学生前往外地参加高考,第二天就要考试了,可是住在宾馆里的聋人考生依然禁不住诱惑打开电视,全然不顾翌日有决定人生走向的重要高考,全然不顾希望早睡迎接第二天高考的同学在旁边。

11.3 聋人,你要向听人靠拢!

聋人(指在聋人学校长大的而非普通学校的手语者聋人)由于听力语言障碍加之自幼在聋人学校长大,习惯于生活在聋人圈子里,与主流听人社会相对隔离。聋人碰见陌生人总是要先察言观色地通过行为举止看对方是否是聋人,或者用手语问其中的聋人:"聋人?听人?"一旦知道对方是聋人,就好像遇到了自己人,哪怕是外地聋人甚至外国聋人,也很容易结识并成为朋友。而对方是听人的话,没有特殊情况聋人是不主动与之攀谈的,仿佛路人一样,和自己毫无干系。聋人与世隔绝的"桃花源"生活用"不知有汉"和"井底之蛙"来形容毫不过分。

深入和了解聋人群体,总是发现聋人对听人和社会有着强烈的不满。的确,聋人的处境和生活与听人有着巨大的差距,大多数聋人在贫困的边缘,孤立无助、无可奈何地挣扎着,社会对聋人的关注实在是太少了。

同时,聋人群体也有着深刻的自强和希望改变自己的意识,事事比较好强,渴望成功、生活平等、自尊和幸福。相当多的聋人刻苦顽强地与世抗争,哪怕很多人最后并没有获得成功。

但是无论怎样,通观比较成功的聋人,有一个重要的因素就是:要获得成功,聋人必须向听人靠拢、向听人学习、和听人合作。否则,你哪怕面壁十年、才高八斗、学富五车,也难被社会赏识获得预期的成功。这是因为:

(1)"兼听则明,偏听则暗。"聋人因为听力语言障碍带来的教育、学习、知识、信息的遗失和欠缺已经特别严重了,素养已经特别落后了,如果再和听人打成一片来获得补偿,那么就肯定是永远走在社会的后面,处境永远艰难。

(2)"染苍则苍,染黄则黄。"跟什么人在一起是很重要的。处在一个优秀的环境中,有着较高的参照标准,一般也能获得优秀的素养。而处在一个封闭、贫乏、落后的环境中,幻想优秀和成功无疑是痴人说梦。聋人从小在聋人圈子长大,如果再不和听人为伍,那就可以用不可救药来形容了。

(3)"近朱者赤,近墨者黑。"聋人因为从小在聋人圈子长大,在品性、素养、知识、甚至思维等上都有着很容易见到的弊病。聋人和听人越是融合,越能在他身上学习到东西,行止也就越能符合社会公共标准而获得他人肯首。聋人和听人越是隔离分离,弊端越会严重,行止也就越令人厌恶、不悦。

(4)"识时务者为俊杰"。主流社会是以听人为主的社会,各行各业的用人准则和规则大多依据听人制定,你无论要办成什么事、要获得什么样的成就、希望获得怎样的成功,都迈不过听人这个门槛。聋人越是处于劣势,越是要获得听人的扶持和帮助。

(5)"广阔天地,大有作为。"听人毕竟是社会的主流,他们所从事的领域无限宽广并且是主力军和领头羊。聋人要想事业成功人生和事业上有所建树,就必须和听人融合在一起,在与听人的互相取长补短中追赶超越。"小池里养不了腾海龙,花盆里栽不出万年松。"长期在聋人小天地里是难以有什么大的成功的。

我在教书生涯中,也遇见过一些聋人学生家长问我:"为什么我的孩子看着聪明灵活,却不能好好学习走向自立?"我在接触的社会聋人中,也常常看到许多聋人机智能干,却谈吐寡味、头脑简单、生活窘迫。这使我想起已故著名肢残人作家史铁生曾经描述过的情况:史铁生在陕北上山下乡插队时,在农村看到一些青年外貌长得英俊、出类拔萃,却没有什么卓越的作为,最终依然是十亩地一头牛老婆孩子热炕头、日出而作日落而息地生活在黄土塬上。这说明他们一直没有走出小农圈子。因此,聋人希望获得成功,哪怕沟通再不方便、习惯再不一样、心理再有隔阂,也必须从现在开始,多和听人打交道,搞好和听人的关系、处好与听人的人际。对此,聋人余庆在微信朋友圈里说得好:"聋人要从自己的圈子里走出来,从手语和特殊教育的圈子里走出来,从助听器和电子耳蜗的圈子里走出来。"

11.4   聋人要读书学习

2011 年 7 月在贵阳举办的"SigAm 西部双语聋教育项目聋人教师培训研讨会"上,特殊教育专家张宁生教授在讲座中,语重心长地对聋人教师说:"听人不读书,有路走不远;聋人不读书,无路可通行。"这句话尽管是针对聋人教师,但实在是太需要所有聋人深思!他还说:"双语聋教育项目中,最让人放心不下的问题之一也是聋人教师的素质问题。"2010 年 7 月在成都举办的"SigAm 西部双语聋教育项目聋人教师培训研讨会"上,曾有一项现场备课的培训项目,当时几十名聋人教师中多数人竟然没有在规定时间内准备出一篇完整像样的教案。我作为聋人教师,对此深深地忧虑——连作为专业技术人员的聋人教师的文化素养都这样,何谈比聋人教师差距更远的社会聋人呢?这样的文化素质不仅让聋人无法真正在社会抬起头来,也无法真正在社会站立起来,更无望摆脱聋人自己困厄的命运。有聋人学者就聋人这样的情况指出:"语文水平限制了聋人的情商、数学水平限制了聋人的智商。"

在听人为主的主流社会中,无论学历高低,人们一生大多都在追赶他人尽量不让自己的文化知识落伍。我小时候听力好的时候,经常能听到大人之间以用时新词语为自豪,大人甚至在广播听到时新词语,也要马上跟着追述几遍记住并让孩子也跟着学会。

最让人鄙夷的并不是外表不足和生活贫寒，而是谈吐寡味、水平低下。听人在选择交往对象和朋友时，多是选择能谈得来的人，也就是选择文化知识水平和自己接近的人。聋人想要让社会接纳自己，必须读书学习赶超听人的文化知识水平。聋人们常说听人不愿意和聋人打交道，其实原因之一也是聋人文化差，交流质量不高，听人失去和聋人交往的兴趣。

对于聋人来说，文化知识低下比听力言语障碍更可怕。因为在听不到说不成的情况下，笔谈就成为聋人和社会沟通的唯一通道。生活、学习和工作中时时刻刻需要交流和沟通，聋人学校外的大部分听人不会手语，聋人假如文笔都不通，那么就等于完全阻塞了聋人与外界交流的渠道，只能百般无奈、可怜巴巴地苦度人生。要提高文笔水平，除了读书学习别无旁路。聋人和听人一交流，就会马上发现横亘在聋人面前更多的梗阻是聋人自己的文化知识较低，影响自己的理解能力。以致时有听人说："聋人希望听人学手语接纳聋人，那么你们聋人为什么就不能加强一下文化学习提高自己的理解力呢？"

聋人一接触听人就会发现：当听人张开臂膀接纳你，聋人遇到的文化差距比听力不佳沟通不畅带来的障碍大得多。如果聋人不加强学习赶上听人文化知识水平，聋人的处境只能是四面楚歌处处碰壁，聋人最后也只能龟缩在自己狭窄的聋人圈子里，不仅不能及时得到生活、学习和工作中的基本资讯，而且也坐失生活、学习和工作中出现的良机。这样一来，等待着你的就常常是失误、损失、失败、遗憾、苦恼等这样的负性结果。那么，你的人生也只能是充满着失败、遗憾、苦恼。

知识就是力量，知识就是财富，头脑强大才是真正的强大，因为文化知识的高低决定着人们思维质量的高低。在当今这个一日千里的社会里，你没有文化就要被淘汰，只有读书学习才能改变头脑。改变头脑才能改变素质，改变素质才能改变行动，改变行动最终才能改变结果。聋人要改变自己困厄的处境，需要一个直追甚至超越听人的强大的头脑。所以物质贫穷并不可怕，头脑空乏才应令人恐慌。

"大志非才不就，大才非学不能。"这句古语说的是远大的志向和理想没有超人的才学是无法实现的，而超人的才学不读书学习就无法得到。古往今来，哪一个出色的人不是文化和头脑超强的人？文化差、文笔差，肯定难以取得他人信任，没有他人信任就肯定没有成功的机遇。文化低、头脑简单，看问题不能周全、长远、深刻，做事就会时时处处落后于人，这怎么能成全愿望实现理想呢？徒有七尺健全身躯，却头脑空空、知识寥寥，很难取得成功。聋人的文化知识基础本来就不行，再不努力读书赶超听人就永远难当大任。

尽管有大才者不一定能成大事，但成大事者必有大才。同理，无才者碰到好运气有成事者，但仅仅靠运气必难持久，成不了大事。比如：在美术专业学习的聋人比较多，聋人高等学校美术专业比重也比较大,大家的愿望是聋人听觉不行了应该发展视觉潜能。由于聋人相对封闭与主流社会相隔,思维比较独特,模仿力很强,有时绘画效果很奇特,大家也认为聋人学美术很有天分。有的聋人学美术学得也相当不错,大学里聋人学生的美术基础与听人学生不差上下,个别聋人还相当优秀。但是聋人能成为美术大家的几乎难以见到,多数从事美术的聋人也不过是擅长此项而已。只有少量聋人能加入省级美术家协会,但加入中国美术家协会的聋人凤毛麟角。这个现象也说明聋人的文化知识底蕴较浅,不足以支撑起高端美术创作。从事美术创作的人都深知,"功夫在诗外",文化知识修养直接决定了美术创作的高度。

2018—2019 年,我承担了陕西师范大学心理学院交付的一项手语研究项目。我挑选了一些聋人并把他们组织起来。在手语研究工作中,我有意锻炼一些聋人成员,希望他们担当一些更大的责任,完成一些更大的任务,甚至锤炼一些领军人物。比如:承担一些文稿撰写、文件起草、文字策划、出版策划;进一步研究赞助谈判、出版社交涉、发行宣传策划等比手语演示和采集更加重要的工作。但我发现,由于聋人文化知识水平较低,思维能力不强,缺乏社会经验,项目组聋人成员对这些统筹全局的文稿撰写、文字策划、对外公关等层次高一些、更能锻炼自己主导和领袖能力的工作难以胜任。而事实上,手语的演示和采集仅仅是手语研究的一个重要的局部。随着这项手语项目进展到手语培训,也发现培训时仅仅手语好还不够,与演讲质量有关的手语手势打法的因由、手语历史、手语文化,乃至演讲谈吐的水平,无一不与文化知识水平的高低有关。所获的心得是:即使是从事聋人擅长的手语工作,也需要尽可能高的文化知识水平。

各个单位对聋人的重用也首先得因于聋人自己崛起之后有能力担当大任。比如进入新世纪后,一批聋人凭借自己顽强的毅力获得硕士甚至博士学位,进入高等聋人学校任教,成为令人敬佩的大学教师。2019 年版的《国家通用手语词典》研究和编撰这样重大的任务也邀请征询了较高学历聋人的意见。因此聋人首先要提高自己,才能担当大任。

一个国家、一个社会或一个群体,真正的变化革新首先都是从思想观念的转变开始的,而思想观念的变化革新总是知识碰撞聚集到一定程度的结果。因此,也可以说社会的变革尤其是近代社会变革总是从知识分子开始的。中国社会每当发生巨变时,叱咤风云、活跃于政治舞台和思想前沿的英雄,几乎都是知识分子。清代"戊戌政变"六君子、"辛亥革命"前夕同盟会海外群体、中国共产党诞生之前北京大学一批先驱,就是例子。既使是美国,聋人处境的真正改变,也是聋人普遍能接受高等教育直至大量聋人获得硕士博士学位,聋人学校和聋人高校特别是加劳德特大学中的聋人教师达到相当大的比例,社会有相当数量有实力的聋人知识分子精英,促发了 1988 年"DPN (Deaf President

Now)聋人现在当校长"运动并赢得了胜利。

聋人四肢健全、健步如飞,有与听人一样的身体条件;聋人耳根清净不听外扰,有听人没有的心理条件。而聋人之所以处境艰难,恰恰是聋人没有听人那样的文化知识基础和头脑思维条件。一个人怕的不是文化低,而是不读书学习断绝了提高自己的渠道。只要认真努力、持之以恒地读书学习,文化的差距是可以赶上的。聋人要改变自己的命运和前途,必须从读书学习开始。

11.5　只有强大才能赢得尊重

2003 年 11 月,我随中国残疾人代表团前往印度参加第六届国际残疾人技能竞赛。此行我从印度带回来一句让我深刻于脑的名句:"只有强大才能赢得尊重。"这句话出自印度时任总统阿卜杜尔·卡拉姆(Avul Pakir Jainulabdeen Abdul Kalam,1931—2015)之口。

卡拉姆 1931 年出生在印度南部泰米尔纳德邦。他学习刻苦努力,1950 年进入圣约瑟夫学院,4 年后获得理学学士学位,1954 年起在马德拉斯理工学院学习航空工程学,1958 年获博士学位。他开始在班加罗尔的印度斯坦航空公司(HAL)工作,1963 年起在印度空间研究组织从事航天技术研究工作,1982 年担任印度国防研究与发展研究组织的负责人,长期负责印度太空计划、民用和军用火箭的研发工作,力主自发研究导弹,为印度的导弹研制做出了重要贡献。卡拉姆领导了印度 SLV-3 固体燃料火箭、地对地"烈火"中远程导弹和"普里特维"中短程导弹等科研项目,被誉为"印度导弹之父",并在1998 年参加印度首次核武器爆炸试验指挥工作。印度原子弹成功爆炸使印度成为全世界第六个拥有核武器的国家,极大地提高了印度的军事实力和国际地位以及人民的自豪心。1997 年,卡拉姆被授予国家最高荣誉——印度钻石勋章,次年出任瓦杰帕伊总理的首席科学顾问。2002 年 7 月,卡拉姆当选为印度第 12 届总统(2002—2007),是印度第一位也是世界第一位科学家总统。卡拉姆以自己和为自己的国家的奋斗经历总结出的"只有强大才能赢得尊重"这句话,应当是聋人铭记在心的金句。

"只有强大才能赢得尊重。"国家是这样,单位是这样,个人也是这样。国家弱则挨打,单位弱则窘迫,个人弱则艰难。总的来说,大自然的规律是强食弱肉、物竞天择。强者受到尊重,弱者能够得到的只是同情、怜悯,但得不到尊重,得不到敬畏,更得不到领导权和决策权。所以,你需要的是自己帮自己、自己助自己、自己强自己。

我们与其等待和期待他人的改变,不如把握当下、从我做起、从现在做起,首先改变自己,使自己尽可能变得强大一些。因为人生要靠自己主导,他人主导的人生是不可能成为主流的。任何一个民族的崛起都是自强自立而不是他人帮扶起来的。

聋人的生活是特殊的,怎样面对聋人生涯?怎样变得强大?这才是我们聋人时时刻刻面临的问题。只有越强大,才能越发展;只有越强大,才能越有力;只有越强大,才能越改变。这是任何一个国家、任何一个单位、任何一个个人发展的铁的规则。

作为弱势群体的聋人,不能坐等,事实上坐等是等不出好结果的。你会发现等待的时间非常漫长,需要消耗你很长很长的生命。而且在坐等中,社会新发展的速度又使你望尘莫及,社会新发展的距离又会使你会产生新的落差,你会发现弱势群体与主流社会的距离是永远存在的,落在后面需要社会改善的所谓的公正和公平的速度是永远追不上社会发展的速度的。

人生是充满艰辛的生活之旅。即便是一个家庭优裕、生活顺畅的人,要体验有一定高度的人生,也需要一生拼搏和努力。而身处底层的人,要想有所成就,更必须从小到大一直保持卓越超人的优秀。

耳聋了并不意味着人生山穷水尽走投无路,顽强的毅力可以征服任何一座高峰。在我们的社会中,也有众多不屈从于命运,依靠自己坚强的毅力和顽强的努力取得成功甚至辉煌的聋人。人生之路是靠自己走出的。因此,命运既不在听力,也不在学校、家庭,就在自己的手中!聋人希望做到的,而且相信一定能够做到!

聋人要做一个自尊的人。为人做事不亢不卑、不急不慢、稳重端庄、细致周全,以自己高尚优异的言行获得周围的尊重、改变周围对聋人的负面看法。

聋人要做一个自省的人。认清耳聋给自己带来的困难和社会对待聋人的弊端。征服耳聋带来的困难、克服自身的不足。认准和把握自己的人生方向,矢志不移地前行。

聋人要做一个自信的人。高标准地要求自己,相信自己的能力、相信自己的智慧、相信自己的头脑,更相信聋人能够成功甚至辉煌。

聋人要做一个自律的人。严格遵守作息制度,严格要求自己。学习和工作专心致志、讲究方法、善始善终、当日事当日毕,高效地度过每一天。

聋人要做一个自强的人。宁为鸡口毋为牛后,在学习和生活中多动头脑、多观察思考,不怕苦难,勇于尝试。独辟蹊径、扬长避短、敢于逆袭。脚踏实地、坚持到底。

聋人要做一个自立的人。靠自己智慧的脑袋、明亮的双眼、勤劳的双手、奔动的双腿创造自己的未来。

要刻苦学习文化知识。对于聋人来说,与听人的文化差距比听力言语障碍更可怕。头脑强大才是真正的强大。学习才能改变头脑,改变头脑才能改变素质,改变素质才能改变行动,改变行动最终才能改变结果。

要立志杰出,要努力与听人齐肩,不落于听人之后甚至要超过听人。

要努力创业。

要努力创造聋人文化。

……

聋人获得诺贝尔奖,还有谁,敢不尊重?

聋人成为大学校长,还有谁,敢不尊重?

聋人获得奥运会奖牌,还有谁,敢不尊重?

聋人驾驶飞机横跨大洋,还有谁,敢不尊重?

聋人驾驶帆船征服世界五大海角,还有谁,敢不尊重?

聋人当上了巴士车队队长,还有谁,敢不尊重?

聋人登上珠穆朗玛峰,还有谁,敢不尊重?

……

参考文献 NOTES

著作：

1. 杨运强. 无声的呐喊特殊学校聋生教育需求研究[M]. 北京：开明出版社,2016.

2. 孙桂华,刘秋芳. 烟台启喑[M]. 济南：山东电子音像出版社,2007.

3. Andrews J F,Leigh I W,Weiner M T. 失聪者心理、教育及社会转变中的观点[M]. 陈小娟,邢敏华,译. 台北：心理出版社,2007.

4. 张荣兴. 聋情觅意：我所看见的聋人教育[M]. 台北：文鹤出版有限公司,2014.

5. 奥利弗·萨克斯. 看见声音：走近失聪人的寂静世界[M]. 韩文正,译. 北京：中信出版社,2016.

6. 维罗妮克·普兰. 静默[M]. 韩文正,译. 北京：新星出版社,2016.

7. 游顺钊. 视觉语言学概要[M]. 北京：商务印书馆,2014.

8. 高宇翔. 无声世界：中国聋人史略[M]. 郑州：郑州大学出版社,2018.

9. 马建强. 中国特殊教育史话[M]. 北京：新华出版社,2015.

10. 顾定倩,朴永馨,刘红艳. 中国特殊教育史资料选[M]. 北京：北京师范大学出版社,2010.

11. 戴目,宋鹏程. 梦圆忆当年[M]. 上海：上海教育出版社,1999.

12. 张宁生. 聋人文化概论[M]. 郑州：郑州大学出版社,2010.

13. 张旭东. 我是聋人[M]. 南京：江苏教育出版社,2009.

14. 张洪昭,张洪杰. 长春大学特殊教育学院建院30周年特殊·录·忆[M]. 北京：电子工业出版社,2017.

15. 丁冬,章江红. 耳蜗[M]. 天津：百花文艺出版社,2012.

16. 张福娟等. 特殊教育史[M]. 上海：华东师范大学出版社,2000.

17. 朱宗顺. 特殊教育史[M]. 北京：北京大学出版社,2011.

18. Robert Berkow. 默克家庭诊疗手册[M]. 赵小文,译. 北京：人民卫生出版社,1999.

刊物：

1. 蔡润祥. 创校启缘[J]. 温州聋校 50 校庆,1996:5.

2. 国华,张宁生. 语言手势起源说的理论评价[J]. 现代特殊教育,2008(10):40.

3. 张晓梅,谭中华. 中国手语与古文字的比较[J]. 长春大学学报,2014(1):133-139.

4. 杨军辉. 美国手语之父:威廉 C. 斯多基[J]. 厦门特教,2003:46.

5. 刘秋芳,顾定倩. 我国手指字母演变及其设计思想的比较分析[J]. 中国特殊教育,2019:7.

6. Dorothy Miles. *Language For The Eye*. Deafway II 2002[J]. Opening celebration. July 8,2002.

7. 吴安安.《2010 年温哥华宣言》:走进聋人参与和合作的新时代[J]. 爱德西部双语聋教育项目简讯,2010(7):38-39.

8. 吴安安. SigAm 双语聋教育项目在中国的实施[J]. 中国特殊教育,2009(3):100.

9. 国华. 威廉姆·斯多基和他的手语语言学研究评价[J]. 中国特殊教育,200(2):35-40.

10. 林皓,魏丹,赵蓉晖. 手语立法的国际比较研究[J]. 语言文字应用,2018(2):36-43.

11. 贾振峰,等. 美国手语作品早期发展探究[J]. 绥化学院学报,2015(10):31-33.

12. 高宇翔,刘艳虹. 中国聋教育:历史与反思[J]. 教育史研究,2014(4):66-71.

13. 高宇翔,顾定倩. 中国手语的发展历史回顾[J]. 当代语言学,2013(1):94-100.

14. 张宁生. 由"双语"引出的话题[J]. 现代特殊教育,2003:2.

15. 陈少毅. 开启无声的世界[J]. 世界博览,2000:107.

16. 付传彩,刘恩玉. 聋教育方法演变与米兰会议[J]. 中国特殊教育,2006(9):54-58.

17. (美)哈罗德·奥兰斯. 加拉德特大学的革命[J]. 交流,1989(4):47-56.

18. (美)托马斯·德罗克雷. 加拉德特大学的校长[J]. 交流,1989(4):54-55.

19. 郑璇. 新冠肺炎疫情下听障人群语言应急服务的思考[J]. 语言战略研究,2020(3):40-49.

感谢 | ACKNOWLEDGENENT

本书在写作过程中尤其受到如下著作影响：

美国哈伦·莱恩（Harlan Lane）教授的《当倾听心灵——一部聋人历史》（*When the Mind Hears-A History of the Deaf*），虽然对我来说英文吃力难啃，我只知大体框架，但是这本书一直是我心中聋教育的"圣经"。他为聋人公正说话的治学精神一直是我的精神动力之一。

郑州师范学院特殊教育学院老师杨运强博士的博士论文《无声的呐喊——特殊学校聋生教育需求研究》，不隐藏社会暗面，揭示聋人教育的真实缺瑕和根本问题，显示出作者本人高尚的道义和正直的勇气。

我国台湾中正大学教授张荣兴博士的《聋情觅意：我所看见的聋人教育》，这本书站在公允的立场上，不以听人观念代替聋人需要，实事求是地指出聋人教育、聋人语言、聋人认知、聋人学习、聋人障碍的原因和破解方式。

烟台聋哑中心学校刘秋芳老师编译的《烟台启喑》，这部书尽管是一部米尔斯夫人创办烟台启喑学校的资料集，但我将其视为中国聋人教育的圣经。每次阅读时，米尔斯夫人的事迹都使我对聋教育的感情和思想升华，激励着我前行。

美国奥利弗·萨克斯（Oliver Sacks）的《看见声音——走近失聪人的寂静世界》，其对聋人世界和聋人手语中肯公允的谈论和评价，书中字句在我心中铿锵有力地铮铮作响。

美国 J. F. 安德鲁斯、I. W. 利和 M. T. 韦纳（J. F. Andrews, I. W. Leigh, M. T. Weiner）的《失聪者心理、教育及社会转变中的观点》，直抒聋人胸臆，展示了一个真实的聋人世界。

法国 CODA 维罗妮克·普兰（Véronique Poulain）的《静默》，平静雅淡朴素的语句中让我看到一个聋人的听人女儿眼中、耳中、口中、心中的真实聋人。

美国哈里 G. 兰和邦尼·米思-兰（HarryG. Lang and Bonnie Meath-Lang）《科技和文艺界的聋人》（*Deaf Persons in the Arts and Scirnces*），让我看到了全世界杰出聋人的惊人事迹和卓越贡献。

英国聋人画家伊恩·芬内尔（Ian Funnell）的自印绘本著作《聋人生活》（*Deaf Life*），为我展示了令人惊叹、丰富多彩、琳琅满目的聋人世界和聋人文化。

299

本书写作中得到众多人士的帮助，谨在此特地表示感谢：

感谢南昌大学唐英提供字幕工程资料。唐英是全国最早攻读博士学位的聋人，他的事迹曾经激励了无数聋人。唐英曾任中国聋人协会主席，在字幕工程行事等方面有力地推助了聋人问题的改善。

感谢陕西省种子公司陈国瑛提供聋人驾车资料。这位身材高挑的聋人女性坚定勇敢，她在2005年就考取了C1驾驶执照，长期组织带领西安聋人开车、开摩托车、骑自行车勇闯天下。

感谢北京欢行公益手语杜银玲提供聋人教师资格认定相关资料。杜银玲是一位坚强勇敢的女性聋人，是一位吸粉众多的优秀手语教师。她发起的"一天一信"争取聋人教师资格证最终获得成功，成为一位令人敬佩的争取聋人合理权益的勇士。

感谢北京师范大学教育学部教授郑璇博士，她分别于2014年和2020年细阅初稿和终稿并提出宝贵意见。郑璇教授是中国第一位本土聋人博士，第一位聋人教授，是中国聋人逆袭的一个传奇，是中国聋人奋勇前行的一面旗帜。

感谢陕西师范大学心理学院教授兰继军博士审阅初稿并提出意见。兰继军教授是陕西师范大学特殊教育专业创建教师之一，他在特殊教育耕耘甚深、成效甚广，是一直砥砺我前行的学者。

感谢武汉崔竞女士细阅书稿并提出中肯的意见，崔竞是一位DOD(Deaf of Deaf，聋二代)，对聋人生活体验更深，说话行事雷厉风行，也是一位勇敢前行、争取聋人权益的勇士。她对书稿提出的很多见解锋芒毕露、直入人心，激发我深入思考。

感谢郑州师范学院特殊教育学院杨运强博士细阅书稿，他提出的意见对书稿修改有很多帮助。杨运强老师与聋人做朋友，为聋人说真话，为聋人教育鼓舞与欢呼，他的著作我反复阅读，再三研习，收获颇丰。

感谢南京大学社会学院教授贺晓星博士为本书作序。贺晓星教授是全国少有的以社会学研究聋人的学者，是全国第一个将聋人手语和聋人文化引入大学课堂的老师，是点燃高校大学生课堂学习手语的星星之火的第一人。

感谢爱德基金会为本书出版提供的帮助！
感谢安徽李恩三慈善基金会为本书出版提供的帮助！